Länderreport Frühkindliche Bildungssysteme 2008

*Kathrin Bock-Famulla*

# Länderreport Frühkindliche Bildungssysteme 2008

Verlag BertelsmannStiftung

**Bibliografische Information der Deutschen Nationalbibliothek**
Die Deutsche Nationalbibliothek verzeichnet diese Publikation in der Deutschen Nationalbibliografie; detaillierte bibliografische Daten sind im Internet über http://dnb.d-nb.de abrufbar.

© 2008
Verlag Bertelsmann Stiftung, Gütersloh

www.bertelsmann-stiftung.de/verlag

ISBN 978-3-89204-939-5

Lektorat:
Helga Berger, Gütersloh

Gestaltung:
Marion Schnepf, www.lokbase.com, Bielefeld

Umschlaggestaltung:
Nadine Humann

Umschlagabbildung:
Veit Mette, Bielefeld

Druck:
Hans Kock Buch- und Offsetdruck GmbH, Bielefeld

**Herausgeber:**
Bertelsmann Stiftung
Carl-Bertelsmann-Straße 256
33311 Gütersloh
Tel.: 05241 81-81583
Fax: 05241 81-681583

**Verantwortlich:**
Anette Stein
Programmleiterin Ganzheitliche Bildung
E-Mail: anette.stein@bertelsmann.de

**Als Download verfügbar:**
www.kinder-frueher-foerdern.de

Daten erhoben und berechnet in Zusammenarbeit mit der Dortmunder Arbeitsstelle Kinder- und Jugendhilfestatistik

# Inhalt

**Vorwort** ..................................................... 7

**Frühkindliche Bildung, Betreuung und Erziehung in Deutschland** ............... 8

**Ziele, Vorgehen, Konzept des Länderreports Frühkindliche Bildungssysteme** ........... 10

**Der Länderreport im Überblick** ................ 12

**Länderprofile** ......................................... 25
Baden-Württemberg ................................. 26
Bayern ....................................................... 34
Berlin ......................................................... 42
Brandenburg ............................................. 50
Bremen ...................................................... 58
Hamburg ................................................... 66
Hessen ....................................................... 74
Mecklenburg-Vorpommern ...................... 82
Niedersachsen .......................................... 90
Nordrhein-Westfalen ................................ 98
Rheinland-Pfalz ....................................... 106
Saarland .................................................. 114
Sachsen ................................................... 122
Sachsen-Anhalt ....................................... 130
Schleswig-Holstein ................................. 138
Thüringen ............................................... 146

**Anhang** ................................................. 155
Anmerkungen ......................................... 156
Verzeichnis der Datenquellen ................ 167
Tabellen .................................................. 171

# Vorwort

Entwicklungs- und Bildungschancen von Kindern werden erheblich durch ihren Familienhintergrund bestimmt. Für Deutschland gilt das in besonderem Maße. Der frühe Zugang zu Bildung und bildungsfördernden Lebenswelten kann hier ausgleichend wirken und die gesamte Bildungsbiographie positiv beeinflussen. Forschungsergebnisse aller Disziplinen – von der Neurobiologie bis zur Bildungsökonomie – liegen hierzu inzwischen vor. Sie belegen eindrücklich, dass es sehr viel sinnvoller und effizienter ist, früh zu investieren statt später für Reparatur und Folgekosten zu zahlen.

Aus gesellschaftspolitischer Sicht besteht daher die Herausforderung, allen Kindern den Zugang zu guter Bildung früh zu ermöglichen und insbesondere Kinder aus benachteiligten Kontexten teilhaben zu lassen. Dabei wird frühe Bildung nicht allein durch Institutionen bestimmt. Sie findet an vielen Orten statt: Familien, Nachbarschaften, kulturelle und sportliche Angebote für Kinder sind Bildungsorte, die Kinder in ihrer Entwicklung und Bildung fördern und von Erwachsenen entsprechend gestaltet werden müssen.

Der Bildungsort Kindertageseinrichtung ist inzwischen eine Lebenswelt, die nahezu alle Kinder in Deutschland erfahren – allerdings in unterschiedlichem Umfang und Qualität. Die Gestaltung der Angebote in Kindertageseinrichtungen und auch Kindertagespflege liegt in gesellschaftlicher Verantwortung und wird politisch wie öffentlich diskutiert.

Mit der steigenden Bedeutung dieses politischen Handlungsfeldes wächst auch der Bedarf nach mehr Transparenz über seine Ziele, Strukturen, Qualitäten und nicht zuletzt auch über die Wirkungen dieser Bildungseinrichtungen. Wie viele Kinder und in welchem Umfang finden Zugang zur frühen Bildung? Welche Investitionen kann ein Kind in einem Bundesland erwarten? Wie werden die Rahmenbedingungen für die pädagogische Arbeit in Kindertageseinrichtungen gestaltet? Zur Beantwortung dieser Fragen werden Informationssysteme benötigt, die Daten und Fakten in übersichtlicher Form liefern und Grundlage für öffentliche und bildungspolitische Diskussionen sowie Entscheidungsprozesse sein können.

In Deutschland haben wir nicht nur unterschiedliche Systeme der Frühkindlichen Bildung, Betreuung, und Erziehung in den sechzehn Ländern. Auch die Vielzahl der weiteren beteiligten Akteure und Gebietskörperschaften erhöht die Komplexität der Zuständigkeits- und Verantwortungsstrukturen (Bund, Länder, Kommunen, Träger und Einrichtungen). Öffentlichkeit und Entscheidungsträger benötigen daher zunächst Informationen zum einzelnen System, aber auch die Option des Vergleichs zwischen den Bundesländern. Der Länderreport bietet daher für jedes Bundesland ein Profil des frühkindlichen Bildungssystems, das nach drei Schwerpunktthemen strukturiert ist: Zugangsmöglichkeiten, Investitionen sowie Rahmenbedingungen von frühkindlicher Bildung Betreuung und Erziehung. Damit die Vergleichbarkeit gewährleistet ist, sind alle Länderprofile identisch strukturiert und basieren auf einheitlichen Datenquellen. Nicht alle landesspezifischen Merkmale können so dargestellt werden und wurden daher in Fußnoten und Anhängen ergänzt.

Aus gesamtdeutscher Perspektive zeigt der Länderreport 2008, dass die Frühkindliche Bildung, Betreuung und Erziehung in den sechzehn Bundesländern durch unterschiedliche Formen, Strukturen und auch Konzeptionen gekennzeichnet ist. Kinder erfahren je nach Bundesland abweichende Rahmenbedingungen und Formen der frühen Bildung. In dieser Vielfalt ist Bildungspolitik gefordert, allen Kindern optimale Bildungs- und Entwicklungschancen und damit gesellschaftliche Teilhabe zu eröffnen.

Alle Bundesländer haben sich hier bereits auf den Weg gemacht. Aber kein Land kann sich ausruhen. Die Qualität von Kindertageseinrichtungen steht vor allem auf der Agenda der östlichen Bundesländer. Der Westen hat insbesondere quantitative Herausforderungen zu bewältigen und wird dabei gefordert sein, diesen Ausbau nicht zu Lasten der Qualität voranzutreiben. Wir hoffen, die vorliegende Publikation und das im Herbst 2008 verfügbare Internetangebot können die weiteren Reformbemühungen aller Beteiligten unterstützen.

*Dr. Jörg Dräger*  
Mitglied im Vorstand  
der Bertelsmann Stiftung

*Anette Stein*  
Programmleiterin  
Ganzheitliche Bildung

# Frühkindliche Bildung, Betreuung und Erziehung in Deutschland

Die Trias der frühkindlichen Bildung, Betreuung und Erziehung ist eine Besonderheit der Elementarbildung in Deutschland und findet internationale Anerkennung.[1] Der Ausbau der Betreuungsangebote für Kinder unter drei Jahren zur Unterstützung der Vereinbarkeit von Familie und Beruf nimmt gegenwärtig in der bundesdeutschen Politik sowie in der öffentlichen Diskussion einen prominenten Platz ein. Gleichzeitig wird der Bildungsauftrag von Kindertageseinrichtungen (KiTas) und zunehmend ebenso der Kindertagespflege auch auf den landespolitischen Ebenen nachhaltiger als bildungspolitisches Thema wahrgenommen und behandelt. Vor diesem Hintergrund erklärt sich die Dynamik der stattfindenden Reformprozesse sowie die Vielzahl der von den Landesregierungen initiierten Programme. Alle Bundesländer haben in den vergangenen Jahren einen Bildungsplan entwickelt und auch die Kooperation zwischen KiTas und Grundschulen für alle Einrichtungen als Aufgabe geregelt. Darüber hinaus finden sich Modellprojekte, landespolitische Programme zu Themen wie Beobachtung und Dokumentation von Bildungsprozessen, Sprachförderung, Aus-, Fort- und Weiterbildung des pädagogischen Personals, Qualifizierung für den pädagogischen Alltag mit Kindern unter drei Jahren, Familienzentren, Bildungshäuser für Kinder von drei bis zehn Jahren usw. Diese Entwicklungen erschweren die Absicht, einen Überblick über die bestehenden sechzehn Systeme der frühkindlichen Bildung, Betreuung und Erziehung in Deutschland zu gewinnen. Zusätzlich erhöhen die Vielzahl der beteiligten Akteure und Gebietskörperschaften, die Komplexität der Zuständigkeits- und Verantwortungsstrukturen sowie die Mehrebenenstruktur (Bund, Länder, Kommunen, Träger und Einrichtungen) den Schwierigkeitsgrad, das jeweilige System zu verstehen.

Die frühkindliche Bildung, Betreuung und Erziehung in Deutschland ist und bleibt in Zukunft ein wichtiges Handlungsfeld für Politik. Deshalb bedarf es einer größeren Transparenz, nicht zuletzt, um zunächst die Situation der frühen Bildung mit Daten und Fakten beschreiben zu können sowie Entwicklungen aufzuzeigen. Es sind übersichtliche Informationssysteme notwendig, die eine (nachvollziehbare) Basis für öffentliche und bildungspolitische Diskussionen sowie Entscheidungsprozesse bieten.

Der Länderreport Frühkindliche Bildungssysteme liefert eine transparente Darstellung der sechzehn Systeme und damit die Chance, sich schnell einen Überblick über das Profil der frühkindlichen Bildung, Betreuung und Erziehung eines Bundeslandes zu verschaffen. Die damit einhergehende Notwendigkeit, sich auf ausgewählte Themen zu konzentrieren, führte zu einer Strukturierung der Länderprofile in die drei Bereiche „Teilhabe sichern", „Investitionen wirkungsvoll einsetzen" sowie „Bildung fördern – Qualität sichern".

Diese Auswahl leitet sich ab aus der generellen Frage, ob allen Kindern in Deutschland durch ausreichende und qualitativ hochwertige Angebote der Frühkindlichen Bildung, Betreuung und Erziehung angemessene Gelegenheiten eröffnet werden, ihre individuellen Bildungschancen zu erweitern und eine optimale Basis für ihre Bildungsbiographie zu schaffen. Die internationale und auch nationale Forschung kann immer deutlicher belegen, dass frühkindliche Bildung und Betreuung die Bildungschancen des einzelnen Kindes verbessert und die Grundlage erfolgreicher Bildungsbiographien ist.[2] Vor diesem Hintergrund stellt sich die Frage, ob tatsächlich alle Kinder in Deutschland Zugang zu öffentlichen Angeboten in KiTas oder der Kindertagespflege haben und in welchem Umfang sie diese Angebote nutzen können.

Ein System der frühkindlichen Bildung, Betreuung und Erziehung bedarf angemessener finanzieller Ressourcen, um sowohl die quantitativen als auch die qualitativen Anforderungen an die Angebote realisieren zu können. Auch für Deutschland konnte bereits in mehreren bildungsökonomischen Studien zu den volkswirtschaftlichen Erträgen frühkindlicher Bildung und Betreuung gezeigt werden, dass u. a. monetäre Effekte sowohl für das Individuum als auch für die Gesellschaft und die Volkswirtschaft zu erwarten sind, insbesondere mittel- und langfristig.[3] Ausgaben für (frühe) Bildung werden danach als Investitionen bezeichnet, da sie nicht nur einen kurzfristigen Konsumnutzen ermöglichen, sondern darüber hinaus im Zeitverlauf zu monetären Erträgen führen. Aus diesem Grund werden im Länderreport die öffentlichen Ausgaben für frühkindliche Bildung, Betreuung und Erziehung auch als Investitionen bezeichnet. Da die Ausgaben für Kindertageseinrichtungen in Deutschland durch mehrere Akteure finanziert werden, soll differenziert nach Bundesländern untersucht werden, welche Anteile Länder, Kommunen, Träger und Eltern übernehmen.

Der Bildungsauftrag sowie die Qualität der Kindertageseinrichtungen und der Kindertagespflege erfordern ebenfalls die Aufmerksamkeit der Politik und Öffentlichkeit. Zudem muss der aktuell, insbesondere in Westdeutschland, stattfindende Ausbau des quantitativen Angebots unter Berücksichtigung des Bildungsauftrags sowie der Qualität der Angebote geplant und umgesetzt werden. Die nationale und internationale Qualitätsforschung zeigt, dass insbesondere die Rahmenbedingungen in KiTas, die sogenannte Strukturqualität, wichtige Voraussetzungen für eine gute pädagogische (Prozess-)Qualität schaffen.[4]

Wichtige Gestaltungsfelder sind dabei beispielsweise die Qualifikationen des Personals sowie die Strukturierung der Arbeitszeiten, ebenso aber auch die gesetzlichen Regelungen der Strukturqualität und die Aktivitäten zur Umsetzung der Bildungspläne.

Der Anspruch des Länderreports ist es, Nutzern durch ein Landesprofil mit Hilfe von ausgewählten Daten und Informationen einen Überblick über die drei Schwerpunktthemen zu verschaffen. Zusammenfassend ergeben sich folgende Fragestellungen: Wie viele Kinder finden Zugang zu Angeboten der frühkindlichen Bildung, Betreuung und Erziehung, und in welchem Umfang? Welche Investitionen in seine frühe Bildung kann ein Kind in einem Bundesland erwarten? Wie werden die Rahmenbedingungen für die pädagogische Arbeit in den KiTas in den Bundesländern gestaltet?

Im Länderreport wird der Begriff der frühkindlichen Bildung, Betreuung und Erziehung benutzt, der im Folgenden mit FBBE abgekürzt wird. Dabei wird im Länderreport mit FBBE das institutionelle Angebot im Rahmen von Kindertageseinrichtungen (KiTas) und (öffentlicher) Kindertagespflege bezeichnet.

Grundsätzlich wird nicht davon ausgegangen, dass (frühkindliche) Bildung allein durch Institutionen bestimmt wird. Insbesondere die frühkindliche Bildung geht vom Kind aus, sie kennt viele Orte und wird durch unterschiedliche Faktoren (Gesundheit, Lebenslage etc.) beeinflusst. Der Länderreport konzentriert sich allerdings auf die institutionalisierten Formen in Kindertageseinrichtungen und Kindertagespflege, insbesondere weil Bildungsprozesse, die außerhalb dieser Organisationsformen stattfinden, aufgrund fehlender Daten auf der Ebene der Bundesländer nicht beschrieben werden können.

# Ziele, Vorgehen, Konzept des Länderreports Frühkindliche Bildungssysteme

## Ziele

Der Länderreport will FBBE für Öffentlichkeit und Politik transparenter machen. Zu diesem Zweck wird für jedes Bundesland ein Profil seines frühkindlichen Bildungssystems erstellt. Alle sechzehn Profile sind identisch strukturiert und richten so durch „eine Brille" den Blick auf alle Bundesländer. Ein Landesprofil soll gleichzeitig die Perspektive auf das System der FBBE richten, d. h. ausgewählte Bestandteile eines Systems in ihrem Kontext sichtbarer machen. Beispielsweise werden die vertraglich vereinbarten Betreuungszeiten der Kinder abgebildet, und diese können wiederum auch genutzt werden zur Analyse der Beschäftigungsumfänge des pädagogischen Personals. Im Vordergrund stehen nicht die isolierte Betrachtung und der Vergleich einzelner Themen, z. B. der Nutzung von KiTas durch Kinder unter drei Jahren. Diese Struktur des Länderreports soll den Blick auf das jeweilige System eines Bundeslandes unterstützen und schärfen. In Zukunft müssen weitere Schlüsselkategorien für die Beschreibung eines Systems entwickelt werden. Grundsätzlich können die zusammengestellten Daten und Fakten zu einem Thema auch im Bundesländervergleich betrachtet werden, da die Auswahl und Struktur der dargestellten Merkmale für jedes Profil identisch ist. Daraus folgt allerdings auch, dass in den Länderprofilen nicht alle landesspezifischen Merkmale dargestellt werden können. Dieses Vorgehen wird legitimiert mit der übergeordneten Zielsetzung des Länderreports, die Zugangsmöglichkeiten, Investitionen und Rahmenbedingungen der FBBE für alle Kinder in den sechzehn Bundesländern vergleichbar darzustellen.

Der Anspruch, eine transparente und übersichtliche Darstellung des jeweiligen Systems der FBBE zu schaffen, birgt in sich aber auch Einschränkungen. In den Länderprofilen können nach diesem Konzept nur Daten auf der Landesebene abgebildet werden und z. B. nur einen groben Überblick über Aktivitäten und Maßnahmen auf der Landesebene geben. Grundsätzlich sollen durch die Länderprofile in den einzelnen Bundesländern Diskussionen über landespolitische Zielsetzungen, bestehende Rahmenbedingungen und Umsetzungsstrategien angeregt werden. Diese Diskussionen bedürfen weiterer und vertiefender Daten sowie Informationen aus den einzelnen Bundesländern und unterstützen die Möglichkeit einer breiten Beteiligung von Akteuren.

Darüber hinaus sollen durch den Länderreport gezielt Impulse zur Diskussion über bestimmte Fragestellungen gegeben werden. Beispielsweise hat sich bei der Erstellung des Länderreports ein besonders virulentes Thema gezeigt. Die Erzieher-Kind-Relation und der Personalschlüssel sind Begriffe, die bundesweit verwendet werden, um ein scheinbar identisches Phänomen zu beschreiben, und zwar, wie viele Kinder von einer Erzieherin begleitet werden. Es hat sich allerdings herausgestellt, dass die verschiedenen Facetten dieser Fragestellung bislang nur unzureichend systematisch-wissenschaftlich untersucht und auch politisch diskutiert worden sind. So muss neben der unmittelbaren Zeit, die Erzieherinnen für die Interaktion mit den Kindern zur Verfügung steht, auch berücksichtigt werden, dass Erzieherinnen – in zunehmendem Maße – Aufgaben ausführen, ohne dass Kinder anwesend sind. Diese Aufgaben umfassen z. B. Elterngespräche, Teamsitzungen, Beobachtung und Dokumentation von Bildungsprozessen, konzeptionelle

Arbeit, Qualitätsmanagement und Kooperation mit anderen Institutionen, wie z. B. Grundschulen oder auch dem Jugendamt. Darüber hinaus ist bei der Personalbemessung auch zu berücksichtigen, dass durch Urlaubs- und Krankheitszeiten sowie Fortbildungszeiten Personalressourcen nicht für die unmittelbare pädagogische Arbeit zur Verfügung stehen und somit das Verhältnis von Erzieherin zu Kindern im Alltag beeinflusst, d. h. verschlechtert, wird. Hier sind insbesondere vertiefende Analysen über die Umfänge angemessener Personalressourcen erforderlich, und es ist auch weiter zu diskutieren sowie politisch zu entscheiden, wie angemessene Personalressourcen bemessen werden müssen und sollen.

## Vorgehen

Seit Anfang 2006 ist das Vorhaben des Länderreports und der damit verbundenen Fragestellungen im Rahmen von Workshops mit internationalen und nationalen Experten diskutiert worden. Dabei sind auch internationale Ansätze[5] wahrgenommen worden. Die Konzeption der Länderprofile war dann ein Entwicklungsprozess, der sich im Spannungsfeld der verfügbaren Daten sowie der konzeptionellen Ansprüche, die an den Länderreport gestellt wurden, vollzog. Der Länderreport sollte nur mit Daten und Informationen erstellt werden, die mit einer identischen Erfassungssystematik in allen Bundesländern gewonnen wurden. Damit beschränken sich in Deutschland die verfügbaren Daten im Bereich der FBBE primär auf die Kinder- und Jugendhilfestatistik. Außerdem sind mittels eines umfangreichen Fragebogens weitere Daten und Informationen von allen zuständigen Länderministerien für den Bereich FBBE erhoben worden. An dieser Befragung haben sich alle Länderministerien beteiligt.

Die Informationen aus der Befragung der Länderministerien spiegeln den Erhebungsstand von Anfang 2007 wider. Darüber hinaus ist den Ministerien Ende 2007 die Möglichkeit gegeben worden, Stellung zu den aus der Befragung gewonnenen und für den Länderreport genutzten Informationen zu nehmen. Auf Basis der Rückmeldungen der Länder sind die Informationen ggf. aktualisiert bzw. ergänzt worden.

Die zuständigen Länderministerien sind im Verlauf der Entwicklung des Länderreports in einer Veranstaltung über das Vorhaben informiert sowie um ihre Einschätzungen gebeten worden. Nachdem die Länderprofile auf der Basis der Daten der Kinder- und Jugendhilfestatistik und der zusätzlich erhobenen Daten erstellt waren, ist Vertretern der Länderministerien das Konzept des Länderreports im Detail vorgestellt worden und ihr jeweiliges Profil übergeben worden. Die Länderministerien konnten zu ihren Profilen Rückmeldungen geben. Im Frühjahr 2008 sind alle Länderprofile mit den Daten der Kinder- und Jugendhilfestatistik 2007 aktualisiert worden, und es wurden jeweils die landesspezifischen Darstellungen auf der ersten Doppelseite erstellt.

## Konzept

Für jedes Bundesland sind auf 4 Doppelseiten (DIN A3) ausgewählte Daten und Fakten zur frühkindlichen Bildung, Betreuung und Erziehung zusammengestellt worden. Alle Bundesländerprofile sind identisch strukturiert. Die erste Doppelseite stellt jeweils Grunddaten für ein Bundesland dar, beschreibt landesspezifische Schwerpunkte in der frühen Bildung und gibt einen Überblick über aktuelle Trends. Auf drei weiteren Doppelseiten werden unter den thematischen Schwerpunkten „Teilhabe sichern", „Investitionen wirkungsvoll einsetzen" sowie „Bildung fördern – Qualität sichern" Daten und Fakten für das jeweilige Bundesland dargestellt. Primär sind die Daten und Informationen mit Hilfe von Grafiken aufbereitet und werden lediglich mit kurzen Texten unterstützt. Diese Darstellungsform soll Politik und Öffentlichkeit die Möglichkeit bieten, sich schnell einen Überblick über zentrale Bereiche der frühen Bildung in einem Bundesland zu verschaffen.

Im vorliegenden Länderreport sind die zusammengestellten Informationen aus der jeweiligen Bundeslandperspektive gebündelt, und zwar im sogenannten Länderprofil. Darüber hinaus ist aber auch die Nutzung der Daten und Fakten
- für ausgewählte Themenbereiche der FBBE in jedem Bundesland sowie aus der Bundesperspektive,
- für einen Vergleich der Bundesländer und
- für eine Betrachtung der Situation der FBBE aus der Bundesperspektive möglich.

# Der Länderreport im Überblick

Insgesamt zeigen die Länderprofile im Überblick, dass alle Bundesländer im Bereich der FBBE Ausbauaktivitäten und eine Weiterentwicklung der verschiedenen Angebote initiiert haben. Einige Bundesländer haben auch grundlegende Reformen des gesamten Systems der FBBE umgesetzt oder eingeleitet. Demnach steht FBBE in allen Bundesländern auf der politischen Agenda, wenn auch durchaus unterschiedliche Handlungs- und Reformansätze zu erkennen sind. In der Konsequenz zeichnet sich die Landschaft der FBBE in Deutschland durch eine große Vielfalt der Angebotsstrukturen, der Nutzung oder auch der fachpolitischen Schwerpunkte aus. Welche Wirkungen die einzelnen Systeme der FBBE auf die Bildungschancen der Kinder und welche Effekte sie konkret auf die Entfaltung ihrer Kompetenzen und Fähigkeiten haben, ist weitgehend unbekannt. Bislang sind keine wissenschaftlichen Untersuchungen durchgeführt worden, die empirisch gesicherte Erkenntnisse darüber vermitteln, ob und wie die Entwicklungs- und Bildungschancen von Kindern durch die Ausgestaltung eines Systems der FBBE beeinflusst werden. Gleichzeitig liegen allerdings eine Reihe von internationalen Untersuchungen vor, die zumindest Hinweise auf zentrale Einflussfaktoren in Bezug auf eine gute Qualität einer KiTa geben.

## Daten und Fakten zur FBBE in 16 Bundesländern

Der Prozess der Entwicklung und Umsetzung des Länderreports hat in einer Vielzahl von Gesprächen mit Vertretern der verschiedensten Gruppierungen sowie der Länderministerien gezeigt, dass die Datenlage insgesamt noch unbefriedigend ist. Daten zu bestimmten Fragestellungen, wie z. B. zu den Ausgaben für verschiedene Arten von Plätzen in KiTas differenziert nach Bundesländern, sind nach wie vor nicht verfügbar. Gleichzeitig wurde auch deutlich, dass der Nutzungsgrad der

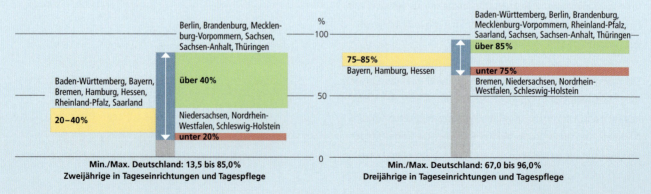

**Abb. 1** Teilhabequoten von Zwei- und Dreijährigen an Kindertagesbetreuung (2007), Ländervergleich

Zweijährige in Tageseinrichtungen und Tagespflege
Min./Max. Deutschland: 13,5 bis 85,0%
- über 40%: Berlin, Brandenburg, Mecklenburg-Vorpommern, Sachsen, Sachsen-Anhalt, Thüringen
- 20–40%: Baden-Württemberg, Bayern, Bremen, Hamburg, Hessen, Rheinland-Pfalz, Saarland
- unter 20%: Niedersachsen, Nordrhein-Westfalen, Schleswig-Holstein

Dreijährige in Tageseinrichtungen und Tagespflege
Min./Max. Deutschland: 67,0 bis 96,0%
- über 85%: Baden-Württemberg, Berlin, Brandenburg, Mecklenburg-Vorpommern, Rheinland-Pfalz, Saarland, Sachsen, Sachsen-Anhalt, Thüringen
- 75–85%: Bayern, Hamburg, Hessen
- unter 75%: Bremen, Niedersachsen, Nordrhein-Westfalen, Schleswig-Holstein

vorhandenen Daten für politische Entscheidungsprozesse und Debatten in der Öffentlichkeit noch ausbaufähig ist.

## Trends der FBBE in Deutschland

Die Situation der FBBE in Deutschland kann aus verschiedenen Blickwinkeln betrachtet werden. Ausgehend von dem Anspruch, dass die Bildungschancen aller Kinder in Deutschland verbessert werden müssen und alle Kinder in der Entfaltung ihrer Persönlichkeit und ihrer Fähigkeiten unterstützt werden sollen, wird der frühkindlichen Bildung ein besonderer Stellenwert für gerechtere Bildungschancen beigemessen. Im Länderreport wird deshalb gefragt, welche Chancen Kinder in den einzelnen Bundesländern haben, an Angeboten der FBBE teilzuhaben, sowie in welchem Umfang das geschieht.

Für eine Darstellung von Entwicklungstrends bei der Teilhabe der Kinder werden hier die Nutzungsquoten der FBBE der zwei- und dreijährigen Kinder im Bundesländervergleich betrachtet. Diese Altersjahrgänge werden in den Fokus gerückt, da dem längeren Besuch einer KiTa durchaus positive Auswirkungen auf die Entwicklung und auch Bildungsbiographie der Kinder – insbesondere aus benachteiligten Kontexten – beigemessen werden.[6]

Im Bundesländervergleich zeigt sich insgesamt, dass die Teilhabequoten von den älteren Kindern (Vier- und Fünfjährige) in den meisten Bundesländern sehr hoch sind und annähernd von einer Vollversorgung gesprochen werden kann. Deutlichere Differenzen bestehen hingegen bei den jüngeren Kindern.

Bei den zweijährigen Kindern haben alle ostdeutschen Bundesländer sowie Berlin eine Teilhabequote, die über 40% liegt. Die niedrigsten Quoten sind in Nordrhein-Westfalen, Niedersachsen und Schleswig-Holstein festzustellen, die unter 20% liegen. Die Teilhabequoten der übrigen Bundesländer liegen im Mittelfeld und bewegen sich zwischen 20 und 40% (vgl. Abbildung 1). In Deutschland liegt die Spannbreite der Teilhabequoten der zweijährigen Kinder zwischen 13,5 und 85% (vgl. Abbildung 2). Auch bei den Teilhabequoten der dreijährigen Kinder an Angeboten der FBBE zeigen sich im Bundesländervergleich deutliche Differenzen. So liegt die Spannbreite des Anteils dieses Altersjahrgangs, der in einer KiTa oder der Kindertagespflege ist, zwischen 67 und 96% (vgl. Abbildung 2). Eine Betrachtung der Situation in den einzelnen Bundesländern zeigt, dass in allen ostdeutschen Bundesländern sowie in Baden-Württemberg, Berlin, Rheinland-Pfalz sowie im Saarland über 85% der dreijährigen Kinder in einem Angebot der FBBE sind. Im Mittelfeld sind Bayern, Hamburg sowie Hessen mit Teilhabequoten zwischen 75 und 85%. Die geringsten Teilhabequoten von unter 75% haben die Bundesländer Bremen, Niedersachsen, Nordrhein-Westfalen sowie Schleswig-Holstein (vgl. Abbildung 1).

Die Teilhabequoten der zwei- und dreijährigen Kinder im Bundesländervergleich zeigen, dass diese Altersjahrgänge in deutlich differierendem Umfang Kindertageseinrichtungen oder Kindertagespflege nutzen. Empirisches Material, das diese Differenzen erklären könnte, liegt nicht vor. Allerdings erscheint es wenig plausibel, davon auszugehen, dass Eltern mit zweijährigen Kindern je nach Bundesland Angebote der FBBE in so unterschiedlichem Ausmaß nutzen wollen. Da in vielen Bundesländern Kinder erst ab dem dritten Lebensjahr einen Rechtsanspruch haben, ist zu vermuten, dass die vorhandenen Plätze nicht ausreichen, um mehr Kindern den Zugang zu einem Angebot zu ermöglichen. Auf einen solchen Steuerungseffekt deutet die Situation in Sachsen-Anhalt hin. Dort haben alle Kinder ab Geburt einen Rechtsanspruch auf einen Halbtagsplatz, und in Sachsen-Anhalt geht der größte Anteil der zweijährigen Kinder (über 85%) im Bundesländervergleich in ein Angebot der FBBE.

Damit allen Kindern ausreichende und qualitativ hochwertige Angebote der FBBE zugänglich sind, müssen angemessene Ressourcen zur Finanzierung eines solchen Systems verfügbar sein. Die gegenwärtige Datenlage erlaubt keine Aussagen darüber, ob ausreichende Ressourcen für die Angebote der FBBE in Deutschland bereitgestellt werden. Für den Bundesländervergleich im Länderreport ist berechnet worden, wie hoch die öffentlichen Ausgaben pro unter 10-jährigem Kind jährlich sind. Damit liegen

**Abb. 2** | Teilhabequoten der Zwei- und Dreijährigen an Kindertagesbetreuung (2006 und 2007)
Min-/Max. Deutschland; Kinder in Tageseinrichtungen u. Tagespflege

### Abb. 3 | Personalschlüssel in Kindertageseinrichtungen (15.3.2006), Ländervergleich

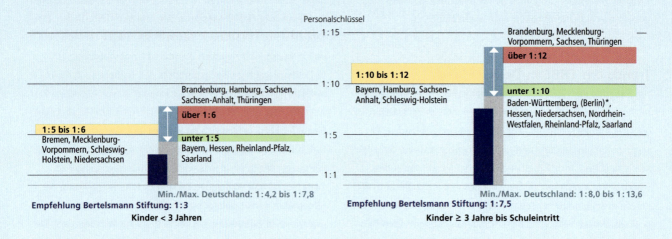

keine Informationen über die Ausgabenhöhe für einen KiTa-Platz vor. Die berechneten Werte geben Auskunft darüber, wie hoch die Investitionen für FBBE durchschnittlich für ein Kind in der relevanten Altersgruppe sind. Im Ergebnis zeigen sich wiederum sehr deutliche Unterschiede in den Investitionen der Bundesländer (vgl. Abbildung 4). Die Bundesländer im Spitzenfeld investieren über 2.000 bis 2.800 Euro pro unter 10-jährigem Kind im Jahr 2005[7]. Zu dieser Gruppe gehören neben Berlin und Hamburg die Ostländer Sachsen, Sachsen-Anhalt, Thüringen und Brandenburg. Im Mittelfeld liegen die Ausgaben zwischen 1.200 und 2.000 Euro, dies sind die Bundesländer Mecklenburg-Vorpommern, Rheinland-Pfalz, Bremen, Hessen, Nordrhein-Westfalen, Saarland und Baden-Württemberg. Die niedrigsten Ausgaben im Bundesländervergleich haben Bayern, Niedersachsen und Schleswig-Holstein, sie liegen unter 1.200 Euro pro unter 10-jährigem Kind im Jahr 2005.

Im Vergleich der Bundesländer zeigen diese Berechnungen, dass Niedersachsen und Schleswig-Holstein jeweils nur etwa 37% der Ausgaben in die FBBE pro unter 10-jährigem Kind investieren, die Berlin aufwendet.

Als ein bundesländerübergreifendes Merkmal zum Vergleich der strukturellen Qualität in den KiTas werden Berechnungen der Personalschlüssel[8] verwendet (vgl. Abbildung 3). Nach den vorliegenden Berechnungen zeigen sich durchaus erhebliche Unterschiede bei den bestehenden Personalschlüsseln. So liegt der niedrigste und damit beste Personalschlüssel für Kinder unter drei Jahren bei 1:4,2 (Rheinland-Pfalz). Zum Spitzenfeld bei den Personalschlüsseln für diese Altersgruppe zählen auch Bayern, Hessen sowie das Saarland. Brandenburg hat mit 1:7,8 den schlechtesten Personalschlüssel. In der Gruppe mit den schlechtesten Personalschlüsseln, die über 1:6 liegen, sind auch Hamburg, Sachsen, Sachsen-Anhalt sowie Thüringen.

Für die Altersgruppe der Kinder über drei Jahre bis zum Schuleintritt zeigen die Personalschlüssel im Bundesländervergleich ebenfalls erhebliche Differenzen. Die Spannbreite bewegt sich zwischen 1:8,0 und 1:13,5. Dabei haben Berlin, Baden-Württemberg, Hessen, Niedersachsen, Nordrhein-Westfalen, das Saarland und Rheinland-Pfalz Personalschlüssel, die unter 1:10 liegen. Die schlechtesten Personalschlüssel von über 1:12 finden sich in den KiTas der ostdeutschen Bundesländer Brandenburg, Mecklenburg-Vorpommern, Sachsen sowie Thüringen. Im Mittelfeld mit Personalschlüsseln zwischen 1:10 und 1:12 liegen die Bundesländer Bayern, Hamburg, Sachsen-Anhalt sowie Schleswig-Holstein.

Auch der Vergleich der Personalschlüssel aller Bundesländer zeigt, dass die Differenzen durchaus erheblich sind. Nach diesen Daten erfahren Kinder in Abhängigkeit von dem Bundesland, in dem sie eine KiTa besuchen, deutliche Unterschiede bei den personellen Rahmenbedingungen.

Die Positionierungen der Bundesländer in den 3 untersuchten Bereichen zeigen, dass kein Land in allen Bereichen im Spitzenfeld liegt. Auffällig ist insbesondere, dass in der Tendenz die ostdeutschen Bundesländer die höchsten Teilhabequoten bei den zwei- und dreijährigen Kindern haben und auch bei der Investitionshöhe fast alle in der Spitzengruppe liegen. Demgegenüber

Abb. 4 | Investitionen pro unter 10-Jährigem (2005), Ländervergleich

liegt kein ostdeutsches Bundesland bei den Personalschlüsseln im Spitzenfeld. Die Mehrzahl dieser Bundesländer gehört mit zu der Gruppe, die die schlechtesten Personalschlüssel haben.

Nach diesen Werten ergibt sich als grober Trend für Deutschland, dass in den meisten westdeutschen Bundesländern die Teilhabequoten der zwei- und dreijährigen Kinder erhöht werden müssen und die Investitionen im Vergleich zu den ostdeutschen Ländern gering sind. Hingegen zeigt sich beim Personalschlüssel als Indikator für die strukturelle Qualität einer KiTa, dass hier insbesondere die ostdeutschen Bundesländer erheblichen Entwicklungsbedarf haben.

Die beschriebenen Differenzen zwischen den Bundesländern sind so groß, dass sich die Frage stellt, ob diese tatsächlich mit dem Argument der Vielfalt legitimiert werden können. Die untersuchten Merkmale beziehen sich nicht auf pädagogische Ansätze, sondern bilden eher strukturelle Situationen ab. Insgesamt ist deshalb die Frage in den Raum zu stellen, welche Auswirkungen diese unterschiedlichen Bedingungen auf die Bildungs- und Entwicklungschancen der Kinder haben.

## Die Schwerpunktthemen der Länderprofile:
- Teilhabe sichern
- Investitionen wirkungsvoll einsetzen
- Bildung fördern – Qualität sichern

Die Situation der FBBE wird in jedem Länderprofil gegliedert nach den drei Themenschwerpunkten „Teilhabe sichern", „Investitionen wirkungsvoll einsetzen" sowie „Bildung fördern – Qualität sichern" und anhand von mehreren Merkmalen dargestellt. Nachfolgend werden wichtige Informationen zu den dargestellten Daten der drei Schwerpunkte in jedem Länderprofil gegeben sowie Trends im Bundesländervergleich beschrieben.[9]

### Teilhabe sichern

Dieser Themenschwerpunkt soll ein differenzierteres Bild über die Zugangsmöglichkeiten von Kindern zu Angeboten der FBBE geben und dabei auch den Umfang der genutzten Betreuungszeiten berücksichtigen.

**Rechtsanspruch des Kindes auf einen Betreuungsplatz**
Grafik 1 in den Länderprofilen

Für jedes Bundesland wird der Umfang des elternunabhängigen Rechtsanspruchs eines Kindes auf einen Platz in der FBBE beschrieben. Darüber hinaus bestehen in den meisten Bundesländern Ansprüche von jüngeren Kindern oder auf umfangreichere Nutzungszeiten, wenn die Eltern bestimmte Kriterien erfüllen. So können oftmals z. B. umfangreichere Betreuungsleistungen beansprucht werden, wenn Eltern erwerbstätig sind. Mit Blick auf die Bildungschancen der Kinder werden in den Länderprofilen allerdings nur die Zugangsmöglichkeiten der Kinder in den Blick genommen. Im Bundesländerüberblick zeigt sich dabei insbesondere, dass Kinder über drei Jahre unabhängig von ihren Eltern oftmals nur Anspruch auf einen Halbtagsplatz haben.

**Ausbaubedarf bei Betreuungsplätzen für Kinder unter drei Jahren**
Grafik 2 in den Länderprofilen

Vor dem Hintergrund der bestehenden Ausbauaktivitäten des Bundes und der Länder bei den Plätzen für unter Dreijährige wird dargestellt, wie viele dieser Kinder nach der Kinder- und Jugendhilfestatistik am 15.3.2006 einen Platz in einer KiTa oder der Kindertagespflege hatten sowie wie viel mehr Kinder dieser Altersgruppe am 15.3.2007 ein Angebot wahrnahmen. Ausgehend von den Kriterien des Tagesbetreuungsausbaugesetzes und dem für die einzelnen Bundesländer ermittelten Platzbedarf wird ausgewiesen, welche Kapazitäten danach noch bis zum

### Abb. 5 | Anteil der Kinder nach vertraglich vereinbarter täglicher Betreuungszeit (15.3.2007)

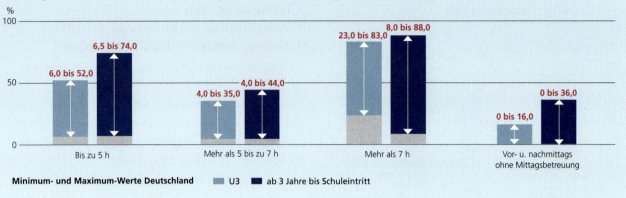

Jahr 2010 geschaffen werden müssen. Damit wird noch nicht berücksichtigt, dass die Bundesländer bis zum Jahr 2013 nach den jüngst verabschiedeten Regelungen des KiFöG noch höhere Bedarfsquoten erfüllen müssen. Insgesamt zeigt sich, dass zur Erfüllung der anvisierten Betreuungsbedarfe bis 2010 von einigen Bundesländern durchaus noch erhebliche Platzangebote in den KiTas und der Kindertagespflege geschaffen werden müssen.

### Vertraglich vereinbarte Betreuungszeiten
Grafik 3 in den Länderprofilen

Mit den seit 2006 erhobenen Individualdaten in der Kinder- und Jugendhilfestatistik können die Betreuungszeiten ausgewiesen werden, die für jedes Kind vertraglich vereinbart worden sind. In den Länderprofilen sind diese Zeiten für Kinder unter drei Jahren und ältere Kinder ausgewiesen worden sowie differenziert nach der Nutzung einer KiTa oder der Kindertagespflege.

Für Kinder in KiTas zeigen die vertraglich vereinbarten Betreuungszeiten erhebliche Unterschiede im Bundesländervergleich. Bei der Nutzung einer Ganztagsbetreuung in einer KiTa, mit mehr als sieben Stunden täglich, zeigt sich bei den Kindern unter drei Jahren, dass die Spannbreite zwischen 23 und 83% liegt und bei den älteren Kindern sogar noch größer ist, da sie zwischen 8 und 88% liegt. Das heißt, in Baden-Württemberg nutzen lediglich 8% der Nichtschulkinder ab drei Jahre mehr als sieben Stunden Betreuung täglich in einer KiTa, während es in Thüringen 88% sind. Bei der Betreuungszeit von unter fünf Stunden täglich in einer KiTa zeigen sich ebenfalls deutliche Spannbreiten. So nutzen von den Nichtschulkindern ab drei Jahre in Thüringen 6,5% diese Betreuungszeit, während in Niedersachsen über 74%, d. h. fast drei Viertel der Kinder dieser Altersgruppe, nur halbtags in einer KiTa sind (vgl. Abbildung 5).

Bereits die Gegenüberstellung dieser besonders großen Spannbreiten zeigt, dass der Umfang der täglichen Betreuungszeiten, die für Kinder vertraglich vereinbart sind, erheblich differiert. Es erscheint wenig plausibel, davon auszugehen, dass die von den Eltern nachgefragten Betreuungszeiten tatsächlich in diesem Ausmaß differieren. Es wäre zu prüfen, inwieweit die jeweils geltenden Rechtsansprüche Steuerungswirkungen beim Umfang der genutzten Betreuungszeiten zeigen.

### Bildungsbeteiligung vor der Schule
Grafik 4 in den Länderprofilen

In jedem Landesprofil wird in Grafik 4 abgebildet, wie viele Kinder der Altersjahrgänge von unter einem Jahr bis fünf Jahre in einer KiTa oder der Kindertagespflege sind, ebenso die Teilhabequoten der Altersgruppen der unter Dreijährigen sowie der Kinder ab drei bis unter sechs Jahre. Bei dieser Altersgruppe sind auch die Kinder berücksichtigt, die in (vor-)schulischen Einrichtungen sind, da dieser Anteil in einzelnen Bundesländern durchaus erheblich ist. Für die Altersjahrgänge der zwei- und dreijährigen Kinder werden nicht nur die Daten für 2007 ausgewiesen, sondern darüber hinaus auch die Daten für 2006, so dass ggf. Trends sichtbar werden.

### Kinder mit Migrationshintergrund in Kindertageseinrichtungen
Grafik 5 in den Länderprofilen

Die Nutzung von Angeboten der FBBE wird auch für Kinder mit Migrationshintergrund als wichtig für die Verbesserung ihrer Bildungschancen bewertet. Mit den gegenwärtig verfügbaren Daten kann nicht ermittelt werden, wie viele Kinder mit Migrationshintergrund in den einzelnen Bundesländern ein Angebot der FBBE nutzen. In der Grafik 5 jedes Länderprofils kann mit den zur Verfügung stehenden Daten abgebildet werden, wie hoch der Anteil der Kinder mit Migrationshintergrund[10] an allen

Kindern in den KiTas ist, jeweils differenziert nach unter Dreijährigen und Nichtschulkindern ab drei Jahre. Darüber hinaus wird angegeben, wie hoch der Anteil dieser Kinder ist, bei denen zu Hause überwiegend deutsch bzw. überwiegend nicht-deutsch gesprochen wird. Diese Daten stammen aus der Kinder- und Jugendhilfestatistik 2007. In einer weiteren Grafik wird abgebildet, wie groß der Anteil der Kinder mit Migrationshintergrund ist, die in einer KiTa mit einem bestimmten Anteil von Kindern mit Migrationshintergrund sind. So wird beispielsweise ausgewiesen, dass ein bestimmter Prozentanteil von Kindern mit Migrationshintergrund in KiTas ist, in denen ein Anteil von Kindern mit Migrationshintergrund zwischen 25 und unter 50% betreut wird. Diese Werte können gegenwärtig nur mit den Daten der Kinder- und Jugendhilfestatistik 2006 berechnet werden. Der Ländervergleich zeigt, dass nach den vorliegenden Daten in Ostdeutschland durchschnittlich 5,5% der Kinder in den KiTas einen Migrationshintergrund haben. Demgegenüber haben in Westdeutschland durchschnittlich 28,5% der Kinder einen Migrationshintergrund, dabei reicht die Spannbreite von über 15% in Schleswig-Holstein bis 38,5% in Hamburg. Demnach bilden Kinder mit Migrationshintergrund in den KiTas in Westdeutschland eine bedeutende Gruppe. Vor diesem Hintergrund wäre es aufschlussreich festzustellen, ob KiTas bzw. das pädagogische Personal ausreichend qualifiziert sind, um Kindern mit Migrationshintergrund angemessene Bildungsgelegenheiten in KiTas zu eröffnen.

## Investitionen wirkungsvoll einsetzen

Die Datenlage zu den Ausgaben für die FBBE ist – nicht zuletzt auch für einen Vergleich zwischen den Bundesländern – äußerst schwierig. In der Konsequenz sind keine empirischen Aussagen zu den Kosten pro Platz, differenziert nach Bundesländern, möglich.

### Investitionen pro Kind
Grafik 6 in den Länderprofilen

Mit den verfügbaren Statistiken sind die reinen Nettoausgaben[11] der öffentlichen Haushalte für FBBE pro unter 10-jährigem Kind für die Jahre von 2001 bis 2005 berechnet worden.[12] Dieser Wert dient dazu, die Höhe der Ausgaben zwischen den Bundesländern vergleichbar zu machen. Er ermöglicht keine Aussagen zu einer bestimmten Zielgröße, beispielsweise den Ausgaben für einen Kindergartenplatz. Diese Ausgaben werden hier als Investitionen bezeichnet, da signalisiert werden soll, dass Ausgaben für die FBBE – insbesondere auch mittel- und langfristig – zu (monetären) Erträgen für die Gesellschaft und eine Volkswirtschaft führen. Die ermittelten Werte zeigen, dass im Bundesländervergleich die Höhe der Ausgaben zwischen den Bundesländern mit den höchsten und den niedrigsten Ausgaben um das 2,7-Fache differiert (vgl. Abbildung 4).

### Finanzierungsgemeinschaft für FBBE
Grafik 7 in den Länderprofilen

FBBE ist in Deutschland eine öffentliche Aufgabe und wird deshalb auch in erheblichem Umfang mit öffentlichen Mitteln der Landesebene sowie der Kommunen finanziert. Betrachtet wird hier die Finanzierung der Kindertageseinrichtungen auf der Ebene des Bundeslandes, nicht auf der Einrichtungsebene. Dabei wird auch berücksichtigt, dass Träger der freien Jugendhilfe Eigenanteile für den Betrieb ihrer Kindertageseinrichtungen erbringen und ebenso Eltern für die Nutzung der Einrichtungen zahlen. Die ermittelten Werte für die Bundesländer sind immer vor dem Hintergrund der landesspezifischen Situation hinsichtlich der Finanzierung von KiTas zu beurteilen. Beispielsweise ist in Niedersachsen nur der Landesanteil an der Finanzierung der Personalkosten geregelt, so dass teilweise auch Schätzungen vorgenommen wurden.[13]

Im Bundesländervergleich zeigt sich, dass die Finanzierungsanteile, die von den Akteursgruppen jeweils getragen werden, durchaus erheblich differieren (vgl. Abbildung 6). So bewegt sich der kommunale Finanzierungsanteil im Bundesgebiet zwischen 45 und 67%. Auch die Finanzierungsanteile der Eltern variieren deutlich, sie liegen zwischen 11 und 26%. Demnach finanzieren Eltern in einem Bundesland durchaus ein Viertel der Ausgaben für Kindertageseinrichtungen. Welche Auswirkungen die unterschiedliche Beteiligung der Gruppen an der Finanzierung der KiTas beispielsweise auf die Quantität und Qualität der Angebotsstrukturen in einem Bundesland hat, ist bislang nicht untersucht worden.

**Abb. 6 | Finanzierungsgemeinschaft für FBBE (2005)**

Eltern: 11,0 bis 26,0
Land: 7,0 bis 38,0
Kommune: 45,0 bis 67,0
Freie Träger: 0 bis 13,0

Minimum- und Maximum-Werte Deutschland

**Der Anteil der reinen Nettoausgaben für FBBE an den gesamten reinen Ausgaben der öffentlichen Haushalte**
Grafik 8 in den Länderprofilen

Dargestellt wird der Anteil der reinen Nettoausgaben[14] für FBBE, d. h. Kindertageseinrichtungen und Kindertagespflege, an den reinen Netto-Gesamtausgaben der staatlichen und kommunalen Haushalte für die Jahre von 2001 bis 2005. Aus der Bundesperspektive zeigt sich, dass sich im Jahr 2005 der Anteil der reinen Nettoausgaben für FBBE an den öffentlichen Haushalten der einzelnen Bundesländer in einer Spannbreite von 2,8 bis 6,1% bewegt. Im Bundesüberblick sind dabei die Werte der ostdeutschen Bundesländer höher, der Durchschnitt liegt bei 5,3%. Demgegenüber liegt der Durchschnitt der westdeutschen Bundesländer bei 3,3%.

## Bildung fördern – Qualität sichern
**Bildungsplan**
Grafik 9 in den Länderprofilen

In allen Bundesländern liegen Bildungspläne für den Elementarbereich vor. Neben fachlichen und konzeptionellen Unterschieden ist der Zuschnitt der Altersgruppen, für die der Bildungsplan jeweils konzipiert ist, anders. Die Bildungspläne sind bildungspolitischer Rahmen und fachlicher Wegweiser für die Gestaltung der pädagogischen Arbeit in den KiTas und zunehmend auch für die Kindertagespflege. Die konkrete Ausrichtung der pädagogischen Fachpraxis an den Bildungsplänen ist in hohem Maße abhängig von den Kentnissen über den Plan sowie den Qualifikationen des pädagogischen Personals für die Arbeit nach ihm. Im Länderreport wird deshalb insbesondere die Information und Qualifizierung des pädagogischen Personals zum Konzept und zur Umsetzung des Bildungsplans als förderlich und notwendig eingestuft. Im Rahmen der Befragung der zuständigen Länderministerien sind vor diesem Hintergrund verschiedene Aktivitäten und Maßnahmen zur Information und Qualifizierung in Bezug auf den Bildungsplan abgefragt worden, die Landesministerien ergriffen haben. Dabei interessierte u. a., wie und wer informiert wurde und welche Aktivitäten zur Qualifizierung unterstützt wurden.

Generell zeigt sich, dass weitgehend alle Bundesländer sehr breit über ihren Bildungsplan informieren, vermutlich auch, um ihre fachpolitischen Leitlinien für diesen Bildungsbereich öffentlich zu machen. Eine Zielgruppe erfährt allerdings in den meisten Bundesländern eher geringe Beachtung: Es werden von der Landesebene kaum mehrsprachige Informationsmaterialien für Eltern angeboten. Da in den westdeutschen Bundesländern annähernd 30% der Kinder in den KiTas einen Migrationshintergrund haben, ist anzunehmen, dass mehrsprachige Informationen für Eltern z. B. eine höhere Transparenz über die Ziele und Formen der pädagogischen Arbeit in den KiTas schaffen können.

Alle Bundesländer (vgl. Abbildung 7) geben an, dass sie Informationsveranstaltungen über den Bildungsplan für KiTa-Mitarbeiterinnen durchgeführt haben. Weiterhin geben neun Bundesländer an, dass alle Fachberatungen auf Initiative der Landesebene qualifiziert worden sind. In den anderen Ländern wird die Qualifizierung der Fachberaterinnen eher in der Verantwortung der Träger gesehen. Nur in drei Bundesländern ist die Teilnahme an Informationsveranstaltungen Pflicht. Dabei ist nicht bekannt, in welchem Umfang das pädagogische Personal an Informationsveranstaltungen teilgenommen hat. Darüber hinaus wurde abgefragt, ob angebotene Fortbildungen mindestens zweitägig waren. Damit sollte näherungsweise eine Einschätzung zu der Fortbildungsintensität ermöglicht werden; denn grundsätzlich wird davon ausgegangen, dass die Qualifizierung für die Arbeit mit dem Bildungsplan im Rahmen einer eintägigen Informationsveranstaltung nicht ausreichend erfolgen kann. Insgesamt geben sieben Bundesländer an, dass die Fortbildungsveranstaltungen mindestens zweitägig sind. Die Qualifizierung aller Fachberaterinnen wurde in zehn Bundesländern unterstützt. Die meisten Bundesländer sehen die Qualifizierung für die pädagogische Arbeit durchaus als ein Landesthema. Allerdings gibt es auch Bundesländer wie Niedersachsen, in denen von der Landesebene lediglich Informationsveranstaltungen angeboten werden. Insgesamt wäre allerdings in den einzelnen Bundesländern zu prüfen, ob das pädagogische Personal tatsächlich in ausreichendem Umfang und auch kontinuierlich an Fortbildungsmaßnahmen teilnehmen konnte.

Ein bislang wenig ausgeprägtes Handlungsfeld ist die Evaluation der Arbeit mit und nach dem Bildungsplan. Nach den vorliegenden Informationen wird in keinem Bundesland jährlich eine externe Evaluation verlangt. Darüber hinaus besteht in Schleswig-Holstein eine jährliche Berichtspflicht zur Implementation des Bildungsplans. Durchaus verbreiteter ist der Nachweis der Aufnahme des Bildungsplans in die Konzeption. In neun Bundesländern ist dies vorgesehen. Allerdings handelt es sich dabei um eine einmalige Anforderung, so dass die tatsächliche Umsetzung im Zeitverlauf nicht in den Blick genommen werden kann. Einige wenige Länder lassen gegenwärtig Instrumente zur Selbst- oder Fremdevaluation der Arbeit mit dem Bildungsplan

## Abb. 7 | Bildungsplan

| I. Information | |
|---|---|
| Kostenloser Versand des BP an alle KiTas | 15 + 1 |
| BP als Download verfügbar | 15 |
| BP als Publikation erwerbbar | 10 + 2 |
| Informationsmaterial über BP für Eltern verfügbar | 13 |
| Informationsmaterial über BP mehrsprachig für Eltern verfügbar | 3 + 1 |

| II. Qualifizierung | |
|---|---|
| Infoveranstaltung zum BP für KiTa-Mitarbeiterinnen | 16 |
| Verpflichtende Infoveranstaltung z. BP für KiTa-Mitarbeiterinnen | 2 + 1 |
| Angebotene Fortbildung zum BP mindestens zweitägig | 7 |
| Alle Fachberatungen erhalten Fortbildungen zum BP | 10 |
| Öffentliche Mittel für regelmäßige Fortbildung zum BP für alle pädagogischen Mitarbeiterinnen verfügbar | 13 + 1 |

| III. Umsetzungskontrolle (in allen KiTas) | |
|---|---|
| Jährliche externe Überprüfung der Umsetzung des BP | 0 |
| Jährliche Berichtspflicht zur Implementation des BP | 1 |
| Nachweis der Aufnahme des BP in die Konzeption | 9 |

erarbeiten, es bleibt abzuwarten, welche Vorgehensweisen sich hier etablieren. Insgesamt besteht hinsichtlich der Evaluation der Umsetzung der Bildungspläne in der pädagogischen Praxis in den meisten Bundesländern Handlungsbedarf.

### Kooperation KiTa – Grundschule
Grafik 10 in den Länderprofilen

Insgesamt 15 Bundesländer haben eine landeseinheitliche Vereinbarung zur Kooperation von KiTas und Grundschulen. Darüber hinaus existieren in fünf Ländern verbindliche Rahmenvereinbarungen mit fachlichen Standards, und fünf weitere entwickeln solche gegenwärtig. Immerhin sechs Bundesländer verfügen nicht über solche fachlichen Standards auf der Landesebene. Noch deutlicher werden die Differenzen hinsichtlich der zusätzlichen Mittel, die KiTas bzw. Schulen für diesen Aufgabenbereich erhalten. So werden in sechs Ländern zusätzliche Mittel an die Grundschulen gegeben, an die KiTas nur noch in drei Ländern.

### Pädagogisches Personal nach Berufsausbildungsabschlüssen (2007)
Grafik 11 in den Länderprofilen

Nach den vorliegenden Studien der Qualitätsforschung gelten die Personalressourcen in KiTas als zentrale strukturelle Rahmenbedingung, die die Qualität der pädagogischen Arbeit beeinflusst. Die Qualität und das Niveau der Ausbildung der Fachkräfte werden dabei als Merkmale zur Bewertung der Personalressourcen eingestuft. Die Daten der Kinder- und Jugendhilfestatistik liefern Informationen über das formale Qualifikationsniveau des pädagogischen Personals in Deutschland bzw. den Bundesländern. In Grafik 11 wird für jedes Bundesland der Anteil des pädagogischen Personals differenziert nach Berufsausbildungsabschluss ausgewiesen. Das Qualifikationsniveau des jeweiligen Bundeslandes wird mit dem Bundesdurchschnitt verglichen. Eine Differenzierung für Ost- und Westdeutschland wird nicht vorgenommen, da davon ausgegangen wird, dass die Qualität der pädagogischen Arbeit auch vom Qualifikationsniveau abhängig ist und vergleichbare Bildungschancen aller Kinder auch durch die Kompetenzen des pädagogischen Personals mit beeinflusst werden. Im Bundesdurchschnitt verfügen knapp drei Viertel des pädagogischen Personals über einen Fachschulabschluss. Die Anteile des Personals mit Fachschulabschluss bewegen sich im Bundesländervergleich zwischen 52 und 94%. Die zweitgrößte Gruppe des pädagogischen Personals sind die Kinderpflegerinnen. Im Bundesdurchschnitt haben sie einen Anteil von 13,5%; dabei liegt die Spannbreite zwischen 0,3 und 37,5%. Der Anteil des pädagogischen Personals mit Hochschulabschluss liegt im Bundesdurchschnitt bei 3,4%. Es bleibt abzuwarten, ob die zahlreichen Studiengänge, die gegenwärtig an Hochschulen verankert werden, mittelfristig auch zu einer Erhöhung des Anteils des pädagogischen Personals mit Hochschulabschluss beitragen.

### Personalschlüssel und Gruppengrößen in Kindertageseinrichtungen (2006)
Grafik 12A und 12B in den Länderprofilen

Die Personalressourcen als zentrales Merkmal für die strukturellen Rahmenbedingungen der KiTas werden auch bestimmt durch das Verhältnis von Erzieherinnen und Kindern im pädagogischen Alltag. Allerdings ist die Bestimmung und Definition geeigneter Messgrößen, um dieses Verhältnis ausweisen zu können, noch nicht hinreichend abgeschlossen. Das pädagogische Personal in KiTas ist mit einem bestimmten Arbeitszeitvolumen ausgestattet, das allerdings nicht nur für die unmittelbare pädagogische Interaktion mit den Kindern genutzt werden kann; vielmehr sind darüber hinaus in wachsendem Maße auch Aufgaben ohne Kinder zu bewältigen. Hierzu zählen beispielsweise die Kooperation mit Grundschulen, Aufgaben im Rahmen von Familienzentren, Teamsitzungen, Elterngespräche. Gleichzeitig ist auch zu berücksichtigen, dass Zeiten für Fortbildung, Urlaub sowie Krankheit Einfluss auf die verfügbaren Arbeitszeiten für alle übrigen Aufgaben haben. Vielfach werden die Arbeitszeitkontingente, die für sonstige Aufgaben zur Verfügung stehen, als Verfügungszeiten bezeichnet. Allerdings sind diese Arbeitszeiten oftmals in den Regelungen der Bundesländer nicht genau definiert, so dass die Strukturierung der Arbeitszeit häufig in der Verantwortung der einzelnen Einrichtung liegt.

Grundsätzlich fehlen Studien, die durch differenzierte Analysen der Aufgaben und Tätigkeiten des pädagogischen Personals Bemessungsgrundlagen schaffen, um adäquate Arbeitszeiten des pädagogischen Personals in Relation zu den Betreuungszeiten der Kinder bestimmen zu können. In diesem Zusammenhang existiert gegenwärtig noch kein einheitliches Verfahren zur Darstellung der in den KiTas verfügbaren Personalressourcen in Relation zu den betreuten Kindern. Die Dortmunder Arbeitsstelle Kinder- und Jugendhilfestatistik hat ein Konzept zur Berechnung des Personalschlüssels in KiTas auf Basis der Daten der Kinder- und Jugendhilfestatistik vorgelegt. Die damit berechneten Werte sind in der Grafik 12A ausgewiesen und zeigen Personalschlüssel für Gruppen, in denen nur Kinder unter drei Jahren sind, sowie für Gruppen, in denen nur Kinder über drei Jahre bis zum Schuleintritt betreut werden. Die berechneten Daten erlauben aufgrund der identischen Berechnungsgrundlagen auch einen Vergleich der Personalschlüssel zwischen den Bundesländern. Die ausgewiesenen Personalschlüssel sind dabei rechnerische Größen und beschreiben jeweils die Relation zwischen der täglichen Inanspruchnahme aller Kinder und dem eingesetzten Personal in einer Gruppe. In dem entwickelten Standardisierungsverfahren werden die Betreuungsstunden aller Kinder ins Verhältnis zu allen Beschäftigungszeiten der in der Gruppe tätigen Erzieherinnen gesetzt. Den Gruppen werden auch noch anteilig das gruppenübergreifende sowie das Leitungspersonal zugeordnet, um weitere Verzerrungen zu vermeiden. Mit dieser Berechnung wird der Personalschlüssel ermittelt. Es ist zu betonen, dass der Personalschlüssel nicht angibt, wie viele Kinder zu jedem Zeitpunkt am Tag von einer Fachkraft betreut werden.

In Ergänzung der vorliegenden Berechnungen zu den ermittelten Personalschlüsseln für die Bundesländer empfiehlt die Bertelsmann Stiftung einen Personalschlüssel, der sich auch aus den Ergebnissen internationaler Studien ergibt. Damit auch die Arbeitszeit, die die Erzieherinnen ausschließlich mit den Kindern verbringen, transparent gemacht wird, wird zusätzlich eine Erzieher-Kind-Relation ausgewiesen. Die Berechnung der empfohlenen Erzieher-Kind-Relation[15] beruht auf der Annahme, dass 25% der Arbeitszeit für Tätigkeiten ohne Kinder eingeplant werden müssen und demnach 75% der Arbeitszeit für eine direkte pädagogische Interaktion mit den Kindern verfügbar sind. Danach empfiehlt die Bertelsmann Stiftung für die Betreuung von Kindern unter drei Jahren einen Personalschlüssel von 1:3. Wenn man eine Arbeitszeit von 25% für Tätigkeiten ohne Kinder annimmt, ergibt sich daraus eine Erzieher-Kind-Relation von 1:4. Für die Kinder über drei Jahre bis zum Schuleintritt wird ein Personalschlüssel von 1:7,5 empfohlen. Unter Berücksichtigung einer Arbeitszeit von 25% für Tätigkeiten ohne Kinder ergibt sich daraus eine Erzieher-Kind-Relation von 1:10.

Die Berechnung und insbesondere die konkrete Bemessung von Personalschlüsseln sowie Erzieher-Kind-Relationen, auch für gesetzliche Regelungen, bedarf weiterer Entwicklung. Dafür sollten insbesondere umfassendere fachpolitische Kriterien verfügbar sein, die im Rahmen von weiteren Analysen der Aufgaben und Tätigkeiten des pädagogischen Fachpersonals gewonnen werden sollten. Handlungsleitendes Kriterium sollte dabei eine hohe Qualität der pädagogischen Praxis sein.

### Beschäftigungsumfang des pädagogischen Personals in Kindertageseinrichtungen (2007)
Grafik 13A und 13B in den Länderprofilen

Die Personalressourcen von KiTas sind auch durch die Strukturierung der Arbeitszeiten des Personals gekennzeichnet. Dabei sind zum einen pädagogische Ansprüche zu berücksichtigen, wie z. B. die Umfänge und Strukturierung der Arbeitszeiten so zu gestalten, dass das pädagogische Personal stabile und kontinuierliche Beziehungsstrukturen aufbauen und praktizieren kann. Gleichzeitig ist auch mit einzubeziehen, dass das Personal individuelle Bedarfe hinsichtlich des Umfangs seiner Arbeitszeit hat. Die Daten der Kinder- und Jugendhilfestatistik zeigen zunächst, dass der Anteil der Beschäftigten mit einer Arbeitszeit von 38,5 und mehr Wochenstunden im Bundesdurchschnitt bei knapp 40% liegt. Im Zeitraum von 1998 bis 2007 hat sich dieser Anteil kontinuierlich um insgesamt fast 13 Prozentpunkte reduziert. Ein Beschäftigungsvolumen von 32 bis unter 38,5 Wochenstunden haben im Bundesdurchschnitt knapp 16% des pädagogischen Personals. Eine vergleichsweise große Gruppe (annähernd 30%) ist das Personal mit einem Beschäftigungsumfang von 21 bis unter 32 Wochenstunden. Insgesamt geben die vorliegenden Daten aus der Bundesperspektive durchaus Hinweise auf einen hohen Anteil von Teilzeitbeschäftigung des pädagogischen Personals. Für eine genauere Bewertung des Beschäftigungsumfangs des pädagogischen Personals müssten die Betreuungszeiten der Kinder sowie die Öffnungszeiten der KiTas in Relation zu den Wochenarbeitsstunden des Personals gestellt werden.

Aus einer solchen Gesamtanalyse könnte möglicherweise beurteilt werden, ob die Strukturierung des Beschäftigungsumfangs angemessene Rahmenbedingungen für eine gute Qualität der pädagogischen Arbeit liefert. Allerdings fehlen für eine solche Analyse Daten zu den Öffnungszeiten der KiTas, die auch in der Kinder- und Jugendhilfestatistik nicht erfasst werden. Informationen zu den Öffnungszeiten der KiTas werden auch wichtiger, da sie zunehmend von den Betreuungszeiten der Kinder abweichen. Die immer häufiger praktizierte Option, die Betreuungszeiten eines Kindes individuell und flexibel nach Bedarf einer Familie zu buchen, kann zu einer hohen Varianz in den Betreuungszeiten der Kinder einer Einrichtung oder Gruppe führen. Damit erhöhen sich die Anforderungen an eine Personalplanung der KiTas, die den Ansprüchen von Kindern und Eltern wie auch denen des pädagogischen Personals genügen soll. Gleichzeitig wird der Handlungsspielraum für die Personalplanung zunächst durch die bereitgestellten Finanzressourcen abgesteckt.

### Rahmenbedingungen für Bildungsqualität
Grafik 14 in den Länderprofilen

Insbesondere Studien in der internationalen Qualitätsforschung zeigen, dass strukturelle Rahmenbedingungen einer guten Qualität der pädagogischen Arbeit förderlich bzw. dafür auch Voraussetzung sind. Allerdings gibt es bisher auch kaum empirisch begründete Empfehlungen für die konkrete Gestaltung dieser Rahmenbedingungen. Für den Länderreport sind die Länderministerien befragt worden, ob und wie präzise insgesamt sieben strukturelle Rahmenbedingungen aus der Landesperspektive geregelt sind. Dies sind die maximale Gruppengröße, die Erzieher-Kind-Relation, Verfügungszeit, Fachberatung, Fortbildung, Leitungsfreistellung sowie der Umfang der Innen- und Außenflächen in KiTas. Aus der Bundesperspektive zeigt sich, dass in allen Bundesländern die Erzieher-Kind-Relation[16] allgemein und präzise definiert ist. Allerdings ist damit noch keine Bewertung möglich, ob diese Erzieher-Kind-Relation fachlichen Ansprüchen genügt. Mit den gewonnenen Informationen kann insbesondere festgestellt werden, ob Kinder in einem Bundesland vergleichbare Rahmenbedingungen in den KiTas erwarten können oder ob Entscheidungen über strukturelle Rahmenbedingungen auf der kommunalen oder der Trägerebene entschieden werden. Im letzteren Fall wird angenommen, dass erhebliche Differenzen in der Ausgestaltung der Rahmenbedingungen entstehen können, die sich konkret in unterschiedlichen Qualitätsniveaus der pädagogischen Arbeit auswirken können. In der Konsequenz wird angenommen, dass Kindern dadurch unterschiedliche Bildungschancen in den KiTas eröffnet werden.

### Abb. 8 | Rahmenbedingungen für Bildungsqualität

| Regelung zur Strukturqualität | Allgemein geregelt | Präzise geregelt |
|---|---|---|
| Maximale Gruppengröße | 8 | 8 |
| Erzieher-Kind-Relation | 16 | 16 |
| Verfügungszeit | 10 | 5 |
| Fachberatung | 11 | 1 |
| Fortbildung | 14 | 2 |
| Leitungsfreistellung | 11 | 8 |
| (Innen-/Außen-)Flächen | 11 | 8 |

| Regelungen zur Qualitätsüberprüfung | |
|---|---|
| Geregelte Verpflichtung in Ausführungsgesetz oder Verordnung | 11 |
| Elternbefragung (mindestens jährlich) | 2 |
| Selbstevaluation | 5 |
| Fremdevaluation | 1 |
| Zahlung öffentl. Zuschüsse abhängig von externer Qualitätsüberprüfung | 1 |

Aus der Bundesperspektive zeigt sich, dass allgemeine Regelungen für die erfassten strukturellen Rahmenbedingungen häufiger sind als ihre präzise Ausgestaltung. So ist beispielsweise die Verfügungszeit in zehn Bundesländern allgemein geregelt, aber nur in der Hälfte von ihnen auch präzise definiert (vgl. Abbildung 8). Insgesamt zeigt sich eine große Vielfalt der Regelungspraxis, die in ihren Wirkungen, insbesondere mit Blick auf die Qualität der pädagogischen Arbeit in den KiTas, nicht beurteilt werden kann.

In diesem Zusammenhang ist von besonderem Interesse, ob von der Landesebene Maßnahmen vorgeschrieben werden, um die Qualität der pädagogischen Arbeit zu evaluieren. Die Befragung der Länderministerien zeigt, dass zwar in elf Ländern Qualitätsentwicklung und -sicherung von den KiTas durchzuführen ist, allerdings werden in den meisten Bundesländern keine Verfahren der Qualitätsüberprüfung vorgeschrieben. Auffällig ist, dass in fünf Bundesländern der Einsatz von Selbstevaluationsinstrumenten vorgeschrieben ist (vgl. Abbildung 8).

**Anmerkungen**

1
Vgl. Die Politik der frühkindlichen Betreuung, Bildung und Erziehung in der Bundesrepublik Deutschland. Ein Länderbericht der Organisation für wirtschaftliche Zusammenarbeit und Entwicklung (OECD). 26.11.2004.

2
Sylva, K.; Melhuish, E.; Sammons, P.; Siraj-Blatchford, I.; Taggart, B. and Elliot, K. (2003): The Effective Provision of Preschool Education (EPPE) Project: Findings from the Pre-school Period (DfES Research Brief RBX 15-03).
NICHD Early Child Care Research Network (2005) (ed.), Child Care and Child Development: Results from the NICHD Study of Early Child Care and Youth Development, The Guilford Press, New York, NY.
Volkswirtschaftlicher Nutzen von frühkindlicher Bildung in Deutschland. Eine ökonomische Bewertung langfristiger Bildungseffekte bei Krippenkindern. Bertelsmann Stiftung 2008.

3
Volkswirtschaftlicher Nutzen von frühkindlicher Bildung in Deutschland. Eine ökonomische Bewertung langfristiger Bildungseffekte bei Krippenkindern. Bertelsmann Stiftung 2008.

4
Zusammenfassende Darstellung in: Konzeptionelle Grundlagen für einen Nationalen Bildungsbericht – Non-formale und informelle Bildung im Kindes- und Jugendalter (2004): Bundesministerium für Bildung und Forschung (BMBF). Berlin. S.169 ff.

5
Ein Konzept zur Darstellung der frühkindlichen Bildungsprogramme aller US-amerikanischen Bundesstaaten findet sich in: The State of Preschool: State Preschool Yearbook. National Institute for Early Education Research, Rutgers, The State University of New Jersey.

6
Vgl. Volkswirtschaftlicher Nutzen von frühkindlicher Bildung in Deutschland. Eine ökonomische Bewertung langfristiger Bildungseffekte bei Krippenkindern. Bertelsmann Stiftung 2008.

7
Es können bislang keine Ausgabenberechnungen für die Jahre nach 2005 vorgenommen werden.

8
Weitere Erläuterungen vgl. S. 15.

9
Es werden im Folgenden alle Grafiken in den Profilen erläutert, die Nummerierung der Grafiken entspricht dabei der Nummerierung in den Länderprofilen.

10
Kinder, von denen mindestens ein Elternteil ausländischer Herkunft ist.

11
Unter reinen Nettoausgaben werden hier die ausgewiesenen Nettoausgaben der öffentlichen Haushalte abzüglich der Nettoeinnahmen der öffentlichen Haushalte verstanden. Es handelt sich dabei um die Unterdeckung der Haushaltsunterabschnitte/Funktionen, die durch eingenommene Steuermittel finanziert werden müssen. Enthalten sind auch die Kosten für den Hort, die über Haushaltsunterabschnitte 454/464 und Funktion 264/274 verbucht werden; sofern Leistungen nach SGB IX über diese Haushaltsstellen gebucht werden, sind sie ebenfalls enthalten.

12
Die Ausgaben der öffentlichen Hand für die Angebote der FBBE werden im Rahmen der Jahresrechnungsergebnisse der kommunalen und staatlichen Haushalte nach verschiedenen Ausgabe-, Einnahme- und Verrechnungspositionen für jedes Haushaltsjahr erfasst. Die Jahresrechnungsergebnisse der kommunalen Haushalte müssen als vollständige Darstellung der Ausgaben angesehen werden, da die Angaben automatisch aus den genehmigten Haushaltsabschlüssen der Kommunen generiert werden. Daher können nur dann Fehler entstehen, wenn bei der Verbuchung nicht die richtigen Zuordnungen gemacht wurden. Da es sich aber insgesamt um ein öffentlich-rechtlich geprüftes und genehmigtes Ergebnis handelt, muss bei den Angaben aus den Städten und Gemeinden von einer hohen Vollzähligkeit und Vollständigkeit ausgegangen werden. Bei den Ergebnissen der staatlichen Haushalte, also der Ebene der Länder, handelt es sich nicht um automatisch übermittelte Angaben, sondern um spezielle Zusammenstellungen der Landesfinanzministerien. Neben dem Problem der manuellen Zusammenstellung kommt hinzu, dass in den Bundesländern für die Haushalte der Landesebene (staatliche Haushalte) auch erst ab dem Jahr 2002 ein einheitlicher und differenzierter Funktionsplan existiert, der mit den Haushaltsabschnitten der kommunalen Haushaltssystematik kompatibel ist; hier ist es durchaus zu Übergangsproblemen gekommen. Daher muss bei diesen Angaben sehr genau auf Plausibilitäten geachtet werden. Um die Zuverlässigkeit der Länderebene zu gewährleisten, erhielten im Vorfeld die Länder die Meldungen der amtlichen Statistik zur internen Prüfung. Für die Darstellung der Ausgaben werden folgende Haushaltsunterabschnitte bzw. Funktionen berücksichtigt:

| | **Einzel- und Gruppenhilfen** Empfänger/in ist eine Person/ Leistungsberechtigte/r | **Ausgaben für Einrichtungen** Ausgaben zur Deckung von Betriebs- und Investitionskosten |
|---|---|---|
| **Kommunale Ebene** Städte und Gemeinden | **454** Haushaltsunterabschnitt Förderung von Kindern in Tageseinrichtungen und Tagespflege | **464** Haushaltsunterabschnitt Tageseinrichtungen für Kinder |
| **Staatliche Ebene** Länderhaushalte | **264** Funktion Förderung von Kindern in Tageseinrichtungen und Tagespflege | **274** Funktion Tageseinrichtungen für Kinder |

## ANMERKUNGEN

Da in den Rechnungsergebnissen der kommunalen und staatlichen Haushalte nicht die Elternbeiträge, die bei Trägern der freien Jugendhilfe eingenommen werden, und die finanziellen Eigenanteile der Träger der freien Jugendhilfe enthalten sind, stellt die sicherste Vergleichsgröße die »Unterdeckung des Haushaltsunterabschnitts bzw. Funktionen« dar. Diese ergibt sich aus den Nettoausgaben abzüglich der Nettoeinnahmen. Diese Größe stellt diejenige Summe dar, die die öffentlichen Haushalte über ihre Steuereinnahmen finanzieren müssen. In diesen Ausgaben sind auch die öffentlichen Ausgaben für Investitionen enthalten.

*Die Nettoausgaben und Nettoeinnahmen der kommunalen Haushalte wurden entnommen aus:*
Statistisches Bundesamt: Finanzen und Steuern. Rechnungsergebnisse der kommunalen Haushalte. Sonderauswertung der Dreisteller HUA 454 und 464 durch das Statistische Bundesamt nach dem Schema der Tabelle 4 der Fachserie 14, Reihe 3.3

*Die Nettoausgaben und Nettoeinnahmen der staatlichen Haushalte wurden entnommen aus:*
Statistisches Bundesamt: Finanzen und Steuern. Rechnungsergebnisse der öffentlichen Haushalte für soziale Sicherung und für Gesundheit, Sport, Erholung. Fachserie 14, Reihe 3.5; Tabelle 2.2 Veröffentlichungsnummer 3060 (Förderung von Kindern in Tageseinrichtungen und Tagespflege = Funktion 264) und 3074 (Tageseinrichtungen für Kinder = Funktion 274) (ergänzende Anmerkungen von der Dortmunder Arbeitsstelle Kinder- und Jugendhilfestatistik).

### 13
Das grundsätzliche Problem bei der Darstellung der Gesamtkosten der Kindertageseinrichtungen besteht darin, dass in den Jahresrechnungsergebnissen der öffentlichen Haushalte nicht alle Kosten berücksichtigt werden. In der Regel fehlen die Elternbeiträge, die von den Einrichtungen der Träger der freien Jugendhilfe direkt eingezogen werden, sowie die finanziellen Eigenanteile der Träger der freien Jugendhilfe. Genaue Angaben sind hierzu nicht flächendeckend verfügbar, allerdings kann man sich bei den Elternbeiträgen über eine Schätzung den Ausgabegrößen nähern. Bekannt ist, wie viele Elternbeiträge für wie viele Plätze in Einrichtungen des öffentlichen Trägers als Einnahmen verbucht werden. Zusätzlich ist bekannt, in welchem Verhältnis die Anzahl der Plätze beim öffentlichen zu der beim freien Träger steht. Aufgrund dieser Angaben kann errechnet werden, wie hoch die Elternbeiträge bei den Trägern der freien Jugendhilfe wahrscheinlich ausgefallen sind. Diese Schätzung basiert dabei auf der durchaus plausiblen Annahme, dass die durchschnittliche Höhe der Elternbeiträge für den Besuch einer Tageseinrichtung beim öffentlichen Träger genauso hoch ist wie beim Träger der freien Jugendhilfe. Für NRW war diese Hilfsrechnung nicht notwendig, da sämtliche Elternbeiträge von den Jugendämtern berechnet und eingezogen werden, wodurch alle Zahlungen der Eltern im öffentlichen Haushalt gebucht werden.

Der finanzielle Eigenanteil der Träger der freien Jugendhilfe kann nicht durch Schätzungen auf der Grundlage der Ergebnisse der Jahresrechnungsstatistik gewonnen werden. Hierzu sind landesspezifische Recherchen zum Trägeranteil durchgeführt worden, wodurch für die meisten Länder plausible Trägeranteile ermittelt werden konnten (ergänzende Anmerkungen von der Dortmunder Arbeitsstelle Kinder- und Jugendhilfestatistik).

### 14
Weitere Erläuterungen vgl. S. 15.

### 15
Die Festlegung, dass 25% der Arbeitszeit für Tätigkeiten ohne Kinder einzuplanen sind, kann eher als Unterschätzung bewertet werden. So weist z. B. Bontrup darauf hin, dass 17% der Arbeitszeit für Ausfallzeiten für Urlaube, Krankheiten und Fortbildungen einzukalkulieren sind. Bei Berücksichtigung der darüber hinaus anstehenden Aufgaben müsste ein größerer Teil der Arbeitszeit für Tätigkeiten ohne Kinder eingeplant werden. Vgl. Bontrup, Heinz-J. Mehr Sicherheit und Kontinuität durch Bedarfsplanung. In: Arbeit und Arbeitsrecht – AuA, Heft 1/01, S. 21.

### 16
Der Begriff der Erzieher-Kind-Relation wird im Bundesgebiet mit unterschiedlichen Definitionen verwendet. Diese Differenzen sind bei der Abfrage der Länderministerien zunächst vernachlässigt worden. Allerdings zeigen die Berechnungen der Personalschlüssel (Grafik 12A), dass die Personalbemessung in den Bundesländern erheblich variiert.

### *
In Berlin werden Kinder im Bundesvergleich zu einem erheblich niedrigeren Anteil in der hier wiedergegebenen Gruppenform („Kindergartengruppe") betreut. Häufiger sind Kinder dieser Altersgruppe in altersgemischten Gruppen. Aus diesem Grund ist zwar die ausgegebene Personal-Kind-Relation für die angegebene Gruppenform rechnerisch richtig, jedoch kann diese nicht als eine repräsentative Relation für den Personalressourceneinsatz pro Kind im Kindergartenalter verstanden werden.

## Quellen

**Abbildung 1:**
**Teilhabequoten von Zwei- und Dreijährigen an Kindertagesbetreuung (2007), Ländervergleich**
Quelle: Statistisches Bundesamt: Kinder und tätige Personen in Tageseinrichtungen 2007; Kinder und tätige Personen in öffentlich geförderter Kindertagespflege 2007; zusammengestellt und berechnet von der Dortmunder Arbeitsstelle Kinder- und Jugendhilfestatistik, Januar 2008.

**Abbildung 2:**
**Teilhabequoten der Zwei- und Dreijährigen an Kindertagesbetreuung (2006 und 2007)**
Quelle: Statistisches Bundesamt: Kinder und tätige Personen in Tageseinrichtungen 2006 und 2007; Kinder und tätige Personen in öffentlich geförderter Kindertagespflege 2006 und 2007; zusammengestellt und berechnet von der Dortmunder Arbeitsstelle Kinder- und Jugendhilfestatistik, Januar 2008.

**Abbildung 3:**
**Personalschlüssel in Kindertageseinrichtungen (15.3.2006), Ländervergleich**
Quelle: Statistisches Bundesamt: Kinder und tätige Personen in Tageseinrichtungen 2006; Sonderauswertung der vom Forschungsdatenzentrum der Länder bereitgestellten anonymisierten Einzeldaten; zusammengestellt und berechnet von der Dortmunder Arbeitsstelle Kinder- und Jugendhilfestatistik, September 2007.

**Abbildung 4:**
**Investitionen pro unter 10-Jährigem (2005), Ländervergleich**
Quelle: Statistisches Bundesamt: Finanzen und Steuern. Rechnungsergebnisse der kommunalen Haushalte. Sonderauswertung der Dreisteller HUA 454 und 464 durch das Statistische Bundesamt nach dem Schema der Tabelle 4 der Fachserie 14, Reihe 3.3.

**Abbildung 5:**
**Anteil der Kinder nach vertraglich vereinbarter täglicher Betreuungszeit (15.3.2007)**
Quelle: Statistisches Bundesamt: Kinder und tätige Personen in Tageseinrichtungen 2007; zusammengestellt und berechnet von der Dortmunder Arbeitsstelle Kinder- und Jugendhilfestatistik, Februar 2008.
Quelle: Statistisches Bundesamt: Kinder und tätige Personen in öffentlich geförderter Kindertagespflege 2007; zusammengestellt und berechnet von der Dortmunder Arbeitsstelle Kinder- und Jugendhilfestatistik, Februar 2008.

**Abbildung 6:**
**Finanzierungsgemeinschaft für FBBE (2005)**
Quelle: Statistisches Bundesamt: Finanzen und Steuern. Rechnungsergebnisse der kommunalen Haushalte. Sonderauswertung der Dreisteller HUA 454 und 464 durch das Statistische Bundesamt nach dem Schema der Tabelle 4 der Fachserie 14, Reihe 3.3.

**Abbildung 7:**
**Bildungsplan**
Quelle: Angaben der Bundesländer zum Bildungsplan im Rahmen der schriftlichen Befragung der Bertelsmann Stiftung für den Länderreport Frühkindliche Bildungssysteme (Stand Januar 2007; aktualisiert nach Meldung der Bundesländer im November 2007).

**Abbildung 8:**
**Rahmenbedingungen für Bildungsqualität**
Quelle: Angaben der Bundesländer zu Regelungen der Strukturqualität sowie zu Regelungen zur Qualitätsentwicklung und -sicherung im Rahmen der schriftlichen Befragung der Bertelsmann Stiftung für den Länderreport Frühkindliche Bildungssysteme (Stand Januar 2007; aktualisiert nach Meldung der Bundesländer im November 2007).

# Länderprofile

# Baden-Württemberg

**Basisdaten 2007**

Fläche: 35.751 km²

Einwohner (31.12.2006): 10.738.753

**Anteil der Kinder in FBBE**
Kinder unter 3 Jahren: 11,6%
Nichtschulkinder
3 bis < 6 Jahre: 95,4%
(inkl. 1,4% in [vor-]schulischen Einrichtungen)

| | |
|---|---:|
| Geborene Kinder 2006 | 91.955 |
| Geburten pro Frau 2005 | 1,3 |
| Anzahl der Kinder unter 10 Jahren (31.12.2006) | 1.037.579 |
| Davon Kinder unter 3 Jahren | 284.787 |
| Davon Kinder 3 bis unter 6 Jahre | 302.519 |
| Davon Kinder 6 bis unter 10 Jahre | 450.273 |

| | |
|---|---:|
| Erwerbstätigenquote von Müttern (2006) mit | |
| … mindestens einem Kind unter 3 Jahren | 45,6% |
| … mindestens einem Kind von 3 bis unter 6 Jahren | 55,4% |
| Empfänger v. laufender Hilfe zum Lebensunterhalt (Ende 2004) | 231.842 |
| Darunter Kinder unter 18 Jahren | 91.511 |
| Tageseinrichtungen insgesamt | 7.703 |
| Anteil der Einrichtungen | |
| … in öffentlicher Trägerschaft | 42,6% |
| … in freigemeinnütziger Trägerschaft | 56,5% |
| … als Betriebs-/Unternehmensteil | 0,3% |
| … in privatgewerblicher Trägerschaft | 0,6% |
| Anteil der KiTas ohne feste Gruppenstruktur | 7,8% |
| Pädagogisches Personal in KiTas insgesamt | 47.053 |
| Kinder in KiTas insgesamt | 379.734 |
| Darunter Kinder unter 3 Jahren | 26.978 |
| Darunter Nichtschulkinder 3 bis unter 6 Jahre | 281.415 |
| Darunter Schulkinder 6 bis unter 10 Jahre | 17.378 |
| Tagespflegepersonen insgesamt | 6.692 |
| Kinder unter 6 Jahren in Kindertagespflege | 9.080 |
| Davon Kinder unter 3 Jahren | 6.049 |
| Davon Kinder 3 bis unter 6 Jahre | 3.031 |

Die aktuellen landespolitischen Zielsetzungen für FBBE sind in der Koalitionsvereinbarung der 14. Legislaturperiode verankert. Politische Priorität hat danach insbesondere der Ausbau der Plätze für unter Dreijährige, damit die Vereinbarkeit von Familie und Beruf unterstützt wird. Zudem soll in KiTas die vorschulische Bildung gestärkt werden. Die laufenden Landesprojekte konzentrieren sich auf schulvorbereitende Maßnahmen, z.B. „Vorschulische Sprachförderung" (seit 1973), „Schulanfang auf allen Wegen" (seit 1996), „Schulreifes Kind" (seit Sep. 2006) sowie seit 2007 „Bildungshäuser für Kinder im Alter von 3 bis 10 Jahren". Ein weiterer Schwerpunkt der Landesaktivitäten liegt auf der Entwicklung und Implementierung des Orientierungsplans (in der Erprobungsphase; ab 2009 verbindlich).

Das Ministerium für Arbeit und Soziales ist zuständig für Kinder unter drei Jahren in Kinderkrippen und Kindertagespflege. Für Kinder im Alter zwischen 3 bis unter 6,5 Jahre sowie für Schulkinder in Horten ist seit Mitte 2005 das Ministerium für Kultus, Jugend und Sport zuständig. Trotz dieser Trennung der Zuständigkeiten nach Altersgruppen ist das Ministerium für Kultus, Jugend und Sport für vorschulische Bildung ab Geburt zuständig. Die Chance, sich abzustimmen und zu koordinieren, bieten interministerielle Arbeitsgruppen, die zu zentralen landespolitischen Themen, wie z.B. „Vorschulische Sprachförderung", bestehen. Die Besetzung dieser Arbeitsgruppen deutet zudem auf eine breite Beteiligung verschiedenster Akteure, wie Trägerverbände, Kommunalverbände etc., hin.

## Teilhabe sichern

In Baden-Württemberg nimmt die Mehrheit der Kinder ab 3 Jahren an Angeboten der FBBE teil. Demgegenüber besteht bei den Kindern unter drei Jahren – im Vergleich zum Bundesdurchschnitt – Ausbaubedarf, für den die Landesregierung entsprechende Mittel bereitstellt.

Die vertraglich vereinbarten Betreuungszeiten in KiTas deuten auf einen unterschiedlichen Nutzungsumfang der beiden Altersgruppen der Kinder unter drei und über drei Jahre hin. Von den Kindern unter drei Jahren sind 23% mehr als sieben Stunden täglich angemeldet, jedoch nur 8,4% der Kinder über drei Jahre. Ob diese Betreuungszeiten für die Kinder über drei Jahre tatsächlich den Bedarfen der Kinder und Familien entsprechen, wäre zu prüfen. Auffällig ist dabei auch der hohe Anteil der Kinder über drei Jahre, die vor- und nachmittags ohne Mittagsbetreuung angemeldet sind (fast 36%).

Knapp ein Drittel aller Kinder, die eine KiTa besuchen, hat einen Migrationshintergrund. Für ihre Integration werden seit Jahrzehnten Sprachfördermaßnahmen durchgeführt. Ob KiTas über die Themen der Sprachförderung hinaus durch Landesprojekte für die pädagogische Praxis mit Kindern und deren Eltern mit Migrationshintergrund gut gerüstet sind, wäre zu prüfen. Es gibt wenig Hinweise auf Landesprojekte, die z.B. die Zusammenarbeit von KiTas mit Migranteneltern oder die Kooperation mit Ver-einen der Migranten, besonders herausstellen.

## Investitionen wirkungsvoll einsetzen

Die landespolitischen Programme vermitteln den Eindruck, dass auf der Landesebene gezielte Impulse für eine fachliche Schwerpunktsetzung in der FBBE gegeben werden sollen, für die auch finanzielle Mittel bereitgestellt werden. Gleichzeitig wird FBBE sowohl bei der Finanzsteuerung als auch bei der konkreten qualitativen Ausgestaltung primär auf der Ebene der Gemeinden verantwortet.

Bei der Finanzsteuerung gibt das Land pauschale Zuweisungen an die Gemeinden (nach § 29 b FAG), die diese nach einem kommunal auszuhandelnden Schlüssel an die Träger bzw. Einrichtungen verteilen. Dabei müssen die freien Träger grundsätzlich gleich behandelt werden, indem sie einen öffentlichen Zuschuss erhalten, der mindestens 63% der laufenden Betriebskosten entspricht. Im Bundesvergleich lag der Landesanteil an den Ausgaben für FBBE insgesamt im Jahr 2005 mit 23% eher im unteren Bereich.

Die Höhe der Elternbeiträge wird vom jeweiligen Träger festgelegt. Eine generelle Einkommensstaffelung der Beiträge ist ebenso wenig vorgesehen wie eine Beitragsermäßigung oder -übernahme für einkommensschwache Eltern. Die Empfehlungen der kommunalen Landesverbände und der Kirchen sehen für den Kindergartenbereich eine Staffelung nach Kinderzahl in den Familien vor. Aufgrund dieser Regelungen kann eine Varianz bei der Höhe der Elternbeiträge bestehen.

## Bildung fördern – Qualität sichern

KiTas als Bildungseinrichtungen müssen Bildungsprozesse von Kindern aller Altersgruppen in den Blick nehmen. Die geteilte ministerielle Zuständigkeit in Baden-Württemberg darf nicht zu einer alltagspraktischen Trennung der Funktionen Betreuung und Bildung differenziert nach Altersgruppen führen. Kinder brauchen von Beginn an individuelle Begleitung und Förderung mit altersgerechten Rahmenbedingungen. Beim gegenwärtig forcierten Ausbau U 3 müssen deshalb neben den bedarfsgerechten Betreuungszeiten auch Struktur- und Prozessqualität so gestaltet werden, dass Kinder in ihrer Entwicklung und Bildung unterstützt werden. Es ist nicht transparent, inwieweit die Landesebene Maßnahmen initiiert, die explizit auf die Weiterentwicklung der pädagogischen Qualität für diese Altersgruppe zielen. Auch der Orientierungsplan konzentriert sich schwerpunktmäßig auf die Altersgruppe der 3- bis 6,5-jährigen Kinder.

Qualitätsentwicklung in FBBE wird von der Landesregierung durch ausgewählte fachliche Innovationen, die landesweit verbreitet werden, unterstützt. Primär werden fachliche Ansätze gefördert, die die Schulvorbereitung sowie die Kooperation von KiTa und Schule in den Mittelpunkt stellen. Die Gestaltung der Rahmenbedingungen der alltäglichen Bildungspraxis und die systematische Weiterentwicklung der Prozessqualität liegen primär in der Verantwortung der nachgeordneten Ebenen, so dass die pädagogische Qualität der Einrichtungen möglicherweise variiert. Da Qualitätsevaluation auf der Einrichtungsebene nicht vorgesehen ist, gibt es keine systematischen Impulse zur Qualitätsentwicklung für alle KiTas (z.B. durch Selbstevaluation) und kaum Transparenz über die Qualität der Angebote (z.B. durch externe Evaluation). Die Bildungschancen der Kinder liegen damit primär in der Verantwortung der lokalen Ebene bzw. der einzelnen Einrichtung.

## BW1 | Rechtsanspruch des Kindes auf einen Betreuungsplatz

Es besteht ein elternunabhängiger Rechtsanspruch auf einen Betreuungsplatz für jedes Kind vom vollendeten dritten Lebensjahr bis zum Schuleintritt. Ein Mindestumfang von garantierten Betreuungsstunden ist durch Landesrecht nicht geregelt.

# Teilhabe sichern

Die Teilhabe der unter Dreijährigen an FBBE in BW liegt vier Prozentpunkte unter dem Bundesdurchschnitt (13,5%). Die Teilhabe der Drei- bis unter Sechsjährigen (95,4%) liegt über dem bundesdeutschen Durchschnitt (89,8%). Der Anteil der unter Dreijährigen in KiTas, für die mehr als 7 Stunden tägliche Betreuungszeit vereinbart wurden (23%), liegt 15 Prozentpunkte höher als bei den Nichtschulkindern ab drei Jahre (8,4%). Von diesen älteren Kindern sind für 44% mehr als 5 und bis zu 7 Stunden sowie für fast 36% vor- und nachmittags ohne Mittagsbetreuung in einer KiTa vereinbart. Gleichzeitig sind von den Nichtschulkindern über 3 Jahre 23 Prozentpunkte mehr als von den unter Dreijährigen vor- und nachmittags ohne Mittagsbetreuung in einer KiTa angemeldet.

## BW2 | Ausbaubedarf bei Betreuungsplätzen für unter Dreijährige

**7.422** Mehr Kinder < 3 Jahren in FBBE 15.3.2007

**25.605** Kinder < 3 Jahren in FBBE 15.3.2006

**15.210** verbleibender Ausbaubedarf bis 2010

Nach den Kriterien des Tagesbetreuungsausbaugesetzes wird angenommen, dass für ca. 48.250 Kinder unter drei Jahren im Jahr 2010 ein Platz in der Tagesbetreuung verfügbar sein soll. Bis zum Jahr 2010 wären danach noch 31,5% des ermittelten Platzbedarfs zu erfüllen.

## BW3 | Vertraglich vereinbarte tägliche Betreuungszeiten (2007)

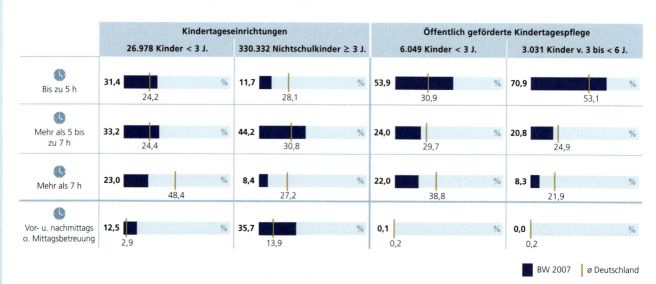

BADEN-WÜRTTEMBERG (BW)

## BW4 | Bildungsbeteiligung vor der Schule (2007)

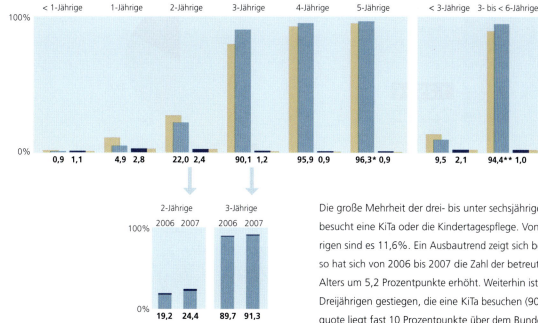

Die große Mehrheit der drei- bis unter sechsjährigen Kinder (95,4%) besucht eine KiTa oder die Kindertagespflege. Von den unter Dreijährigen sind es 11,6%. Ein Ausbautrend zeigt sich bei den Zweijährigen, so hat sich von 2006 bis 2007 die Zahl der betreuten Kinder dieses Alters um 5,2 Prozentpunkte erhöht. Weiterhin ist der Anteil der Dreijährigen gestiegen, die eine KiTa besuchen (90,1%). Ihre Teilhabequote liegt fast 10 Prozentpunkte über dem Bundesdurchschnitt.

## BW5 | Kinder mit Migrationshintergrund in Kindertageseinrichtungen (2007)

**Kinder < 3 Jahren**
25,9% Kinder, von denen mindestens ein Elternteil ausländischer Herkunft ist.

Davon sprechen 46,5% vorwiegend deutsch, 53,5% nicht-deutsch im Elternhaus.

**Nichtschulkinder ab 3 Jahre**
31,0% Kinder, von denen mindestens ein Elternteil ausländischer Herkunft ist.

Davon sprechen 40,2% vorwiegend deutsch, 59,8% nicht-deutsch im Elternhaus.

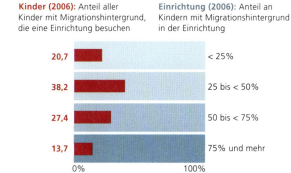

Der durchschnittliche Anteil von Kindern mit Migrationshintergrund (mindestens ein Elternteil ausländischer Herkunft) ist in KiTas in BW höher als der durchschnittliche Anteil in Westdeutschland. Die Mehrzahl dieser Kinder (über 65%) besucht KiTas, die einen Migrantenanteil von 25% bis unter 75% haben. Die landespolitische Zielsetzung, Integration als zentrale landes- und gesellschaftspolitische Aufgabe zu verstehen, muss auch in diesem Kontext bewertet werden. Insbesondere werden vielfältige Maßnahmen der Sprachförderung als Bestandteil der vorschulischen und schulischen Bildungs- und Erziehungsarbeit gefördert.

Datengrundlage erhoben und berechnet in Zusammenarbeit mit akjSTAT

## BW6 | Investitionen pro Kind

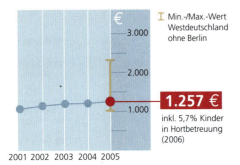

1.257 €
inkl. 5,7% Kinder in Hortbetreuung (2006)

Die reinen Nettoausgaben der öffentlichen Haushalte für FBBE pro unter Zehnjährigem zeigen – im Zeitverlauf variierende – Steigerungsraten. Sie sind von 2004 auf 2005 um 3,9% gestiegen und liegen unter den durchschnittlichen Ausgaben in Westdeutschland.

## BW7 | Finanzierungsgemeinschaft für FBBE (2005)

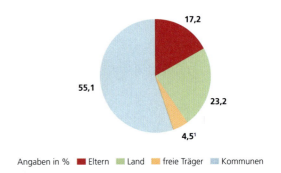

Angaben in % ■ Eltern ■ Land ■ freie Träger ■ Kommunen

In den öffentlichen Statistiken fehlen i. d. R. die Elternbeiträge, die direkt von freien Trägern eingezogen werden, sowie die finanziellen Eigenanteile der freien Träger. Diese Ausgabengrößen werden daher über Schätzungen ermittelt.

# Investitionen wirkungsvoll einsetzen

Die durchschnittlichen Investitionen pro unter 10-jährigem Kind liegen in BW unter den Durchschnittsausgaben in Westdeutschland. Zwischen 2001 und 2005 lassen sich jährlich leichte Steigerungen der Nettoausgaben der öffentlichen Haushalte in diesem Bereich erkennen. Allerdings ist der Anteil der reinen Nettoausgaben gemessen an ihrem Anteil an den gesamten reinen Ausgaben der öffentlichen Haushalte in dem gleichen Zeitraum nur geringfügig gestiegen und von 2003 bis 2005 konstant geblieben.

Nach Schätzungen tragen im Jahr 2005 die Kommunen über 55% der Ausgaben für FBBE, das Land trägt über 23%. Die Eltern sind wichtige Partner in der Finanzierungsgemeinschaft, da sie durchschnittlich über 17% der Ausgaben für FBBE tragen. Dabei sind größere Schwankungen des Finanzierungsanteils der Eltern in Abhängigkeit von der einzelnen Einrichtung anzunehmen, da die Höhe der Elternbeiträge vom jeweiligen Träger individuell festgelegt wird. Die freien Träger tragen 4,5% der Ausgaben.

## BW8 | Anteil der reinen Nettoausgaben für FBBE an den gesamten reinen Ausgaben öffentlicher Haushalte

Im Zeitraum von 2003 bis 2005 liegt der Anteil der reinen Nettoausgaben für FBBE gemessen an ihrem Anteil an den gesamten reinen Ausgaben der öffentlichen Haushalte jedes Jahr bei 3,3%.

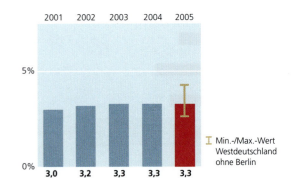

BADEN-WÜRTTEMBERG (BW)

# Bildung fördern – Qualität sichern

Der Bildungsplan (in BW Orientierungsplan genannt) wurde in einem breiten Beteiligungsprozess relevanter Akteure entwickelt und befindet sich gegenwärtig mit wissenschaftlicher Begleitung in der Erprobung. Der Orientierungsplan ist schwerpunktmäßig für Kinder von drei Jahren bis zum Schuleintritt konzipiert. Für die Umsetzung des Orientierungsplans wird breit informiert. Mehrsprachige Informationsmaterialien für Eltern sind bereits erarbeitet und werden demnächst veröffentlicht. Die pädagogische Arbeit nach dem Orientierungsplan wird durch eine Qualifizierungsoffensive unterstützt, für die das Land und die kommunalen Landesverbände je hälftig Kosten bis zu 20 Mio. Euro tragen. Die Teilnahme an Qualifizierungen zum Orientierungsplan liegt im Ermessen jeder einzelnen Fachberatung. Da insbesondere durch Fachberatung eine kontinuierliche Begleitung der Einrichtungen in der Alltagspraxis mit dem Orientierungsplan ermöglicht werden könnte, dürfte sich die gezielte Qualifizierung dieser Gruppe qualitätsfördernd auswirken. Zur systematischen und dauerhaften Überprüfung der Arbeit mit dem Orientierungsplan sind bislang auf Landesebene keine Aktivitäten vorgesehen. Allerdings ist eine Überprüfung der Arbeit mit dem Orientierungsplan auch Gegenstand der laufenden wissenschaftlichen Begleitung.

## BW9 | Bildungsplan (BP)

| I. Information | |
|---|---|
| Kostenloser Versand des BP an alle KiTas | ● |
| BP als Download verfügbar | ● |
| BP als Publikation erwerbbar | ● |
| Informationsmaterial über BP für Eltern verfügbar | ● |
| Informationsmaterial über BP mehrsprachig f. Eltern verfügbar | –[2] |
| **4 von 5 Punkten** | ●●●●○ |

| II. Qualifizierung | |
|---|---|
| Infoveranstaltung zum BP für KiTa-Mitarbeiterinnen | ● |
| Verpflichtende Informationsveranstaltung zum BP für KiTa-Mitarbeiterinnen | ● |
| Angebotene Fortbildung zum BP mindestens zweitägig | ● |
| Alle Fachberatungen erhalten Fortbildungen zum BP | – |
| Öffentliche Mittel für regelmäßige Fortbildung zum BP für alle pädagogischen Mitarbeiterinnen verfügbar | ● |
| **4 von 5 Punkten** | ●●●●○ |

| III. Umsetzungskontrolle (in allen KiTas) | |
|---|---|
| Jährliche externe Überprüfung der Umsetzung des BP | – |
| Jährliche Berichtspflicht zur Implementation des BP | – |
| Nachweis der Aufnahme des BP in die Konzeption | – |
| **0 von 3 Punkten** | ○○○ |

**BP in Erprobung**

## BW10 | Kooperation KiTa – Grundschule

Eine Verwaltungsvorschrift des Kultusministeriums und Sozialministeriums macht die Kooperation in Abstimmung mit den kommunalen Landesverbänden, Kirchen und sonstigen freien Trägern verbindlich und formuliert fachliche Standards. Grundschulen erhalten Mittel für Kooperationsbeauftragte und Schulleiter können in eigenem Ermessen Stunden aus dem Entlastungskontingent gewähren. KiTas erhalten keine zusätzlichen Mittel.

Datengrundlage erhoben und berechnet in Zusammenarbeit mit akj STAT

## BW11 Pädagogisches Personal nach Berufsausbildungsabschlüssen (2007)

Fast drei Viertel des pädagogischen Personals (74,0%) verfügten in BW über einen Fachschulabschluss. Die zweitgrößte Beschäftigungsgruppe bilden die Kinderpflegerinnen (11,1%), gefolgt von Tätigen in Praktikum bzw. Ausbildung (6,3%). Der Anteil dieser Gruppe am Personal liegt über dem bundesdeutschen Durchschnitt und kann Hinweis auf intensive Ausbildungsaktivitäten sein. Der Personalanteil mit einem Hochschulabschluss liegt unter dem Bundesdurchschnitt.

| Abschluss | Baden-Württemberg | ø Deutschland |
|---|---|---|
| | Anteile in Prozent | |
| (sozialpädagogischer) Hochschulabschluss | 2,5 | 3,4 |
| Fachschulabschluss (Erzieherinnen, Heilpädagoginnen) | 74,0 | 72,1 |
| Kinderpflegerinnen | 11,1 | 13,5 |
| anderer fachlicher Abschluss (sonst. Sozial- u. Erziehungsberufe) | 1,4 | 1,8 |
| anderer Abschluss | 2,5 | 3,0 |
| Praktikum/Ausbildung | 6,3 | 4,1 |
| ohne abgeschl. Ausbildung | 2,4 | 2,1 |

## BW12 Personalschlüssel und Gruppengrößen in Kindertageseinrichtungen (2006)

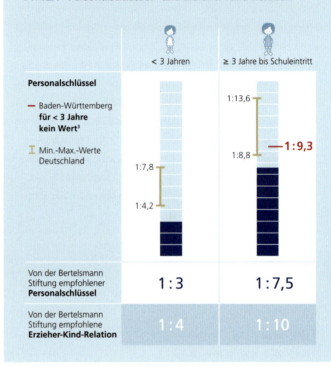

BW12A Personalschlüssel* und Erzieher-Kind-Relation

## BW13 Beschäftigungsumfang des pädagogischen Personals in Kindertageseinrichtungen (2007)

Im Vergleich zum Bundesdurchschnitt (unter 40%) liegt der Anteil der Vollzeitbeschäftigten in BW um 11 Prozentpunkte höher. Allerdings ist seit 1998 eine kontinuierliche Abnahme des Anteils der Vollzeitbeschäftigten zu beobachten. Insgesamt hat sich deren Anteil an allen Beschäftigten von 1998 bis 2007 um insgesamt 17 Prozentpunkte reduziert. Auffällig ist der Anteil der Teilzeittätigen mit unter 21 Wochenstunden, der um ca. 5 Prozentpunkte über dem Bundesdurchschnitt liegt. Darüber hinaus liegt auch der Anteil der nebenberuflich Tätigen 3 Prozentpunkte über dem Bundesdurchschnitt. Mit Blick auf den angestrebten Ausbau der Ganztagsbetreuung wäre zu prüfen, inwieweit Betreuungszeiten und Beschäftigungszeiten aufeinander abgestimmt werden, insbesondere um Kindern kontinuierliche und verlässliche Beziehungserfahrungen zu ermöglichen.

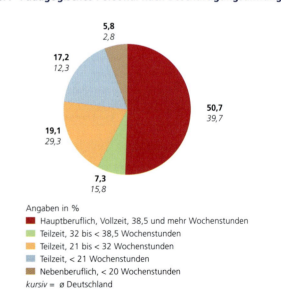

BW13A Pädagogisches Personal nach Beschäftigungsumfang

BADEN-WÜRTTEMBERG (BW)

## BW12B  Durchschnittliche Gruppengrößen

|  | < 3 Jahren | ≥ 3 Jahre bis Schuleintritt |
|---|---|---|
| **Ganztagsgruppen** Anzahl der Kinder | 10 | 18 |
| **Keine Ganztagsgruppen** Anzahl der Kinder | 11 | 22 |

**\* Personalschlüssel**

Der für jedes Bundesland ausgewiesene Personalschlüssel und der von der Bertelsmann Stiftung empfohlene Personalschlüssel sind rechnerische Größen. Sie beschreiben jeweils die Relation zwischen der täglichen Inanspruchnahme aller Kinder und dem eingesetzten Personal in einer Gruppe. Basis ist die vertragliche Arbeitszeit der einzelnen Mitarbeiterinnen, die auch Vorbereitungszeiten, Teamsitzungen, Elterngespräche, Leitungsanteile, Urlaub und Krankheitszeiten u. a. umfasst. Der Personalschlüssel gibt nicht an, wie viele Kinder zu jedem Zeitpunkt am Tag von einer Fachkraft betreut werden. Hierzu s. Erzieher-Kind-Relation.

Die empfohlene Erzieher-Kind-Relation errechnet sich aus dem empfohlenen Personalschlüssel. Es wird angenommen, dass 25% der Arbeitszeit für Tätigkeiten ohne Kinder einzuplanen sind und 75% für eine direkte pädagogische Interaktion mit dem Kind verfügbar sind.

## BW14 | Rahmenbedingungen für Bildungsqualität

| Regelungen zur Strukturqualität | Allgemein geregelt | Präzise definiert |
|---|---|---|
| Maximale Gruppengröße | ● | ● |
| Erzieher-Kind-Relation | ● | ● |
| Verfügungszeit | ● | ● |
| Fachberatung | – | – |
| Fortbildung | – | – |
| Leitungsfreistellung | – | – |
| (Innen-/Außen-)Flächen | ● | ● |

Insgesamt **8** von 14 Punkten

Zentrale Elemente der Strukturqualität sind präzise in einer „abgestimmten Handhabung"[4] zwischen verschiedenen Akteuren definiert. Damit sind wichtige Voraussetzungen für landesweit vergleichbare Rahmenbedingungen der pädagogischen Arbeit gegeben. Ob die gewählte Regelungsform dauerhaft verlässliche Voraussetzungen bietet, bedarf einer Überprüfung.

## BW13B  Anteil der Vollzeitbeschäftigten 1998–2007

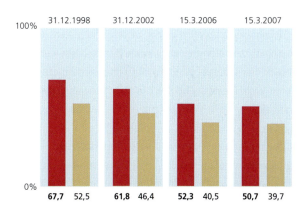

Anteil Vollzeitbeschäftigte an allen Beschäftigten ohne Verwaltung und Hauswirtschaft/Technik

■ BW   ■ ø Deutschland

| Regelungen zur Qualitätsüberprüfung | |
|---|---|
| Geregelte Verpflichtung in Ausführungsgesetz oder Verordnung | – |
| *Elternbefragung (mindestens jährlich)* | – |
| *Selbstevaluation* | – |
| *Fremdevaluation* | – |
| Zahlung öffentlicher Zuschüsse abhängig von externer Qualitätsüberprüfung | – |

Insgesamt **0** von 5 Punkten

Verfahren zur Qualitätsüberprüfung sind nicht verbindlich in allen KiTas vorgesehen. Damit fehlt eine systematische und kontinuierliche Transparenz über die bestehenden Bildungs- und Betreuungsangebote. Sie könnte zielgerichtete Impulse für Landesprojekte zum Qualitätsausbau liefern. Die Zahlung öffentlicher Zuschüsse für die KiTas erfolgt unabhängig von einer externen Qualitätsüberprüfung.

# Bayern

**Basisdaten 2007**

**Fläche:** 70.552 km²

**Einwohner** (31.12.2006):
**12.492.658**

**Anteil der Kinder in FBBE**
Kinder unter 3 Jahren: 10,8%
Nichtschulkinder
3 bis < 6 Jahre: 87,9%
(inkl. 0,1% in [vor-]schulischen Einrichtungen)

| | |
|---|---:|
| Geborene Kinder 2006 | 104.822 |
| Geburten pro Frau 2005 | 1,3 |
| Anzahl der Kinder unter 10 Jahren (31.12.2006) | 1.180.531 |
| Davon Kinder unter 3 Jahren | 325.935 |
| Davon Kinder 3 bis unter 6 Jahre | 345.823 |
| Davon Kinder 6 bis unter 10 Jahre | 508.773 |

| | |
|---|---:|
| Erwerbstätigenquote von Müttern (2006) mit | |
| … mindestens einem Kind unter 3 Jahren | 46,9% |
| … mindestens einem Kind von 3 bis unter 6 Jahren | 57,3% |
| Empfänger v. laufender Hilfe zum Lebensunterhalt (Ende 2004) | 270.585 |
| Darunter Kinder unter 18 Jahren | 96.115 |
| Tageseinrichtungen insgesamt | 7.708 |
| Anteil der Einrichtungen | |
| … in öffentlicher Trägerschaft | 30,6% |
| … in freigemeinnütziger Trägerschaft | 68,1% |
| … als Betriebs-/Unternehmensteil | 0,1% |
| … in privatgewerblicher Trägerschaft | 1,2% |
| Anteil der KiTas ohne feste Gruppenstruktur | 7,4% |
| Pädagogisches Personal in KiTas insgesamt | 48.514 |
| Kinder in KiTas insgesamt | 422.754 |
| Darunter Kinder unter 3 Jahren | 31.091 |
| Darunter Nichtschulkinder 3 bis unter 6 Jahre | 302.473 |
| Darunter Schulkinder 6 bis unter 10 Jahre | 42.438 |
| Tagespflegepersonen insgesamt | 3.030 |
| Kinder unter 6 Jahren in Kindertagespflege | 5.155 |
| Davon Kinder unter 3 Jahren | 4.026 |
| Davon Kinder 3 bis unter 6 Jahre | 1.129 |

In Bayern ist das Bayerische Staatsministerium für Arbeit und Sozialordnung, Familie und Frauen zuständig für FBBE. Das Staatsministerium ordnet das Kinderbildungs- und Betreuungsgesetz (BayKiBiG) (am 1.8.2005 in Kraft getreten) als politisches Gesamtprogramm ein.

An der Weiterentwicklung der FBBE in BY sind drei interministerielle, regelmäßige Fachgruppen beteiligt, die Chancen zur Abstimmung bieten: der Arbeitskreis KISCH (Kampagne zur Intensivierung der Kooperation von Kindertagesstätten und Grundschule), Arbeitskreis KitaSch (Kindertageseinrichtungen und Grundschule) und Arbeitskreis Akademisierung der Ausbildung. An ihnen sind jeweils vier Staatsministerien sowie Vertreter der Trägerverbände, wissenschaftlicher Einrichtungen sowie des Bayerischen Städtetags und Gemeindetags beteiligt. Diese drei Fachgruppen beschäftigen sich mit den Themen: Sprachförderung von Migrantenkindern; Ausbildung der Fachkräfte; Modellmaßnahmen für den Übergang von den KiTas zur Grundschule. Darüber hinaus gibt es einen Arbeitskreis Fortbildung, an dem auch Vertreter verschiedener Gruppierungen beteiligt sind. Neben diesen Gremien gibt es weitere Aktivitäten, die mit unterschiedlichen Akteuren gemeinsam durchgeführt wurden. Insgesamt beteiligt das zuständige Staatsministerium bei der Weiterentwicklung der FBBE in BY in verschiedenen Arbeitszusammenhängen ein breites Spektrum von Akteuren.

Fachliche Innovationen und Projekte zur Unterstützung der Fachpraxis werden ebenfalls von der Landesebene initiiert, so z.B. jüngst eine landesweite Qualifizierungskampagne für Fachkräfte in Kindertageseinrichtungen mit Kindern unter 3 Jahren (Quaka). Diese Aktivitäten sind jeweils vor allem langfristige Programme, die teilweise bereits in der allgemeinen Infrastruktur der FBBE verankert sind.

## Teilhabe sichern

In BY liegt die Teilhabe an Angeboten der FBBE von den unter Dreijährigen fast 5 Prozentpunkte unter dem Bundesdurchschnitt und auch von den älteren Kindern nehmen etwas weniger als im Durchschnitt teil. Signale für Ausbauaktivitäten geben die Teilhabequoten der Zwei- und Dreijährigen, die sich zwischen 2006 und 2007 jeweils um fast 5 Prozentpunkte erhöht haben. Damit liegen sie allerdings immer noch unter dem Bundesdurchschnitt. Die Daten zeigen, dass die Mehrheit der unter Dreijährigen (42,6%) täglich bis zu 5 Stunden in einer KiTa ist. Lediglich ein Viertel dieser Altersgruppe nutzt Ganztagsbetreuung, womit dieser Betreuungsumfang von deutlich weniger Kindern als im Bundesdurchschnitt (48,4%) wahrgenommen wird. Grundsätzlich nehmen die älteren Kinder mehr Betreuungsstunden in Anspruch. Über 43% von ihnen nutzen täglich mehr als 5 bis zu 7 Stunden. Allerdings ist der Anteil dieser Altersgruppe, die ganztags in einer KiTa ist, etwas niedriger als bei den jüngeren Kindern.

## Investitionen wirkungsvoll einsetzen

Die reinen Nettoausgaben der öffentlichen Haushalte für FBBE pro unter 10-jährigem Kind sind zwar von 2001 bis 2005 in BY kontinuierlich gestiegen. Im Bundesländervergleich liegt BY allerdings in der Gruppe der Bundesländer mit den niedrigsten Ausgaben. Der Anteil der reinen Nettoausgaben für FBBE gemessen an ihrem Anteil an den gesamten Ausgaben der öffentlichen Haushalte liegt in BY (2,9%) unter dem westdeutschen Durchschnitt (3,3%).

## Bildung fördern – Qualität sichern

Zentraler Kern des mit dem BayKiBiG eingeleiteten Reformprozesses ist das seit dem Kindergartenjahr 2006/07 flächendeckend eingeführte Finanzierungskonzept der kindbezogenen Förderung. Die kindbezogene Förderung soll für die KiTas Anreize schaffen, Qualität kontinuierlich zu verbessern und gleichzeitig im Eigeninteresse möglichst optimal zu wirtschaften.

Als wichtige Voraussetzung für die Qualität der pädagogischen Arbeit in den KiTas gilt die Strukturqualität, wie beispielsweise die Personalressourcen. In diesem Zusammenhang ist das formale Qualifikationsniveau des pädagogischen Personals in den KiTas in BY vergleichsweise niedrig. So verfügen knapp 52% des pädagogischen Personals über einen Fachschulabschluss und damit mehr als 20 Prozentpunkte weniger als im Bundesdurchschnitt. Dies ist der niedrigste Anteil des pädagogischen Personals mit Fachschulabschluss im Bundesländervergleich. Zudem hat BY den höchsten Anteil an Kinderpflegerinnen (37,5%) im Bundesländervergleich. Dieser liegt 24 Prozentpunkte über dem Bundesdurchschnitt. Auffällig ist der über dem Bundesdurchschnitt liegende Anteil der Vollzeitbeschäftigten (47,8%), der grundsätzlich gute Voraussetzungen für eine kontinuierliche Gestaltung von Beziehungen zu den Kindern bietet. Allerdings hat sich auch in BY zwischen 1998 und 2007 der Anteil der Vollzeitbeschäftigten um insgesamt 13,5 Prozentpunkte reduziert.

Mit Blick auf weitere Elemente der Strukturqualität ist festzustellen, dass in BY nur die Erzieher-Kind-Relation landesweit allgemein und präzise definiert ist. Darüber hinaus besteht nur noch für den Bereich der Fortbildung eine allgemeine Regelung. Die übrigen fünf erfassten Elemente der Strukturqualität sind in BY nicht geregelt. Vor diesem Hintergrund wäre zu prüfen, ob den KiTas angemessene Rahmenbedingungen für eine gute Qualität der pädagogischen Arbeit zur Verfügung stehen. Die Gestaltung dieser Rahmenbedingungen müssen primär die Träger bzw. die KiTas verantworten. Zudem sind die KiTas von der Landesebene zur Qualitätsentwicklung und -sicherung verpflichtet. Die Landesebene greift in das Konzept des Qualitätsmanagements insofern steuernd ein, als Befragungen von Eltern, Kindern und Mitarbeitern sowie die Veröffentlichung der Konzeption der Einrichtung vorgeschrieben sind.

Das Konzept der kindbezogenen Finanzierung wird von der Landesebene als wirksames geschlossenes System der Qualitätssicherung bewertet. Die Landesebene beabsichtigt mit der gezielten Förderung des Wettbewerbs, KiTas zu Angeboten zu motivieren, die bedarfsgerecht sind und eine hohe Qualität haben. Dabei werden vom Land nicht direkt Angebotsmerkmale vorgeschrieben. Auf diese Weise soll die Selbstverantwortung und Eigeninitiative der Einrichtungen „gefordert und gefördert werden". Das Land gibt darüber hinaus kontinuierlich Impulse für die fachliche Weiterentwicklung, beispielsweise durch die Fortbildungskampagnen „Startchance Bildung" sowie „Übergang als Chance".

Die bayerische Landesregierung hat ein Konzept der Finanz- und Fachsteuerung verankert, mit dem gezielt Verfahren und Prinzipien eingeführt worden sind, durch die kontinuierliche Qualitätsverbesserung in den KiTas indirekt gesteuert und motiviert werden soll. Bislang liegen keine Informationen darüber vor, welche Qualitätsniveaus der pädagogischen Arbeit in den KiTas mit diesem Konzept tatsächlich realisiert werden. Damit kann nicht beurteilt werden, ob den Kindern landesweit vergleichbare Bildungschancen eröffnet werden.

## BY1 | Rechtsanspruch des Kindes auf einen Betreuungsplatz

Es besteht kein Rechtsanspruch.

# Teilhabe sichern

Die Teilhabe der unter Dreijährigen an FBBE (10,8%) liegt in BY fast 5 Prozentpunkte unter dem Bundesdurchschnitt (15,6%). Die Teilhabe der Drei- bis unter Sechsjährigen (87,9%) liegt knapp unter dem bundesdeutschen Durchschnitt (89,8%)[1]. Von den Zweijährigen nehmen 78,1% keine Betreuung in Anspruch. Ihre Beteiligungsquote liegt fast 8 Prozentpunkte unter dem Bundesdurchschnitt (29,7%). Für die Mehrheit der unter Dreijährigen in KiTas sind nicht mehr als 7 Stunden tägliche Betreuungszeit vereinbart (74,3%). Der größte Anteil der Nichtschulkinder ab drei Jahre wird laut Betreuungsvertrag mehr als 5 bis zu 7 Stunden täglich in einer KiTa betreut (43,2%). Für etwas weniger als 22% dieser Altersgruppe sind mehr als 7 Stunden täglich vereinbart, dieser Anteil liegt 5,4 Prozentpunkte unter dem Bundesdurchschnitt.

## BY2 | Ausbaubedarf bei Betreuungsplätzen für unter Dreijährige

Nach den Kriterien des Tagesbetreuungsausbaugesetzes wird angenommen, dass für ca. 20.050 Kinder unter drei Jahren im Jahr 2010 ein Platz in der Tagesbetreuung verfügbar sein soll. Bis zum Jahr 2010 wären danach noch über 36% des ermittelten Platzbedarfs zu erfüllen.[2]

## BY3 | Vertraglich vereinbarte tägliche Betreuungszeiten (2007)

## BY4 | Bildungsbeteiligung vor der Schule (2007)

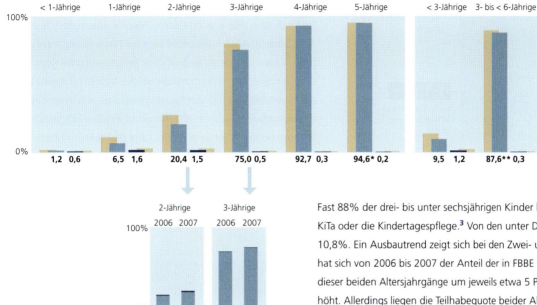

Fast 88% der drei- bis unter sechsjährigen Kinder besuchten eine KiTa oder die Kindertagespflege.[3] Von den unter Dreijährigen sind es 10,8%. Ein Ausbautrend zeigt sich bei den Zwei- und Dreijährigen, so hat sich von 2006 bis 2007 der Anteil der in FBBE betreuten Kinder dieser beiden Altersjahrgänge um jeweils etwa 5 Prozentpunkte erhöht. Allerdings liegen die Teilhabequote beider Altersjahrgänge auch 2007 noch unter dem Bundesdurchschnitt.

## BY5 | Kinder mit Migrationshintergrund in Kindertageseinrichtungen (2007)

Der durchschnittliche Anteil von Kindern mit Migrationshintergrund (mind. ein Elternteil ausländischer Herkunft) ist in KiTas in BY unter dem Durchschnitt von Westdeutschland. Im Jahr 2006 besuchte die Mehrzahl dieser Kinder (knapp 62%) KiTas, die einen Anteil von Kindern mit Migrationshintergrund von 25% bis unter 75% haben. Fast 11% sind in einer KiTa mit 75% und mehr Kindern mit Migrationshintergrund.[4]

## BY6 | Investitionen pro Kind

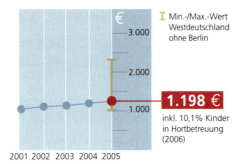

Die reinen Nettoausgaben der öffentlichen Haushalte für FBBE pro unter Zehnjährigem zeigen – im Zeitverlauf variierende – Steigerungsraten. Sie sind von 2004 auf 2005 um 4,9% gestiegen und liegen unter den durchschnittlichen Ausgaben in Westdeutschland.

## BY7 | Finanzierungsgemeinschaft für FBBE (2005)

In welchem Umfang sich die Träger der freien Jugendhilfe an den Betriebskosten ihrer eigenen Einrichtungen beteiligen, ist in Bayern nicht bekannt. Aus diesem Grund kann der Finanzierungsanteil der freien Träger nicht genau bestimmt werden und somit die Finanzierungsgemeinschaft nicht abgebildet werden. Würde für Bayern z.B. ein Trägeranteil von 100 Mio. Euro angenommen, was einem Eigenfinanzierungsanteil von ca. 10% entspricht, ergäben sich jedoch folgende Anteile: Kommune 46,8%, Land 30,2% Eltern 17,6%.

# Investitionen wirkungsvoll einsetzen

Seit dem Kindergartenjahr 2006/2007 besteht nach einer Erprobungsphase flächendeckend das Finanzierungskonzept der „kindbezogenen Förderung". Dieses kombiniert neue Finanzierungsregeln mit einem Konzept der mittelbaren Qualitätssteuerung. Grundsätzlich soll gelten: Wo mehr Kinder längere Zeit betreut werden, fließt mehr Förderung. KiTas erhalten keine gruppenbezogene Personalkostenerstattung mehr, sondern Leistungspauschalen pro Kind, in der Höhe variierend nach Betreuungszeit und pädagogischen Gewichtungsfaktoren[5].

Gewichtungsfaktoren gibt es für behinderte Kinder, Kinder aus Familien nicht-deutschsprachiger Herkunft, Kinder unter drei Jahren, Schulkinder (bisher nur im Hort). Die Elternbeiträge werden von jedem Träger festgelegt. Sie werden an der jeweiligen Buchungszeit für jedes einzelne Kind bemessen. Die Elternbeiträge werden nach einer generellen Einkommensstaffelung festgelegt, eine maximale Höhe der Elternbeiträge ist nicht definiert.

## BY8 | Anteil der reinen Nettoausgaben für FBBE an den gesamten reinen Ausgaben öffentlicher Haushalte

2005 liegt der Anteil der reinen Nettoausgaben für FBBE gemessen an ihrem Anteil an den gesamten reinen Ausgaben der öffentlichen Haushalte (2,9%) unter dem Anteil, der im Durchschnitt in Westdeutschland (3,3%) für FBBE aufgewandt wird.

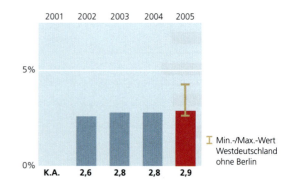

# Bildung fördern – Qualität sichern

Der Bildungsplan (in BY Der Bayerische Bildungs- und Erziehungsplan für Kinder in Tageseinrichtungen bis zur Einschulung genannt) wurde durch eine wissenschaftliche Einrichtung entwickelt. Es wurden Konsultationen mit Vertretern verschiedener gesellschaftlicher Gruppen durchgeführt. Nach einer Erprobungsphase in ausgewählten Einrichtungen wurde der Bildungsplan überarbeitet. Der Plan ist konzipiert für Kinder im Alter bis 6,5 Jahre. Der Bildungsplan wurde auf verschiedenen Wegen verbreitet: Es gibt Informationsmaterialien für Eltern, allerdings nicht mehrsprachig. Alle Fachberatungen wurden zum Bildungsplan fortgebildet, damit wurde eine wichtige Multiplikatorengruppe berücksichtigt. Darüber hinaus stehen öffentliche Mittel für regelmäßige Fortbildungen für alle Mitarbeiterinnen zur Verfügung. Eine Teilnahme an ihnen ist aber nicht verpflichtend. Mit der Einführung der kindbezogenen Förderung sind neue Finanzierungsregeln mit einem Konzept der mittelbaren Qualitätssteuerung verknüpft worden. Das Grundprinzip besteht in einem großen Handlungsspielraum für Einrichtungen und ihren Träger bei der Gestaltung und Qualität der Angebote. Indirekt sollen durch die Konstruktion der Finanzierungsregeln Anreize für Qualitätsverbesserung sowie wirtschaftliches Handeln gegeben werden. Dabei sind Mindestanstellungsschlüssel zu beachten sowie Verfahren der Qualitätssicherung als Mindeststandard durchzuführen: Veröffentlichung der Einrichtungskonzeption im Internet; Elternbefragung; Kinderbefragung; Mitarbeiterbefragung.

## BY9 | Bildungsplan (BP)

| I. Information | |
|---|---|
| Kostenloser Versand des BP an alle KiTas | ● |
| BP als Download verfügbar | ● |
| BP als Publikation erwerbbar | ● |
| Informationsmaterial über BP für Eltern verfügbar | ● |
| Informationsmaterial über BP mehrsprachig f. Eltern verfügbar | – |
| **4 von 5 Punkten** | ●●●●○ |

| II. Qualifizierung | |
|---|---|
| Infoveranstaltung zum BP für KiTa-Mitarbeiterinnen | ● |
| Verpflichtende Informationsveranstaltung zum BP für KiTa-Mitarbeiterinnen | – |
| Angebotene Fortbildung zum BP mindestens zweitägig | ● |
| Alle Fachberatungen erhalten Fortbildungen zum BP | ● |
| Öffentliche Mittel für regelmäßige Fortbildung zum BP für alle pädagogischen Mitarbeiterinnen verfügbar | ● |
| **4 von 5 Punkten** | ●●●●○ |

| III. Umsetzungskontrolle (in allen KiTas) | |
|---|---|
| Jährliche externe Überprüfung der Umsetzung des BP | – |
| Jährliche Berichtspflicht zur Implementation des BP | – |
| Nachweis der Aufnahme des BP in die Konzeption | ● |
| **1 von 3 Punkten** | ●○○ |

**Insgesamt 9 von 13 Punkten**

## BY10 | Kooperation KiTa – Grundschule

Für die Kooperation von KiTas und Grundschulen ist im Bayerischen Kinderbildungs- und Betreuungsgesetz eine landesweit verbindliche Regelung festgelegt. Fachlich verbindliche Standards sind im Rahmen einer gemeinsamen Bekanntmachung des Bay. Staatsministeriums für Unterricht und Kultus und des Bayrischen Staatsministeriums für Arbeit und Sozialordnung, Familie und Frauen auf Landesebene vereinbart. Für die Kindertageseinrichtungen gibt es nicht wie für die Grundschulen zusätzliche Finanzmittel für die gemeinsame Kooperation.[6]

## BY11 | Pädagogisches Personal nach Berufsausbildungsabschlüssen (2007)

Die Qualifikationsstruktur des pädagogischen Personals besteht zu fast 52% aus Beschäftigten mit einem Fachschulabschluss. Dieser Wert liegt mehr als 20 Prozentpunkte unter dem bundesdeutschen Durchschnitt. Mehr als 37% der Beschäftigten sind Kinderpflegerinnen, ihr Anteil am pädagogischen Personal liegt 24 Prozentpunkte über dem bundesdeutschen Durchschnitt.

| Abschluss | Bayern | ø Deutschland |
|---|---|---|
| | Anteile in Prozent | |
| (sozialpädagogischer) Hochschulabschluss | 2,3 | 3,4 |
| Fachschulabschluss (Erzieherinnen, Heilpädagoginnen) | 51,9 | 72,1 |
| Kinderpflegerinnen | 37,5 | 13,5 |
| anderer fachlicher Abschluss (sonst. Sozial- u. Erziehungsberufe) | 0,7 | 1,8 |
| anderer Abschluss | 1,1 | 3,0 |
| Praktikum/Ausbildung | 4,9 | 4,1 |
| ohne abgeschl. Ausbildung | 1,6 | 2,1 |

## BY12 | Personalschlüssel und Gruppengrößen in Kindertageseinrichtungen (2006)

### BY12A Personalschlüssel* und Erzieher-Kind-Relation

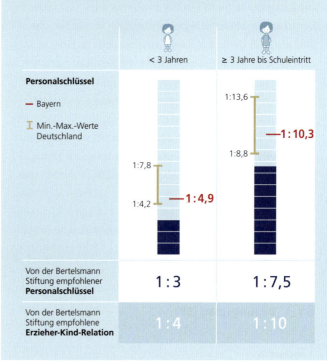

## BY13 | Beschäftigungsumfang des pädagogischen Personals in Kindertageseinrichtungen (2007)

Knapp 48% der pädagogisch Tätigen sind vollzeitbeschäftigt. Im Vergleich zum Bundesdurchschnitt (unter 40%) liegt der Anteil der Vollzeitbeschäftigten in BY um 8 Prozentpunkte höher. Allerdings ist seit 1998 eine kontinuierliche Abnahme des Anteils der Vollzeitbeschäftigten zu beobachten. Insgesamt hat sich deren Anteil an allen Beschäftigten von 1998 bis 2007 um insgesamt 13,5 Prozentpunkte reduziert.

### BY13A Pädagogisches Personal nach Beschäftigungsumfang

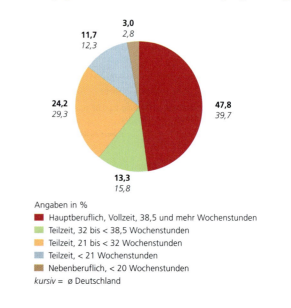

# BAYERN (BY)

## BY12B Durchschnittliche Gruppengrößen

|  | < 3 Jahren | ≥ 3 Jahre bis Schuleintritt |
|---|---|---|
| **Ganztagsgruppen** Anzahl der Kinder | 11 | 24 |
| **Keine Ganztagsgruppen** Anzahl der Kinder | 13 | 24 |

**\* Personalschlüssel**

Der für jedes Bundesland ausgewiesene Personalschlüssel und der von der Bertelsmann Stiftung empfohlene Personalschlüssel sind rechnerische Größen. Sie beschreiben jeweils die Relation zwischen der täglichen Inanspruchnahme aller Kinder und dem eingesetzten Personal in einer Gruppe. Basis ist die vertragliche Arbeitszeit der einzelnen Mitarbeiterinnen, die auch Vorbereitungszeiten, Teamsitzungen, Elterngespräche, Leitungsanteile, Urlaub und Krankheitszeiten u. a. umfasst. Der Personalschlüssel gibt nicht an, wie viele Kinder zu jedem Zeitpunkt am Tag von einer Fachkraft betreut werden. Hierzu s. Erzieher-Kind-Relation.

Die empfohlene Erzieher-Kind-Relation errechnet sich aus dem empfohlenen Personalschlüssel. Es wird angenommen, dass 25% der Arbeitszeit für Tätigkeiten ohne Kinder einzuplanen sind und 75% für eine direkte pädagogische Interaktion mit dem Kind verfügbar sind.

## BY14 Rahmenbedingungen für Bildungsqualität

| Regelungen zur Strukturqualität | Allgemein geregelt | Präzise definiert |
|---|---|---|
| Maximale Gruppengröße | —7 | — |
| Erzieher-Kind-Relation | ● | ● |
| Verfügungszeit | —8 | — |
| Fachberatung | —9 | — |
| Fortbildung | ● | — |
| Leitungsfreistellung | —10 | — |
| (Innen-/Außen-)Flächen | —11 | — |

**Insgesamt 3 von 14 Punkten**

Präzise Regelungen bestehen zur Erzieher-Kind-Relation (Anstellungsschlüssel). Zentrale Elemente der Strukturqualität wie Verfügungszeiten, Leitungsanteile sind im Anstellungsschlüssel unbestimmt enthalten. Jeder Träger kann diese für die einzelne Einrichtung verschieden definieren.

## BY13B Anteil der Vollzeitbeschäftigten 1998–2007

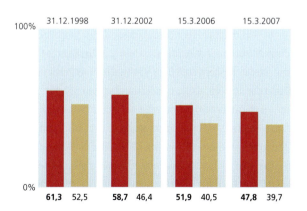

| | 31.12.1998 | 31.12.2002 | 15.3.2006 | 15.3.2007 |
|---|---|---|---|---|
| BY | 61,3 | 58,7 | 51,9 | 47,8 |
| ø Deutschland | 52,5 | 46,4 | 40,5 | 39,7 |

Anteil Vollzeitbeschäftigte an allen Beschäftigten ohne Verwaltung und Hauswirtschaft/Technik

| Regelungen zur Qualitätsüberprüfung | |
|---|---|
| Geregelte Verpflichtung in Ausführungsgesetz oder Verordnung | ● |
| *Elternbefragung (mindestens jährlich)* | ● |
| *Selbstevaluation* | — |
| *Fremdevaluation* | — |
| Zahlung öffentlicher Zuschüsse abhängig von externer Qualitätsüberprüfung | ● |

**Insgesamt 3 von 5 Punkten**

Bei der kindbezogenen Förderung wird eine mittelbare Qualitätssteuerung durch ausgewählte Verfahren der Qualitätssicherung (Veröffentlichung der Konzeption, Befragung von Eltern, Kindern und Mitarbeitern) angestrebt. Mit dieser indirekten Einflussnahme sollen für die KiTas Anreize geschaffen werden, Qualität zu optimieren und gleichzeitig wirtschaftlich zu handeln.

# Berlin

**Basisdaten 2007**

Fläche: 891 km²

Einwohner (31.12.2006): 3.404.037

**Anteil der Kinder in FBBE**
Kinder unter 3 Jahren: 39,8%
Nichtschulkinder
3 bis < 6 Jahre: 93,4%
(inkl. 1,0% in [vor-]schulischen Einrichtungen)

| | |
|---|---:|
| Geborene Kinder 2006 | 29.627 |
| Geburten pro Frau 2005 | 1,2 |
| Anzahl der Kinder unter 10 Jahren (31.12.2006) | 275.749 |
| Davon Kinder unter 3 Jahren | 86.784 |
| Davon Kinder 3 bis unter 6 Jahre | 81.594 |
| Davon Kinder 6 bis unter 10 Jahre | 107.371 |

| | |
|---|---:|
| Erwerbstätigenquote von Müttern (2006) mit | |
| … mindestens einem Kind unter 3 Jahren | 36,7% |
| … mindestens einem Kind von 3 bis unter 6 Jahren | 52,1% |
| Empfänger v. laufender Hilfe zum Lebensunterhalt (Ende 2004) | 270.585 |
| Darunter Kinder unter 18 Jahren | 96.115 |
| Tageseinrichtungen insgesamt | 1.766 |
| Anteil der Einrichtungen | |
| … in öffentlicher Trägerschaft | 16,3% |
| … in freigemeinnütziger Trägerschaft | 83,0% |
| … als Betriebs-/Unternehmensteil | 0,1% |
| … in privatgewerblicher Trägerschaft | 0,7% |
| Anteil der KiTas ohne feste Gruppenstruktur | 98,8% |
| Pädagogisches Personal in KiTas insgesamt | 16.438 |
| Kinder in KiTas insgesamt | 109.987 |
| Darunter Kinder unter 3 Jahren | 31.363 |
| Darunter Nichtschulkinder 3 bis unter 6 Jahre | 74.372 |
| Darunter Schulkinder 6 bis unter 10 Jahre | 49 |
| Tagespflegepersonen insgesamt | 1.311 |
| Kinder unter 6 Jahren in Kindertagespflege | 4.163 |
| Davon Kinder unter 3 Jahren | 3.172 |
| Davon Kinder 3 bis unter 6 Jahre | 991 |

In BE ist die Senatsverwaltung für Bildung, Wissenschaft und Forschung zuständig für FBBE. Von der Landesebene werden Themen der FBBE und ihre Weiterentwicklung mit einem breiten Spektrum von Akteuren aus den Senatsverwaltungen, den Trägerverbänden, wissenschaftlichen Instituten, Krankenkassen, den Wohlfahrtsverbänden usw. in verschiedenen Gremien und Fachgruppen behandelt, abgestimmt und koordiniert. Es gibt u. a. fünf interministerielle, regelmäßige Arbeitsgruppen, an denen alle Senatsverwaltungen sowie die Trägerverbände und weitere Institutionen beteiligt sind.

Die politischen Gesamtprogramme für die FBBE in BE sind die Koalitionsvereinbarungen zwischen der SPD und der Linkspartei/PDS für die Legislaturperiode 2006 bis 2011 und das Berliner Bildungsprogramm. Generell wird in BE die Weiterentwicklung der FBBE von der Landesebene vor allem über mittelfristige und fortlaufende Programme gesteuert.

## Teilhabe sichern

Die Mehrzahl der Kinder in BE nutzt – meist – über mehrere Jahre ein Angebot der FBBE. Die Teilhabequote der unter 3-Jährigen (fast 40%) liegt deutlich über dem Bundesdurchschnitt (15,5%), allerdings leicht unter dem ostdeutschen Durchschnitt (41%). Von den älteren Kindern sind über 95% in einem Angebot der FBBE und damit mehr als im Bundesdurchschnitt (89,8%). Differenziert nach Altersjahrgängen zeigt sich, dass bereits von den Zweijährigen drei Viertel in einem Angebot der FBBE sind. Von den 3-Jährigen sind fast 91% in einer KiTa oder der Kindertagespflege, dies sind knapp 10 Prozentpunkte mehr als im bundesdeutschen Durchschnitt, allerdings etwas weniger im Vergleich zum ostdeutschen Durchschnitt (93,6). Deutlich mehr als die Hälfte der Kinder ist ganztägig in einer KiTa. In BE ist im Vergleich zu vielen anderen Bundesländern der Anteil der ganztägig betreuten unter 3-jährigen und älteren Kinder fast gleich hoch. Dies trifft auch für die Kinder beider Altersgruppen zu, die mehr als 5 bis zu 7 Stunden täglich in einer KiTa sind. Demnach variieren die zeitlichen Betreuungsumfänge der Kinder nur geringfügig über die Altersgruppen hinweg. Damit sind gute Voraussetzungen für kontinuierliche Bildungsprozesse gegeben.

## Investitionen wirkungsvoll einsetzen

BE investiert im Bundesländervergleich am meisten in die frühe Bildung und Betreuung der Kinder. So hat BE bei den reinen Nettoausgaben der öffentlichen Haushalte für FBBE pro unter 10-jährigem Kind die höchsten Ausgaben von allen Bundesländern. Der Anteil der reinen Nettoausgaben für FBBE gemessen an ihrem Anteil an den gesamten reinen Ausgaben der öffentlichen Haushalte liegt bei 5,4% und ist damit der zweithöchste Anteil, der in Deutschland für FBBE aufgewandt wird.

## Bildung fördern – Qualität sichern

Das Berliner Bildungsprogramm wurde in einem Beteiligungsprozess verschiedenster gesellschaftlicher Gruppen von einer wissenschaftlichen Einrichtung entwickelt. Die Umsetzung wird durch breite Informationsaktivitäten sowie durch intensive Qualifizierungsaktivitäten für die verschiedenen Zielgruppen gefördert. Als erstes Bundesland hat BE zudem die Evaluation der Arbeit der KiTas mit dem Bildungsprogramm initiiert und damit den Grundstein für eine kontinuierliche Überprüfung sowie Weiterentwicklung des Bildungsprogramms gelegt.

Die Personalressourcen werden als zentrale Einflussgröße auf die pädagogische Arbeit eingestuft. Das formale Qualifikationsniveau des pädagogischen Personals in BE liegt über dem Bundesdurchschnitt. So verfügen über 88% über einen Fachschulabschluss und weniger als ein Prozent ist Kinderpflegerin. Weniger als ein Prozent des pädagogischen Personals ist in Praktikum bzw. Ausbildung. Es wäre zu prüfen, ob dies Signale für geringe Ausbildungsaktivitäten sind. Die Beschäftigungsumfänge des pädagogischen Personals sind differenziert und korrespondieren vermutlich mit den variierenden Betreuungszeiten der Kinder, die die Höhe der öffentlichen Bezuschussung bestimmen. Mit den vorliegenden Daten kann nicht eingeschätzt werden, ob unter diesen Personalbedingungen bei zum einen langen Öffnungszeiten der KiTas und zum anderen variierenden Betreuungszeiten der Kinder pädagogische Ansprüche, wie z.B. die Gestaltung kontinuierlicher Beziehungen mit den Kindern sowie gleichzeitig auch Arbeitszeiten für Tätigkeiten ohne Kinder, realisiert werden können.

Die Berechnungen zum Personalschlüssel (vgl. Grafik BE 12) sind für BE nur eingeschränkt möglich, da die Mehrzahl der Kinder in altersgemischten Gruppen ist. Für die Kinder über drei Jahre wird ein Personalschlüssel ausgewiesen, der für die angegebene Gruppenform rechnerisch richtig ist. Allerdings kann dieser nicht als eine repräsentative Relation für den Personalressourceneinsatz pro Kind im Kindergartenalter interpretiert werden, da die meisten Kinder dieser Altersgruppe in altersgemischten Gruppen sind. Der ermittelte Personalschlüssel für die älteren Kinder liegt im Bundesländervergleich im Spitzenfeld. Für eine genaue Beurteilung der Personalschlüssel in BE müssten weitere Analysen durchgeführt werden. In BE ist die Mehrzahl der erfassten Elemente der Strukturqualität allgemein geregelt, allerdings sind nur die Erzieher-Kind-Relation und die Leitungsfreistellung präzise definiert. Insbesondere der Umfang der Arbeitszeiten für Tätigkeiten ohne Kinder, wie Teamsitzungen, Elterngespräche oder auch Fortbildungszeit, ist nicht einheitlich geregelt. Damit liegt die Verantwortung für die Gestaltung der Arbeitszeiten bei den Trägern der KiTas. Grundsätzlich besteht somit das Risiko deutlich variierender Arbeitsbedingungen.

Die Qualitätsentwicklung und -sicherung in den KiTas ist durch die mit allen Trägerverbänden abgeschlossene „Qualitätsvereinbarung Tageseinrichtungen" geregelt. Danach sind die Einrichtungen verpflichtet, ihre Konzeption nach dem Berliner Bildungsprogramm zu entwickeln sowie Selbst- und Fremdevaluation durchzuführen, deren Ergebnisse in die Fortbildungen der Einrichtungen einfließen sollen.

Die zuständige Senatsverwaltung in BE übt eine aktive Rolle bei der Weiterentwicklung der pädagogischen Arbeit in den KiTas aus und gibt durch eine Vielzahl von - auch langfristig - angelegten Programmen gezielte Impulse. Die Ausgestaltung der Strukturen der Qualitätsentwicklung und -sicherung wird offensichtlich in Abstimmung mit den Trägerverbänden entwickelt und festgeschrieben. Es wäre wäre differenzierter zu prüfen, ob die durchaus hohen fachlichen Anforderungen, die in BE an die KiTas gestellt werden, auch mit den vorhandenen Rahmenbedingungen umgesetzt werden können. Die Transparenz des Systems der FBBE in BE könnte durch eine Darstellung in einem Gesamtkonzept erhöht werden.

## BE1 | Rechtsanspruch des Kindes auf einen Betreuungsplatz

Es besteht ein elternunabhängiger Rechtsanspruch auf einen Betreuungsplatz für jedes Kind vom vollendeten dritten Lebensjahr bis zum Schuleintritt mit einem garantierten Betreuungsumfang von 5 Stunden täglich.[1]

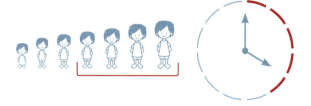

# Teilhabe sichern

Ein großer Teil der Kinder in BE nutzt bis zum Schuleintritt ein Angebot der FBBE. Dabei spiegelt sich die hohe Teilhabequote bei den unter Dreijährigen (39,8%) entsprechend bei den über Dreijährigen (93,4%) wider. Die Kinder nutzen nicht nur mehrere Jahre ein Angebot der FBBE, für die Mehrzahl der unter Dreijährigen (56,1%) und der über dreijährigen Nichtschulkinder (57,0%) sind auch mehr als 7 Stunden täglicher Betreuungszeit in einer KiTa vereinbart. Jeweils der geringste Anteil einer Altersgruppe ist für ein KiTa-Angebot von weniger als 5 Stunden täglich angemeldet. Insgesamt ist die Mehrzahl der Kinder überwiegend ganztägig in einer KiTa. Damit sind wichtige Voraussetzungen für die kontinuierliche und systematische Förderung frühkindlicher Bildungsprozesse gegeben.

**BE2 |** Für Berlin ist der aus dem Tagesbetreuungsausbaugesetz 2003/04 abgeleitete Betreuungsbedarf erfüllt.

## BE3 | Vertraglich vereinbarte tägliche Betreuungszeiten (2007)

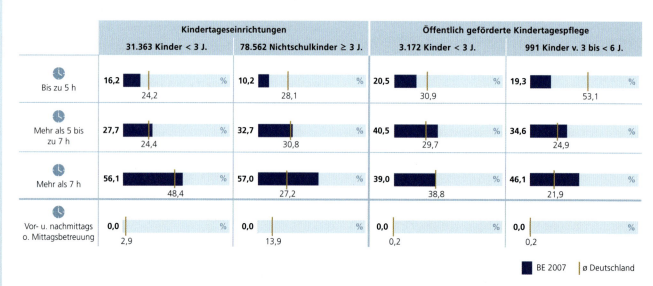

## BE4 | Bildungsbeteiligung vor der Schule (2007)

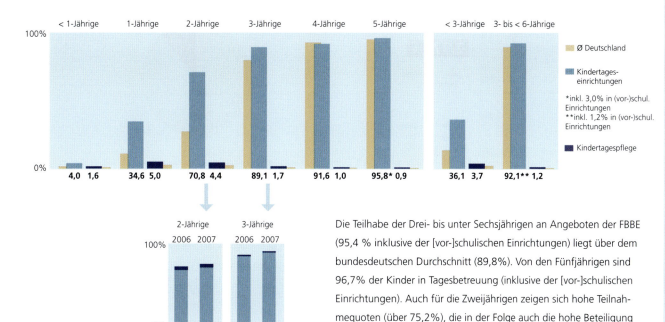

Die Teilhabe der Drei- bis unter Sechsjährigen an Angeboten der FBBE (95,4 % inklusive der [vor-]schulischen Einrichtungen) liegt über dem bundesdeutschen Durchschnitt (89,8%). Von den Fünfjährigen sind 96,7% der Kinder in Tagesbetreuung (inklusive der [vor-]schulischen Einrichtungen). Auch für die Zweijährigen zeigen sich hohe Teilnahmequoten (über 75,2%), die in der Folge auch die hohe Beteiligung der Dreijährigen (über 90,8%) bedingen. Die Kindertagespflege wird vor allem für Kinder unter drei Jahren genutzt. Ihre Bedeutung sinkt mit dem Alter der Kinder.[2]

## BE5 | Kinder mit Migrationshintergrund in Kindertageseinrichtungen (2007)

Für Berlin liegen keine Daten über den Anteil der Kinder mit Migrationshintergrund (mindestens ein Elternteil ist ausländischer Herkunft) in der KJH-Statistik vor. Von der Senatsverwaltung für Bildung, Wissenschaft und Forschung in Berlin (8.10.2007) sind für das Länderprofil folgende Daten zur Verfügung gestellt worden: In Berlin sprechen 20,5% der Kinder in Kindertageseinrichtungen, die jünger als drei Jahre sind, zu Hause überwiegend nicht-deutsch. Bei den Nichtschulkindern in Einrichtungen, die älter als 3 Jahre sind, sind es sogar 26,8%.

## BE6 | Investitionen pro Kind

Die reinen Nettoausgaben der öffentlichen Haushalte für FBBE pro unter Zehnjährigem zeigen im Zeitverlauf leichte Rückgänge um –1,8% (2003/04) und –0,3% (2004/05). Dabei liegt BE 2005 über den durchschnittlichen Ausgaben in Ostdeutschland.

## BE7 | Finanzierungsgemeinschaft für FBBE (2005)

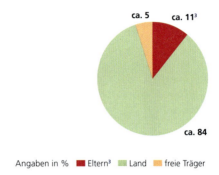

In den öffentlichen Statistiken fehlen i.d.R. die Elternbeiträge, die direkt von freien Trägern eingezogen werden, sowie die finanziellen Eigenanteile der freien Träger. Diese Ausgabengrößen werden daher über Schätzungen ermittelt.

# Investitionen wirkungsvoll einsetzen

Ausgaben für FBBE sind Investitionen in die Lebensperspektiven von Kindern und die Zukunft der Gesellschaft. Im Bundesvergleich ist Berlin im Jahr 2005 führend bei der Höhe der Investitionen für FBBE. Der Finanzierungsanteil des öffentlichen Haushalts des Landes Berlin an den KiTas liegt bei ca. 84% und damit im Spitzenfeld der öffentlichen Finanzierungsanteile, die von einem Bundesland übernommen werden. Nach Schätzungen tragen von den verbleibenden Gesamtkosten ca. 11% die Eltern und ca. 5% die freien Träger. Es besteht eine landeseinheitliche Regelung über die (maximale) Höhe der Elternbeiträge. Im Bereich der Tageseinrichtungen werden die Beiträge nach dem Einkommen der Eltern sowie nach der Anzahl der Kinder gestaffelt. Für das letzte Kindergartenjahr werden keine Beiträge erhoben. Die Eltern müssen sich aber an den Kosten der Verpflegung beteiligen.

## BE8 | Anteil der reinen Nettoausgaben für FBBE an den gesamten reinen Ausgaben öffentlicher Haushalte

2005 liegt der Anteil der reinen Nettoausgaben für FBBE gemessen an ihrem Anteil an den gesamten reinen Ausgaben der öffentlichen Haushalte sowohl über dem Anteil, der im Durchschnitt in Ostdeutschland (5,3%), als auch über dem, der in Westdeutschland (3,3%) für FBBE aufgewandt wird.

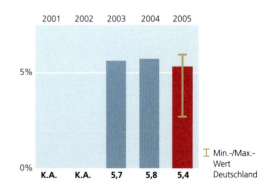

# Bildung fördern – Qualität sichern

Der Bildungsplan (in BE Das Berliner Bildungsprogramm genannt) wurde durch eine wissenschaftliche Einrichtung entwickelt. Der Entwicklungsprozess wurde durch Konsultationen mit Vertretern verschiedener gesellschaftlicher Gruppen begleitet. Der Entwurf wurde breit öffentlich verteilt und diskutiert. Diese Rückmeldungen wurden bei der Überarbeitung berücksichtigt. Der Bildungsplan ist konzipiert für Kinder bis zum Schuleintritt. Für Eltern liegen Informationsmaterialien zum Bildungsplan, auch mehrsprachig, vor. Die Einführung des Bildungsplans wurde durch Informationsveranstaltungen für die pädagogischen Mitarbeiterinnen der KiTas begleitet, eine Teilnahme ist nicht verpflichtend. Die angebotenen Fortbildungen sind mindestens zweitägig. Es stehen öffentliche Mittel für die Fortbildung aller KiTa-Mitarbeiterinnen zum Bildungsplan zur Verfügung. Die Umsetzung des Bildungsplans erfolgt in drei Schritten: Es sind 300 Multiplikatorinnen (inklusive aller festangestellten Fachberaterinnen) aller Trägerbereiche fortgebildet worden, um die Leitungen von KiTas und teilweise auch die Teams in die Arbeit mit dem Programm einzuführen. Ca. 100 Multiplikatorinnen sind für die Einführung und Begleitung der Einrichtungen in die interne Evaluation nach den Qualitätskriterien des Bildungsplans qualifiziert worden. Als dritter Schritt wird ein Konzept zur externen Evaluation und Ausbildung von Evaluatorinnen entwickelt.

## BE9 | Bildungsplan (BP)

| I. Information | |
|---|---|
| Kostenloser Versand des BP an alle KiTas | ● |
| BP als Download verfügbar | ● |
| BP als Publikation erwerbbar | ● |
| Informationsmaterial über BP für Eltern verfügbar | ● |
| Informationsmaterial über BP mehrsprachig f. Eltern verfügbar | ● |
| **5 von 5 Punkten** | ●●●●● |

| II. Qualifizierung | |
|---|---|
| Infoveranstaltung zum BP für KiTa-Mitarbeiterinnen | ● |
| Verpflichtende Informationsveranstaltung zum BP für KiTa-Mitarbeiterinnen | – |
| Angebotene Fortbildung zum BP mindestens zweitägig | ● |
| Alle Fachberatungen erhalten Fortbildungen zum BP | ● |
| Öffentliche Mittel für regelmäßige Fortbildung zum BP für alle pädagogischen Mitarbeiterinnen verfügbar | ● |
| **4 von 5 Punkten** | ●●●●○ |

| III. Umsetzungskontrolle (in allen KiTas) | |
|---|---|
| Jährliche externe Überprüfung der Umsetzung des BP | – |
| Jährliche Berichtspflicht zur Implementation des BP | – |
| Nachweis der Aufnahme des BP in die Konzeption | ● |
| **1 von 3 Punkten** | ●○○ |

**Insgesamt 10 von 13 Punkten**

## BE10 | Kooperation KiTa – Grundschule

Eine landesweit verbindliche Regelung zur Kooperation von KiTas und Grundschulen ist festgelegt. Verbindliche Rahmenbedingungen für fachliche Standards werden gegenwärtig erarbeitet. Ebenso wird die Bereitstellung von zusätzlichen Mitteln für die Kooperation von Grundschulen mit KiTas gegenwärtig geprüft.

## BE11 | Pädagogisches Personal nach Berufsausbildungsabschlüssen (2007)

Die Qualifikationsstruktur des pädagogischen Personals wird bestimmt durch Tätige mit Fachschulabschluss (über 88%). Ihr Anteil liegt damit insgesamt erheblich über dem Bundesdurchschnitt (72,1%). Der Anteil der Kinderpflegerinnen ist mit nur 0,9% sehr gering. Auffällig ist der im Bundesdurchschnitt sehr niedrige Anteil der Personen, die sich im Praktikum bzw. in Ausbildung (0,8%) befinden.

| Abschluss | Berlin | ø Deutschland |
|---|---|---|
| | Anteile in Prozent | |
| (sozialpädagogischer) Hochschulabschluss | 3,6 | 3,4 |
| Fachschulabschluss (Erzieherinnen, Heilpädagoginnen) | 88,3 | 72,1 |
| Kinderpflegerinnen | 0,9 | 13,5 |
| anderer fachlicher Abschluss (sonst. Sozial- u. Erziehungsberufe) | 1,3 | 1,8 |
| anderer Abschluss | 3,4 | 3,0 |
| Praktikum/Ausbildung | 0,8 | 4,1 |
| ohne abgeschl. Ausbildung | 1,7 | 2,1 |

## BE12 | Personalschlüssel und Gruppengrößen in Kindertageseinrichtungen (2006)

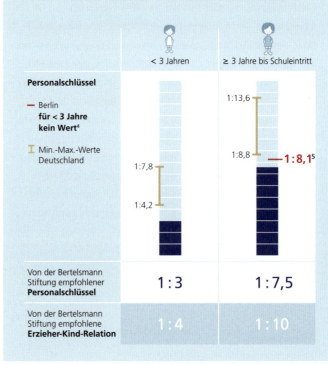

BE12A  Personalschlüssel* und Erzieher-Kind-Relation

## BE13 | Beschäftigungsumfang des pädagogischen Personals in Kindertageseinrichtungen (2007)

Der Anteil der pädagogisch Tätigen (39,5%), die 38,5 und mehr Stunden beschäftigt sind, entspricht fast dem Bundesdurchschnitt. Dieser Anteil hat sich zwischen 1998 und 2006 um insgesamt über 24 Prozentpunkte reduziert, ist allerdings von 2006 auf 2007 wieder um fast 5 Prozentpunkte angestiegen. Hierbei ist zu berücksichtigen, dass in Berlin in städtischen KiTas Vollzeit mit 37 Wochenstunden definiert ist.[6] Ein Viertel der pädagogisch Tätigen in Berlin ist 32 bis unter 38,5 Wochenstunden beschäftigt und ein weiteres Viertel ist 21 bis unter 32 Wochenstunden tätig. Fast 10% sind unter 21 Wochenstunden beschäftigt. Die differenzierten Beschäftigungszeiten der pädagogisch Tätigen korrespondieren vermutlich mit den variierenden Betreuungszeiten der Kinder, die von den Eltern individuell gebucht werden. Die konkreten Betreuungszeiten bestimmen die Höhe der öffentlichen Bezuschussung und beeinflussen entsprechend die Personalplanung.

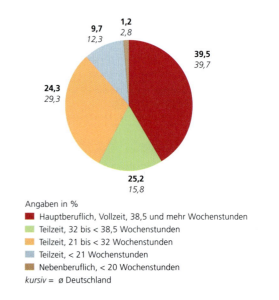

BE13A  Pädagogisches Personal nach Beschäftigungsumfang

BERLIN (BE)

## BE12B Durchschnittliche Gruppengrößen

|  | < 3 Jahren | ≥ 3 Jahre bis Schuleintritt |
|---|---|---|
| Ganztagsgruppen Anzahl der Kinder | 11 | 12 |
| Keine Ganztagsgruppen Anzahl der Kinder | 12 | 13 |

**\* Personalschlüssel**

Der für jedes Bundesland ausgewiesene Personalschlüssel und der von der Bertelsmann Stiftung empfohlene Personalschlüssel sind rechnerische Größen. Sie beschreiben jeweils die Relation zwischen der täglichen Inanspruchnahme aller Kinder und dem eingesetzten Personal in einer Gruppe. Basis ist die vertragliche Arbeitszeit der einzelnen Mitarbeiterinnen, die auch Vorbereitungszeiten, Teamsitzungen, Elterngespräche, Leitungsanteile, Urlaub und Krankheitszeiten u. a. umfasst. Der Personalschlüssel gibt nicht an, wie viele Kinder zu jedem Zeitpunkt am Tag von einer Fachkraft betreut werden. Hierzu s. Erzieher-Kind-Relation.

Die empfohlene Erzieher-Kind-Relation errechnet sich aus dem empfohlenen Personalschlüssel. Es wird angenommen, dass 25 % der Arbeitszeit für Tätigkeiten ohne Kinder einzuplanen sind und 75 % für eine direkte pädagogische Interaktion mit dem Kind verfügbar sind.

## BE13B Anteil der Vollzeitbeschäftigten 1998–2007

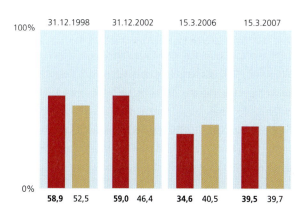

| | 31.12.1998 | 31.12.2002 | 15.3.2006 | 15.3.2007 |
|---|---|---|---|---|
| BE | 58,9 | 59,0 | 34,6 | 39,5 |
| ø Deutschland | 52,5 | 46,4 | 40,5 | 39,7 |

Anteil Vollzeitbeschäftigte an allen Beschäftigten ohne Verwaltung und Hauswirtschaft/Technik

## BE14 Rahmenbedingungen für Bildungsqualität

| Regelungen zur Strukturqualität | Allgemein geregelt | Präzise definiert |
|---|---|---|
| Maximale Gruppengröße | – | – |
| Erzieher-Kind-Relation | ● | ● |
| Verfügungszeit | ●[7] | |
| Fachberatung | ● | |
| Fortbildung | ● | – |
| Leitungsfreistellung | ● | ● |
| (Innen-/Außen-)Flächen | ●[8] | |

**Insgesamt 8 von 14 Punkten**

In Abhängigkeit vom Alter und der Betreuungsdauer eines Kindes wird ein Personalanteil berechnet. Diese Regelung zum Personalschlüssel (§ 13 VOKiTaFöG) ist nicht mit einer Erzieher-Kind-Relation vergleichbar.

| Regelungen zur Qualitätsüberprüfung | |
|---|---|
| Geregelte Verpflichtung in Ausführungsgesetz oder Verordnung | ● |
| *Elternbefragung (mindestens jährlich)* | – |
| *Selbstevaluation* | ● |
| *Fremdevaluation* | ● |
| Zahlung öffentlicher Zuschüsse abhängig von externer Qualitätsüberprüfung | –[9] |

**Insgesamt 3 von 5 Punkten**

Die mit allen Trägerverbänden abgeschlossene „Qualitätsvereinbarung Tageseinrichtungen, QVTAG" regelt Qualitätsentwicklungsmaßnahmen. Diese umfassen Konzeptionsentwicklung nach dem Berliner Bildungsplan, Selbstevaluation, externe Evaluation. Die Ergebnisse sind bei der Fortbildungsplanung der Träger zu berücksichtigen. Öffentliche Finanzierung setzt die Umsetzung der QVTAG voraus.

# Brandenburg

**Basisdaten 2007**

Fläche: 29.480 km²

Einwohner (31.12.2006):
2.547.772

**Anteil der Kinder in FBBE**
Kinder unter 3 Jahren: 43,4%
Nichtschulkinder
3 bis < 6 Jahre: 93,8%
(inkl. 0,2% in [vor-]schulischen Einrichtungen)

| | |
|---|---:|
| Geborene Kinder 2006 | 17.883 |
| Geburten pro Frau 2005 | 1,9 |
| Anzahl der Kinder unter 10 Jahren (31.12.2006) | 189.918 |
| Davon Kinder unter 3 Jahren | 55.222 |
| Davon Kinder 3 bis unter 6 Jahre | 57.104 |
| Davon Kinder 6 bis unter 10 Jahre | 77.592 |

| | |
|---|---:|
| Erwerbstätigenquote von Müttern (2006) mit | |
| ... mindestens einem Kind unter 3 Jahren | 55,1% |
| ... mindestens einem Kind von 3 bis unter 6 Jahren | 69,2% |
| Empfänger v. laufender Hilfe zum Lebensunterhalt (Ende 2004) | 78.010 |
| Darunter Kinder unter 18 Jahren | 27.566 |
| Tageseinrichtungen insgesamt | 1.700 |
| Anteil der Einrichtungen | |
| ... in öffentlicher Trägerschaft | 61,6% |
| ... in freigemeinnütziger Trägerschaft | 36,0% |
| ... als Betriebs-/Unternehmensteil | 0,5% |
| ... in privatgewerblicher Trägerschaft | 1,9% |
| Anteil der KiTas ohne feste Gruppenstruktur | 27,3% |
| Pädagogisches Personal in KiTas insgesamt | 13.123 |
| Kinder in KiTas insgesamt | 135.495 |
| Darunter Kinder unter 3 Jahren | 21.013 |
| Darunter Nichtschulkinder 3 bis unter 6 Jahre | 53.002 |
| Darunter Schulkinder 6 bis unter 10 Jahre | 45.127 |
| Tagespflegepersonen insgesamt | 1.042 |
| Kinder unter 6 Jahren in Kindertagespflege | 3.475 |
| Davon Kinder unter 3 Jahren | 2.980 |
| Davon Kinder 3 bis unter 6 Jahre | 495 |

In BB ist das Ministerium für Bildung, Jugend und Sport zuständig für FBBE. Eine interministerielle Fachgruppe, die regelmäßig Themen der FBBE behandelt, gibt es nicht. Allerdings bestehen sechs Gremien für den Bereich FBBE, wie z.B. eine Kommission zur Erarbeitung eines gemeinsamen Orientierungsrahmens für die Bildung in Kindertagesbetreuung und Grundschule oder der sogen. „Qualitätsdialog". An allen Gremien nehmen Vertreter der verschiedensten gesellschaftlichen Gruppierungen teil, woraus eine breite Beteiligung an den Entwicklungen im Bereich FBBE abgeleitet werden kann. Das Landesministerium ist offensichtlich bestrebt, über Fragestellungen der FBBE sowie über Maßnahmen und Aktivitäten mit den relevanten Akteuren in einem kontinuierlichen Dialog zu stehen. Im Jahr 2006 wurde auf Beschluss des Landtags vom Ministerium für Bildung, Jugend und Sport ein Qualitätsbericht veröffentlicht, der über bereits durchgeführte Maßnahmen zur Qualitätsentwicklung in der Kindertagesbetreuung und ihre Effekte sowie Entwicklungsbedarfe informiert. Das Ministerium stuft diesen Bericht als landespolitisches Gesamtprogramm für die Weiterentwicklung der FBBE in BB ein.

Das Landesministerium hat eine Vielzahl von Aktivitäten und Projekten zur FBBE initiiert. Dabei handelt es sich überwiegend um langfristige Programme, die teilweise bereits eine Laufzeit von mehr als 15 Jahren haben und in der allgemeinen Infrastruktur der FBBE-Landschaft in BB etabliert sind. Insgesamt vermittelt sich der Eindruck, dass in BB eine integrierte Strategie der Qualitätsentwicklung bestehend aus mehreren Entwicklungssträngen verfolgt wird.

## Teilhabe sichern

In BB ist die Teilhabequote der Kinder an einem Angebot der FBBE hoch. Bei den unter Dreijährigen liegt die Betreuungsquote (43,4%) über dem ostdeutschen Durchschnitt und bei den über Dreijährigen (fast 94%) entspricht sie dem Durchschnitt Ostdeutschlands. Differenziert nach den Altersjahrgängen ist der Anteil der Einjährigen in FBBE in BB der zweithöchste im Bundesländervergleich. Auch die Beteiligungsquote bei den Dreijährigen liegt mit 93,4% über dem Durchschnitt Ostdeutschlands. Insgesamt kann deshalb angenommen werden, dass die überwiegende Mehrheit der Kinder in BB spätestens ab dem 3. Lebensjahr in einem Angebot der FBBE ist. Fast zwei Drittel der unter Dreijährigen sowie fast die Hälfte der über Dreijährigen werden ganztägig betreut. Bei der zuletzt genannten Altersgruppe wird von 43,5% ein zeitlicher Betreuungsumfang von täglich mehr als 5 bis zu 7 Stunden genutzt. Nur ein sehr geringer Anteil der Kinder nutzt täglich bis zu 5 Stunden Betreuung. Dieses Nutzungsverhalten könnte auch ein Effekt des Rechtsanspruchs des Kindes sein, der in BB täglich 6 Stunden Betreuung umfasst.

## Investitionen wirkungsvoll einsetzen

Die reinen Nettoausgaben der öffentlichen Haushalte pro unter 10-jährigem Kind für FBBE liegen in BB im Vergleich zu allen Bundesländern im Spitzenfeld und sind im Vergleich zu den Ostländern die höchsten Ausgaben pro unter 10-jährigem Kind. Auch der Anteil der öffentlichen Ausgaben für FBBE an den gesamten reinen Ausgaben der öffentlichen Haushalte liegt in BB (5,6%) über dem Ostdurchschnitt (5,3%). Insgesamt hat FBBE demnach einen hohen Stellenwert in der politischen Landschaft in BB, der sich auch in hohen Investitionen für FBBE konkretisiert.

## Bildung fördern – Qualität sichern

Von der Landesebene sind eine Vielzahl von Maßnahmen und Aktivitäten, wie Modellversuche, Teilnahme an Bundesprojekten etc., zur Weiterentwicklung der Qualität in den KiTas initiiert worden. Im Bundesvergleich fällt bei den Aktivitäten in BB insbesondere auf, dass im Rahmen von Modellprojekten und landesweiten Qualitätswettbewerben Qualitätsmessungen der pädagogischen Arbeit unter Verwendung der Kindergarteneinschätzskala (KES) durchgeführt wurden. Insgesamt wird in dem Bericht „Qualität brandenburgischer Kinderbetreuung" (Ministerium für Bildung, Jugend und Sport des Landes BB 2006) beschrieben, dass diese Qualitätsmessungen im Durchschnitt eine mittlere Qualität der KiTas ermittelt haben. Allerdings erreichen Einrichtungen, die am „10-Stufen-Projekt-Bildung" teilgenommen haben, signifikant bessere Ergebnisse. Weiterhin wurde festgestellt, dass im Rahmen von zwei Qualitätsmessungen von 2002 bis 2004 größere Streuungen in der Qualität festgestellt wurden als in früheren Messungen. Auf diesem Hintergrund werden als besondere Herausforderungen im Qualitätsbericht u. a. die Verankerung der Qualitätsentwicklung in allen KiTas sowie auch Fragen der Strukturqualität genannt, wie z.B. die Absicherung von Verfügungszeiten. Für die Weiterentwicklung der FBBE in BB steht deshalb die Frage im Raum, welche bildungspolitischen und fachlichen Konsequenzen aus den Ergebnissen dieser Qualitätsmessungen und den im Qualitätsbericht formulierten Handlungsbedarfen in Zukunft gezogen werden.

Das pädagogische Personal verfügt in BB über ein vergleichsweise hohes formales Qualifikationsniveau, da fast 92% einen Fachschulabschluss haben. Gleichzeitig zeigen die Daten zum pädagogischen Personal, dass eine hohe Streuung der Beschäftigungsumfänge besteht. Damit stellt sich die Frage, ob bzw. wie fachliche Ansprüche, z.B. kontinuierliche und verlässliche Beziehungserfahrungen der Kinder sowie Arbeitszeiten für Tätigkeiten ohne Kinder, realisiert werden können. Konkrete Hinweise auf ungünstige Bedingungen bei den Personalressourcen bieten die Ergebnisse der Berechnungen zum Personalschlüssel (Grafik BB 12). Der Personalschlüssel für die unter Dreijährigen in BB ist der schlechteste im Bundesländervergleich. Auch beim Personalschlüssel für die Nichtschulkinder ab drei Jahre liegt BB in der Bundesländergruppe mit den schlechtesten Werten. In diesem Zusammenhang ist auch zu berücksichtigen, dass in BB Verfügungszeiten – also Arbeitszeiten für Tätigkeiten ohne Kinder, wie z.B. Teamsitzungen, Fortbildungen – zwar allgemein geregelt, aber nicht präzise definiert sind. Damit liegt die konkrete Arbeitszeitgestaltung bei den Trägern der Einrichtungen. Grundsätzlich ist es deshalb möglich, dass die verfügbaren Personalressourcen in den KiTas landesweit differieren.

Für eine konsequente Weiterentwicklung der Qualität der KiTas in BB könnte vor diesem Hintergrund eine systematische Analyse der bestehenden Strukturqualitäten in allen Einrichtungen sowie der Auswirkungen dieser strukturellen Bedingungen auf die pädagogische Praxis wichtige Impulse geben.

## BB1 | Rechtsanspruch des Kindes auf einen Betreuungsplatz

Es besteht ein elternunabhängiger Rechtsanspruch auf einen Platz in einem Angebot der FBBE ab dem dritten Lebensjahr bis zum Ende der vierten Schuljahrgangsstufe. Bis zur Einschulung umfassen die garantierten Betreuungszeiten 6 Stunden täglich.[1]

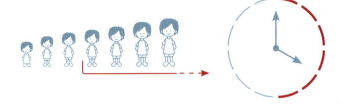

# Teilhabe sichern

BB hat eine hohe Teilnahmequote sowohl bei den unter Dreijährigen als auch bei den Drei- bis unter Sechsjährigen. Auch die täglichen Nutzungszeiten in KiTas liegen bei den unter Dreijährigen über dem Bundesdurchschnitt: Fast 63% dieser Altersgruppe sind mehr als 7 Stunden und ein weiteres Drittel mehr als 5 und bis zu 7 Stunden täglich in einer KiTa. Bei den Nichtschulkindern über drei Jahre besteht eine leichte Verschiebung bei den genutzten Betreuungszeiten. Über 43% der Kinder nutzen mehr als 5 und bis zu 7 Stunden sowie fast 50% mehr als 7 Stunden täglich ein Angebot. Dieser Anteil an der Nutzung von Ganztagsbetreuung liegt über dem Bundesdurchschnitt, aber 14 Prozentpunkte unter dem Durchschnitt in Ostdeutschland.

**BB2 |** Für Ostdeutschland ist der aus dem Tagesbetreuungsausbaugesetz 2003/04 abgeleitete Betreuungsbedarf erfüllt.

## BB3 | Vertraglich vereinbarte tägliche Betreuungszeiten (2007)

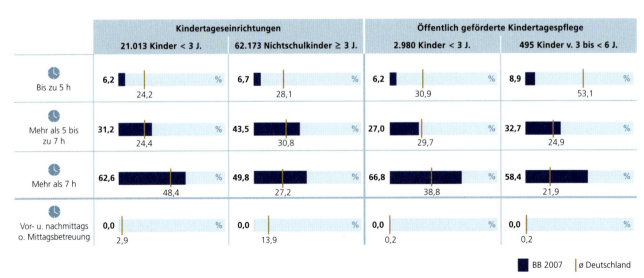

BRANDENBURG (BB)

## BB4 | Bildungsbeteiligung vor der Schule (2007)

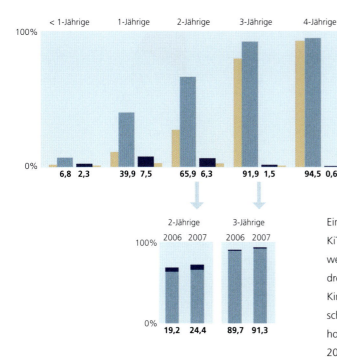

Ein Großteil (fast 94%) der Drei- bis unter Sechsjährigen nutzt in einer KiTa oder der Kindertagespflege ein Angebot der FBBE, dabei sind weniger als 1% in der Kindertagespflege. Von den Kindern unter drei Jahren sind 43,4% in Angeboten der FBBE, 5,4% nutzen eine Kindertagespflege. Ihre Teilhabequote liegt leicht über dem Durchschnitt von Ostdeutschland (41,0%). Auffällig ist insbesondere der hohe Anteil der Zwei- und Dreijährigen in FBBE-Angeboten, der von 2006 bis 2007 jeweils noch um 3,5 bzw. annähernd 3 Prozentpunkte gestiegen ist.

## BB5 | Kinder mit Migrationshintergrund in Kindertageseinrichtungen (2007)

**Kinder < 3 Jahren**
3,5% Kinder, von denen mindestens ein Elternteil ausländischer Herkunft ist.

Davon sprechen 59,8% vorwiegend deutsch, 40,2% nicht-deutsch im Elternhaus.

**Nichtschulkinder ab 3 Jahre**
5,3% Kinder, von denen mindestens ein Elternteil ausländischer Herkunft ist.

Davon sprechen 53,9% vorwiegend deutsch, 46,1% nicht-deutsch im Elternhaus.

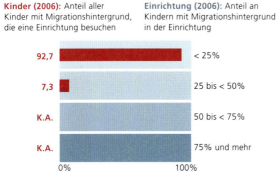

**Kinder (2006):** Anteil aller Kinder mit Migrationshintergrund, die eine Einrichtung besuchen

**Einrichtung (2006):** Anteil an Kindern mit Migrationshintergrund in der Einrichtung

Im Jahr 2007 ist der durchschnittliche Anteil von Kindern mit Migrationshintergrund (mindestens ein Elternteil nicht-deutscher Herkunft) in KiTas in BB wie in allen ostdeutschen Ländern niedrig. Von den Kindern unter drei Jahren, die in einer KiTa sind, haben 3,5% einen Migrationshintergrund und von den Kindern ab 3 Jahren etwas über 5%. Aufgrund dieser vergleichsweise geringen Anzahl von Kindern mit Migrationshintergrund sind im Jahr 2006 die meisten dieser Kinder (fast 93%) in einer Einrichtung, in der der Anteil der Kinder mit mindestens einem Elternteil ausländischer Herkunft unter 25% liegt.

## BB6 | Investitionen pro Kind

Die reinen Nettoausgaben der öffentlichen Haushalte für FBBE pro unter Zehnjährigem zeigen – im Zeitverlauf variierende – Rückgänge. Sie sind von 2004 auf 2005 um 0,8% und im Jahr zuvor um 4,6% gesunken. Sie liegen aber über den durchschnittlichen Ausgaben in Ostdeutschland.

## BB7 | Finanzierungsgemeinschaft für FBBE (2005)

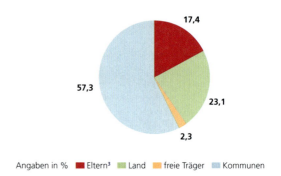

In den öffentlichen Statistiken fehlen i.d.R. die Elternbeiträge, die direkt von freien Trägern eingezogen werden, sowie die finanziellen Eigenanteile der freien Träger. Diese Ausgabengrößen werden daher über Schätzungen ermittelt.

# Investitionen wirkungsvoll einsetzen

Ausgaben für FBBE sind Investitionen in die Lebensperspektiven von Kindern und die Zukunft der Gesellschaft. Der Umfang der öffentlichen Investitionen spiegelt sowohl im Vergleich mit Ostdeutschland als auch mit Westdeutschland den hohen gesellschaftlichen Stellenwert wider, der FBBE in BB beigemessen wird. Nach Schätzungen der landesweiten Durchschnittswerte der Zuschusshöhe tragen die Kommunen über 57% der Ausgaben für FBBE, das Land trägt über 23% der Ausgaben. Auch die Eltern sind wichtige Partner in der Finanzierungsgemeinschaft, da sie über 17% der Ausgaben für FBBE tragen. Die freien Träger nehmen mit einem Anteil von 2,3% eine geringere Rolle ein. Beim Finanzierungsanteil der Eltern bezogen auf die einzelne Einrichtung sind größere Schwankungen anzunehmen, da die Höhe der Elternbeiträge vom jeweiligen Träger individuell festgelegt wird. Die Höhe der Elternbeiträge wird nach Einkommen der Eltern sowie nach Anzahl der Kinder gestaffelt.

## BB8 | Anteil der reinen Nettoausgaben für FBBE an den gesamten reinen Ausgaben öffentlicher Haushalte

2005 liegt der Anteil der reinen Nettoausgaben für FBBE gemessen an ihrem Anteil an den gesamten reinen Ausgaben der öffentlichen Haushalte etwas über dem Anteil, der im Durchschnitt in Ostdeutschland (5,3%) für FBBE aufgewandt wird.

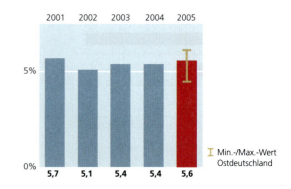

# Bildung fördern – Qualität sichern

Auf der Grundlage eines wissenschaftlichen Gutachtens erstellte eine Arbeitsgruppe aus Vertretern der Kommunen und der freien Träger den Bildungsplan (in BB Grundsätze Elementarer Bildung genannt). Weitere Beratungen fanden im Rahmen von Fachtagungen und Internetdiskussionen statt. Eine Fortschreibung und ggf. Überarbeitung ist geplant. Er ist konzipiert für alle Kinder bis zwölf Jahre, wobei der Schwerpunkt bei den Drei- bis Sechsjährigen liegt. Die Einführung des Bildungsplans in die Alltagspraxis wurde durch entsprechende Verbreitung des Bildungsplans bzw. Informationsmaterialien unterstützt.[2] Das pädagogische Personal ist durch Informationsveranstaltungen über den Bildungsplan informiert worden. Die Teilnahme an Fortbildungen zum Bildungsplan ist nicht für alle pädagogischen Mitarbeiter verpflichtend und die angebotenen Veranstaltungen sind nicht alle mindestens zweitägig. Da alle Fachberatungen eine Fortbildung zum Bildungsplan erhalten haben, ist eine wichtige Multiplikatorengruppe für die Einführung des Bildungsplans qualifiziert worden. Eine Kontrolle der Arbeit mit dem Bildungsplan ist zukünftig möglich, aber nicht regelmäßig vorgesehen. Weiterhin ist ab dem 1.7.2007 die Aufnahme des Bildungsplans in die Konzeption jeder Einrichtung nachzuweisen.

## BB9 | Bildungsplan (BP)

### I. Information
| | |
|---|---|
| Kostenloser Versand des BP an alle KiTas | ● |
| BP als Download verfügbar | ● |
| BP als Publikation erwerbbar | ● |
| Informationsmaterial über BP für Eltern verfügbar | ● |
| Informationsmaterial über BP mehrsprachig f. Eltern verfügbar | – |
| **4 von 5 Punkten** | ●●●●○ |

### II. Qualifizierung
| | |
|---|---|
| Infoveranstaltung zum BP für KiTa-Mitarbeiterinnen | ● |
| Verpflichtende Informationsveranstaltung zum BP für KiTa-Mitarbeiterinnen | – |
| Angebotene Fortbildung zum BP mindestens zweitägig | – |
| Alle Fachberatungen erhalten Fortbildungen zum BP | ● |
| Öffentliche Mittel für regelmäßige Fortbildung zum BP für alle pädagogischen Mitarbeiterinnen verfügbar | ● |
| **3 von 5 Punkten** | ●●●○○ |

### III. Umsetzungskontrolle (in allen KiTas)
| | |
|---|---|
| Jährliche externe Überprüfung der Umsetzung des BP | – |
| Jährliche Berichtspflicht zur Implementation des BP | – |
| Nachweis der Aufnahme des BP in die Konzeption | ● |
| **1 von 3 Punkten** | ●○○ |

**Insgesamt 8 von 13 Punkten**

## BB10 | Kooperation KiTa – Grundschule

Im KiTagesetz, Schulgesetz und der Grundschulverordnung sind landesweit verbindliche Regelungen zur Kooperation von KiTas und Grundschulen festgelegt. Derzeit wird ein gemeinsamer Orientierungsrahmen für die Bildung in Kindertagesbetreuung und Grundschulen (GORBIKS) erarbeitet, der als verbindliche Rahmenvereinbarung auf Landesebene die Prinzipien und Grundsätze sowie fachliche Standards der Kooperation definieren soll.

## BB11 | Pädagogisches Personal nach Berufsausbildungsabschlüssen (2007)

Die Qualifikationsstruktur des pädagogischen Personals ist primär durch Tätige mit Fachschulabschluss (fast 92%) geprägt. Der Anteil dieser Beschäftigungsgruppe liegt damit 20 Prozentpunkte über dem Anteil dieser Gruppe im Bundesdurchschnitt. Auffällig ist ein geringer Anteil von Tätigen, die sich im Praktikum bzw. in Ausbildung (0,9%) befinden. Hier wäre zu prüfen, ob der zukünftige Ersatz- bzw. Zusatzbedarf durch die aktuellen Ausbildungskapazitäten sichergestellt werden kann.

| Abschluss | Brandenburg | Ø Deutschland |
|---|---|---|
| | Anteile in Prozent | |
| (sozialpädagogischer) Hochschulabschluss | 1,8 | 3,4 |
| Fachschulabschluss (Erzieherinnen, Heilpädagoginnen) | 91,7 | 72,1 |
| Kinderpflegerinnen | 0,7 | 13,5 |
| anderer fachlicher Abschluss (sonst. Sozial- u. Erziehungsberufe) | 2,2 | 1,8 |
| anderer Abschluss | 2,0 | 3,0 |
| Praktikum/Ausbildung | 0,9 | 4,1 |
| ohne abgeschl. Ausbildung | 0,8 | 2,1 |

## BB12 | Personalschlüssel und Gruppengrößen in Kindertageseinrichtungen (2006)

### BB12A Personalschlüssel* und Erzieher-Kind-Relation

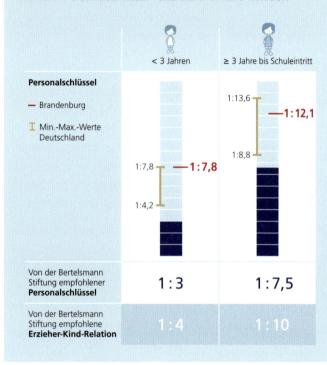

## BB13 | Beschäftigungsumfang des pädagogischen Personals in Kindertageseinrichtungen (2007)

Der Anteil der Vollzeittätigen an den pädagogisch Tätigen liegt mit weniger als 16% um 25 Prozentpunkte unter dem Anteil dieser Gruppe im Bundesdurchschnitt. Im Rahmen des massiv sinkenden Personalbedarfs bis 2001 aufgrund zurückgehender Kinderzahlen ist vermutlich häufig der individuelle Beschäftigungsumfang gekürzt worden, um eine größere Zahl von Arbeitsplätzen zu sichern. Allerdings hat sich der Anteil der Vollzeittätigen auch nach 2002 weiterhin reduziert. Die Mehrzahl der Tätigen (43,1%) ist 2007 im Umfang von 32 bis unter 38,5 Wochenstunden und 32,5% sind 21 bis unter 32 Wochenstunden beschäftigt. Die hohe Streuung der Beschäftigungszeiten ist möglicherweise eine Konsequenz der variablen und flexiblen Nutzung von Betreuungszeiten für jedes einzelne Kind, die einen differenzierten Personaleinsatz bedingt. Denn auch die öffentliche Bezuschussung der Einrichtungen ist abhängig von den tatsächlichen Betreuungszeiten der Kinder.

### BB13A Pädagogisches Personal nach Beschäftigungsumfang

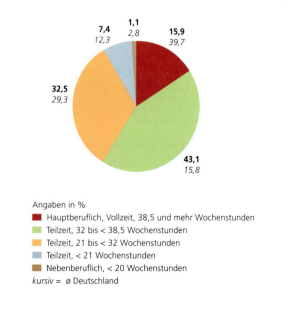

## BB12B Durchschnittliche Gruppengrößen

|  | < 3 Jahren | ≥ 3 Jahre bis Schuleintritt |
|---|---|---|
| Ganztagsgruppen Anzahl der Kinder | 12 | 16 |
| Keine Ganztagsgruppen Anzahl der Kinder | 11 | 16 |

### * Personalschlüssel

Der für jedes Bundesland ausgewiesene Personalschlüssel und der von der Bertelsmann Stiftung empfohlene Personalschlüssel sind rechnerische Größen. Sie beschreiben jeweils die Relation zwischen der täglichen Inanspruchnahme aller Kinder und dem eingesetzten Personal in einer Gruppe. Basis ist die vertragliche Arbeitszeit der einzelnen Mitarbeiterinnen, die auch Vorbereitungszeiten, Teamsitzungen, Elterngespräche, Leitungsanteile, Urlaub und Krankheitszeiten u. a. umfasst. Der Personalschlüssel gibt nicht an, wie viele Kinder zu jedem Zeitpunkt am Tag von einer Fachkraft betreut werden. Hierzu s. Erzieher-Kind-Relation.

Die empfohlene Erzieher-Kind-Relation errechnet sich aus dem empfohlenen Personalschlüssel. Es wird angenommen, dass 25% der Arbeitszeit für Tätigkeiten ohne Kinder einzuplanen sind und 75% für eine direkte pädagogische Interaktion mit dem Kind verfügbar sind.

## BB13B Anteil der Vollzeitbeschäftigten 1998–2007

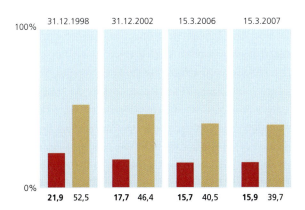

Anteil Vollzeitbeschäftigte an allen Beschäftigten ohne Verwaltung und Hauswirtschaft/Technik

■ BB   ■ ø Deutschland

## BB14 Rahmenbedingungen für Bildungsqualität

| Regelungen zur Strukturqualität | Allgemein geregelt | Präzise definiert |
|---|---|---|
| Maximale Gruppengröße | – | – |
| Erzieher-Kind-Relation | ● | ● |
| Verfügungszeit | ● | – |
| Fachberatung | ● | – |
| Fortbildung | ● | – |
| Leitungsfreistellung | ● | ● |
| (Innen-/Außen-)Flächen | ● | ● |

Insgesamt **9** von 14 Punkten

Die Strukturqualität ist für die Erzieher-Kind-Relation, Leitungsfreistellung sowie Innen- und Außenflächen präzise definiert. Verfügungszeiten sind allgemein geregelt.

| Regelungen zur Qualitätsüberprüfung |  |
|---|---|
| Geregelte Verpflichtung in Ausführungsgesetz oder Verordnung | ● |
| *Elternbefragung (mindestens jährlich)* | – |
| *Selbstevaluation* | – |
| *Fremdevaluation* | – |
| Zahlung öffentlicher Zuschüsse abhängig von externer Qualitätsüberprüfung |  |

Insgesamt **1** von 5 Punkten

Externe Qualitätsüberprüfung wird bislang nicht verbindlich in allen KiTas durchgeführt. Seit 1993/94 werden im Rahmen von Qualitätswettbewerben Monitorings mit der Kindergarteneinschätzskala durchgeführt. Zudem muss jede KiTa in ihrer Konzeption darlegen, wie sie eine Qualitätsüberprüfung durchführt.

# Bremen

**Basisdaten 2007**

Fläche: 404,28 km²

Einwohner (31.12.2006):
663.979

**Anteil der Kinder in FBBE**
Kinder unter 3 Jahren: 10,6%
Nichtschulkinder
3 bis < 6 Jahre: 86,0%
(inkl. 0,3% in [vor-]schulischen Einrichtungen)

| | |
|---|---|
| Geborene Kinder 2006 | 5.506 |
| Geburten pro Frau 2005 | 1,3 |
| Anzahl der Kinder unter 10 Jahren (31.12.2006) | 55.367 |
| Davon Kinder unter 3 Jahren | 16.058 |
| Davon Kinder 3 bis unter 6 Jahre | 16.062 |
| Davon Kinder 6 bis unter 10 Jahre | 23.247 |

| | |
|---|---|
| Erwerbstätigenquote von Müttern (2006) mit | |
| ... mindestens einem Kind unter 3 Jahren | K.A. |
| ... mindestens einem Kind von 3 bis unter 6 Jahren | K.A. |
| Empfänger v. laufender Hilfe zum Lebensunterhalt (Ende 2004) | 59.548 |
| Darunter Kinder unter 18 Jahren | 22.689 |
| Tageseinrichtungen insgesamt | 403 |
| Anteil der Einrichtungen | |
| ... in öffentlicher Trägerschaft | 22,6% |
| ... in freigemeinnütziger Trägerschaft | 76,4% |
| ... als Betriebs-/Unternehmensteil | 0,0% |
| ... in privatgewerblicher Trägerschaft | 1,0% |
| Anteil der KiTas ohne feste Gruppenstruktur | 3% |
| Pädagogisches Personal in KiTas insgesamt | 3.496 |
| Kinder in KiTas insgesamt | 21.682 |
| Darunter Kinder unter 3 Jahren | 1.404 |
| Darunter Nichtschulkinder 3 bis unter 6 Jahre | 13.564 |
| Darunter Schulkinder 6 bis unter 10 Jahre | 3.358 |
| Tagespflegepersonen insgesamt | 399 |
| Kinder unter 6 Jahren in Kindertagespflege | 490 |
| Davon Kinder unter 3 Jahren | 292 |
| Davon Kinder 3 bis unter 6 Jahre | 198 |

In Bremen ist der Senator für Arbeit, Frauen, Gesundheit, Jugend und Soziales zuständig für FBBE. Es gibt zwei interministerielle, regelmäßige Fachgruppen: eine Lenkungsgruppe für das BLK-Modellprojekt „TransKiGs", die sich mit dem Übergang Kindergarten – Grundschule beschäftigt, sowie Fachgespräche mit den Referatsleitungen der Länderministerien (Bildung und Soziales/Jugendhilfe). Letztere behandeln Themen wie die Implementation des Bildungsplans oder die Qualifizierung der Fachkräfte. Weitere Gremien gibt es in Bremen nur in den beiden Stadtgemeinden. Insgesamt vermittelt sich der Eindruck, dass viele Themen der FBBE überwiegend auf der Stadtgemeinde-Ebene behandelt werden. Es gibt kein landespolitisches Gesamtprogramm für die FBBE in HB, in dem landespolitische Zielsetzungen und zentrale (geplante) Maßnahmen für diesen Bildungsbereich transparenter werden und auch Verantwortlichkeiten der beteiligten Akteure bei der Weiterentwicklung dieses Bildungsbereichs (Land, Stadtgemeinden, Trägerverbände usw.) definiert werden.

## Teilhabe sichern

In HB liegt die Teilhabequote der unter Dreijährigen (10,6%) fast 5 Prozentpunkte und die der älteren Kinder (86%) fast 4 Prozentpunkte unter dem Bundesdurchschnitt. Auch bei den einzelnen Altersjahrgängen ist eine im Vergleich zum Bundesdurchschnitt niedrige Teilhabe an Angeboten der FBBE festzustellen. Von den Zweijährigen sind knapp 21% in einem Angebot der FBBE und damit fast 9 Prozentpunkte weniger als im Bundesdurchschnitt. Zwischen 2006 und 2007 ist eine leichte Zunahme um 1,6 Prozentpunkte zu verzeichnen. Auch von den Dreijährigen sind fast 30% der Kinder nicht in einem Angebot der FBBE. Damit liegt der Anteil dieser Altersgruppe mehr als 10 Prozentpunkte unter dem Bundesdurchschnitt. Auf einen möglichen Ausbau deutet die Steigerung der Teilhabequote dieser Altersgruppe hin, die sich zwischen 2006 und 2007 um fast 3 Prozentpunkte erhöht hat.

In den KiTas werden die meisten der unter Dreijährigen ganztags betreut (41,5%). Bei den älteren Kindern sinkt der Anteil der ganztags betreuten Kinder auf knapp 23%. Von dieser Altersgruppe werden jeweils etwa 40% bis zu 5 Stunden sowie mehr als 5 bis zu 7 Stunden täglich in einer KiTa betreut.

Hervorzuheben ist, dass in HB insbesondere von den Nichtschulkindern über drei Jahre, die in einer KiTa sind, viele Kinder einen Migrationshintergrund haben (37,7%). In der pädagogischen Arbeit der KiTas müssten damit die Bedürfnisse von Kindern mit Migrationshintergrund und ihren Familien einen besonderen Stellenwert haben.

### Investitionen wirkungsvoll einsetzen

Die reinen Nettoausgaben der öffentlichen Haushalte für FBBE pro unter 10-jährigem Kind in HB liegen im Vergleich der Bundesländer im Mittelfeld. Der Anteil der reinen Nettoausgaben für FBBE gemessen an ihrem Anteil an den gesamten Ausgaben der öffentlichen Haushalte liegt in HB (2,7%) deutlich unter dem westdeutschen Durchschnitt (3,3%).

### Bildung fördern – Qualität sichern

Der Rahmenplan für Bildung und Erziehung im Elementarbereich ist noch in Erprobung. Die Aktivitäten für die Umsetzung des Bildungsplans sind wenig transparent, vermutlich weil die Verantwortung dafür den beiden Stadtgemeinden übertragen wurde. Diese sind beispielsweise auch für die Qualifizierungen des pädagogischen Personals zum Rahmenplan zuständig. Allerdings stehen grundsätzlich öffentliche Mittel für diese Qualifizierungen zur Verfügung. Bei der Weiterentwicklung des Rahmenplans wäre insbesondere zu bedenken, dass aufgrund des hohen Anteils von Kindern mit Migrationshintergrund Informationen über den Rahmenplan für die Eltern auch mehrsprachig verfügbar sein sollten.

Auch für die Zusammenarbeit der KiTas und Grundschulen ist auf der Landesebene eine landesweit verbindliche Regelung getroffen. Darüber hinaus sind aber die beiden Stadtgemeinden für diesen Aufgabenbereich zuständig. So werden nur auf kommunaler Ebene in Bremen KiTas und Grundschulen zusätzliche Mittel für die Kooperation gewährt. Verbindliche Rahmenvereinbarungen werden zurzeit auf der Ebene der Stadtgemeinde Bremen entwickelt, in denen Prinzipien und Grundsätze der Zusammenarbeit sowie fachliche Standards für die Kooperation zwischen Kindertageseinrichtungen und Grundschulen definiert werden.

In der Qualitätsforschung werden die verfügbaren Personalressourcen in KiTas als zentrale Einflussgröße auf die pädagogische Arbeit eingestuft. In HB verfügen fast 58% des pädagogischen Personals über einen Fachschulabschluss, dies sind 14 Prozentpunkte weniger als im Bundesdurchschnitt. Gleichzeitig ist im Bundesländervergleich in HB der größte Anteil des Personals mit Hochschulabschluss (mehr als 12%) beschäftigt. Der Anteil der Beschäftigten mit dem Abschluss Kinderpflegerin (6,6%) liegt deutlich unter Bundesdurchschnitt. Eine Besonderheit in HB sind der hohe Anteil des pädagogischen Personals, das sich im Praktikum bzw. in der Ausbildung befindet, sowie insbesondere der hohe Anteil des Personals ohne abgeschlossene Ausbildung (6,5%). Letzterer liegt 4,4 Prozentpunkte über dem Bundesdurchschnitt und ist in keinem Bundesland so hoch wie in HB.

Der Beschäftigungsumfang des pädagogischen Personals ist insbesondere durch eine hohe Differenzierung der Arbeitszeiten geprägt. So liegt der Anteil der Teilzeitbeschäftigten in allen Gruppen leicht über dem Bundesdurchschnitt. Der größte Teil des pädagogischen Personals (35,1%) ist mit einer Wochenarbeitszeit von 21 bis unter 32 Stunden beschäftigt. Der Anteil der Vollzeitbeschäftigten liegt bei fast 30% und damit fast 10 Prozentpunkte unter dem Bundesdurchschnitt. Zwischen 1998 und 2007 hat sich ihr Anteil um insgesamt 11 Prozentpunkte reduziert. Es wäre zu prüfen, ob die Arbeitszeiten des pädagogischen Personals so mit den Betreuungszeiten der Kinder in Einklang gebracht werden können, dass pädagogische Ansprüche und auch Arbeitszeiten für Tätigkeiten ohne Kinder realisiert werden können.

Eine weitere Information zu den Personalressourcen liefern die Berechnungen zum Personalschlüssel für Kinder unter drei Jahren (vgl. Grafik HB 12). Dieser liegt im Vergleich aller Bundesländer im Mittelfeld. Für den Personalschlüssel der älteren Kinder konnte kein Wert ausgewiesen werden, da hier Unstimmigkeiten in den Statistiken bestehen.

Die Rahmenbedingungen der KiTas werden als wichtige Einflussgrößen auf die Qualität der pädagogischen Arbeit interpretiert. Neben dem Personalschlüssel, der in HB präzise geregelt ist, sind dies auch die maximale Gruppengröße sowie die Flächen pro Kind. Darüber hinaus ist keines der übrigen vier erfassten Elemente der Strukturqualität auf Landesebene geregelt. Hier greifen jeweils Regelungen der Stadtgemeinden. Auch Verpflichtungen zur Qualitätsentwicklung und -sicherung sind per Ausführungsgesetz durch das Land geregelt. Spezifische Regelungen bestehen auf der Ebene der beiden Stadtgemeinden.

## HB1 | Rechtsanspruch des Kindes auf einen Betreuungsplatz

Es besteht ein elternunabhängiger Rechtsanspruch auf einen Betreuungsplatz für jedes Kind vom vollendeten dritten Lebensjahr bis zum Schuleintritt mit einem garantierten Umfang von vier Stunden täglich.

# Teilhabe sichern

Die Teilhabequote der Altersgruppe der Drei- bis unter Sechsjährigen an Angeboten der FBBE (86,0%) liegt fast 4 Prozentpunkte unter dem Bundesdurchschnitt. Auch die Teilhabequote der Dreijährigen liegt über 10 Prozentpunkte unter dem Bundesdurchschnitt. Handlungsbedarf besteht zudem bei den unter Dreijährigen (fast 5 Prozentpunkte unter dem Bundesdurchschnitt). Von den unter Dreijährigen sind 41,5% mehr als 7 Stunden täglich in einer KiTa angemeldet. Bei den Nichtschulkindern ab drei Jahre sinkt der Anteil der Kinder, die ganztags in der KiTa sind, auf knapp 22,7%. Der Anteil der Kinder, die täglich mehr als 5 bis zu 7 Stunden in der KiTa sind, ist bei den Nichtschulkindern über 15 Prozentpunkte höher als bei den Kindern unter drei Jahren.

## HB2 | Ausbaubedarf bei Betreuungsplätzen für unter Dreijährige

Bei der Abschätzung des zukünftigen Bedarfs für unter Dreijährige nach den Bedarfskriterien des TAG geht Bremen davon aus, dass der Betreuungsbedarf erfüllt ist, wenn für 20% der unter Dreijährigen Angebote vorhanden sind. Gemessen an dieser geschätzten Durchschnittsgröße müssten im Jahre 2010 ca. 3.200 Plätze (11. koordinierte Bevölkerungsvorausberechnung) bereitgestellt werden. Daraus ergibt sich ein Ausbaubedarf von ca. 1.500 Plätzen.

## HB3 | Vertraglich vereinbarte tägliche Betreuungszeiten (2007)

## HB4 | Bildungsbeteiligung vor der Schule (2007)

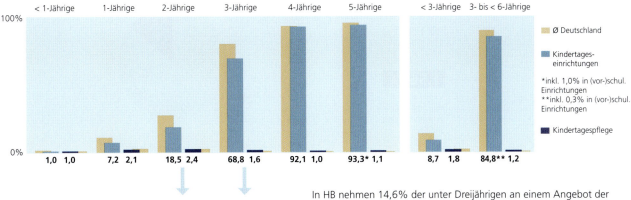

In HB nehmen 14,6% der unter Dreijährigen an einem Angebot der FBBE teil, 1,8% sind dabei in Kindertagespflege. Von den Drei- bis unter Sechsjährigen nutzt ein Anteil von 86,0% ein Angebot der FBBE, lediglich 1,2% nutzten dabei Kindertagespflege. Der Anteil der Zweijährigen, der ein Angebot in der FBBE nutzt, liegt fast 9 Prozentpunkte unter dem Bundesdurchschnitt und hat sich von 2006 auf 2007 nur um 1,6 Prozentpunkte erhöht. Die Teilhabe der Vier- und Fünfjährigen an einem Angebot der FBBE entspricht etwa dem Bundesdurchschnitt.

## HB5 | Kinder mit Migrationshintergrund in Kindertageseinrichtungen (2007)

**Kinder < 3 Jahren**
26,1% Kinder, von denen mindestens ein Elternteil ausländischer Herkunft ist.

Davon sprechen 47,4% vorwiegend deutsch, 52,6% nicht-deutsch im Elternhaus.

**Nichtschulkinder ab 3 Jahre**
37,7% Kinder, von denen mindestens ein Elternteil ausländischer Herkunft ist.

Davon sprechen 32,5% vorwiegend deutsch, 67,5% nicht-deutsch im Elternhaus.

**Kinder (2006):** Anteil aller Kinder mit Migrationshintergrund, die eine Einrichtung besuchen

**Einrichtung (2006):** Anteil an Kindern mit Migrationshintergrund in der Einrichtung

In HB hat etwa ein Viertel der unter Dreijährigen in den KiTas einen Migrationshintergrund (mindestens ein Elternteil ausländischer Herkunft). Fast 53% dieser Kinder leben in einer Familie, in der vorwiegend nicht-deutsch gesprochen wird. Von den Nichtschulkindern ab drei Jahren haben fast 38% einen Migrationshintergrund. Über 67% dieser Kinder leben in einer Familie, in der vorwiegend nicht-deutsch gesprochen wird. Im Jahr 2006 besuchten über 73% der Kinder mit Migrationshintergrund, die in einer KiTa sind, eine KiTa, in der zwischen 25% bis unter 75% der Kinder einen Migrationshintergrund haben.

## HB6 | Investitionen pro Kind

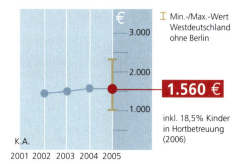

1.560 €
inkl. 18,5% Kinder in Hortbetreuung (2006)

Die reinen Nettoausgaben der öffentlichen Haushalte für FBBE pro unter Zehnjährigem sind zwischen 2004 und 2005 gesunken. Im Jahr davor waren sie jedoch angestiegen, so dass die reinen Nettoausgaben pro unter Zehnjährigem 2005 fast 4,3% höher sind als 2003.

## HB7 | Finanzierungsgemeinschaft für FBBE (2005)

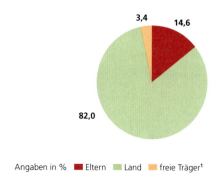

Angaben in %  ■ Eltern  ■ Land  ■ freie Träger[1]

In den öffentlichen Statistiken fehlen i.d.R. die Elternbeiträge, die direkt von freien Trägern eingezogen werden, sowie die finanziellen Eigenanteile der freien Träger. Diese Ausgabengrößen werden daher über Schätzungen ermittelt.

# Investitionen wirkungsvoll einsetzen

Die HB trägt 2005 82,0% der Gesamtkosten für die FBBE. Die freien Träger übernehmen 3,4% der entstehenden Gesamtkosten. Für die Eltern verbleibt ein Finanzierungsanteil von durchschnittlich 14,6%. Die Höhe der Elternbeiträge wird in Bremen kommunal und trägerübergreifend festgelegt. Es gibt in HB im Gesetz eine Kann-Regelung für die Einkommensstaffelung und eine Staffelung nach Zahl der Kinder. Die Stadtgemeinden (Bremen und Bremerhaven) machen Vorgaben zur Staffelung. Eine Beitragsermäßigung bzw. -erstattung gibt es unter Berücksichtigung der jeweiligen Betreuungszeit, des Einkommens und der Kinderzahl in der Familie. Eine landeseinheitliche Regelung über die maximale Höhe der Elternbeiträge gibt es nicht.

## HB8 | Anteil der reinen Nettoausgaben für FBBE an den gesamten reinen Ausgaben öffentlicher Haushalte

2005 liegt der Anteil der reinen Nettoausgaben für FBBE gemessen an ihrem Anteil an den gesamten reinen Ausgaben der öffentlichen Haushalte um 0,6 Prozentpunkte unter dem Anteil, der im Durchschnitt von Westdeutschland (3,3) für FBBE aufgewandt wird.

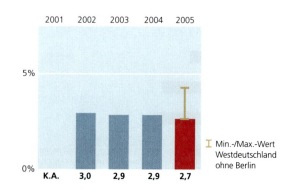

# Bildung fördern – Qualität sichern

Die Entwicklung des Bildungsplans (in HB Rahmenplan für Bildung und Erziehung im Elementarbereich genannt) erfolgte in Zusammenarbeit mit Vertretern der Träger, der Zentralen Elternvertretung, den Ausbildungsstätten sowie der Universität Bremen. Nach einer Erprobung des Bildungsplans in allen Einrichtungen ist eine Überarbeitung geplant. Zur Praxiseinführung wurde er an alle KiTas versandt sowie als Download zur Verfügung gestellt. Eltern stehen keine zusätzlichen Informationsmaterialien zum Bildungsplan zur Verfügung; auch nicht in anderen Sprachen. Für die Mitarbeiterinnen der KiTas werden Informationsveranstaltungen über den Bildungsplan durchgeführt, deren Teilnahme nicht verpflichtend ist. Es wurden keine Fortbildungen für alle Fachberaterinnen durchgeführt.[2] Öffentliche Mittel für Fortbildungen stehen für alle pädagogischen Mitarbeiterinnen zur Verfügung. Qualifizierung wird in der Regel aus den beiden städtischen Haushalten finanziert und ist Aufgabe der Träger.[3] Die Verantwortung zur Umsetzung des Rahmenplans wurde den beiden Stadtgemeinden übertragen.[4]

## HB9 | Bildungsplan (BP)

| I. Information | |
|---|---|
| Kostenloser Versand des BP an alle KiTas | ● |
| BP als Download verfügbar | ● |
| BP als Publikation erwerbbar | – |
| Informationsmaterial über BP für Eltern verfügbar | – |
| Informationsmaterial über BP mehrsprachig f. Eltern verfügbar | – |
| | BP in Erprobung |

| II. Qualifizierung | |
|---|---|
| Infoveranstaltung zum BP für KiTa-Mitarbeiterinnen | ● |
| Verpflichtende Informationsveranstaltung zum BP für KiTa-Mitarbeiterinnen | – |
| Angebotene Fortbildung zum BP mindestens zweitägig | – |
| Alle Fachberatungen erhalten Fortbildungen zum BP | – |
| Öffentliche Mittel für regelmäßige Fortbildung zum BP für alle pädagogischen Mitarbeiterinnen verfügbar | ● |
| | BP in Erprobung |

| III. Umsetzungskontrolle (in allen KiTas) | |
|---|---|
| Jährliche externe Überprüfung der Umsetzung des BP | – |
| Jährliche Berichtspflicht zur Implementation des BP | – |
| Nachweis der Aufnahme des BP in die Konzeption | – |
| | BP in Erprobung |

## HB10 | Kooperation KiTa – Grundschule

Im BremKTG ist landesweit die verbindliche Kooperation von KiTas und Grundschulen festgelegt. Prinzipien und Grundsätze der Zusammenarbeit sowie fachliche Standards für die Kooperation werden zurzeit auf der Ebene der Stadtgemeinde Bremen definiert. Auf dieser Ebene werden Grundschulen und KiTas für die Kooperation zusätzliche Mittel zurzeit im Rahmen des Projekts TransKigs gewährt.

## HB11 | Pädagogisches Personal nach Berufsausbildungsabschlüssen (2007)

In HB verfügen fast 58% des pädagogischen Personals über einen Fachschulabschluss. Ihr Anteil liegt mehr als 14 Prozentpunkte unter dem Bundesdurchschnitt. Allerdings ist der Anteil der Tätigen mit Hochschulabschluss überdurchschnittlich, er liegt fast 9 Prozentpunkte über dem Bundesdurchschnitt. Ebenfalls überdurchschnittlich ist der Anteil derjenigen, die in Praktikum oder in Ausbildung sind (fast 11%). Darüber hinaus fällt auf, dass 6,5% der pädagogisch Tätigen keine abgeschlossene Ausbildung haben.

| Abschluss | Bremen | ø Deutschland |
|---|---|---|
| | Anteile in Prozent | |
| (sozialpädagogischer) Hochschulabschluss | 12,1 | 3,4 |
| Fachschulabschluss (Erzieherinnen, Heilpädagoginnen) | 57,8 | 72,1 |
| Kinderpflegerinnen | 6,6 | 13,5 |
| anderer fachlicher Abschluss (sonst. Sozial- u. Erziehungsberufe) | 1,3 | 1,8 |
| anderer Abschluss | 5,1 | 3,0 |
| Praktikum/Ausbildung | 10,7 | 4,1 |
| ohne abgeschl. Ausbildung | 6,5 | 2,1 |

## HB12 | Personalschlüssel und Gruppengrößen in Kindertageseinrichtungen (2006)

HB12A Personalschlüssel* und Erzieher-Kind-Relation

## HB13 | Beschäftigungsumfang des pädagogischen Personals in Kindertageseinrichtungen (2007)

29,8% der pädagogisch Tätigen sind vollzeitbeschäftigt. Ihr Anteil hat sich von 1998 bis 2007 kontinuierlich um insgesamt 11 Prozentpunkte reduziert. Die größte Beschäftigungsgruppe bildet das pädagogische Personal mit einer Wochenarbeitszeit von 21 bis unter 32 Stunden (35,1%). 13,7% der pädagogisch Tätigen sind mit unter 21 Wochenstunden teilzeittätig und 4,2% mit unter 20 Wochenstunden nur nebenberuflich tätig.

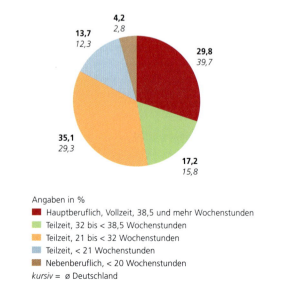

HB13A Pädagogisches Personal nach Beschäftigungsumfang

BREMEN (HB)

## HB12B Durchschnittliche Gruppengrößen

|  | < 3 Jahren | ≥ 3 Jahre bis Schuleintritt |
|---|---|---|
| **Ganztagsgruppen** Anzahl der Kinder | 8 | 18 |
| **Keine Ganztagsgruppen** Anzahl der Kinder | 9 | 19 |

**\* Personalschlüssel**

Der für jedes Bundesland ausgewiesene Personalschlüssel und der von der Bertelsmann Stiftung empfohlene Personalschlüssel sind rechnerische Größen. Sie beschreiben jeweils die Relation zwischen der täglichen Inanspruchnahme aller Kinder und dem eingesetzten Personal in einer Gruppe. Basis ist die vertragliche Arbeitszeit der einzelnen Mitarbeiterinnen, die auch Vorbereitungszeiten, Teamsitzungen, Elterngespräche, Leitungsanteile, Urlaub und Krankheitszeiten u. a. umfasst. Der Personalschlüssel gibt nicht an, wie viele Kinder zu jedem Zeitpunkt am Tag von einer Fachkraft betreut werden. Hierzu s. Erzieher-Kind-Relation.

Die empfohlene Erzieher-Kind-Relation errechnet sich aus dem empfohlenen Personalschlüssel. Es wird angenommen, dass 25% der Arbeitszeit für Tätigkeiten ohne Kinder einzuplanen sind und 75% für eine direkte pädagogische Interaktion mit dem Kind verfügbar sind.

## HB13B Anteil der Vollzeitbeschäftigten 1998–2007

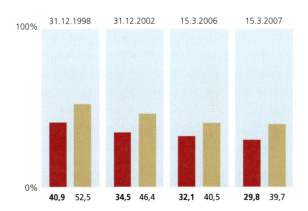

Anteil Vollzeitbeschäftigte an allen Beschäftigten ohne Verwaltung und Hauswirtschaft/Technik

■ HB   ■ ø Deutschland

## HB14 Rahmenbedingungen für Bildungsqualität

| Regelungen zur Strukturqualität | Allgemein geregelt | Präzise definiert |
|---|---|---|
| Maximale Gruppengröße | ● | ● |
| Erzieher-Kind-Relation | ● | ● |
| Verfügungszeit | _6 | – |
| Fachberatung | _7 | – |
| Fortbildung | _8 | – |
| Leitungsfreistellung | _9 | – |
| (Innen-/Außen-)Flächen | ● | ● |

Insgesamt **6** von 14 Punkten

Die maximale Gruppengröße, die Erzieher-Kind-Relation sowie die Flächen pro Kind sind landeseinheitlich präzise definiert. Für die übrigen Elemente der Strukturqualität gibt es keinerlei Regelungen.

| Regelungen zur Qualitätsüberprüfung | |
|---|---|
| Geregelte Verpflichtung in Ausführungsgesetz oder Verordnung | ● |
| *Elternbefragung (mindestens jährlich)* | – |
| *Selbstevaluation* | – |
| *Fremdevaluation* | – |
| Zahlung öffentlicher Zuschüsse abhängig von externer Qualitätsüberprüfung | – |

Insgesamt **1** von 5 Punkten

Es sind keine verbindlichen Verfahren zur Qualitätsüberprüfung in allen KiTas vorgesehen. Damit fehlt eine systematische und kontinuierliche Transparenz über die bestehende Qualität der Bildungs- und Betreuungsangebote. Sie könnte zielgerichtete Impulse für eine kontinuierliche Weiterentwicklung der Qualität liefern.

# Hamburg

**Basisdaten 2007**

Fläche: 755 km²

Einwohner (31.12.2006):
1.754.182

**Anteil der Kinder in FBBE**
Kinder unter 3 Jahren: 22,2%
Nichtschulkinder
3 bis < 6 Jahre: 88,5%
(inkl. 7,3% in [vor-]schulischen Einrichtungen)

| | |
|---|---:|
| Geborene Kinder 2006 | 16.089 |
| Geburten pro Frau 2005 | 1,2 |
| Anzahl der Kinder unter 10 Jahren (31.12.2006) | 151.072 |
| Davon Kinder unter 3 Jahren | 47.103 |
| Davon Kinder 3 bis unter 6 Jahre | 44.577 |
| Davon Kinder 6 bis unter 10 Jahre | 59.392 |

| | |
|---|---:|
| Erwerbstätigenquote von Müttern (2006) mit | |
| ... mindestens einem Kind unter 3 Jahren | 50,0% |
| ... mindestens einem Kind von 3 bis unter 6 Jahren | 53,7% |
| Empfänger v. laufender Hilfe zum Lebensunterhalt (Ende 2004) | 122.908 |
| Darunter Kinder unter 18 Jahren | 41.708 |
| Tageseinrichtungen insgesamt | 944 |
| Anteil der Einrichtungen | |
| ... in öffentlicher Trägerschaft | 5,2% |
| ... in freigemeinnütziger Trägerschaft | 88,1% |
| ... als Betriebs-/Unternehmensteil | 1,1% |
| ... in privatgewerblicher Trägerschaft | 5,6% |
| Anteil der KiTas ohne feste Gruppenstruktur | 17,3% |
| Pädagogisches Personal in KiTas insgesamt | 8.647 |
| Kinder in KiTas insgesamt | 64.502 |
| Darunter Kinder unter 3 Jahren | 8.286 |
| Darunter Nichtschulkinder 3 bis unter 6 Jahre | 34.918 |
| Darunter Schulkinder 6 bis unter 10 Jahre | 12.260 |
| Tagespflegepersonen insgesamt | 2.031 |
| Kinder unter 6 Jahren in Kindertagespflege | 3.424 |
| Davon Kinder unter 3 Jahren | 2.171 |
| Davon Kinder 3 bis unter 6 Jahre | 1.253 |

In Hamburg ist die Behörde für Soziales, Familie, Gesundheit und Verbraucherschutz zuständig für FBBE. Die Weiterentwicklung der FBBE wird in HH durch eine interministerielle, regelmäßige Fachgruppe unterstützt. Die Angehörigen des so genannten „Qualifizierungskuratoriums" sind Vertretungen der Behörde für Wissenschaft und Forschung, Behörde für Bildung und Sport, Behörde für Soziales, Familie, Gesundheit und Verbraucherschutz und der Wohlfahrtsverbände. HH hat bislang eine Vielzahl von Maßnahmen und Projekten zu den verschiedensten Themenbereichen der FBBE initiiert und gefördert, beispielsweise zur Sprachförderung Familienzentren; Förderung sozial benachteiligter Kinder usw. Bei der Umsetzung dieser Maßnahmen sind immer landesweit relevante Akteure aus dem Bereich der FBBE eingebunden worden. Insgesamt vermittelt sich der Eindruck, dass die zuständige Behörde zum einen die fachliche Weiterentwicklung der FBBE in HH gezielt mit beeinflussen will und sich zum anderen auch mit den relevanten Akteuren in HH abstimmen bzw. sie an Entwicklungen beteiligen will. Die Absicht einer kontinuierlichen Steuerung der fachlichen Weiterentwicklung der FBBE durch die Landesebene drückt sich auch in der Langfristigkeit der initiierten Programme aus. Die Mehrzahl von ihnen ist bereits dauerhaft verankert und demnach in die allgemeine Infrastruktur übergegangen. Das KiTa-System ist durch die Einführung eines kindbezogenen, pauschalierten Finanzierungssystems grundlegend reformiert worden. Nach Einschätzung der zuständigen Behörde ist damit ein verstärkter Qualitätswettbewerb zwischen den KiTas ausgelöst worden.

## Teilhabe sichern

Die Teilhabe der Kinder unter drei Jahren an einem Angebot der FBBE (22,2%) liegt in HH deutlich über dem Bundesdurchschnitt (15,5%). Bei den älteren Kindern - einschließlich der Kinder in Vorschulklassen - liegt die Teilhabequote (88,5%) leicht unter dem

Bundesdurchschnitt (89,8%). Auf einen möglichen Ausbau weist die Entwicklung der Teilhabequoten der zwei und drei Jahre alten Kinder hin. Zwischen 2006 und 2007 ist der Anteil der beiden Altersjahrgänge, der in einer KiTa oder der Kindertagespflege ist, leicht um 2 bzw. 3 Prozentpunkte gestiegen. Hinsichtlich des Umfangs der Betreuung in den KiTas zeigt sich, dass die Mehrheit der unter Dreijährigen (56,1%) ganztägig und ein weiteres Drittel mehr als 5 bis zu 7 Stunden betreut wird. Bei älteren Kindern verlagern sich die Schwerpunkte der genutzten Betreuungszeiten. Von dieser Altersgruppe sind mehr als 48% täglich bis zu 5 Stunden und annähernd 36% der Kinder ganztags in der KiTa. Vermutlich zeigt sich hier ein Effekt der Rechtsanspruchsregelungen in HH, denn der elternunabhängige Rechtsanspruch für jedes Kind ab dem vollendeten dritten Lebensjahr bis zum Schuleintritt umfasst 5 Stunden täglich. Lediglich Kinder, deren Eltern erwerbstätig sind oder die sonstigen besonderen Förderbedarf haben, können zusätzliche Betreuungsstunden beanspruchen.

## Investitionen wirkungsvoll einsetzen

Die reinen Nettoausgaben der öffentlichen Haushalte für FBBE pro unter 10-jährigem Kind, die HH aufwendet, liegen im Bundesländervergleich im Spitzenfeld. HH hat die zweithöchsten Ausgaben in Deutschland. Allerdings sind die Ausgaben zwischen 2004 und 2005 um 4,4% gesunken. Der Anteil der reinen Nettoausgaben für FBBE gemessen an ihrem Anteil an den gesamten reinen Ausgaben der öffentlichen Haushalte liegt in HH 0,6 Prozentpunkte über dem Durchschnitt in Westdeutschland (3,3%).

## Bildung fördern – Qualität sichern

In der Qualitätsforschung werden die verfügbaren Personalressourcen in KiTas als zentrale Einflussgröße auf die pädagogische Arbeit eingestuft. Das formale Qualifikationsniveau des pädagogischen Personals in den KiTas in HH ist vergleichsweise niedrig. So ist der Anteil der Beschäftigten mit einem Fachschulabschluss in HH (59,5%) der zweitniedrigste im Bundesländervergleich. Zwar haben von den Beschäftigten mehr als 7% einen Hochschulabschluss, womit ihr Anteil doppelt so hoch wie im Bundesdurchschnitt ist. Allerdings liegt der Anteil der Kinderpflegerinnen mit fast 20% ebenfalls über dem Bundesdurchschnitt (13,5%).

Ebenfalls auf zum Teil eher ungünstige Rahmenbedingungen bei den Personalressourcen weisen die Berechnungen zu den Personalschlüsseln hin (vgl. Grafik HH 12). Im Vergleich gehört HH mit zu den Bundesländern, die die schlechtesten Personalschlüssel für Kinder unter drei Jahren in KiTas haben. Bei den älteren Kindern stellt sich die Personalsituation besser dar: Hier liegt der Personalschlüssel von HH im Mittelfeld beim Vergleich aller Bundesländer.

Beim Beschäftigungsumfang des pädagogischen Personals zeigt sich allgemein, dass die Anteile der Gruppen mit Teilzeitbeschäftigungen jeweils über den Bundesdurchschnittswerten liegen. Der Anteil der Vollzeitbeschäftigten (30,7%) liegt 9 Prozentpunkte unter dem Bundesdurchschnitt und ist zwischen 1998 und 2007 um 13,4 Prozentpunkte gesunken. Diese hohe Differenzierung des Beschäftigungsumfangs des Personals ist im Zusammenhang mit dem Finanzierungssystem der KiTas in HH zu sehen. Die Berechnungs- und damit auch Finanzierungsgrundlage für die Personalressourcen bilden im KiTa-Gutschein-System die gebuchten Betreuungszeiten. Es wäre zu prüfen, welche Wirkungen diese hohe Differenzierung der Beschäftigungszeiten des Personals auf die Realisierung von pädagogischen Anforderungen bei der Personalplanung hat.

Hinsichtlich der Strukturqualität sind in HH von sieben erfassten Bereichen fünf allgemein geregelt und von diesen wiederum drei präzise definiert. Auffällig ist, dass die Verfügungszeiten, d. h. Arbeitszeiten für Aufgaben ohne Kinder, wie z.B. Teamsitzungen, Elterngespräche, Kooperationen mit anderen Einrichtungen, aber auch Fortbildungs- und Krankheitszeiten, in HH gar nicht geregelt sind. Im Grundsatz bedeutet dies, dass jede Einrichtung bei ihrer Personalplanung entscheiden muss, ob und in welchem Umfang dem pädagogischen Personal Arbeitszeiten für Aufgaben ohne Kinder zur Verfügung gestellt werden.

Die KiTas in HH werden von der Landesebene zur Qualitätsentwicklung und -sicherung verpflichtet. Diese Anforderung wird insofern konkretisiert, als vorgeschrieben ist, dass in einem mindestens zweijährigen Rhythmus entweder Selbst- oder Fremdevaluation mit einem fachlich anerkannten Verfahren durchgeführt werden muss. Der Landesrahmenplan beschreibt, dass es Ziel ist, die Entwicklungskompetenzen von Kindern in Tageseinrichtungen in einem repräsentativen Verfahren zu erfassen, um daraus Erkenntnisse über die Weiterentwicklung der Hamburger Bildungsempfehlungen und des KiTa-Gutschein-Systems zu gewinnen. Es ist vorgesehen, hierzu mit den Trägerverbänden eine separate Vereinbarung zu treffen. Das geplante Vorhaben könnte zudem auch Informationen darüber liefern, ob der zwischen den Einrichtungen stattfindende Qualitätswettbewerb vergleichbare Bildungschancen für alle Kinder in HH unterstützt.

## HH1 | Rechtsanspruch des Kindes auf einen Betreuungsplatz

Es besteht ein elternunabhängiger Rechtsanspruch auf einen Betreuungsplatz für jedes Kind vom vollendeten dritten Lebensjahr bis zum Schuleintritt. Die garantierten Betreuungsumfänge umfassen fünf Stunden täglich einschließlich eines Mittagessens.[1]

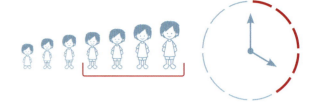

# Teilhabe sichern

Die Teilhabequote der unter Dreijährigen an Angeboten der FBBE liegt bei 22,2% und über dem Bundesdurchschnitt (15,5%). Von den Drei- bis unter Sechsjährigen sind unter Berücksichtigung der Kinder in Vorschulen 88,5% in Angeboten der FBBE. Die Mehrzahl der unter Dreijährigen (56,1%) wird täglich mehr als 7 Stunden in einer KiTa betreut. Dieser Anteil liegt fast 12 Prozentpunkte über dem Bundesdurchschnitt. 33,4% dieser Altersgruppe werden mehr als 5 und bis zu 7 Stunden täglich betreut. Dieser Anteil liegt 9 Prozentpunkte über dem Bundesdurchschnitt. Bei den Nichtschulkindern ab drei Jahren verändern sich die Nutzungszeiten. So sind 48,4% der Kinder bis zu 5 Stunden in einer KiTa. Im Bundesdurchschnitt nutzen 20 Prozentpunkte weniger diese Betreuungszeit. Mehr als 7 Stunden täglich nutzen 35,6% und damit 8,4 Prozentpunkte mehr als im Bundesdurchschnitt.

## HH2 | Ausbaubedarf bei Betreuungsplätzen für unter Dreijährige

Hamburg hat im Jahr 2007 mit einer Betreuungsquote von 22,2% bereits die Ausbauzielvorgabe des Tagesbetreuungsausbaugesetzes (TAG) für die westdeutschen Bundesländer erreicht. In Hamburg wird die Betreuung aller unter drei Jahre alten Kinder, die einen Bedarf im Sinne von § 24 Absatz 3 SGB VIII haben, gewährleistet. Diese Kinder haben in Hamburg einen Rechtsanspruch auf bedarfsgerechte Tagesbetreuung.

## HH3 | Vertraglich vereinbarte tägliche Betreuungszeiten (2007)

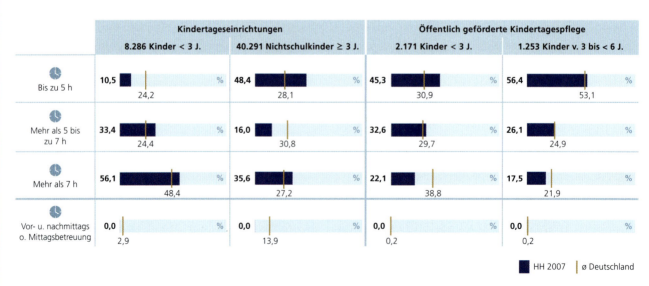

## HH4 | Bildungsbeteiligung vor der Schule (2007)

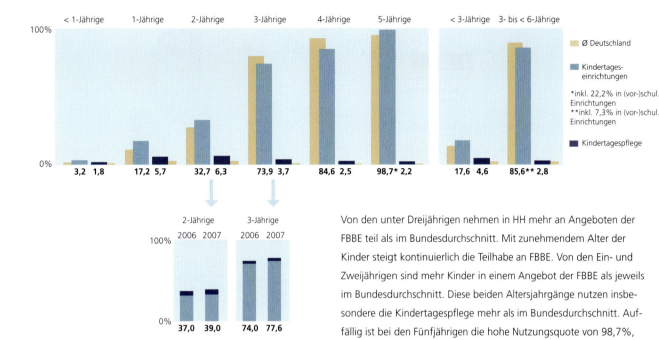

Von den unter Dreijährigen nehmen in HH mehr an Angeboten der FBBE teil als im Bundesdurchschnitt. Mit zunehmendem Alter der Kinder steigt kontinuierlich die Teilhabe an FBBE. Von den Ein- und Zweijährigen sind mehr Kinder in einem Angebot der FBBE als jeweils im Bundesdurchschnitt. Diese beiden Altersjahrgänge nutzen insbesondere die Kindertagespflege mehr als im Bundesdurchschnitt. Auffällig ist bei den Fünfjährigen die hohe Nutzungsquote von 98,7%, die 22,2% der Kinder in [vor-]schulischen Einrichtungen beinhaltet.

## HH5 | Kinder mit Migrationshintergrund in Kindertageseinrichtungen (2007)

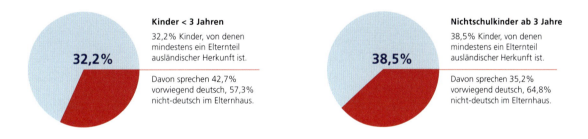

Der durchschnittliche Anteil von Kindern mit Migrationshintergrund (mindestens ein Elternteil ist ausländischer Herkunft) ist in KiTas in HH höher als in Westdeutschland. 2006 war die Mehrzahl dieser Kinder (über 56%) in einer KiTa, in der 50% und mehr der Kinder einen Migrationshintergrund haben. Lediglich 10% der Kinder mit Migrationshintergrund waren in einer KiTa, in der der Anteil der Kinder mit Migrationshintergrund unter 25% war. Von den Kindern, deren Elternteile beide deutscher Herkunft sind, besuchten fast 47% eine KiTa, in der weniger als 25% der Kinder einen Migrationshintergrund haben.

## HH6 | Investitionen pro Kind

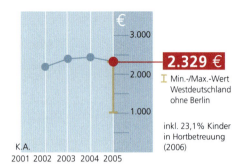

Die reinen Nettoausgaben der öffentlichen Haushalte für FBBE pro unter Zehnjährigem steigen im Zeitverlauf bis 2004 kontinuierlich. Zwischen 2004 und 2005 sinken die Ausgaben pro Kind um 4,4%. Dabei liegt HH 2005 weiterhin sehr deutlich über den durchschnittlichen Ausgaben in Westdeutschland.

## HH7 | Finanzierungsgemeinschaft für FBBE (2005)

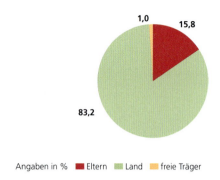

In den öffentlichen Statistiken fehlen i.d.R. die Elternbeiträge, die direkt von freien Trägern eingezogen werden, sowie die finanziellen Eigenanteile der freien Träger. Diese Ausgabengrößen werden daher über Schätzungen ermittelt.

# Investitionen wirkungsvoll einsetzen

Die Freie und Hansestadt Hamburg trägt 83,2% der Gesamtkosten für die FBBE. Es gibt bis auf wenige Ausnahmen keine Einrichtungen des öffentlichen Trägers mehr. Die freien Träger und die Vereinigung Hamburger Kindertagesstätten gGmbH, ein öffentliches Unternehmen der Freien und Hansestadt Hamburg, erhalten eine Vollfinanzierung und sind nicht verpflichtet einen bestimmten Anteil selbst zu finanzieren. Nur die kirchlichen Träger tragen – letztmalig im Jahr 2007 – einen Eigenanteil. Deshalb wird es ab 2008 in Hamburg nur noch zwei Finanzierungsanteile, Land und Eltern, geben. Die Eltern übernehmen einen Anteil von 15,8%. Die Höhe der Elternbeiträge ist landeseinheitlich geregelt. Es gilt eine generelle Einkommensstaffelung der Beiträge für alle Eltern. Eine landeseinheitliche Regelung über die maximale Höhe der Elternbeiträge schreibt eine Staffelung nach Familiengröße, Betreuungszeit und Einkommen vor. Der insgesamt maximale Elternbeitrag liegt dabei bei 409 Euro für den Bereich Kindergarten bei bis zu 12 Stunden Betreuung.

## HH8 | Anteil der reinen Nettoausgaben für FBBE an den gesamten reinen Ausgaben öffentlicher Haushalte

2005 liegt der Anteil der reinen Nettoausgaben für FBBE gemessen an ihrem Anteil an den gesamten reinen Ausgaben der öffentlichen Haushalte 0,6 Prozentpunkte über dem Anteil, der im Durchschnitt in Westdeutschland (3,3%) für FBBE aufgewandt wird.

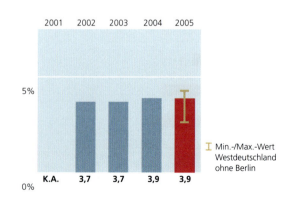

HAMBURG (HH)

# Bildung fördern – Qualität sichern

Der Bildungsplan (in HH Hamburger Bildungsempfehlungen genannt) wurde durch eine wissenschaftliche Einrichtung unter Beteiligung der KiTa-Träger und Verbände entwickelt. Es fanden Konsultationen mit Vertretern der freien Träger sowie von Elternverbänden statt. Die Bildungsempfehlungen sind konzipiert für Kinder bis 14 Jahre, wobei der Schwerpunkt bei den Nichtschulkindern ab drei Jahren liegt. Informationsveranstaltungen und Fortbildungen zu den Bildungsempfehlungen werden für die pädagogischen Mitarbeiterinnen und für alle Fachberaterinnen durchgeführt, die Teilnahme an ihnen ist nicht verpflichtend. Derzeit wird ein repräsentatives Verfahren zur Evaluation der Einführung der Hamburger Bildungsempfehlungen eingeführt.

## HH9 | Bildungsplan (BP)

**I. Information**

| | |
|---|---|
| Kostenloser Versand des BP an alle KiTas | ● |
| BP als Download verfügbar | ● |
| BP als Publikation erwerbbar | ● |
| Informationsmaterial über BP für Eltern verfügbar | ● |
| Informationsmaterial über BP mehrsprachig f. Eltern verfügbar | –² |
| **4 von 5 Punkten** | ●●●●○ |

**II. Qualifizierung**

| | |
|---|---|
| Infoveranstaltung zum BP für KiTa-Mitarbeiterinnen | ● |
| Verpflichtende Informationsveranstaltung zum BP für KiTa-Mitarbeiterinnen | – |
| Angebotene Fortbildung zum BP mindestens zweitägig | ● |
| Alle Fachberatungen erhalten Fortbildungen zum BP | –³ |
| Öffentliche Mittel für regelmäßige Fortbildung zum BP für alle pädagogischen Mitarbeiterinnen verfügbar | ● |
| **3 von 5 Punkten** | ●●●○○ |

**III. Umsetzungskontrolle (in allen KiTas)**

| | |
|---|---|
| Jährliche externe Überprüfung der Umsetzung des BP | –⁴ |
| Jährliche Berichtspflicht zur Implementation des BP | – |
| Nachweis der Aufnahme des BP in die Konzeption | – |
| **0 von 3 Punkten** | ○○○ |

**Insgesamt 7 von 13 Punkten**

## HH10 | Kooperation KiTa – Grundschule

Es gibt eine landesweit verbindliche Regelung zur Kooperation von KiTas und Grundschulen, die im Landesrahmenvertrag „Kinderbetreuung in Tageseinrichtungen" festgeschrieben ist. Grundschulen erhalten außerdem zusätzliche Mittel für die Kooperation mit KiTas.

Datengrundlage erhoben und berechnet in Zusammenarbeit mit akj STAT

## HH11 Pädagogisches Personal nach Berufsausbildungsabschlüssen (2007)

In HH verfügen 59,5% des pädagogischen Personals über einen Fachschulabschluss. Ihr Anteil liegt 12,6 Prozentpunkte unter dem Bundesdurchschnitt. Der Anteil der Kinderpflegerinnen liegt 6,3 Prozentpunkte über dem Bundesdurchschnitt. Der Anteil der Tätigen mit Hochschulabschluss liegt 3,7 Prozentpunkte über dem Bundesdurchschnitt. Gering ist der Anteil derjenigen, die im Praktikum oder in Ausbildung sind (2,6%).

| Abschluss | Hamburg | ø Deutschland |
|---|---|---|
| | Anteile in Prozent | |
| (sozialpädagogischer) Hochschulabschluss | 7,1 | 3,4 |
| Fachschulabschluss (Erzieherinnen, Heilpädagoginnen) | 59,5 | 72,1 |
| Kinderpflegerinnen | 19,8 | 13,5 |
| anderer fachlicher Abschluss (sonst. Sozial- u. Erziehungsberufe) | 2,9 | 1,8 |
| anderer Abschluss | 5,5 | 3,0 |
| Praktikum/Ausbildung | 2,6 | 4,1 |
| ohne abgeschl. Ausbildung | 2,6 | 2,1 |

## HH12 Personalschlüssel und Gruppengrößen in Kindertageseinrichtungen (2006)

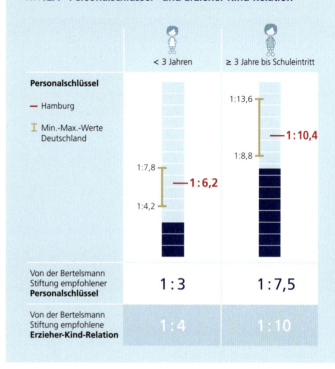

HH12A Personalschlüssel* und Erzieher-Kind-Relation

## HH13 Beschäftigungsumfang des pädagogischen Personals in Kindertageseinrichtungen (2007)

30,7% der pädagogisch Tätigen sind vollzeitbeschäftigt. Ihr Anteil hat sich von 1998 bis 2007 um 13,4 Prozentpunkte reduziert. Die Teilzeittätigen mit einer Wochenarbeitszeit von 21 bis unter 32 Stunden (31,7%) sind die größte Beschäftigungsgruppe. Auffällig ist, dass 16,5% der pädagogisch Tätigen unter 21 Wochenstunden sowie 9,0% unter 20 Wochenstunden beschäftigt sind. Die Anteile dieser Beschäftigungsgruppen liegen damit erheblich über dem jeweiligen Bundesdurchschnitt. Die Finanzierungsprinzipien des KiTa-Gutschein-Systems bedingen, dass die von den Eltern für ihre Kinder nachgefragten Betreuungszeiten die Berechnungsgrundlage für die Personalressourcen sind.

HH13A Pädagogisches Personal nach Beschäftigungsumfang

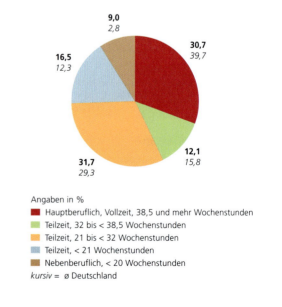

# HAMBURG (HH)

## HH12B Durchschnittliche Gruppengrößen

|  | < 3 Jahren | ≥ 3 Jahre bis Schuleintritt |
|---|---|---|
| Ganztagsgruppen Anzahl der Kinder | 12 | 19 |
| Keine Ganztagsgruppen Anzahl der Kinder | 13 | 21 |

\* **Personalschlüssel**

Der für jedes Bundesland ausgewiesene Personalschlüssel und der von der Bertelsmann Stiftung empfohlene Personalschlüssel sind rechnerische Größen. Sie beschreiben jeweils die Relation zwischen der täglichen Inanspruchnahme aller Kinder und dem eingesetzten Personal in einer Gruppe. Basis ist die vertragliche Arbeitszeit der einzelnen Mitarbeiterinnen, die auch Vorbereitungszeiten, Teamsitzungen, Elterngespräche, Leitungsanteile, Urlaub und Krankheitszeiten u. a. umfasst. Der Personalschlüssel gibt nicht an, wie viele Kinder zu jedem Zeitpunkt am Tag von einer Fachkraft betreut werden. Hierzu s. Erzieher-Kind-Relation.

Die empfohlene Erzieher-Kind-Relation errechnet sich aus dem empfohlenen Personalschlüssel. Es wird angenommen, dass 25% der Arbeitszeit für Tätigkeiten ohne Kinder einzuplanen sind und 75% für eine direkte pädagogische Interaktion mit dem Kind verfügbar sind.

## HH14 | Rahmenbedingungen für Bildungsqualität

| Regelungen zur Strukturqualität | Allgemein geregelt | Präzise definiert |
|---|---|---|
| Maximale Gruppengröße | – | – |
| Erzieher-Kind-Relation | ● | ● |
| Verfügungszeit | – | – |
| Fachberatung | ● | – |
| Fortbildung | ● | – |
| Leitungsfreistellung | ● | ● |
| (Innen-/Außen-)Flächen | ● | ● |

**Insgesamt 8 von 14 Punkten**

Die Erzieher-Kind-Relation, die Leitungsfreistellung und die Flächen sind landeseinheitlich präzise definiert. Für weitere Elemente der Strukturqualität gibt es zwar Regelungen, diese legen jedoch nicht landeseinheitlich den präzisen Umfang fest.

## HH13B Anteil der Vollzeitbeschäftigten 1998–2007

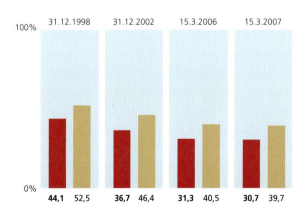

Anteil Vollzeitbeschäftigte an allen Beschäftigten ohne Verwaltung und Hauswirtschaft/Technik

■ HH   ■ ø Deutschland

| Regelungen zur Qualitätsüberprüfung | |
|---|---|
| Geregelte Verpflichtung in Ausführungsgesetz oder Verordnung | ● |
| *Elternbefragung (mindestens jährlich)* | – |
| *Selbstevaluation* | ● |
| *Fremdevaluation* | – |
| Zahlung öffentlicher Zuschüsse abhängig von externer Qualitätsüberprüfung | – |

**Insgesamt 2 von 5 Punkten**

Nach dem Landesrahmenvertrag ist verbindlich für alle KiTas vorgesehen, dass wahlweise Selbst- oder Fremdevaluation in einem mindestens zweijährigen Rhythmus nach einem fachlich anerkannten Verfahren durchgeführt werden muss.

# Hessen

**Basisdaten 2007**

Fläche: 21.115 km²

Einwohner (31.12.2006):
6.075.359

**Anteil der Kinder in FBBE**
Kinder unter 3 Jahren: 12,4%
Nichtschulkinder
3 bis < 6 Jahre: 92,1%
(inkl. 0,8% in [vor-]schulischen Einrichtungen)

| | |
|---|---|
| Geborene Kinder 2006 | 51.404 |
| Geburten pro Frau 2005 | 1,4 |
| Anzahl der Kinder unter 10 Jahren (31.12.2006) | 564.411 |
| Davon Kinder unter 3 Jahren | 158.909 |
| Davon Kinder 3 bis unter 6 Jahre | 165.340 |
| Davon Kinder 6 bis unter 10 Jahre | 240.162 |

| | |
|---|---|
| Erwerbstätigenquote von Müttern (2006) mit | |
| ... mindestens einem Kind unter 3 Jahren | 35,8% |
| ... mindestens einem Kind von 3 bis unter 6 Jahren | 50,0% |
| Empfänger v. laufender Hilfe zum Lebensunterhalt (Ende 2004) | 238.517 |
| Darunter Kinder unter 18 Jahren | 89.797 |
| Tageseinrichtungen insgesamt | 3.763 |
| Anteil der Einrichtungen | |
| ... in öffentlicher Trägerschaft | 44,9% |
| ... in freigemeinnütziger Trägerschaft | 54,4% |
| ... als Betriebs-/Unternehmensteil | 0,1% |
| ... in privatgewerblicher Trägerschaft | 0,6% |
| Anteil der KiTas ohne feste Gruppenstruktur | 9,6% |
| Pädagogisches Personal in KiTas insgesamt | 31.403 |
| Kinder in KiTas insgesamt | 225.828 |
| Darunter Kinder unter 3 Jahren | 15.759 |
| Darunter Nichtschulkinder 3 bis unter 6 Jahre | 150.065 |
| Darunter Schulkinder 6 bis unter 10 Jahre | 22.808 |
| Tagespflegepersonen insgesamt | 2.573 |
| Kinder unter 6 Jahren in Kindertagespflege | 4.795 |
| Davon Kinder unter 3 Jahren | 3.988 |
| Davon Kinder 3 bis unter 6 Jahre | 807 |

In HE ist das Sozialministerium zuständig für FBBE. In einer interministeriellen Fachgruppe, der AG Bildungs- und Erziehungsplan, werden Themen der FBBE behandelt. Dieser AG gehören das Hessische Sozialministerium und das Hessische Kultusministerium an. Darüber hinaus benennt das Hessische Sozialministerium eine Vielzahl von weiteren Gremien, die sich mit Themen der FBBE beschäftigen und an denen Vertreter der unterschiedlichsten gesellschaftlichen Gruppierungen wie Trägerverbände und Spitzenverbände der Städte und Kommunen, wissenschaftliche Institutionen sowie Gremien beteiligt sind.

Landespolitisch wird in der FBBE in HE gegenwärtig insbesondere mit dem BAMBINI-Programm (2007) sowie BAMBINI-KNIRPS (ab 2008) ein Schwerpunkt auf den Ausbau der Angebote für Kinder unter drei Jahren gelegt. Darüber hinaus wurden in HE von der Landesebene weitere Projekte mit einer Laufzeit von etwa fünf Jahren, z.B. zu den Themen Sprachförderung und Förderung sozial benachteiligter Kinder, initiiert. Für die Weiterentwicklung der Qualität der FBBE förderte das zuständige Landesministerium u. a. die hessenweite Implementierung der Ergebnisse der Nationalen Qualitätsinitiative im System der Tageseinrichtungen für Kinder oder auch die hessenweite Implementierung der Ergebnisse des Projektes Qualität Integrationsplatz (QUINT).

## Teilhabe sichern

Die Teilhabequote der unter Dreijährigen liegt in HE 3,1 Prozentpunkte unter dem Bundesdurchschnitt. Die vor diesem Hintergrund initiierten Ausbauaktivitäten der Landesregierung zeigen vermutlich bei den Zweijährigen bereits erste Effekte. Denn von 2006 bis 2007 ist der Anteil der Zweijährigen, die ein Angebot der FBBE nutzen, um 5,4 Prozentpunkte gestiegen. Die Teilhabequote der Nichtschulkinder über drei Jahre liegt mehr als 2 Prozentpunkte über dem Bundesdurchschnitt. Eine vergleichsweise hohe Teilnahme zeigt sich auch bei den täglichen Betreuungszeiten. So sind über 39% der unter Dreijährigen mehr als 7 Stunden täglich in einer KiTa. Allerdings verringert sich der Anteil der Ganztagsbetreuung bei den älteren Kindern auf etwas mehr als 28%, liegt jedoch immer noch fast 9 Prozentpunkte über dem westdeutschen Durchschnitt. Der größte Teil dieser Altersgruppe (mehr als 37%) wird bis zu 5 Stunden täglich in einer KiTa betreut.

## Investitionen wirkungsvoll einsetzen

Die reinen Nettoausgaben der öffentlichen Haushalte für FBBE pro unter 10-jährigem Kind liegen in HE im Vergleich aller Bundesländer im Mittelfeld. Auch der kontinuierliche Anstieg des Anteils der reinen Nettoausgaben für FBBE an den gesamten reinen Ausgaben der öffentlichen Haushalte zwischen 2001 und 2005 signalisiert den wachsenden Stellenwert, den Investitionen in FBBE in HE gewinnen. Im Jahr 2005 lag der Anteil für FBBE an den öffentlichen Ausgaben (3,5%) über dem westdeutschen Durchschnitt (3,3%). Im Bundesländervergleich fällt der Finanzierungsanteil der hessischen Kommunen an FBBE auf, der nach den vorliegenden Berechnungen (ohne Berücksichtigung der Stadtstaaten) der höchste Anteil ist, den Kommunen für FBBE in Deutschland tragen. Auch der Finanzierungsanteil der Eltern ist mit über 20% an den Ausgaben für FBBE vergleichsweise hoch.

## Bildung fördern – Qualität sichern

Zur Förderung der Bildungsarbeit in der FBBE wurde die Entwicklung des Hessischen Bildungs- und Erziehungsplans vom zuständigen Landesministerium initiiert. Die Erprobung soll 2007/08 abgeschlossen werden. Gegenwärtig werden von der Landesebene insbesondere Aktivitäten zur Umsetzung des Bildungsplans unterstützt. So wird 2008 ein breites Qualifizierungsprogramm für alle Fach- und Lehrkräfte aus den Bereichen der Jugendhilfe und Schule durchgeführt.

In der Qualitätsforschung gelten insbesondere die Personalressourcen einer KiTa als wichtige Voraussetzungen für gute Qualität der pädagogischen Arbeit. Hinsichtlich des formalen Qualifikationsniveaus zeigt sich im Bundesvergleich, dass in HE der zweithöchste Anteil des pädagogischen Personals mit Hochschulabschluss in den KiTas arbeitet (7,5%). Damit wird auch der etwas unter dem Bundesdurchschnitt liegende Anteil des pädagogischen Personals mit Fachschulabschluss (fast 71%) ausgeglichen. Deutlich unter dem Bundesdurchschnitt liegt der Anteil des pädagogischen Personals, der über den formal niedrigeren Abschluss der Kinderpflegerin verfügt (fast 7%). Der Anteil der in Praktikum bzw. in Ausbildung befindlichen Beschäftigten weist auf eine überdurchschnittliche Ausbildungsintensität hin.

Mit Blick auf die zeitlichen Ressourcen des pädagogischen Personals zeigen die Berechnungen zu den Personalschlüsseln (vgl. Grafik HE 12), dass der Personalschlüssel sowohl für die unter Dreijährigen als auch der für die älteren Kinder im Bundesländervergleich im Spitzenfeld liegt. Für einen zentralen Bereich der Strukturqualität von KiTas bestehen demnach in HE landesweit durchaus gute Bedingungen. Hingegen zeigt sich für die erfassten sieben Elemente der Strukturqualität (vgl. Grafik HE 14), dass in HE lediglich vier allgemein geregelt sind und von diesen wiederum nur zwei präzise definiert sind. Damit nehmen die kommunalen Ebene sowie die Trägerebene für die konkrete Ausgestaltung der Mehrzahl der Elemente der Strukturqualität eine zentrale Rolle ein. Es wäre zu prüfen, welche Auswirkungen diese primär dezentrale Gestaltung der Strukturqualität auf die Qualität der pädagogischen Arbeit in den KiTas landesweit hat. Dabei wäre insbesondere interessant zu untersuchen, ob unterschiedliche strukturelle Voraussetzungen in den KiTas zu unterschiedlichen Bildungschancen der Kinder führen. Da die Personalschlüssel in HE für beide Altersgruppen landesweit einheitlich und vergleichsweise gut sind, könnte in diesem Zusammenhang auch untersucht werden, welche Rahmenbedingungen neben dem Personalschlüssel am bedeutsamsten für eine hohe Bildungsqualität sind.

Neben der primär dezentralen Steuerung der Rahmenbedingungen für die Strukturqualität der KiTas wird auch die Qualitätssicherung und -entwicklung in HE dezentral verantwortet. So werden die Träger bzw. Kindertageseinrichtungen zu Qualitätsmanagement verpflichtet, es werden aber keine entsprechenden Verfahren vorgeschrieben.

## HE1 | Rechtsanspruch des Kindes auf einen Betreuungsplatz

Es besteht ein elternunabhängiger Rechtsanspruch auf einen Kindergartenplatz vom vollendeten dritten Lebensjahr bis zum Schuleintritt. Ein garantierter Betreuungsumfang ist nicht festgelegt.[1]

# Teilhabe sichern

Die Teilhabequote der unter Dreijährigen an Angeboten der FBBE liegt 3,1 Prozentpunkte unter dem Bundesdurchschnitt. Der Anteil der älteren Kinder, die an Angeboten der FBBE teilnehmen, liegt mehr als 2 Prozentpunkte über dem Bundesdurchschnitt. Für den Platzausbau für unter Dreijährige werden im Rahmen des BAMBINI-Landesprogramms[2] seit 2007 zusätzliche Finanzmittel bereitgestellt. Bei den Betreuungszeiten der unter Dreijährigen fällt auf, dass 39,4% der Kinder länger als 7 Stunden täglich in der KiTa sind. Dieser Anteil liegt mehr als 5 Prozentpunkte über dem westdeutschen Durchschnitt. Bei den älteren Kindern ist der Anteil in Ganztagsbetreuung mit 28,4% kleiner, liegt allerdings fast 9 Prozentpunkte über dem westdeutschen Durchschnitt.

## HE2 | Ausbaubedarf bei Betreuungsplätzen für unter Dreijährige

Nach den Kriterien des Tagesbetreuungsausbaugesetzes wird angenommen, dass für ca. 25.200 Kinder unter drei Jahren im Jahr 2010 ein Platz in der Tagesbetreuung verfügbar sein soll. Bis zum Jahr 2010 wären danach noch ca. 22% des ermittelten Platzbedarfs zu decken.

## HE3 | Vertraglich vereinbarte tägliche Betreuungszeiten (2007)

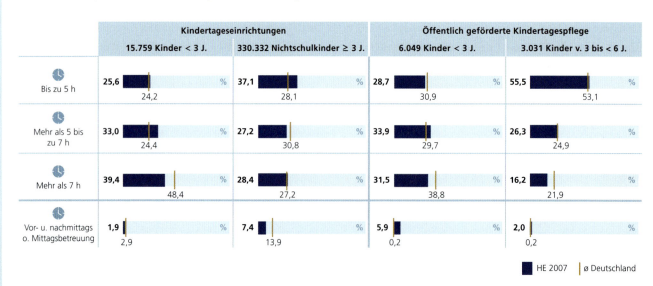

## HE4 | Bildungsbeteiligung vor der Schule (2007)

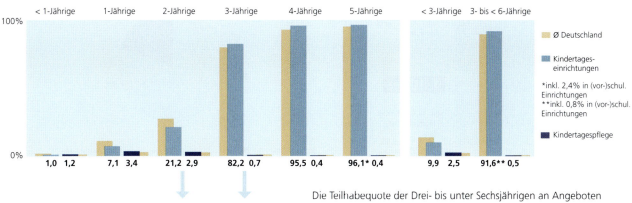

Die Teilhabequote der Drei- bis unter Sechsjährigen an Angeboten der FBBE liegt mit über 92% über dem Bundesdurchschnitt. Von den Kindern unter drei Jahren befinden sich 12,4% in einem Angebot der FBBE. Von den Zweijährigen nutzen über 24% ein Angebot der FBBE. Der Anteil der betreuten Zweijährigen hat sich zwischen 2006 und 2007 um 5,4 Prozentpunkte erhöht. Die Teilhabequote der Dreijährigen ist im westdeutschen Vergleich hoch (83,5%) und liegt gut 3 Prozentpunkte über dem Bundesdurchschnitt.

## HE5 | Kinder mit Migrationshintergrund in Kindertageseinrichtungen (2007)

**Kinder < 3 Jahren**
25,1% Kinder, von denen mindestens ein Elternteil ausländischer Herkunft ist.

Davon sprechen 46,2% vorwiegend deutsch, 53,8% nicht-deutsch im Elternhaus.

**Nichtschulkinder ab 3 Jahre**
34,4% Kinder, von denen mindestens ein Elternteil ausländischer Herkunft ist.

Davon sprechen 37,4% vorwiegend deutsch, 62,6% nicht-deutsch im Elternhaus.

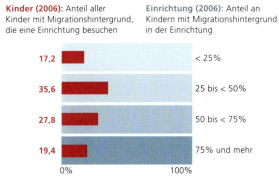

Der Anteil der Kinder mit Migrationshintergrund (mindestens ein Elternteil ausländischer Herkunft) in einer KiTa liegt sowohl bei den unter Dreijährigen (über 25%) als auch bei den Nichtschulkindern ab drei Jahren (über 34%) über dem Durchschnitt in Westdeutschland. Im Jahr 2007 wuchsen von diesen Kindern in beiden Altersgruppen ca. 54% bzw. ca. 63% in einer Familie auf, in der vorwiegend nicht-deutsch gesprochen wird. Insgesamt sind 2006 über 63% der Kinder mit Migrationshintergrund in einer KiTa, in der der Anteil der Kinder mit Migrationshintergrund 25% bis unter 75% beträgt.

## HE6 | Investitionen pro Kind

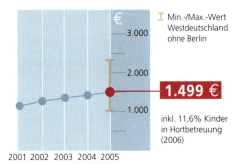

inkl. 11,6% Kinder in Hortbetreuung (2006)

Die reinen Nettoausgaben der öffentlichen Haushalte für FBBE pro unter 10-jährigem Kind zeigen – allerdings bis 2003 sinkende – Steigerungsraten. Die Ausgaben stiegen zwischen 2001 und 2002 um 10,8% und zwischen 2004 und 2005 um 5,6%.

## HE7 | Finanzierungsgemeinschaft für FBBE (2005)

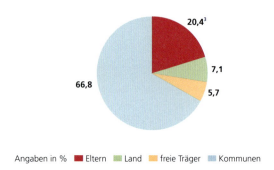

Angaben in % — Eltern — Land — freie Träger — Kommunen

In den öffentlichen Statistiken fehlen i.d.R. die Elternbeiträge, die direkt von freien Trägern eingezogen werden, sowie die finanziellen Eigenanteile der freien Träger. Diese Ausgabengrößen werden daher über Schätzungen ermittelt.

# Investitionen wirkungsvoll einsetzen

Ausgaben für FBBE sind Investitionen in die Lebensperspektiven von Kindern und die Zukunft der Gesellschaft. Im Zeitraum von 2001 bis 2005 sind die reinen Nettoausgaben der öffentlichen Haushalte für FBBE pro unter 10-jährigem Kind kontinuierlich erhöht worden. Auffällig ist, dass 2005 der Landesanteil an den Gesamtkosten von FBBE nur 7,1% betrug.[4] Die kommunale Ebene trägt mit fast 66,8% den größten Anteil an der Finanzierungsgemeinschaft. Der Anteil der Eltern ist mit 20,4% vergleichsweise hoch. Die Höhe der Elternbeiträge wird von den einzelnen Trägern festgelegt. Die Träger haben landesgesetzlich die Möglichkeit zur Staffelung der Elternbeiträge nach Einkommen oder Anzahl der Kinder. Es ist landesgesetzlich keine maximale Höhe der Elternbeiträge definiert. Seit 2007 gibt es eine Elternbeitragsfreistellung im letzten Kindergartenjahr, die vom Land getragen wird.

## HE8 | Anteil der reinen Nettoausgaben für FBBE an den gesamten reinen Ausgaben öffentlicher Haushalte

2005 liegt der Anteil der reinen Nettoausgaben für FBBE in HE mit 3,5% gemessen an ihrem Anteil an den gesamten reinen Ausgaben der öffentlichen Haushalte über dem Anteil, der im Durchschnitt in Westdeutschland (3,3%) für FBBE aufgewandt wird.

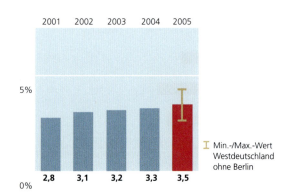

# Bildung fördern – Qualität sichern

Der Bildungsplan (in HE Hessischer Bildungs- und Erziehungsplan für Kinder von 0 bis 10 Jahre genannt) wurde durch eine wissenschaftliche Einrichtung entwickelt und durch Konsultationen von Vertretern der verschiedensten gesellschaftlichen Gruppen unterstützt. In ausgewählten Einrichtungen fand eine Erprobung statt, nach welcher der Bildungsplan überarbeitet wird. Auf Grundlage der Erprobungsergebnisse wurde die Implementierung vorbereitet. Für die Qualifizierung zum Bildungsplan sind bislang Informationsveranstaltungen für das Personal in KiTas, für Tagespflegepersonen und Lehrkräfte angeboten worden. 2007 sind 100 Multiplikatoren aus den Bereichen Jugendhilfe und der Schulen ausgebildet worden, um 2008 ein breit gefächertes Qualifizierungsprogramm für alle Fach- und Lehrkräfte umzusetzen. Außerdem sind 2007 Qualifizierungsangebote für Fachberatungen und Leitungskräfte beider Bereiche durchgeführt worden. Eltern haben zum Erprobungszeitpunkt noch kein mehrsprachiges Informationsmaterial erhalten, dies soll aber nach Vorlage des überarbeiteten Plans 2007/08 erfolgen. Da in 22% der Familien von Kindern in KiTas zu Hause überwiegend nicht-deutsch gesprochen wird, besteht hier Handlungsbedarf. Für die Evaluation bzw. Kontrolle der Arbeit mit dem Bildungsplan in den Einrichtungen werden derzeit entsprechende Konzepte entwickelt.

## HE9 | Bildungsplan (BP)

| I. Information | |
|---|---|
| Kostenloser Versand des BP an alle KiTas | ● |
| BP als Download verfügbar | ● |
| BP als Publikation erwerbbar | ●[5] |
| Informationsmaterial über BP für Eltern verfügbar | ● |
| Informationsmaterial über BP mehrsprachig f. Eltern verfügbar | ◐[6] |
| | BP in Erprobung |

| II. Qualifizierung | |
|---|---|
| Infoveranstaltung zum BP für KiTa-Mitarbeiterinnen | ● |
| Verpflichtende Informationsveranstaltung zum BP für KiTa-Mitarbeiterinnen | – |
| Angebotene Fortbildung zum BP mindestens zweitägig | – |
| Alle Fachberatungen erhalten Fortbildungen zum BP | –[7] |
| Öffentliche Mittel für regelmäßige Fortbildung zum BP für alle pädagogischen Mitarbeiterinnen verfügbar | –[8] |
| | BP in Erprobung[9] |

| III. Umsetzungskontrolle (in allen KiTas) | |
|---|---|
| Jährliche externe Überprüfung der Umsetzung des BP | – |
| Jährliche Berichtspflicht zur Implementation des BP | – |
| Nachweis der Aufnahme des BP in die Konzeption | – |
| | BP in Erprobung[10] |

● wird durchgeführt   ◐ in Planung

## HE10 | Kooperation KiTa – Grundschule

Landesweit verbindliche Regelungen zur Kooperation von Kindertageseinrichtungen und Grundschulen sind in der Verordnung zur Ausgestaltung der Bildungsgänge und Schulformen der Grundstufe (§ 15) festgelegt.

## HE11 | Pädagogisches Personal nach Berufsausbildungsabschlüssen (2007)

Fast 71% des pädagogischen Personals verfügen über einen Fachschulabschluss. Ihr Anteil liegt unter dem durchschnittlichen Anteil dieser Gruppe in Deutschland. Überdurchschnittlich hoch im Bundesvergleich ist auch der Anteil der pädagogisch Tätigen, die über einen Hochschulabschluss verfügen (7,5%). Kinderpflegerinnen haben mit etwas weniger als 7% im Vergleich zum Bundesdurchschnitt (13,5%) eine geringere Bedeutung.

| Abschluss | Hessen | ø Deutschland |
|---|---|---|
| | Anteile in Prozent | |
| (sozialpädagogischer) Hochschulabschluss | 7,5 | 3,4 |
| Fachschulabschluss (Erzieherinnen, Heilpädagoginnen) | 70,8 | 72,1 |
| Kinderpflegerinnen | 6,9 | 13,5 |
| anderer fachlicher Abschluss (sonst. Sozial- u. Erziehungsberufe) | 1,9 | 1,8 |
| anderer Abschluss | 4,2 | 3,0 |
| Praktikum/Ausbildung | 5,7 | 4,1 |
| ohne abgeschl. Ausbildung | 3,0 | 2,1 |

## HE12 | Personalschlüssel und Gruppengrößen in Kindertageseinrichtungen (2006)

### HE12A Personalschlüssel* und Erzieher-Kind-Relation

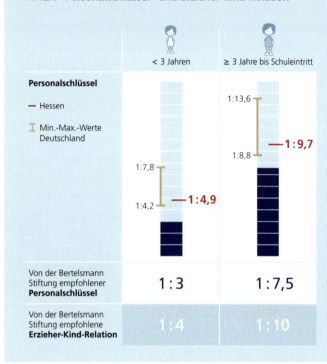

## HE13 | Beschäftigungsumfang des pädagogischen Personals in Kindertageseinrichtungen (2007)

Vom pädagogischen Personal sind 34,4% vollzeitbeschäftigt. Dieser Wert liegt mehr als 5 Prozentpunkte unter dem Bundesdurchschnitt. Zwischen 1998 und 2007 hat sich ihr Anteil kontinuierlich um 13,5 Prozentpunkte reduziert. Ein vergleichbarer Anteil des pädagogischen Personals (35,4%) arbeitet 21 bis unter 32 Wochenstunden in der KiTa. Der Anteil der teilzeittätigen Personen mit unter 21 Wochenstunden ist im Vergleich zum Bundesdurchschnitt leicht erhöht.

### HE13A Pädagogisches Personal nach Beschäftigungsumfang

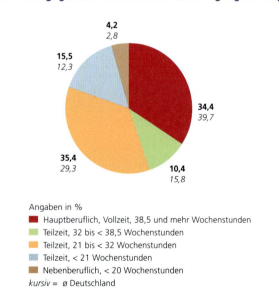

# HESSEN (HE)

## HE12B Durchschnittliche Gruppengrößen

|  | < 3 Jahren | ≥ 3 Jahre bis Schuleintritt |
|---|---|---|
| **Ganztagsgruppen** Anzahl der Kinder | 11 | 20 |
| **Keine Ganztagsgruppen** Anzahl der Kinder | 12 | 22 |

**\* Personalschlüssel**

Der für jedes Bundesland ausgewiesene Personalschlüssel und der von der Bertelsmann Stiftung empfohlene Personalschlüssel sind rechnerische Größen. Sie beschreiben jeweils die Relation zwischen der täglichen Inanspruchnahme aller Kinder und dem eingesetzten Personal in einer Gruppe. Basis ist die vertragliche Arbeitszeit der einzelnen Mitarbeiterinnen, die auch Vorbereitungszeiten, Teamsitzungen, Elterngespräche, Leitungsanteile, Urlaub und Krankheitszeiten u. a. umfasst. Der Personalschlüssel gibt nicht an, wie viele Kinder zu jedem Zeitpunkt am Tag von einer Fachkraft betreut werden. Hierzu s. Erzieher-Kind-Relation.

Die empfohlene Erzieher-Kind-Relation errechnet sich aus dem empfohlenen Personalschlüssel. Es wird angenommen, dass 25% der Arbeitszeit für Tätigkeiten ohne Kinder einzuplanen sind und 75% für eine direkte pädagogische Interaktion mit dem Kind verfügbar sind.

## HE14 Rahmenbedingungen für Bildungsqualität

| Regelungen zur Strukturqualität | Allgemein geregelt | Präzise definiert |
|---|---|---|
| Maximale Gruppengröße | ● | ● |
| Erzieher-Kind-Relation | ● | ●[11] |
| Verfügungszeit | – | – |
| Fachberatung | ● | – |
| Fortbildung | ● | – |
| Leitungsfreistellung | – | – |
| (Innen-/Außen-)Flächen | – | – |

**Insgesamt 6 von 14 Punkten**

In Hessen werden nur einige Elemente der Strukturqualität auf Landesebene präzise definiert. Inwieweit dadurch deutlich differierende Rahmenbedingungen der pädagogischen Arbeit in den KiTas entstehen und welche Auswirkungen sich daraus ggf. auf die pädagogische Qualität der Angebote ergeben, müsste in entsprechenden Studien untersucht werden.

## HE13B Anteil der Vollzeitbeschäftigten 1998–2007

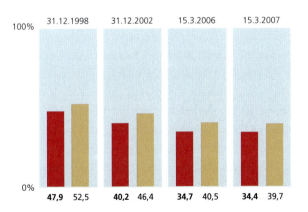

Anteil Vollzeitbeschäftigte an allen Beschäftigten ohne Verwaltung und Hauswirtschaft/Technik

■ HE  ■ ø Deutschland

| Regelungen zur Qualitätsüberprüfung | |
|---|---|
| Geregelte Verpflichtung in Ausführungsgesetz oder Verordnung | ● |
| *Elternbefragung (mindestens jährlich)* | – |
| *Selbstevaluation* | – |
| *Fremdevaluation* | – |
| Zahlung öffentlicher Zuschüsse abhängig von externer Qualitätsüberprüfung | – |

**Insgesamt 1 von 5 Punkten**

Verfahren zur Qualitätsüberprüfung sind nicht verbindlich in allen KiTas vorgesehen. Damit fehlt eine systematische und kontinuierliche Transparenz über die Qualität der bestehenden FBBE-Angebote. Zudem könnten auf diese Weise zielgerichtete Impulse für eine Weiterentwicklung der pädagogischen Qualität gewonnen werden.

# Mecklenburg-Vorpommern

**Basisdaten 2007**

Fläche: 23.182 km²

Einwohner (31.12.2006): 1.693.754

**Anteil der Kinder in FBBE**
Kinder unter 3 Jahren: 44,1%
Nichtschulkinder
3 bis < 6 Jahre: 93,2%
(inkl. 0,1% in [vor-]schulischen Einrichtungen)

| | |
|---|---|
| Geborene Kinder 2006 | 12.638 |
| Geburten pro Frau 2005 | 1,3 |
| Anzahl der Kinder unter 10 Jahren (31.12.2006) | 125.161 |
| Davon Kinder unter 3 Jahren | 37.916 |
| Davon Kinder 3 bis unter 6 Jahre | 38.011 |
| Davon Kinder 6 bis unter 10 Jahre | 49.234 |

| | |
|---|---|
| Erwerbstätigenquote von Müttern (2006) mit | |
| … mindestens einem Kind unter 3 Jahren | 50,0% |
| … mindestens einem Kind von 3 bis unter 6 Jahren | 64,7% |
| Empfänger v. laufender Hilfe zum Lebensunterhalt (Ende 2004) | 69.783 |
| Darunter Kinder unter 18 Jahren | 24.616 |
| Tageseinrichtungen insgesamt | 1.006 |
| Anteil der Einrichtungen | |
| … in öffentlicher Trägerschaft | 28,8% |
| … in freigemeinnütziger Trägerschaft | 65,0% |
| … als Betriebs-/Unternehmensteil | 0,0% |
| … in privatgewerblicher Trägerschaft | 6,2% |
| Anteil der KiTas ohne feste Gruppenstruktur | 12,3% |
| Pädagogisches Personal in KiTas insgesamt | 8.358 |
| Kinder in KiTas insgesamt | 81.151 |
| Darunter Kinder unter 3 Jahren | 12.899 |
| Darunter Nichtschulkinder 3 bis unter 6 Jahre | 34.692 |
| Darunter Schulkinder 6 bis unter 10 Jahre | 22.095 |
| Tagespflegepersonen insgesamt | 1.488 |
| Kinder unter 6 Jahren in Kindertagespflege | 4.558 |
| Davon Kinder unter 3 Jahren | 3.838 |
| Davon Kinder 3 bis unter 6 Jahre | 720 |

Die aktuellen landespolitischen Zielsetzungen für FBBE sind in der Koalitionsvereinbarung der 5. Legislaturperiode verankert sowie im Kinder- und Jugendprogramm der Landesregierung (Stand Mai 2006) präzisiert. Bildungspolitische Priorität hat danach für alle Bildungsbereiche in MV das lebenslange Lernen. Im Sinne einer ganzheitlichen Bildungskonzeption soll hierbei zukünftig auch die frühkindliche Bildung konzeptionell berücksichtigt werden. Dabei soll über den bisherigen Rahmenplan für das Vorschuljahr hinaus die Bildung der Kinder von 0 bis 10 Jahren erfasst werden. Zudem soll ein fließender Übergang vom Kindergarten in die Grundschule gefördert werden.

Als langfristiges Landesprojekt wird seit 1992 der Ausbau der Familienzentren unterstützt. Darüber hinaus wurden primär im Jahr 2004 Landesprojekte zu einzelnen Themen initiiert: Sprachförderung auch speziell von Migrationskindern; Qualitätsentwicklung und -sicherung im Rahmen von Fachveranstaltungen der Nationalen Qualitätsinitiative; die Kooperation von KiTa und Grundschule; die Qualifizierung von Tagesmüttern; die Förderung benachteiligter Kinder sowie Ganztagsbetreuung. Überwiegend wurden hierfür Aktivitäten im Rahmen von Tagungen sowie von Qualifizierungen und Fortbildungen durchgeführt.

In MV sind das Ministerium für Arbeit und Soziales sowie im Ergebnis der Koalitionsverhandlungen nach den Landtagswahlen 2006 auch das Ministerium für Bildung, Wissenschaft und Kultur für den Bereich FBBE zuständig. Dabei ist das Bildungsministerium zuständig für alle Angelegenheiten der frühkindlichen Bildung, mit dem Ziel, eine ganzheitliche Bildungskonzeption zu entwickeln. Obwohl zwei Ministerien für den Bereich der FBBE zuständig sind, gibt es keine interministeriellen Arbeitsgruppen, die sich regelmäßig treffen.

MECKLENBURG-VORPOMMERN (MV)

Innerhalb einer Expertenkommission „Zukunft der Erziehung und Bildung unter Berücksichtigung des lebenslangen Lernens Mecklenburg-Vorpommerns" beschäftigt sich eine Arbeitsgruppe mit der frühkindlichen Bildung und Erziehung. Zentrale Themen sind insbesondere vorschulische Bildung, Persönlichkeitsentwicklung, Vorbereitung aller Kinder auf den Schulunterricht, Gestaltung des Übergangs zur Schule durch Zusammenarbeit zwischen KiTa und Schule.

## Teilhabe sichern

In MV liegt die Teilhabequote der Kinder unter drei Jahren an Angeboten der FBBE über dem ostdeutschen Durchschnitt und jene der Kinder ab drei Jahre entspricht dem ostdeutschen Durchschnitt. Die vertraglich vereinbarten Betreuungszeiten in KiTas zeigen, dass über die Hälfte aller Kinder ganztägig betreut wird. Demnach hat die Mehrzahl der Kinder Zugang zu einem Angebot der FBBE und die Hälfte der Kinder in den KiTas wird dort auch ganztags betreut.

## Investitionen wirkungsvoll einsetzen

Im Vergleich der reinen Nettoausgaben der öffentlichen Haushalte für FBBE pro unter 10-jährigem Kind zwischen allen Bundesländern liegt MV im Mittelfeld, hat allerdings von allen ostdeutschen Bundesländern die niedrigsten Ausgaben. Auch der Anteil der reinen Nettoausgaben für FBBE an den gesamten reinen Ausgaben der öffentlichen Haushalte in Höhe von 4,5% ist der niedrigste im Vergleich aller ostdeutschen Bundesländer.

## Bildung fördern – Qualität sichern

Der Bildungsplan (Rahmenplan in MV) ist konzipiert für eine zielgerichtete Vorbereitung auf die Schule von Kindern im Alter von 5 bis 6 Jahren in KiTas. Das pädagogische Fachpersonal ist für die Arbeit mit dem Rahmenplan seitens des Landes durch vielfältige Aktivitäten qualifiziert worden. Die alltägliche Praxis nach dem Rahmenplan wird bislang nicht überprüft, es ist lediglich der Nachweis der Aufnahme des Rahmenplans in die Konzeption jeder Einrichtung vorgesehen. Die Kooperation zwischen KiTa und Grundschule wird als ein zentraler Schwerpunkt in der Landespolitik formuliert. Allerdings sind bislang keine fachlichen Standards für die Kooperation festgelegt und es werden weder für die KiTas noch für die Schulen zusätzliche Finanzmittel für diese Aufgaben bereitgestellt.

Die Personalressourcen einer KiTa und ihr Management werden in der internationalen Qualitätsforschung als grundlegende Elemente ihrer Strukturqualität und damit als zentrale Einflussgrößen auf die pädagogische Prozessqualität definiert. Beim pädagogischen Personal in MV fällt auf, dass die Mehrheit (44%) zwischen 21 und bis unter 32 Wochenstunden beschäftigt ist. Da über die Hälfte der Kinder in den KiTas ganztägig betreut wird, stellt sich die Frage, ob diese Beschäftigungszeiten dem pädagogischen Anspruch kontinuierlicher und verlässlicher Beziehungserfahrungen der Kinder gerecht werden. Zudem wäre zu prüfen, ob die Arbeitszeiten des pädagogischen Personals auch in ausreichendem Umfang für Aufgaben ohne Kinder bemessen sind. So ist zu berücksichtigen, dass die Verfügungszeiten nach den bestehenden Regelungen für eine Gruppe wöchentlich 2,5 Stunden umfassen.

Weitere Hinweise auf eher ungünstige Bedingungen bei der Bemessung des pädagogischen Personals geben Berechnungen mit Daten der Kinder- und Jugendhilfestatistik. Zwar liegt der Personalschlüssel für Kinder unter drei Jahren bei einem Vergleich der Werte aller Bundesländer im Mittelfeld und hat unter den Ostländern den besten Wert. Gleichzeitig ist der Personalschlüssel für Kinder über 3 Jahre der schlechteste in Deutschland.

Bei den Rahmenbedingungen für die Bildungsqualität fällt auf, dass MV den Umfang der Fachberatung präzise definiert hat. So ist für 1.200 KiTa-Plätze eine Vollzeitstelle für Fachberatung vorzuhalten. Außerdem sind im Jahr fünf Tage Fortbildung für die pädagogischen Mitarbeiterinnen durchzuführen. Sowohl Fachberatung als auch regelmäßige Qualifizierung sind wichtige Voraussetzungen für eine kontinuierliche Weiterentwicklung der Qualität. Gleichzeitig zeigt sich, dass für die Einstellung und den Umfang der Leitung einer KiTa keinerlei Regelungen bestehen. Da die Leitung einer Kindertageseinrichtung als zentrale Voraussetzung für die Qualität einer Kindertageseinrichtung beurteilt wird, tragen die Träger der Einrichtungen in MV eine hohe Verantwortung dafür, dass angemessene Rahmenbedingungen für die Ausübung der Leitungsaufgaben bestehen. Welche Effekte diese Rahmenbedingungen auf die Qualität der pädagogischen Arbeit in den KiTas tatsächlich haben, kann aufgrund fehlender Daten auf Landesebene nicht festgestellt werden. Grundsätzlich ist zwar in Regelungen Qualitätsüberprüfung in den KiTas vorgesehen, es sind aber keine konkreten Verfahren landesweit verbindlich in den KiTas vorgeschrieben.

## MV1 | Rechtsanspruch des Kindes auf einen Betreuungsplatz

Es besteht ein elternunabhängiger Rechtsanspruch auf einen Betreuungsplatz für jedes Kind vom vollendeten dritten Lebensjahr bis zum Schuleintritt mit einem garantierten Betreuungsumfang von 30 Stunden wöchentlich.

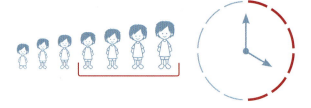

# Teilhabe sichern

Die Teilhabequote der unter Dreijährigen an Angeboten der FBBE in MV (44,1%) liegt 3 Prozentpunkte über dem ostdeutschen Durchschnitt (41%). Besonderheit in MV ist, dass über 10% der unter Dreijährigen in Kindertagespflege sind. Dieser Anteil in der Kindertagespflege liegt 6,5 Prozentpunkte über dem ostdeutschen Durchschnitt. Die Teilhabequote der Kinder ab drei Jahren an FBBE entspricht dem ostdeutschen Durchschnitt und liegt 3,4 Prozentpunkte über dem Bundesdurchschnitt. Sowohl von den unter Dreijährigen als auch von den ab Dreijährigen werden jeweils mehr als 50% ganztägig in einer KiTa betreut. Die anderen Kinder werden überwiegend mehr als 5 bis zu 7 Stunden betreut. Demnach wird die große Mehrheit der Kinder (jeweils etwa 90%), die eine KiTa besuchen, täglich mehr als 5 Stunden dort betreut. In Kindertagespflege werden ca. drei Viertel der Kinder mehr als 7 Stunden täglich betreut.

**MV2** | Für Ostdeutschland ist der aus dem Tagesbetreuungsausbaugesetz 2003/04 abgeleitete Betreuungsbedarf erfüllt.

## MV3 | Vertraglich vereinbarte tägliche Betreuungszeiten (2007)

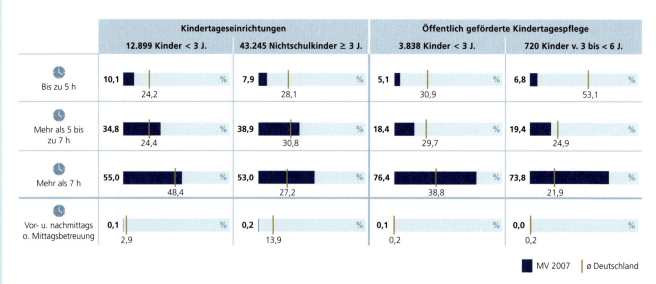

## MV4 | Bildungsbeteiligung vor der Schule (2007)

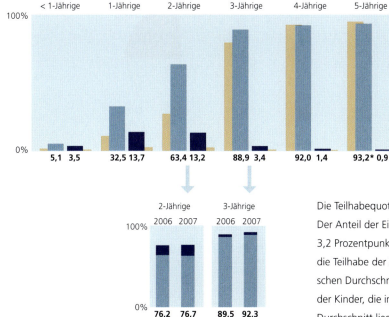

Die Teilhabequote der Kinder an FBBE in MV ist insgesamt hoch. Der Anteil der Einjährigen, die in einem Angebot der FBBE sind, liegt 3,2 Prozentpunkte über dem ostdeutschen Durchschnitt. Ebenso liegt die Teilhabe der Zweijährigen 4,2 Prozentpunkte über dem ostdeutschen Durchschnitt. Für beide Altersjahrgänge gilt, dass der Anteil der Kinder, die in Kindertagespflege sind, über dem ostdeutschen Durchschnitt liegt. In den nachfolgenden Altersjahrgängen nimmt die Bedeutung der Kindertagespflege als Betreuungsform kontinuierlich ab.

## MV5 | Kinder mit Migrationshintergrund in Kindertageseinrichtungen (2007)

**Kinder < 3 Jahren**
3,6 %
3,6 % Kinder, von denen mindestens ein Elternteil ausländischer Herkunft ist.

Davon sprechen 51,4 % vorwiegend deutsch, 48,6 % nicht-deutsch im Elternhaus.

**Nichtschulkinder ab 3 Jahre**
4,9 %
4,9 % Kinder, von denen mindestens ein Elternteil ausländischer Herkunft ist.

Davon sprechen 45,3 % vorwiegend deutsch, 54,7 % nicht-deutsch im Elternhaus.

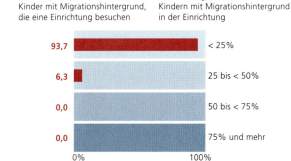

Der durchschnittliche Anteil von Kindern mit Migrationshintergrund (mindestens ein Elternteil ausländischer Herkunft) in Kindertageseinrichtungen in MV entspricht sowohl für die Altersgruppe der unter Dreijährigen als auch für die Nichtschulkinder ab drei Jahren in etwa dem entsprechenden Vergleichswert in Ostdeutschland.

## MV6 | Investitionen pro Kind

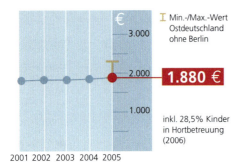

Die reinen Nettoausgaben der öffentlichen Haushalte für FBBE pro unter Zehnjährigem in MV zeigen im Zeitverlauf leichte Schwankungen. Insgesamt steigerten sich diese Ausgaben zwischen 2001 und 2004 um 2,2% und von 2004 auf 2005 nochmal um 2,0%.

## MV7 | Finanzierungsgemeinschaft für FBBE (2005)

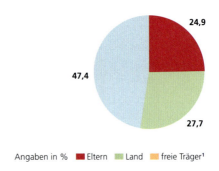

In den öffentlichen Statistiken fehlen i.d.R. die Elternbeiträge, die direkt von freien Trägern eingezogen werden, sowie die finanziellen Eigenanteile der freien Träger. Diese Ausgabengrößen werden daher über Schätzungen ermittelt.

# Investitionen wirkungsvoll einsetzen

Die Finanzierungsgemeinschaft für FBBE wird in MV durch einen Finanzierungsanteil der Kommunen in Höhe von 47,4% getragen, das Land übernimmt einen Anteil von 27,4%. Gesetzlich ist kein Eigenanteil der freien Träger an der Finanzierung der KiTas vorgesehen. Es gilt, dass Träger von KiTas sich durch nicht refinanzierbare Eigenanteile an den Kosten ihrer Einrichtung beteiligen können. Die Eltern erbringen durch ihre Beiträge fast ein Viertel der Gesamtkosten. Die Träger der Einrichtungen legen gemeinsam mit der jeweiligen Kommune den durchschnittlichen Elternbeitrag fest. Der öffentliche Träger muss dieser Festlegung zustimmen. Die Elternbeiträge sind generell gestaffelt nach Einkommen sowie nach der Anzahl der Kinder. Eine Beitragsermäßigung bzw. -übernahme gilt für einkommensschwache Eltern. Eine landeseinheitliche Regelung über die maximale Höhe der Elternbeiträge gibt es nicht.

## MV8 | Anteil der reinen Nettoausgaben für FBBE an den gesamten reinen Ausgaben öffentlicher Haushalte

2005 liegt der Anteil der reinen Nettoausgaben für FBBE (4,5%) in MV gemessen an ihrem Anteil an den gesamten reinen Ausgaben der öffentlichen Haushalte 0,8 Prozentpunkte unter dem Anteil, der im Durchschnitt in Ostdeutschland (5,3%) für FBBE aufgewandt wird.

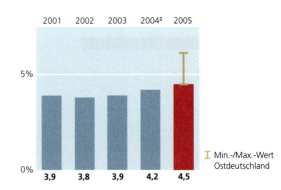

# Bildung fördern – Qualität sichern

Der Bildungsplan (in MV „Rahmenplan für die zielgerichtete Vorbereitung von Kindern in KiTas auf die Schule" genannt) wurde durch eine wissenschaftliche Einrichtung entwickelt. Zudem wurden Konsultationen mit Vertretern der Kommunen, der freien Träger sowie aller in den Parlamenten vertretenen Parteien durchgeführt. Der Bildungsplan ist konzipiert für Kinder im Alter von 5 bis 6 Jahren. Er ist allgemein verfügbar, aber es gibt keine Informationen zum Bildungsplan für Eltern. Informationsveranstaltungen und Qualifizierungen zum Bildungsplan sind sehr umfassend durchgeführt worden. Für alle pädagogischen Mitarbeiterinnen in KiTas sind Informationsveranstaltungen durchgeführt worden. Ihr Besuch ist verpflichtend. Zum Bildungsplan angebotene Fortbildungsveranstaltungen sind mindestens zweitägig. Weiterhin wurde mit der Fortbildung von allen Fachberatungen zum Bildungsplan eine wichtige Multiplikatorengruppe qualifiziert. Es stehen zudem öffentliche Mittel für regelmäßige Fortbildungen aller pädagogischen Mitarbeiterinnen zur Verfügung. Zur Überprüfung der Arbeit mit dem Bildungsplan muss jede Einrichtung seine Aufnahme in ihre Konzeption nachweisen.

## MV9 | Bildungsplan (BP)

### I. Information

| | |
|---|---|
| Kostenloser Versand des BP an alle KiTas | ● |
| BP als Download verfügbar | ● |
| BP als Publikation erwerbbar | – |
| Informationsmaterial über BP für Eltern verfügbar | – |
| Informationsmaterial über BP mehrsprachig f. Eltern verfügbar | – |
| **2 von 5 Punkten** | ●●○○○ |

### II. Qualifizierung

| | |
|---|---|
| Infoveranstaltung zum BP für KiTa-Mitarbeiterinnen | ● |
| Verpflichtende Informationsveranstaltung zum BP für KiTa-Mitarbeiterinnen | ● |
| Angebotene Fortbildung zum BP mindestens zweitägig | ● |
| Alle Fachberatungen erhalten Fortbildungen zum BP | ● |
| Öffentliche Mittel für regelmäßige Fortbildung zum BP für alle pädagogischen Mitarbeiterinnen verfügbar | ● |
| **5 von 5 Punkten** | ●●●●● |

### III. Umsetzungskontrolle (in allen KiTas)

| | |
|---|---|
| Jährliche externe Überprüfung der Umsetzung des BP | – |
| Jährliche Berichtspflicht zur Implementation des BP | – |
| Nachweis der Aufnahme des BP in die Konzeption | ● |
| **1 von 3 Punkten** | ●○○ |

**Insgesamt 8 von 13 Punkten**

## MV10 | Kooperation KiTa – Grundschule

Im KiföG M-V ist eine landesweit verbindliche Regelung zur Kooperation von KiTas und Grundschulen festgelegt. Es besteht darüber hinaus die Landesregelung „Die Arbeit in der Grundschule", die vom Ministerium für Bildung, Wissenschaft und Kultur 2006 per Verwaltungsordnung festgelegt wurde. Zusätzliche Mittel für die Kooperationen werden nicht zur Verfügung gestellt.

## MV11 | Pädagogisches Personal nach Berufsausbildungsabschlüssen (2007)

In MV verfügen über 88% des pädagogischen Personals über einen Fachschulabschluss, damit liegt dieser Anteil erheblich über dem Bundesdurchschnitt. Die übrigen pädagogisch Tätigen verfügen über verschiedene formale Qualifikationen. Überdurchschnittlich ist der Anteil der Tätigen mit anderen fachlichen Abschlüssen (4,6%).[3]

| Abschluss | Mecklenburg-Vorpommern | ø Deutschland |
|---|---|---|
| | Anteile in Prozent | |
| (sozialpädagogischer) Hochschulabschluss | 1,6 | 3,4 |
| Fachschulabschluss (Erzieherinnen, Heilpädagoginnen) | 88,2 | 72,1 |
| Kinderpflegerinnen | 1,5 | 13,5 |
| anderer fachlicher Abschluss (sonst. Sozial- u. Erziehungsberufe) | 4,6 | 1,8 |
| anderer Abschluss | 1,6 | 3,0 |
| Praktikum/Ausbildung | 0,7 | 4,1 |
| ohne abgeschl. Ausbildung | 1,7 | 2,1 |

## MV12 | Personalschlüssel und Gruppengrößen in Kindertageseinrichtungen (2006)

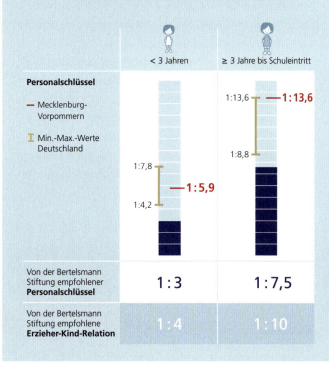

MV12A Personalschlüssel* und Erzieher-Kind-Relation

## MV13 | Beschäftigungsumfang des pädagogischen Personals in Kindertageseinrichtungen (2007)

In MV sind annähernd 20% der pädagogisch Tätigen vollzeitbeschäftigt. Ihr Anteil liegt etwa zwei Prozentpunkte über dem ostdeutschen Durchschnitt. Im Zeitraum von 1998 bis 2007 hat sich der Anteil der Vollzeitbeschäftigten geringfügig verringert. Die Mehrzahl des pädagogischen Personals (über 44%) ist 21 bis unter 32 Wochenstunden beschäftigt. Der Anteil der teilzeittätigen Personen, die unter 21 Wochenstunden tätig sind (ca. 8%), liegt über dem Durchschnitt von Ostdeutschland. Da über 50% aller Kinder ganztags in einer KiTa sind, wäre zu prüfen, ob eine Abstimmung von Betreuungszeiten und Beschäftigungszeiten erfolgt, die Kindern z.B. kontinuierliche sowie verlässliche Beziehungserfahrungen ermöglicht und gleichzeitig Arbeitszeiten für Aufgaben ohne Kinder berücksichtigt.

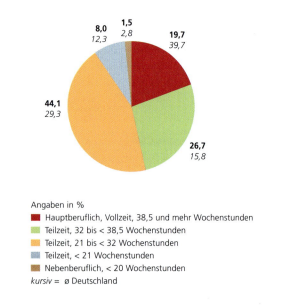

MV13A Pädagogisches Personal nach Beschäftigungsumfang

## MV12B Durchschnittliche Gruppengrößen

|  | < 3 Jahren | ≥ 3 Jahre bis Schuleintritt |
|---|---|---|
| **Ganztagsgruppen** Anzahl der Kinder | 10 | 17 |
| **Keine Ganztagsgruppen** Anzahl der Kinder | 10 | 17 |

**\* Personalschlüssel**

Der für jedes Bundesland ausgewiesene Personalschlüssel und der von der Bertelsmann Stiftung empfohlene Personalschlüssel sind rechnerische Größen. Sie beschreiben jeweils die Relation zwischen der täglichen Inanspruchnahme aller Kinder und dem eingesetzten Personal in einer Gruppe. Basis ist die vertragliche Arbeitszeit der einzelnen Mitarbeiterinnen, die auch Vorbereitungszeiten, Teamsitzungen, Elterngespräche, Leitungsanteile, Urlaub und Krankheitszeiten u. a. umfasst. Der Personalschlüssel gibt nicht an, wie viele Kinder zu jedem Zeitpunkt am Tag von einer Fachkraft betreut werden. Hierzu s. Erzieher-Kind-Relation.

Die empfohlene Erzieher-Kind-Relation errechnet sich aus dem empfohlenen Personalschlüssel. Es wird angenommen, dass 25% der Arbeitszeit für Tätigkeiten ohne Kinder einzuplanen sind und 75% für eine direkte pädagogische Interaktion mit dem Kind verfügbar sind.

## MV13B Anteil der Vollzeitbeschäftigten 1998–2007

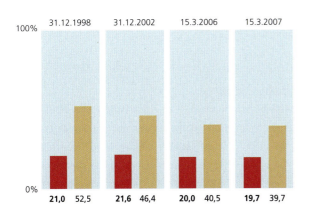

| | 31.12.1998 | 31.12.2002 | 15.3.2006 | 15.3.2007 |
|---|---|---|---|---|
| MV | 21,0 | 21,6 | 20,0 | 19,7 |
| ø Deutschland | 52,5 | 46,4 | 40,5 | 39,7 |

Anteil Vollzeitbeschäftigte an allen Beschäftigten ohne Verwaltung und Hauswirtschaft/Technik

## MV14 | Rahmenbedingungen für Bildungsqualität

| Regelungen zur Strukturqualität | Allgemein geregelt | Präzise definiert |
|---|---|---|
| Maximale Gruppengröße | – | – |
| Erzieher-Kind-Relation | ● | ● |
| Verfügungszeit | ● | ● |
| Fachberatung | ● | ● |
| Fortbildung | ● | ● |
| Leitungsfreistellung | – | – |
| (Innen-/Außen-)Flächen | ● | – |

**Insgesamt 9 von 14 Punkten**

Die Mehrzahl zentraler Elemente der Strukturqualität ist landeseinheitlich präzise definiert. Damit sind wichtige Voraussetzungen für landesweit vergleichbare Rahmenbedingungen der pädagogischen Arbeit gegeben und erhöhen die Chancen von Kindern auf strukturell ähnlich ausgestattete Bildungsangebote.

| Regelungen zur Qualitätsüberprüfung | |
|---|---|
| Geregelte Verpflichtung in Ausführungsgesetz oder Verordnung | ● |
| *Elternbefragung (mindestens jährlich)* | – |
| *Selbstevaluation* | – |
| *Fremdevaluation* | – |
| Zahlung öffentlicher Zuschüsse abhängig von externer Qualitätsüberprüfung | – |

**Insgesamt 1 von 5 Punkten**

Konkrete Verfahren zur Qualitätsüberprüfung sind nicht landesweit verbindlich in allen KiTas vorgesehen. Damit fehlt eine systematische und kontinuierliche Transparenz über die Qualität der bestehenden Bildungs- und Betreuungsangebote. Sie könnte zielgerichtete Impulse für die kontinuierliche Weiterentwicklung der Qualität der KiTas liefern.

# Niedersachsen

**Basisdaten 2007**

Fläche: 47.641 km²

Einwohner (31.12.2006): 7.982.685

**Anteil der Kinder in FBBE**
Kinder unter 3 Jahren: 6,9%
Nichtschulkinder
3 bis < 6 Jahre: 84,1%
(inkl. 0,1% in [vor-]schulischen Einrichtungen)

| | |
|---|---|
| Geborene Kinder 2006 | 65.327 |
| Geburten pro Frau 2005 | 1,4 |
| Anzahl der Kinder unter 10 Jahren (31.12.2006) | 767.450 |
| Davon Kinder unter 3 Jahren | 203.975 |
| Davon Kinder 3 bis unter 6 Jahre | 224.062 |
| Davon Kinder 6 bis unter 10 Jahre | 339.413 |

| | |
|---|---|
| Erwerbstätigenquote von Müttern (2006) mit | |
| … mindestens einem Kind unter 3 Jahren | 43,9% |
| … mindestens einem Kind von 3 bis unter 6 Jahren | 49,0% |
| Empfänger v. laufender Hilfe zum Lebensunterhalt (Ende 2004) | 315.583 |
| Darunter Kinder unter 18 Jahren | 130.291 |
| Tageseinrichtungen insgesamt | 4.264 |
| Anteil der Einrichtungen | |
| … in öffentlicher Trägerschaft | 33,2% |
| … in freigemeinnütziger Trägerschaft | 66,2% |
| … als Betriebs-/Unternehmensteil | 0,1% |
| … in privatgewerblicher Trägerschaft | 0,5% |
| Anteil der KiTas ohne feste Gruppenstruktur | 2,0% |
| Pädagogisches Personal in KiTas insgesamt | 32.088 |
| Kinder in KiTas insgesamt | 260.212 |
| Darunter Kinder unter 3 Jahren | 12.283 |
| Darunter Nichtschulkinder 3 bis unter 6 Jahre | 186.964 |
| Darunter Schulkinder 6 bis unter 10 Jahre | 12.926 |
| Tagespflegepersonen insgesamt | 2.667 |
| Kinder unter 6 Jahren in Kindertagespflege | 2.946 |
| Davon Kinder unter 3 Jahren | 1.769 |
| Davon Kinder 3 bis unter 6 Jahre | 1.177 |

In Niedersachsen ist das Kultusministerium für FBBE zuständig. Eine regelmäßige interministerielle Fachgruppe behandelt zudem Themen der FBBE. An dieser Fachgruppe ist neben Vertretern der für Schulen und Berufs- und Erwachsenenbildung zuständigen Ministerien auch der Ausländerbeauftragte beteiligt. Außerdem sind noch der Unterausschuss KiTa der Landesarbeitsgemeinschaft der freien Wohlfahrtspflege sowie die Arbeitsgemeinschaft der Jugendämter der Länder Niedersachsen und Bremen (AGJÄ) auf Landesebene an der Gestaltung von FBBE beteiligt. In diesen Gremien sind Fachreferenten der Verbände, Vertreter des Kultusministeriums, Vertreter der örtlichen Träger der Jugendhilfe sowie Mitarbeiter der ober(st)en Landesjugendbehörden vertreten. Nach Angaben des zuständigen Landesministeriums wurden weitere Akteure der verschiedensten gesellschaftlichen Gruppierungen zu Themen der FBBE über Anhörungen, die Vergabe von Studien und Expertisen, Multiplikatorenausbildung, Informationen, Tagungen und Wettbewerbe eingebunden. Es gibt kein landespolitisches Gesamtkonzept, in dem landesspezifische Ziele und (geplante) Aktivitäten dargestellt werden. Es fehlt somit Transparenz über die weitere Entwicklung der FBBE in NI.

## Teilhabe sichern

Die Teilhabe der Kinder in NI an einem Angebot der FBBE ist insgesamt niedriger als in den meisten anderen Bundesländern. So hat NI nach den Daten der Kinder- und Jugendhilfestatistik, neben einem anderen Bundesland, den niedrigsten Anteil von unter Dreijährigen (6,9%) in einem Angebot der FBBE. Wenn z.B. bis zum Jahr 2010 eine Versorgungsquote von etwa 17% der unter Dreijährigen realisiert werden soll, müssen mehr als 18.000 Plätze geschaffen werden. Auch bei den Nichtschulkindern ab drei Jahre hat NI die zweitniedrigste Teilhabequote an FBBE (84,1%) im Bundesländervergleich.

Darüber hinaus ist der zeitliche Umfang der Teilhabe in den KiTas im Bundesländervergleich eingeschränkt. In keinem Bundesland ist der Anteil der Kinder in KiTas, die täglich nur bis zu fünf Stunden betreut werden, so hoch wie in NI. Von den unter Dreijährigen sind dies 51,6%, von den Nichtschulkindern über drei Jahre sind es 74,3% der Kinder, die nur halbtags betreut werden. Von der letzten Altersgruppe werden somit 46,2% mehr Kinder bis zu 5 Stunden täglich betreut als im Durchschnitt der Bundesländer.

Ganztagsbetreuung wird von fast 27% der unter Dreijährigen in Anspruch genommen. Bei den Nichtschulkindern über drei Jahre nutzen etwas mehr als 11% der Kinder Ganztagsbetreuung. Dies ist der zweitniedrigste Anteil von Ganztagsbetreuung dieser Altersgruppe im Bundesländervergleich.

### Investitionen wirkungsvoll einsetzen

Im Bundesländervergleich hat NI bei den reinen Nettoausgaben öffentlicher Haushalte für FBBE pro unter 10-jährigem Kind die zweitniedrigsten Ausgaben. Damit werden nur knapp 37% der Ausgaben des Bundeslandes mit den höchsten Ausgaben in Deutschland pro Kind aufgewandt. Der Anteil der reinen Nettoausgaben für FBBE gemessen an ihrem Anteil an den gesamten reinen Ausgaben der öffentlichen Haushalte liegt bei 3,1% und damit unter dem durchschnittlichen Anteil, der in Westdeutschland (3,3%) für FBBE aufgewandt wird.

### Bildung fördern – Qualität sichern

Der für NI entwickelte Orientierungsplan ist der (Fach-)Öffentlichkeit breit zugänglich gemacht worden, für Eltern sind - auch mehrsprachig - Informationsmaterialien erstellt worden. Von der Landesebene sind zudem Informationsveranstaltungen für alle pädagogischen Mitarbeiterinnen angeboten worden. Darüber hinaus hat die Landesregierung keine weiteren Aktivitäten zur Qualifizierung des pädagogischen Personals zur Umsetzung des Orientierungsplans initiiert. Offensichtlich wird die Umsetzung des Orientierungsplans in erster Linie in der Verantwortung der Träger der Einrichtungen gesehen. Da von der Landesebene auch keine Maßnahmen zur Umsetzungskontrolle des Orientierungsplans verpflichtend vorgesehen sind, erfolgt auch keine indirekte Überprüfung, ob Einrichtungen tatsächlich nach dem Bildungsplan arbeiten bzw. die Träger diese dabei unterstützen.

Aktuell ist das Landesprogramm „Das letzte Kindergartenjahr als Brückenjahr zur Grundschule" für eine engere Verzahnung des Elementar- und Primarbereichs initiiert worden. An dem Modellprojekt nehmen ausgewählte Einrichtungen – immer KiTas und Grundschulen in Kooperation – teil, die von Beraterteams unterstützt werden können. Hervorzuheben ist, dass sowohl KiTas als auch Grundschulen zusätzliche Personalmittel für dieses Projekt erhalten. Fachliche Standards für diese Kooperation sind noch nicht festgelegt worden, sollen aber in Zusammenarbeit mit der wissenschaftlichen Begleitung erarbeitet werden.

Die verfügbaren Personalressourcen in den KiTas werden als zentrale Einflussgröße auf die pädagogische Arbeit eingestuft. In NI entspricht das formale Qualifikationsniveau des pädagogischen Personals in den KiTas etwa dem bundesdeutschen Durchschnitt. Mehr als 70% des Fachpersonals haben einen Fachschulabschluss und annähernd 16% sind Kinderpflegerinnen. Der Anteil dieser Beschäftigten ist im Vergleich zum jeweiligen Bundesdurchschnitt leicht erhöht.

Die Berechnungen zum Personalschlüssel (vgl. Grafik NI 12) zeigen, dass dieser für die unter Dreijährigen im Bundesländervergleich im unteren Bereich des Mittelfelds liegt. Ein vergleichsweise günstiger Personalschlüssel ist für die älteren Kinder festzustellen und liegt im Spitzenfeld aller Bundesländer.

Beim Beschäftigungsumfang zeigt sich, dass fast die Hälfte des pädagogischen Personals 21 bis unter 32 Wochenstunden beschäftigt ist. Da die überwiegende Mehrheit der Kinder täglich bis zu 5 Stunden betreut wird, ist von einer vergleichsweise guten Übereinstimmung von Arbeitszeiten des Personals und Betreuungszeiten der Kinder auszugehen. Gleichwohl ist festzuhalten, dass auch in NI der Anteil der Vollzeitbeschäftigten zwischen 1998 und 2007 um 6,7 Prozentpunkte abgenommen hat.

In keinem Bundesland sind die Rahmenbedingungen für Bildungsqualität so einheitlich geregelt wie in NI. Damit bestehen für Kinder in NI die höchsten Chancen, strukturell ähnlich ausgestattete Bildungsangebote in KiTas vorzufinden. Alle erfassten Elemente der Strukturqualität sind allgemein geregelt und bis auf die Fachberatung auch präzise definiert. Zu prüfen wäre, ob die festgelegten Standards fachliche Anforderungen erfüllen.

Insgesamt werden durch die Steuerung der niedersächsischen Landesebene vergleichbare Rahmenbedingungen für alle KiTas geschaffen. Die Qualität der pädagogisch-fachlichen Arbeit in den KiTas wird von der Landesebene offensichtlich primär in der Verantwortung der Träger gesehen.

## NI1 | Rechtsanspruch des Kindes auf einen Betreuungsplatz

Es besteht ein elternunabhängiger Rechtsanspruch auf einen Betreuungsplatz für jedes Kind ab Vollendung des dritten Lebensjahres bis zum Schuleintritt. Die garantierten Betreuungsumfänge umfassen mindestens vier Stunden täglich in Vormittags-, ersatzweise auch in Nachmittagsgruppen oder in einem Kinderspielkreis (hier wöchentlich mindestens 15 Stunden am Vormittag).

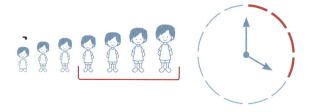

# Teilhabe sichern

Die Teilnahmequote der unter Dreijährigen (6,9%) an Angeboten der FBBE liegt 3 Prozentpunkte unter dem westdeutschen Durchschnitt. Auch der Anteil der älteren Kinder ab drei Jahre, die ein Angebot der FBBE besuchen, liegt fast 5 Prozentpunkte unter dem westdeutschen Durchschnitt und fast 6 Prozentpunkte unter dem Bundesdurchschnitt. Die Mehrzahl der Kinder in den KiTas wird bis zu 5 Stunden täglich betreut. Von den unter Dreijährigen sind es über 51% und von den älteren Kindern über 74%. Fast 27% der unter Dreijährigen sind mehr als 7 Stunden täglich in einer KiTa, allerdings nur etwas mehr als 11% der älteren Kinder. Demnach haben im Trend die älteren Kinder eine kürzere tägliche Betreuungszeit als die jüngeren Kinder.

## NI2 | Ausbaubedarf bei Betreuungsplätzen für unter Dreijährige

Nach den Kriterien des Tagesbetreuungsausbaugesetzes wird angenommen, dass für ca. 32.700 Kinder unter drei Jahren im Jahr 2010 ein Platz in der Tagesbetreuung verfügbar sein soll. Bis zum Jahr 2010 wären danach noch 57% des ermittelten Platzbedarfs zu decken.[1]

## NI3 | Vertraglich vereinbarte tägliche Betreuungszeiten (2007)

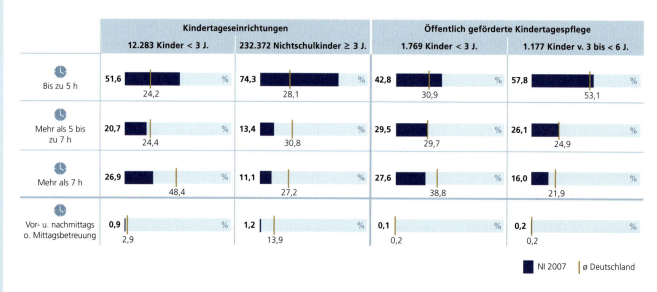

## NI4 | Bildungsbeteiligung vor der Schule (2007)

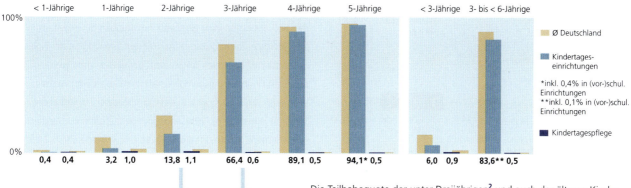

Die Teilhabequote der unter Dreijährigen[2] und auch der älteren Kinder an Angeboten der FBBE liegt zum Erhebungsstichtag (15.3.2007) unter dem Bundesdurchschnitt. Betrachtet man die einzelnen Altersjahrgänge, so zeigt sich, dass die Teilnahmequote der Zweijährigen mehr als 5 Prozentpunkte unter dem westdeutschen Durchschnitt bzw. fast 15 Prozentpunkte unter dem Bundesdurchschnitt liegt. Auch der Anteil der Dreijährigen liegt mehr als 10 Prozentpunkte unter dem westdeutschen Durchschnitt sowie über 13 Prozentpunkte unter dem Bundesdurchschnitt.

## NI5 | Kinder mit Migrationshintergrund in Kindertageseinrichtungen (2007)

**Kinder < 3 Jahren**
16,8% Kinder, von denen mindestens ein Elternteil ausländischer Herkunft ist.

Davon sprechen 53,6% vorwiegend deutsch, 46,4% nicht-deutsch im Elternhaus.

**Nichtschulkinder ab 3 Jahre**
21,3% Kinder, von denen mindestens ein Elternteil ausländischer Herkunft ist.

Davon sprechen 47,6% vorwiegend deutsch, 52,4% nicht-deutsch im Elternhaus.

**Kinder (2006):** Anteil aller Kinder mit Migrationshintergrund, die eine Einrichtung besuchen

**Einrichtung (2006):** Anteil an Kindern mit Migrationshintergrund in der Einrichtung

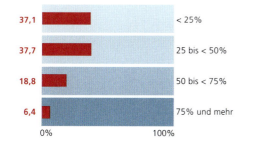

Durchschnittlich haben fast 17% der unter Dreijährigen in KiTas einen Migrationshintergrund (mindestens ein Elternteil ausländischer Herkunft) und etwas mehr als 21% der Nichtschulkinder ab drei Jahre. Im Jahr 2006 besuchten über 56% dieser Kinder dabei eine KiTa, die einen Anteil von Kindern mit Migrationshintergrund von 25% bis unter 75% hat.

## N16 | Investitionen pro Kind

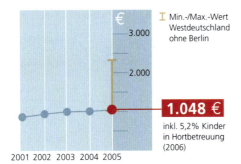

Die reinen Nettoausgaben der öffentlichen Haushalte für FBBE pro unter Zehnjährigem zeigen – allerdings im Zeitverlauf variierende – Steigerungsraten. Zwischen 2001 und 2002 stiegen die Ausgaben um fast 8,7% und zwischen 2004 und 2005 um 3,7%.

## N17 | Finanzierungsgemeinschaft für FBBE (2005)

In welchem Umfang sich die Träger der freien Jugendhilfe an den Betriebskosten ihrer eigenen Einrichtungen beteiligen, ist in Niedersachsen nicht bekannt. Aus diesem Grund kann der Finanzierungsanteil der freien Träger nicht genau bestimmt werden und somit die Finanzierungsgemeinschaft nicht abgebildet werden. Würde für Niedersachsen z.B. ein Eigenfinanzierungsanteil der Träger in Höhe von ca. 10% angenommen, ergäben sich jedoch folgende Anteile: Kommune 56,3%, Land 13,4% und Eltern 24,3%.

# Investitionen wirkungsvoll einsetzen

Ausgehend von der beispielhaften Annahme, dass die Träger einen Eigenfinanzierungsanteil von ca. 10% aufweisen, tragen die Kommunen mit ca. 56% den höchsten Finanzierungsanteil an den Gesamtkosten. Der zweitgrößte Anteil - in Höhe von über 24% - wird von den Eltern finanziert. Das Land gewährt eine Finanzhilfe i. H. v. 20% der Personalausgaben für pädagogische Fachkräfte der Einrichtungen. Auf die Gesamtkosten bezogen, ergibt sich so ein Landesanteil von ca. 13%. In welchem Umfang sich die freien Träger an den Betriebskosten ihrer eigenen Einrichtungen beteiligen, ist nicht bekannt. Jeder Träger muss individuell mit dem zuständigen örtlichen Träger der öffentlichen Jugendhilfe über die Bezuschussung verhandeln. Die Höhe der Elternbeiträge wird im Bereich der Kindergärten in der Regel kommunal festgelegt. Eine Staffelung nach Einkommen sowie nach Anzahl der Kinder ist möglich. Für einkommensschwache Eltern gibt es eine Beitragsermäßigung bzw. Beitragsübernahme. Eine landeseinheitliche Regelung über die maximale Höhe der Elternbeiträge gibt es nicht. Für das letzte Kindergartenjahr vor der Schule sind keine Elternbeiträge zu zahlen.

## N18 | Anteil der reinen Nettoausgaben für FBBE an den gesamten reinen Ausgaben öffentlicher Haushalte

2005 liegt der Anteil der reinen Nettoausgaben für FBBE gemessen an ihrem Anteil an den gesamten reinen Ausgaben der öffentlichen Haushalte (3,1%) unter dem Anteil, der im Durchschnitt in Westdeutschland (3,3%) für FBBE aufgewandt wird.

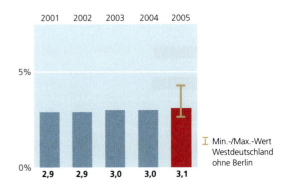

# Bildung fördern – Qualität sichern

Der Bildungsplan (in NI Orientierungsplan für Bildung und Erziehung im Elementarbereich niedersächsischer KiTas genannt) wurde durch das Kultusministerium gemeinsam mit der Fachgruppe der freien Träger mit Konsultation von Vertretern der freien Träger und von Elternverbänden entwickelt. Schriftliche Rückmeldungen von KiTas zur Implementierung des Orientierungsplans wurden systematisch erfragt und ausgewertet. Diese wurden neben Diskussionsergebnissen aus regionalen Veranstaltungen bei der Überarbeitung berücksichtigt. Der Orientierungsplan ist für Kinder bis sechs Jahre konzipiert. Er ist allen KiTas zugesandt worden sowie als Download zugänglich und kann als Publikation erworben werden. Für Eltern sind Informationsmaterialien, auch mehrsprachig, erstellt worden. Zur Qualifizierung der pädagogischen Mitarbeiter haben Informationsveranstaltungen stattgefunden, diese waren jedoch nicht verpflichtend. Vom Kultusministerium gab es keine Fortbildungen, die mindestens zweitägig sind. Es sind nicht alle Fachberatungen zum Orientierungsplan fortgebildet worden. Zudem stehen keine öffentlichen Mittel für Fortbildungen vom Kultusministerium zur Verfügung. Für die Überprüfung der pädagogischen Arbeit mit dem Orientierungsplan für Bildung und Erziehung im Elementarbereich niedersächsischer Tageseinrichtungen für Kinder sind von Landesebene keine Maßnahmen vorgesehen.

## NI9 | Bildungsplan (BP)

| I. Information | |
|---|---|
| Kostenloser Versand des BP an alle KiTas | ● |
| BP als Download verfügbar | ● |
| BP als Publikation erwerbbar | ● |
| Informationsmaterial über BP für Eltern verfügbar | ● |
| Informationsmaterial über BP mehrsprachig f. Eltern verfügbar | ● |
| | **5 von 5 Punkten** ●●●●● |

| II. Qualifizierung | |
|---|---|
| Infoveranstaltung zum BP für KiTa-Mitarbeiterinnen | ● |
| Verpflichtende Informationsveranstaltung zum BP für KiTa-Mitarbeiterinnen | – |
| Angebotene Fortbildung zum BP mindestens zweitägig | – |
| Alle Fachberatungen erhalten Fortbildungen zum BP | – |
| Öffentliche Mittel für regelmäßige Fortbildung zum BP für alle pädagogischen Mitarbeiterinnen verfügbar | – |
| | **1 von 5 Punkten** ●○○○○ |

| III. Umsetzungskontrolle (in allen KiTas) | |
|---|---|
| Jährliche externe Überprüfung der Umsetzung des BP | – |
| Jährliche Berichtspflicht zur Implementation des BP | – |
| Nachweis der Aufnahme des BP in die Konzeption | – |
| | **0 von 3 Punkten** ○○○ |

**Insgesamt 6 von 13 Punkten**

## NI10 | Kooperation KiTa – Grundschule

Es gibt landesweit verbindliche Regelungen zur Kooperation von KiTas und Grundschulen. Im Rahmen des Landesprogramms „Das letzte Kindergartenjahr als Brückenjahr zur Grundschule" werden insgesamt für 4 Jahre 20 Mio. Euro zusätzliche Mittel für die Kooperation zwischen Grundschulen und KiTas gewährt. Im Rahmen des Landesprogramms werden u. a. fachliche Standards in Zusammenarbeit mit der wissenschaftlichen Begleitung erarbeitet.

## NI11 | Pädagogisches Personal nach Berufsausbildungsabschlüssen (2007)

Vom pädagogischen Personal verfügen 70,5% über einen Fachschulabschluss. Dieser Anteil liegt leicht unter dem Bundesdurchschnitt (72,1%). Die zweitgrößte Qualifikationsgruppe sind mit fast 16% die Kinderpflegerinnen, ihr Anteil liegt über dem Bundesdurchschnitt (13,5%). Der Anteil des Personals mit einem Hochschulabschluss liegt etwas über dem Bundesdurchschnitt.

| Abschluss | Niedersachsen | ø Deutschland |
|---|---|---|
| | Anteile in Prozent | |
| (sozialpädagogischer) Hochschulabschluss | 3,9 | 3,4 |
| Fachschulabschluss (Erzieherinnen, Heilpädagoginnen) | 70,5 | 72,1 |
| Kinderpflegerinnen | 15,8 | 13,5 |
| anderer fachlicher Abschluss (sonst. Sozial- u. Erziehungsberufe) | 3,4 | 1,8 |
| anderer Abschluss | 2,9 | 3,0 |
| Praktikum/Ausbildung | 1,2 | 4,1 |
| ohne abgeschl. Ausbildung | 2,2 | 2,1 |

## NI12 | Personalschlüssel und Gruppengrößen in Kindertageseinrichtungen (2006)

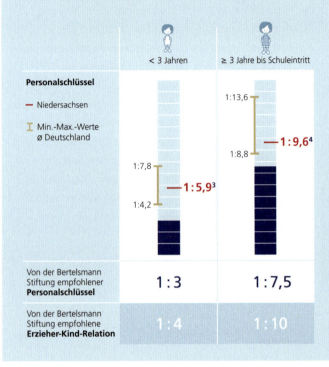

NI12A Personalschlüssel* und Erzieher-Kind-Relation

## NI13 | Beschäftigungsumfang des pädagogischen Personals in Kindertageseinrichtungen (2007)

Die Mehrzahl des pädagogischen Personals (fast 50%) ist 21 bis unter 32 Wochenstunden tätig. Da die Mehrheit der Kinder bis zu 5 Stunden in der KiTa ist, kann von einer Abstimmung der Betreuungszeiten und der Beschäftigungszeiten der Kinder ausgegangen werden. Denn es müssen immer zwei Fachkräfte in der Gruppe anwesend sein und darüber hinaus sind auch pro Gruppe Arbeitszeiten für Aufgaben ohne Kinder vorgesehen. Diese Regelung führt vermutlich auch zu der übrigen Verteilung des Beschäftigungsumfangs. So sind nur 21,6% vollzeit- und 17,8% 32 bis unter 38,5 Wochenstunden beschäftigt. Der Rückgang des Anteils der Vollzeitbeschäftigten ist mit 6,7 Prozentpunkten seit 1998 nicht so deutlich wie in Deutschland bzw. Westdeutschland. Insgesamt entsteht der Eindruck – der empirisch zu bestätigen wäre –, dass eine vergleichsweise hohe Abstimmung zwischen den Betreuungszeiten der Kinder und den Arbeitszeiten des Personals besteht. Damit wären gute Voraussetzungen gegeben, um Kindern z.B. kontinuierliche und verlässliche Beziehungserfahrungen zu ermöglichen.

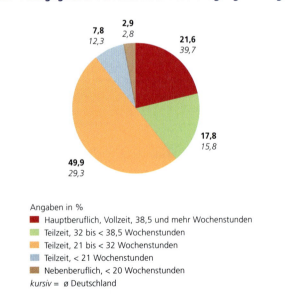

NI13A Pädagogisches Personal nach Beschäftigungsumfang

Angaben in %
- Hauptberuflich, Vollzeit, 38,5 und mehr Wochenstunden
- Teilzeit, 32 bis < 38,5 Wochenstunden
- Teilzeit, 21 bis < 32 Wochenstunden
- Teilzeit, < 21 Wochenstunden
- Nebenberuflich, < 20 Wochenstunden

kursiv = ø Deutschland

NIEDERSACHSEN (NI)

## NI12B Durchschnittliche Gruppengrößen

|  | < 3 Jahren | ≥ 3 Jahre bis Schuleintritt |
|---|---|---|
| **Ganztagsgruppen** Anzahl der Kinder | 13 | 23 |
| **Keine Ganztagsgruppen** Anzahl der Kinder | 11 | 22 |

**\* Personalschlüssel**

Der für jedes Bundesland ausgewiesene Personalschlüssel und der von der Bertelsmann Stiftung empfohlene Personalschlüssel sind rechnerische Größen. Sie beschreiben jeweils die Relation zwischen der täglichen Inanspruchnahme aller Kinder und dem eingesetzten Personal in einer Gruppe. Basis ist die vertragliche Arbeitszeit der einzelnen Mitarbeiterinnen, die auch Vorbereitungszeiten, Teamsitzungen, Elterngespräche, Leitungsanteile, Urlaub und Krankheitszeiten u. a. umfasst. Der Personalschlüssel gibt nicht an, wie viele Kinder zu jedem Zeitpunkt am Tag von einer Fachkraft betreut werden. Hierzu s. Erzieher-Kind-Relation.

Die empfohlene Erzieher-Kind-Relation errechnet sich aus dem empfohlenen Personalschlüssel. Es wird angenommen, dass 25% der Arbeitszeit für Tätigkeiten ohne Kinder einzuplanen sind und 75% für eine direkte pädagogische Interaktion mit dem Kind verfügbar sind.

## NI14 Rahmenbedingungen für Bildungsqualität

| Regelungen zur Strukturqualität | Allgemein geregelt | Präzise definiert |
|---|---|---|
| Maximale Gruppengröße | ● | ● |
| Erzieher-Kind-Relation | ● | ●[5] |
| Verfügungszeit | ● | ● |
| Fachberatung | ● | – |
| Fortbildung | ● | ● |
| Leitungsfreistellung | ● | ● |
| (Innen-/Außen-)Flächen | ● | ● |

Insgesamt **13** von 14 Punkten

Zentrale Elemente der Strukturqualität sind in NI landeseinheitlich und präzise geregelt. Damit sind sehr gute Voraussetzungen für landesweit vergleichbare Rahmenbedingungen der pädagogischen Arbeit gegeben, die die Chancen von Kindern auf strukturell ähnlich ausgestattete Bildungsangebote erhöhen.

## NI13B Anteil der Vollzeitbeschäftigten 1998–2007

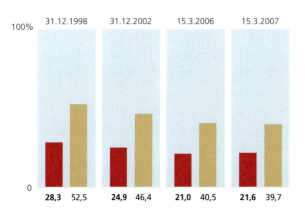

|  | 31.12.1998 | 31.12.2002 | 15.3.2006 | 15.3.2007 |
|---|---|---|---|---|
| NI | 28,3 | 24,9 | 21,0 | 21,6 |
| ø Deutschland | 52,5 | 46,4 | 40,5 | 39,7 |

Anteil Vollzeitbeschäftigte an allen Beschäftigten ohne Verwaltung und Hauswirtschaft/Technik

■ NI   ■ ø Deutschland

| Regelungen zur Qualitätsüberprüfung | |
|---|---|
| Geregelte Verpflichtung in Ausführungsgesetz oder Verordnung | – |
| Elternbefragung (mindestens jährlich) | – |
| Selbstevaluation | – |
| Fremdevaluation | – |
| Zahlung öffentlicher Zuschüsse abhängig von externer Qualitätsüberprüfung | – |

Insgesamt **0** von 5 Punkten

Verfahren zur Qualitätsüberprüfung sind nicht verbindlich in allen KiTas vorgesehen. Damit fehlt eine systematische und kontinuierliche Transparenz über die bestehenden Bildungs- und Betreuungsangebote. Sie könnte zielgerichtete Impulse für Landesprojekte zum Qualitätsausbau liefern. Die Zahlung öffentlicher Zuschüsse für die Kindertageseinrichtungen erfolgt unabhängig von einer externen Qualitätsüberprüfung.

# Nordrhein-Westfalen

**Basisdaten 2007**

Fläche: 34.086 km²

Einwohner (31.12.2006):
18.028.745

**Anteil der Kinder in FBBE**
Kinder unter 3 Jahren: 6,9%
Nichtschulkinder
3 bis < 6 Jahre: 86,5%
(inkl. 0,4% in [vor-]schulischen Einrichtungen)

| | |
|---|---:|
| Geborene Kinder 2006 | 149.925 |
| Geburten pro Frau 2005 | 1,4 |
| Anzahl der Kinder unter 10 Jahren (31.12.2006) | 1.685.975 |
| Davon Kinder unter 3 Jahren | 461.177 |
| Davon Kinder 3 bis unter 6 Jahre | 493.153 |
| Davon Kinder 6 bis unter 10 Jahre | 731.645 |

| | |
|---|---:|
| Erwerbstätigenquote von Müttern (2006) mit | |
| ... mindestens einem Kind unter 3 Jahren | 38,8% |
| ... mindestens einem Kind von 3 bis unter 6 Jahren | 48,5% |
| Empfänger v. laufender Hilfe zum Lebensunterhalt (Ende 2004) | 731.943 |
| Darunter Kinder unter 18 Jahren | 293.563 |
| Tageseinrichtungen insgesamt | 9.264 |
| Anteil der Einrichtungen | |
| ... in öffentlicher Trägerschaft | 26,2% |
| ... in freigemeinnütziger Trägerschaft | 72,8% |
| ... als Betriebs-/Unternehmensteil | 0,1% |
| ... in privatgewerblicher Trägerschaft | 0,9% |
| Anteil der KiTas ohne feste Gruppenstruktur | 2,0% |
| Pädagogisches Personal in KiTas insgesamt | 73.506 |
| Kinder in KiTas insgesamt | 569.565 |
| Darunter Kinder unter 3 Jahren | 23.834 |
| Darunter Nichtschulkinder 3 bis unter 6 Jahre | 421.648 |
| Darunter Schulkinder 6 bis unter 10 Jahre | 23.560 |
| Tagespflegepersonen insgesamt | 7.373 |
| Kinder unter 6 Jahren in Kindertagespflege | 10.943 |
| Davon Kinder unter 3 Jahren | 8.163 |
| Davon Kinder 3 bis unter 6 Jahre | 2.780 |

In NRW ist das Ministerium für Generationen, Familie, Frauen und Integration zuständig für FBBE. Als landespolitisches Gesamtprogramm für die FBBE in NRW nennt das zuständige Landesministerium die Bildungsvereinbarung, Familienzentren, die Regierungserklärung, den Haushaltsplan sowie das neue Kinderbildungsgesetz (KiBiz).

Abstimmung und Koordination zwischen den Landesministerien zu Themen der FBBE erfolgt in NRW u. a. in drei interministeriellen, regelmäßigen Fachgruppen: AG zur Begleitung der Einführung des Verfahrenswegs zur Feststellung des Sprachstandes zwei Jahre vor der Einschulung, AG zur Begleitung der Einführung der offenen Ganztagsschule und AG Soziales Ausbildungswesen. An diesen Fachgruppen sind mehrere Landesministerien sowie kommunale Spitzenverbände, freie Wohlfahrtsverbände, Landesjugendämter beteiligt. In drei weiteren Gremien, dem Ständigen Arbeitskreis, dem Arbeitskreis KJHG und der AG Versorgung behinderter Kinder, arbeitet ein breites Spektrum von Akteuren. Insgesamt vermittelt sich der Eindruck, dass das zuständige Landesministerium bislang bei der Weiterentwicklung der FBBE die Abstimmung und Koordination mit einem breiten Spektrum der relevanten Akteure in NRW gesucht hat und dafür auch Organisationsformen geschaffen hat.

Darüber hinaus hat das Land einige – z. T. langfristige – Programme zur Weiterentwicklung der FBBE ins Leben gerufen und damit Impulse für die fachliche Ausrichtung der KiTas gegeben. Viele der Programme sind bereits in die allgemeine Infrastruktur der FBBE übergegangen. Das Ende 2007 verabschiedete Kinderbildungsgesetz (KiBiz) und die dadurch eingeleitete Reform der landesspezifischen Programme und Strukturen kann hier noch nicht umfassend berücksichtigt werden. Auch die zugrunde liegenden empirischen Daten beziehen sich auf den Status quo (15.3.2007) vor der Reform.

## Teilhabe sichern

Insgesamt ist die Teilhabe der Kinder in FBBE in NRW eher unterdurchschnittlich. So liegt die Teilhabequote der unter Dreijährigen (7%) ca. 8,5 Prozentpunkte unter dem Bundesdurchschnitt. Mit Blick auf die Altersjahrgänge zeigt sich z.B., dass die Teilhabe der Zweijährigen mehr als 16 Prozentpunkte unter dem Bundesdurchschnitt liegt. Auch die Teilhabe der älteren Kinder (86,5%) liegt 3,3 Prozentpunkte unter dem Bundesdurchschnitt. Vom Altersjahrgang der Dreijährigen beteiligen sich fast 9 Prozentpunkte weniger als im Bundesdurchschnitt. Der zeitliche Umfang der Betreuung der unter Dreijährigen in NRW liegt im Bundesländervergleich durchaus im Spitzenfeld. So sind mehr als die Hälfte dieser Altersgruppe (52,5%) ganztags in einer KiTa. Diese Teilhabequote liegt 4,1 Prozentpunkte über dem Bundesdurchschnitt. Demgegenüber nehmen von den älteren Kindern nur 25,3% einen Ganztagsplatz in Anspruch. Etwa 29% dieser Altersgruppe sind mehr als 5 bis zu 7 Stunden in der KiTa. Besonders auffällig ist der hohe Anteil der älteren Kinder, die vor- und nachmittags ohne Mittagsbetreuung die KiTa nutzen (28,5%). Dieser Anteil liegt 14,6 Prozentpunkte über dem Bundesdurchschnitt.

In den KiTas in NRW hat ein hoher Anteil der Kinder einen Migrationshintergrund. Von den unter Dreijährigen sind es mehr als 26% und von den älteren Kindern über ein Drittel. Es wäre zu prüfen, ob KiTas beispielsweise gezielt fachliche Unterstützung erhalten, um ihre pädagogische Arbeit zielgruppengerecht gestalten zu können.

## Investitionen wirkungsvoll einsetzen

Die reinen Nettoausgaben der öffentlichen Haushalte für FBBE pro unter 10-jährigem Kind, die NRW aufwendet, liegen im Bundesländervergleich im Mittelfeld. Zwischen 2001 und 2005 sind die Ausgaben kontinuierlich gestiegen und erhöhten sich zwischen 2004 und 2005 um 7,8%. Der Anteil der reinen Nettoausgaben für FBBE gemessen an ihrem Anteil an den gesamten reinen Ausgaben der öffentlichen Haushalte liegt in NRW (3,4%) geringfügig über dem Durchschnitt in Westdeutschland (3,3%).

## Bildung fördern – Qualität sichern

Die Personalressourcen einer KiTa werden in der Qualitätsforschung als grundlegende Elemente einer guten Strukturqualität und damit auch als zentrale Einflussgrößen auf die pädagogische Prozessqualität definiert. Das formale Qualifikationsniveau des pädagogischen Personals in den KiTas ist etwa mit dem durchschnittlichen Qualifikationsniveau in Deutschland vergleichbar. Der Anteil der Beschäftigten mit Fachschulabschluss liegt in NRW (68,4%) unter dem Bundesdurchschnitt (72,1%). Auf verstärkte Ausbildungsaktivitäten weist der vergleichsweise hohe Anteil der Beschäftigten in Praktikum bzw. Ausbildung hin, der 2,3 Prozentpunkte über dem Bundesdurchschnitt liegt.

Beim Beschäftigungsumfang des pädagogischen Personals in den KiTas zeigt sich, dass NRW den höchsten Anteil der Vollzeitbeschäftigten (fast 59%) hat und dieser gut 20 Prozentpunkte über dem Bundesdurchschnitt liegt. Mit dieser Strukturierung der Beschäftigungszeiten dürften vergleichsweise vorbildliche Voraussetzungen für eine Personalplanung bestehen, die auch eine Abstimmung mit den Betreuungszeiten der Kinder unter pädagogisch-fachlichen Gesichtspunkten ermöglicht und zudem auch Arbeitszeiten für Tätigkeiten ohne Kinder zulässt. Allerdings hat sich der Anteil der Vollzeitbeschäftigten zwischen 1998 und 2007 kontinuierlich um insgesamt 17 Prozentpunkte reduziert. Darüber hinaus sind die Beschäftigungsumfänge des pädagogischen Personals in NRW im Vergleich zur Bundessituation durch einen eher geringen Anteil an Teilzeitbeschäftigten gekennzeichnet. Es bleibt abzuwarten, welche Konsequenzen das neue Kinderbildungsgesetz auf die Struktur der Beschäftigungsumfänge haben wird.

Einen weiteren Hinweis auf vergleichsweise gute Bedingungen bei den Personalressourcen in NRW geben die Berechnungen zum Personalschlüssel (vgl. Grafik NRW 12). Da unter Dreijährige in NRW nach dem alten Gesetz in altersgemischten Gruppen betreut wurden, kann für diese Altersgruppe kein Personalschlüssel ausgewiesen werden. Im Bundesländervergleich ist der Personalschlüssel für die älteren Kinder in NRW einer der Besten.

Mit Blick auf die übrigen erfassten Elemente der Strukturqualität sind von den sieben erfassten alle bis auf den Bereich der Flächen allgemein geregelt. Zudem sind die maximale Gruppengröße, Erzieher-Kind-Relation, Verfügungszeit sowie Leitungsfreistellung präzise definiert, so dass insbesondere die Personalressourcen landeseinheitliche Bedingungen aufweisen dürften. Die Rahmenbedingungen für die KiTas sind durch das KiBiz ebenfalls verändert worden, es bleibt abzuwarten, wie sich die Strukturqualität zukünftig darstellen wird.

## NRW1 | Rechtsanspruch des Kindes auf einen Betreuungsplatz

Es besteht ein elternunabhängiger Rechtsanspruch auf einen Kindergartenplatz vom vollendeten dritten Lebensjahr bis zum Schuleintritt. Der garantierte Betreuungsumfang umfasst sieben Stunden täglich, davon mindestens fünf Stunden ohne Unterbrechung.[1]

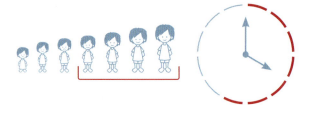

# Teilhabe sichern

Die Teilhabequoten an FBBE liegen für die unter Dreijährigen in NRW 3 Prozentpunkte unter dem westdeutschen Durchschnitt sowie ca. 8,5 Prozentpunkte unter dem Bundesdurchschnitt. Von den älteren Kindern nehmen 3,3 Prozentpunkte weniger an Angeboten der FBBE teil als im Bundesdurchschnitt. Mehr als die Hälfte der unter Dreijährigen wird täglich mehr als 7 Stunden in einer KiTa betreut. Jeweils etwa 20% dieser Altersgruppe nutzen bis zu 5 Stunden und mehr als 5 bis zu 7 Stunden in einer KiTa. Die älteren Kinder nutzen kürzere Betreuungszeiten. So sind nur etwas über 25% mehr als 7 Stunden täglich in der KiTa. Etwa 30% der Kinder sind mehr als 5 bis zu 7 Stunden sowie – besonders auffällig – weitere fast 30% sind vor- und nachmittags in der KiTa, jedoch ohne Mittagsbetreuung.

## NRW2 | Ausbaubedarf bei Betreuungsplätzen für unter Dreijährige

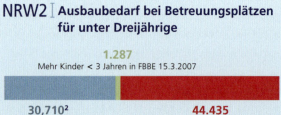

Nach den Kriterien des Tagesbetreuungsausbaugesetzes wird angenommen, dass für ca. 76.400 Kinder unter drei Jahren im Jahr 2010 ein Platz in der Tagesbetreuung verfügbar sein soll. Bis zum Jahr 2010 wären danach noch ca. 58% des ermittelten Platzbedarfs zu decken.[3]

## NRW3 | Vertraglich vereinbarte tägliche Betreuungszeiten (2007)

## NRW4 | Bildungsbeteiligung vor der Schule (2007)

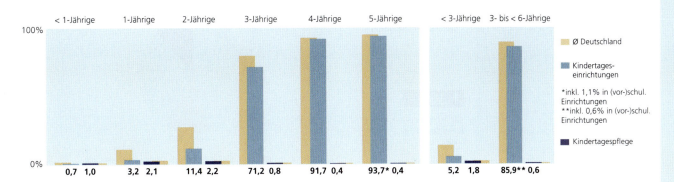

Bei den Kindern unter drei Jahren und bei den Älteren liegen die Teilhabequoten unter dem jeweiligen Bundesdurchschnitt. Der Anteil der Fünfjährigen (94,1%) liegt nur geringfügig unter dem Bundesdurchschnitt. Bei den Zweijährigen liegt die Teilhabequote 16,2 Prozentpunkte unter dem Bundesdurchschnitt. Für das Jahr 2006 liegen für Kindertageseinrichtungen keine mit dem Folgejahr vergleichbaren Daten vor. Der Anteil der Zweijährigen, die eine Kindertagespflege nutzen, ist zwischen 2006 und 2007 um 0,9 Prozentpunkte gestiegen. Bei den Dreijährigen ist dieser Anteil um 0,3 Prozentpunkte gestiegen.

## NRW5 | Kinder mit Migrationshintergrund in Kindertageseinrichtungen (2007)

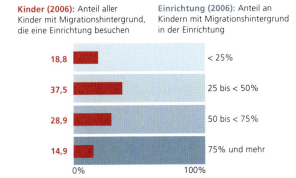

Der durchschnittliche Anteil von Kindern mit Migrationshintergrund (mindestens ein Elternteil ausländischer Herkunft) liegt sowohl bei der Altersgruppe der unter Dreijährigen als auch bei den Nichtschulkindern ab drei Jahren über dem Durchschnitt Westdeutschlands. Im Jahr 2006 war die Mehrzahl der Kinder mit Migrationshintergrund (über 66%) in KiTas, die einen Anteil von Kindern mit Migrationshintergrund von mindestens 25% und höchstens 75% haben.

## NRW6 | Investitionen pro Kind

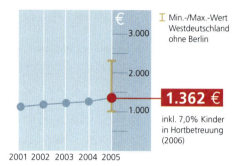

Die reinen Nettoausgaben der öffentlichen Haushalte für FBBE pro unter zehnjährigem Kind zeigen in NRW im Zeitverlauf jährliche Steigerungen. Von 2001 auf 2002 erhöhten sich die Ausgaben um 5,1%, in den nachfolgenden Jahren jeweils um ca. 3,3% und von 2004 auf 2005 ist eine Steigerung von 7,8% zu verzeichnen.

## NRW7 | Finanzierungsgemeinschaft für FBBE (2005)

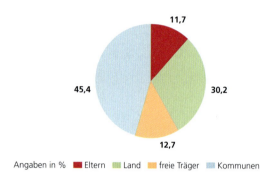

In den öffentlichen Statistiken fehlen i.d.R. die Elternbeiträge, die direkt von freien Trägern eingezogen werden, sowie die finanziellen Eigenanteile der freien Träger. Diese Ausgabengrößen werden daher über Schätzungen ermittelt.

# Investitionen wirkungsvoll einsetzen

Ausgaben für FBBE sind Investitionen in die Lebensperspektiven von Kindern und die Zukunft der Gesellschaft. In NRW ist der Anteil der Nettoausgaben für FBBE an den Ausgaben der öffentlichen Haushalte von 2002 bis 2005 weitgehend konstant geblieben und liegt 2005 geringfügig über dem Durchschnitt Westdeutschlands. Aktuell hat die Landesregierung NRW neue Programme, beispielsweise den Aufbau von Familienzentren sowie weitere Maßnahmen zur Sprachförderung, mit zusätzlichen Mitteln ausgestattet. Das neue Kinderbildungsgesetz schafft dafür die gesetzliche Grundlage. Nach Schätzungen der landesweiten Durchschnittswerte der Zuschusshöhe tragen im Jahr 2005 die Kommunen über 45% der Ausgaben für FBBE, das Land trägt über 30% der Ausgaben. Die Eltern finanzieren fast 12% der Ausgaben für FBBE. Seit dem 1.8.2006 liegt die Zuständigkeit für die Festlegung der Höhe der Elternbeiträge bei den Städten und Gemeinden. Es bleibt abzuwarten, ob sich damit der bisherige Finanzierungsanteil der Eltern verändert.

## NRW8 | Anteil der reinen Nettoausgaben für FBBE an den gesamten reinen Ausgaben öffentlicher Haushalte

Im Zeitverlauf ist der Anteil der reinen Nettoausgaben für FBBE in NRW gemessen an ihrem Anteil an den gesamten reinen Ausgaben der öffentlichen Haushalte zwischen 2001 und 2005 annähernd unverändert geblieben. Im Jahr 2005 liegt NRW (3,4%) geringfügig über dem Anteil Westdeutschlands (3,3%).

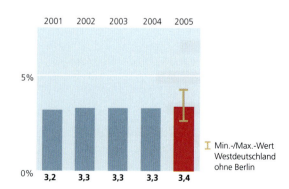

# Bildung fördern – Qualität sichern

Der Bildungsplan (in NRW Bildungsvereinbarung genannt), den die Landesregierung mit den Trägerverbänden und den Kirchen geschlossen hat, wurde durch eine wissenschaftliche Einrichtung entwickelt. Seine Einführung wurde in ausgewählten Einrichtungen wissenschaftlich begleitet. Die Bildungsvereinbarung wurde in ausgewählten Einrichtungen erprobt. Die schriftlichen Rückmeldungen der KiTas wurden systematisch angefragt und ausgewertet. Die Bildungsvereinbarung ist konzipiert für Kinder bis 6,5 Jahre. Sie wurde an alle KiTas versandt und steht als Download zur Verfügung. Auch Informationsmaterial für Eltern zur Bildungsvereinbarung steht zur Verfügung. Allerdings ist dieses nicht mehrsprachig erstellt worden. Es sind Informationsveranstaltungen für die Mitarbeiterinnen der KiTas durchgeführt worden. Eine Teilnahme ist allerdings nicht verpflichtend und die angebotenen Fortbildungen sind nicht mindestens zweitägig. Es sind alle Fachberaterinnen zur Bildungsvereinbarung qualifiziert worden. Außerdem stehen öffentliche Mittel für die Fortbildung von KiTa-Mitarbeiterinnen zur Bildungsvereinbarung zur Verfügung. Zur Überprüfung der Umsetzung des Bildungsplans sind keine landeseinheitlich verbindlichen Verfahren vorgesehen.

## NRW9 | Bildungsplan (BP)

| I. Information | |
|---|---|
| Kostenloser Versand des BP an alle KiTas | ● |
| BP als Download verfügbar | ● |
| BP als Publikation erwerbbar | – |
| Informationsmaterial über BP für Eltern verfügbar | ● |
| Informationsmaterial über BP mehrsprachig f. Eltern verfügbar | – |
| **3 von 5 Punkten** | ●●●○○ |

| II. Qualifizierung | |
|---|---|
| Infoveranstaltung zum BP für KiTa-Mitarbeiterinnen | ● |
| Verpflichtende Informationsveranstaltung zum BP für KiTa-Mitarbeiterinnen | – |
| Angebotene Fortbildung zum BP mindestens zweitägig | – |
| Alle Fachberatungen erhalten Fortbildungen zum BP | ● |
| Öffentliche Mittel für regelmäßige Fortbildung zum BP für alle pädagogischen Mitarbeiterinnen verfügbar | ● |
| **3 von 5 Punkten** | ●●●○○ |

| III. Umsetzungskontrolle (in allen KiTas) | |
|---|---|
| Jährliche externe Überprüfung der Umsetzung des BP | – |
| Jährliche Berichtspflicht zur Implementation des BP | – |
| Nachweis der Aufnahme des BP in die Konzeption | – |
| **0 von 3 Punkten** | ○○○ |

**Insgesamt 6 von 13 Punkten**

## NRW10 | Kooperation KiTa – Grundschule

Eine landesweit verbindliche Regelung zur Kooperation von KiTas und Grundschulen besteht zwischen dem Ministerium für Generationen, Familie, Frauen und Integration und dem Ministerium für Schule und Weiterbildung. In der Bildungsvereinbarung sowie Empfehlungen der Landesjugendämter und der kommunalen Spitzenverbände sind Prinzipien und Grundsätze sowie fachliche Standards für die Zusammenarbeit definiert. Zusätzliche Mittel werden weder Schulen noch KiTas zur Verfügung gestellt.

## NRW11 | Pädagogisches Personal nach Berufsausbildungsabschlüssen (2007)

Die Mehrzahl des pädagogischen Personals verfügt in NRW über einen Fachschulabschluss (68,4%). Dieser Anteil liegt unter dem Bundesdurchschnitt (72,1%), aber über dem Durchschnitt Westdeutschlands (66,8%). Die Kinderpflegerinnen stellen 13,7% des Personals. Der Anteil der Hochschulabsolventen liegt leicht unter dem Bundesdurchschnitt. Auffällig ist der Anteil der pädagogisch Tätigen, die sich im Praktikum bzw. der Ausbildung befinden, er liegt mehr als 2 Prozentpunkte über dem Bundesdurchschnitt.

| Abschluss | Nordrhein-Westfalen | ø Deutschland |
|---|---|---|
| | Anteile in Prozent | |
| (sozialpädagogischer) Hochschulabschluss | 2,9 | 3,4 |
| Fachschulabschluss (Erzieherinnen, Heilpädagoginnen) | 68,4 | 72,1 |
| Kinderpflegerinnen | 13,7 | 13,5 |
| anderer fachlicher Abschluss (sonst. Sozial- u. Erziehungsberufe) | 1,0 | 1,8 |
| anderer Abschluss | 5,1 | 3,0 |
| Praktikum/Ausbildung | 6,4 | 4,1 |
| ohne abgeschl. Ausbildung | 2,5 | 2,1 |

## NRW12 | Personalschlüssel und Gruppengrößen in Kindertageseinrichtungen (2006)

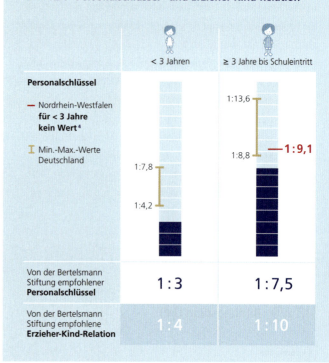

NRW12A Personalschlüssel* und Erzieher-Kind-Relation

## NRW13 | Beschäftigungsumfang des pädagogischen Personals in Kindertageseinrichtungen (2007)

58,8% der pädagogisch Tätigen sind vollzeitbeschäftigt. Dieser Wert liegt deutlich über dem durchschnittlichen Anteil dieser Gruppe von Westdeutschland (44,8%) sowie Gesamtdeutschland (39,7%). Allerdings hat sich von 1998 bis 2007 ihr Anteil kontinuierlich um insgesamt fast 17 Prozentpunkte reduziert. Der Anteil der teilzeittätigen Personen mit unter 21 Wochenstunden Beschäftigungsumfang liegt etwas über dem Bundesdurchschnitt. Insgesamt zeichnet sich der Beschäftigungsumfang des pädagogischen Personals in NRW im Vergleich zur Bundessituation durch einen eher geringen Anteil an Teilzeitbeschäftigten aus. Da über die Hälfte des pädagogischen Personals vollzeitbeschäftigt ist, ist anzunehmen, dass eine Abstimmung von Betreuungszeiten und Arbeitszeiten besteht, die Kindern z.B. kontinuierliche und verlässliche Beziehungserfahrungen ermöglicht und damit elementare pädagogische Standards realisiert.

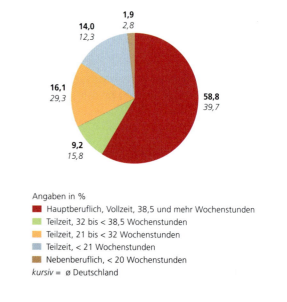

NRW13A Pädagogisches Personal nach Beschäftigungsumfang

Angaben in %
- Hauptberuflich, Vollzeit, 38,5 und mehr Wochenstunden
- Teilzeit, 32 bis < 38,5 Wochenstunden
- Teilzeit, 21 bis < 32 Wochenstunden
- Teilzeit, < 21 Wochenstunden
- Nebenberuflich, < 20 Wochenstunden

*kursiv* = ø Deutschland

# NORDRHEIN-WESTFALEN (NRW)

## NRW12B  Durchschnittliche Gruppengrößen

|  | < 3 Jahren | ≥ 3 Jahre bis Schuleintritt |
|---|---|---|
| **Ganztagsgruppen** Anzahl der Kinder | —⁵ | 21 |
| **Keine Ganztagsgruppen** Anzahl der Kinder | —⁶ | 24 |

\* **Personalschlüssel**

Der für jedes Bundesland ausgewiesene Personalschlüssel und der von der Bertelsmann Stiftung empfohlene Personalschlüssel sind rechnerische Größen. Sie beschreiben jeweils die Relation zwischen der täglichen Inanspruchnahme aller Kinder und dem eingesetzten Personal in einer Gruppe. Basis ist die vertragliche Arbeitszeit der einzelnen Mitarbeiterinnen, die auch Vorbereitungszeiten, Teamsitzungen, Elterngespräche, Leitungsanteile, Urlaub und Krankheitszeiten u. a. umfasst. Der Personalschlüssel gibt nicht an, wie viele Kinder zu jedem Zeitpunkt am Tag von einer Fachkraft betreut werden. Hierzu s. Erzieher-Kind-Relation.

Die empfohlene Erzieher-Kind-Relation errechnet sich aus dem empfohlenen Personalschlüssel. Es wird angenommen, dass 25% der Arbeitszeit für Tätigkeiten ohne Kinder einzuplanen sind und 75% für eine direkte pädagogische Interaktion mit dem Kind verfügbar sind.

## NRW14 | Rahmenbedingungen für Bildungsqualität

| Regelungen zur Strukturqualität | Allgemein geregelt | Präzise definiert |
|---|---|---|
| Maximale Gruppengröße | ● | ● |
| Erzieher-Kind-Relation | ●⁷ | ● |
| Verfügungszeit | ● | ● |
| Fachberatung | ● | – |
| Fortbildung | ● | – |
| Leitungsfreistellung | ● | ● |
| (Innen-/Außen-)Flächen | – | – |

Insgesamt **10** von 14 Punkten

Zentrale Elemente der Strukturqualität sind präzise definiert. Damit sind wichtige Voraussetzungen für landesweit vergleichbare Rahmenbedingungen der pädagogischen Arbeit gegeben und erhöhen die Chancen von Kindern auf strukturell ähnlich ausgestattete Bildungsangebote.⁸

| Regelungen zur Qualitätsüberprüfung | |
|---|---|
| Geregelte Verpflichtung in Ausführungsgesetz oder Verordnung | —⁹ |
| *Elternbefragung (mindestens jährlich)* | – |
| *Selbstevaluation* | ● |
| *Fremdevaluation* | – |
| Zahlung öffentlicher Zuschüsse abhängig von externer Qualitätsüberprüfung | – |

Insgesamt **1** von 5 Punkten

In der Bildungsvereinbarung ist festgelegt, dass für die Begleitung und Förderung frühkindlicher Bildungsprozesse ein kontinuierliches Evaluationsverfahren erforderlich ist. Die Träger haben sich verpflichtet, die Bildungsarbeit in den Tageseinrichtungen intern nach den Grundsätzen der Bildungsvereinbarung zu evaluieren.¹⁰

## NRW13B  Anteil der Vollzeitbeschäftigten 1998–2007

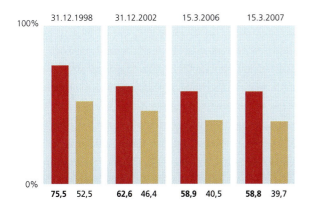

| | 31.12.1998 | 31.12.2002 | 15.3.2006 | 15.3.2007 |
|---|---|---|---|---|
| NRW | 75,5 | 62,6 | 58,9 | 58,8 |
| ø Deutschland | 52,5 | 46,4 | 40,5 | 39,7 |

Anteil Vollzeitbeschäftigte an allen Beschäftigten ohne Verwaltung und Hauswirtschaft/Technik

■ NRW   ■ ø Deutschland

# Rheinland-Pfalz

**Basisdaten 2007**

Fläche: 19.853 km²

Einwohner (31.12.2006):
4.052.860

**Anteil der Kinder in FBBE**
Kinder unter 3 Jahren: 12,0%
Nichtschulkinder
3 bis < 6 Jahre: 95%
(inkl. 0,1% in [vor-]schulischen Einrichtungen)

| | |
|---|---:|
| Geborene Kinder 2006 | 31.755 |
| Geburten pro Frau 2005 | 1,3 |
| Anzahl der Kinder unter 10 Jahren (31.12.2006) | 368.876 |
| Davon Kinder unter 3 Jahren | 98.753 |
| Davon Kinder 3 bis unter 6 Jahre | 107.389 |
| Davon Kinder 6 bis unter 10 Jahre | 162.734 |

| | |
|---|---:|
| Erwerbstätigenquote von Müttern (2006) mit | |
| ... mindestens einem Kind unter 3 Jahren | 42,7% |
| ... mindestens einem Kind von 3 bis unter 6 Jahren | 55,6% |
| Empfänger v. laufender Hilfe zum Lebensunterhalt (Ende 2004) | 100.985 |
| Darunter Kinder unter 18 Jahren | 39.600 |
| Tageseinrichtungen insgesamt | 2.349 |
| Anteil der Einrichtungen | |
| ... in öffentlicher Trägerschaft | 46,1% |
| ... in freigemeinnütziger Trägerschaft | 53,6% |
| ... als Betriebs-/Unternehmensteil | 0,1% |
| ... in privatgewerblicher Trägerschaft | 0,2% |
| Anteil der KiTas ohne feste Gruppenstruktur | 7,6% |
| Pädagogisches Personal in KiTas insgesamt | 20.050 |
| Kinder in KiTas insgesamt | 142.301 |
| Darunter Kinder unter 3 Jahren | 11.150 |
| Darunter Nichtschulkinder 3 bis unter 6 Jahre | 101.466 |
| Darunter Schulkinder 6 bis unter 10 Jahre | 6.100 |
| Tagespflegepersonen insgesamt | 1.264 |
| Kinder unter 6 Jahren in Kindertagespflege | 1.137 |
| Davon Kinder unter 3 Jahren | 742 |
| Davon Kinder 3 bis unter 6 Jahre | 395 |

In RP ist das Ministerium für Bildung, Wissenschaft, Jugend und Kultur für FBBE zuständig. Den Orientierungsrahmen für die Landespolitik bildet die im Jahr 2005 von der Landesregierung ins Leben gerufene Initiative „Zukunftschance Kinder - Bildung von Anfang an". Dieses Landesprogramm formuliert die politischen Schwerpunktthemen für den quantitativen Ausbau der Kinderbetreuungsangebote sowie die qualitative Weiterentwicklung, z.B. bei der Sprachförderung, der Verankerung von Beobachtung und Dokumentation in der Fachpraxis sowie der Kooperation von KiTas und Grundschulen. Die Bildungs- und Erziehungsempfehlungen bilden in fachlicher Hinsicht das Grundlagendokument für die Weiterentwicklung der FBBE in RP.

Die Landesregierung sieht sich im Bereich der Kindertagesbetreuung gemäß den Grundlagen des SGB VIII einer kommunikativen und partizipativen Kultur verpflichtet. Für die Weiterentwicklung dieses Bereichs leitet sie daraus eine Verpflichtung zur Information und Transparenz sowie zur Umsetzung von Beteiligungsstrukturen auf allen Ebenen ab. Die Umsetzung dieses Anspruchs ist erkennbar an einem wöchentlich tagenden „KiTa-Jour-fixe" im Ministerium für Bildung, Wissenschaft, Jugend und Kultur, in dem alle Fachabteilungen und Referate vertreten sind, die in die Administration und Weiterentwicklung des KiTa-Systems einbezogen sind. Bei Bedarf werden auch Vertreter anderer Ministerien hinzugezogen. Darüber hinaus werden in die Projekte und Aktivitäten, die von der Landesebene initiiert werden, alle relevanten Akteure im Bereich der FBBE im Land RP eingebunden. Demnach wird offensichtlich auch der partizipativen Entwicklung von inhaltlichen Aspekten der FBBE ein großes Gewicht beigemessen.

## Teilhabe sichern

Die Teilhabe der unter Dreijährigen (12%) liegt in RP unter dem Bundesdurchschnitt. Die Landesregierung fördert gegenwärtig den gezielten Ausbau von Angeboten für diese Altersgruppe, so dass eine kontinuierlich steigende Teilnahme dieser Altersgruppe anzunehmen ist. Wirkungen dieses Ausbaus zeigen sich bereits bei den Zweijährigen. So hat sich der Anteil dieser Altersgruppe, der an Angeboten der FBBE teilnimmt, zwischen 2006 und 2007 um 6 Prozentpunkte erhöht. Die überwiegende Mehrheit der älteren Kinder nutzt eine KiTa oder die Kindertagespflege (95%), ihr Anteil liegt über dem Bundesdurchschnitt. Bei den vereinbarten täglichen Betreuungszeiten in einer KiTa fällt auf, dass von den unter Dreijährigen über 16% und von den über dreijährigen Nichtschulkindern 25,5% vor- und nachmittags ohne Mittagsbetreuung in einer KiTa sind. Diese Anteile liegen deutlich über den Bundesdurchschnittswerten. Es wäre zu prüfen, ob diese Betreuungszeiten tatsächlich für eine vergleichsweise große Gruppe von Kindern bzw. Eltern bedarfsgerecht sind.

## Investitionen wirkungsvoll einsetzen

Hinsichtlich der Höhe der reinen Nettoausgaben der öffentlichen Haushalte für FBBE pro unter Zehnjährigem zeigt RP zwischen 2001 und 2005 kontinuierlich jährliche Steigerungen. Im Bundesländervergleich liegt dieses Ausgabenniveau pro Kind im Mittelfeld. Der Stellenwert, der FBBE politisch beigemessen wird, drückt sich insbesondere in dem Anteil der reinen Nettoausgaben für FBBE gemessen an den gesamten reinen Ausgaben öffentlicher Haushalte aus. Denn dieser Anteil für FBBE liegt in RP einen Prozentpunkt über dem Durchschnitt Westdeutschlands.

## Bildung fördern – Qualität sichern

Das Landesministerium initiiert und fördert im Rahmen des Landesprogramms „Zukunftschance Kinder - Bildung von Anfang an" gezielt Programme, die die Weiterentwicklung der pädagogischen Fachpraxis unterstützen sollen. So ist z.B. das Landesprogramm Fortbildung implementiert worden sowie das Landesprogramm Praxisanleitung. Beide Programme zielen auf die dauerhafte Qualifizierung des pädagogischen Personals im Rahmen von Fort- und Weiterbildung sowie von Ausbildung zu den aktuellen Fachschwerpunkten.

Auch für die Umsetzung der Bildungs- und Erziehungsempfehlungen sind vielfältige Informationswege sowie insbesondere das Fortbildungsprogramm für das pädagogische Personal etabliert worden. Allerdings fällt auf, dass keine mehrsprachigen Informationsmaterialien für Eltern vorliegen, obwohl in den KiTas in RP von den unter Dreijährigen etwa 22% und von den Nichtschulkindern ab drei Jahre etwa 27% einen Migrationshintergrund haben. Für die Kooperation von KiTas und Grundschulen existieren verbindliche Regelungen. Zudem sind Grundsätze und Formen der Kooperation in den Bildungs- und Erziehungsempfehlungen definiert. Darüber hinaus sind keine fachlichen Standards für die Kooperationen geregelt. Zusätzliche Mittel für die Kooperation mit den Grundschulen erhalten KiTas durch das Landesprogramm „Zukunftschance Kinder".

Nach der Qualitätsforschung haben die Qualifikation sowie die zeitlichen Ressourcen des Personals einen erheblichen Einfluss auf die Qualität der pädagogischen Praxis. In RP verfügen fast 75% des pädagogischen Fachpersonals über einen Fachschulabschluss und etwas mehr als 11% sind Kinderpflegerinnen. Damit liegt das formale Qualifikationsniveau insgesamt etwas über dem Bundesdurchschnitt. Hinweise auf Aktivitäten im Bereich der Ausbildung gibt der Personalanteil, der sich in Praktikum bzw. Ausbildung befindet. Er liegt über dem Bundesdurchschnitt. Hinsichtlich der zeitlichen Ressourcen des pädagogischen Personals verfügen die KiTas in RP über herausragende Bedingungen. So zeigen Berechnungen (vgl. Grafik RP 12), dass die KiTas in RP sowohl für die unter Dreijährigen als auch für die über Dreijährigen über die besten Personalschlüssel im Bundesländervergleich verfügen.

Für die erfassten Elemente der Strukturqualität bestehen außer für die Fachberatung allgemeine Regelungen. Allerdings sind diese lediglich für die Gruppengröße sowie die Erzieher-Kind-Relation präzise definiert. Darüber hinaus existiert eine Vereinbarung zwischen Städte- und Landkreistag und den beiden christlichen Kirchen, die unter beratender Mitwirkung des zuständigen Landesministeriums erstellt wurde. Sie umfasst eine Auslegung für die übrigen Elemente der Strukturqualität. Alle KiTas sind verpflichtet Qualitätsentwicklung und -überprüfung durchzuführen, allerdings sind hierfür keine Verfahren von der Landesebene vorgeschrieben. Eine zukunftsweisende Herausforderung für die FBBE in RP könnte darin bestehen, innovative Formen und Kriterien zu entwickeln, um die Qualität der pädagogischen Arbeit in den KiTas sowie insbesondere die Bildungs- und Entwicklungsverläufe der Kinder einschätzen zu können. Auf diese Weise könnten möglicherweise auch Erkenntnisse über die Wirkungen des landespolitischen Programms bzw. seiner Einzelinitiativen gewonnen werden.

## RP1 | Rechtsanspruch des Kindes auf einen Betreuungsplatz

Es besteht ein elternunabhängiger Rechtsanspruch auf einen Kindergartenplatz für jedes Kind vom vollendeten dritten Lebensjahr bis zum Schuleintritt. Der garantierte Rechtsanspruch umfasst bis zu 7 Stunden täglich.[1] Zum 1. August 2010 tritt der 2005 beschlossene Rechtsanspruch auf einen Kindergartenplatz für Zweijährige in Kraft.

# Teilhabe sichern

Die Teilhabe der Drei- bis unter Sechsjährigen an FBBE liegt in RP mehr als 5 Prozentpunkte und damit deutlich über dem Bundesdurchschnitt. Von den unter Dreijährigen nutzen 12,0% ein Angebot der FBBE. Dieser Anteil liegt unter dem Bundesdurchschnitt (15,5%). Für 28,6% der unter Dreijährigen ist eine tägliche Betreuungszeit von mehr als 7 Stunden in einer KiTa vereinbart. Überdurchschnittlich hoch ist mit 16,3% der Anteil, der eine Vor- und Nachmittagsbetreuung ohne Mittagsbetreuung in einer KiTa nutzt. Von den Nichtschulkindern ab drei Jahren wird die Mehrheit der Kinder (31,3%) mehr als 5 und bis zu 7 Stunden täglich betreut. 25,5% dieser Altersgruppe - und damit 11,6 Prozentpunkte mehr als im Bundesdurchschnitt - sind in einer Vor- und Nachmittagsbetreuung ohne Mittagsbetreuung.

## RP2 | Ausbaubedarf bei Betreuungsplätzen für unter Dreijährige

Nach den Kriterien des Tagesbetreuungsausbaugesetzes wird angenommen, dass für ca. 16.930 Kinder unter drei Jahren im Jahr 2010 ein Platz in der Tagesbetreuung verfügbar sein soll. Bis zum Jahr 2010 wären danach noch fast 30% des ermittelten Platzbedarfs zu erfüllen.

## RP3 | Vertraglich vereinbarte tägliche Betreuungszeiten (2007)

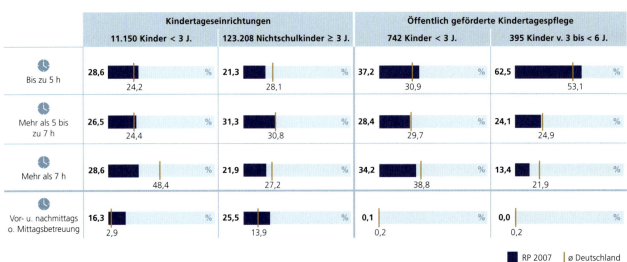

## RP4 | Bildungsbeteiligung vor der Schule (2007)

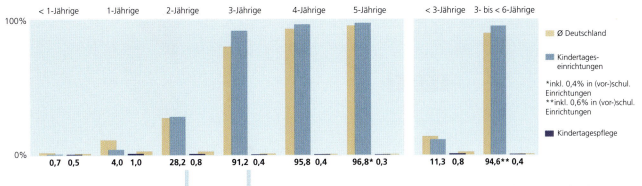

Die überwiegende Mehrheit (95%) der Drei- bis unter Sechsjährigen nutzt in einer KiTa oder der Kindertagespflege ein Angebot der FBBE. Der Anteil der Zweijährigen liegt mit 29% leicht unter dem Bundesdurchschnitt und hat sich gegenüber 2006 um 6 Prozentpunkte erhöht. Auffällig ist der hohe Anteil der Dreijährigen, die 2007 in einer KiTa waren (über 91%). Auch die Anteile der Vier- und Fünfjährigen liegen jeweils über dem Bundesdurchschnitt. Entsprechend diesem Status quo kann der landespolitisch unterstützte Ausbau der Betreuung von Kindern unter drei Jahren als kontinuierliche Fortsetzung des Systemausbaus interpretiert werden.

## RP5 | Kinder mit Migrationshintergrund in Kindertageseinrichtungen (2007)

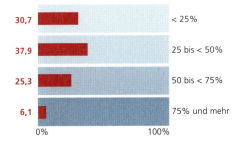

Bei den unter Dreijährigen, die in einer KiTa sind, liegt der Anteil der Kinder mit Migrationshintergrund (mindestens ein Elternteil ausländischer Herkunft) mit 21,6% leicht unter dem Durchschnitt von Westdeutschland. Bei den Nichtschulkindern ab drei Jahren liegt der Anteil von knapp 27% ebenfalls leicht unter dem Durchschnitt von Westdeutschland. Von den Kindern mit Migrationshintergrund, die 2007 in einer KiTa sind, wachsen in beiden Altersgruppen über 57% bzw. fast 50% in einer Familie auf, in der vorwiegend nicht-deutsch gesprochen wird. 2006 waren über 63% der Kinder mit Migrationshintergrund in einer KiTa, in der der Anteil der Kinder mit Migrationshintergrund 25% bis unter 75% beträgt.

## RP6 | Investitionen pro Kind

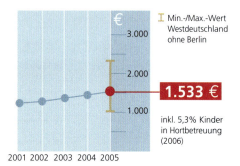

Die reinen Nettoausgaben der öffentlichen Haushalte für FBBE pro unter Zehnjährigem zeigen im Zeitverlauf jährliche Steigerungen. Die jährliche Steigerung beträgt von 2001 auf 2002 3,6%, erreicht dann von 2002 auf 2003 fast 6,6% und beläuft sich von 2003 auf 2004 auf fast 5,9% sowie von 2004 auf 2005 auf 6,1%.

## RP7 | Finanzierungsgemeinschaft für FBBE (2005)

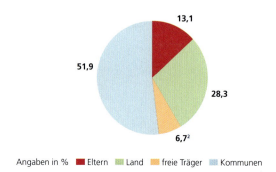

In den öffentlichen Statistiken fehlen i.d.R. die Elternbeiträge, die direkt von freien Trägern eingezogen werden, sowie die finanziellen Eigenanteile der freien Träger. Diese Ausgabengrößen werden daher über Schätzungen ermittelt.

# Investitionen wirkungsvoll einsetzen

Die kommunale Ebene trägt knapp 52% an den Gesamtkosten für die FBBE. Mit über 29% beteiligt sich das Land und auch die Eltern tragen durchschnittlich ca. 13% der Gesamtkosten. Den kleinsten Anteil übernehmen die freien Träger. Die Höhe der Elternbeiträge wird kommunal und trägerübergreifend festgelegt. Die Elternbeiträge sind nach Anzahl der Kinder gestaffelt und eine Beitragsermäßigung oder -übernahme gibt es für einkommensschwache Familien. Für Angebote für unter Dreijährige und Angebote im Hort gibt es eine generelle Einkommensstaffelung der Beiträge für alle Eltern. Die maximale Höhe der Elternbeiträge in Kindergärten liegt bei 17,5% der Personalkosten. Gegenwärtig ist das letzte Kindergartenjahr beitragsfrei. Darüber hinaus wird die Beitragsfreiheit bis 2011 auf die gesamte Kindergartenzeit ausgedehnt. Die Kosten dafür trägt das Land.

## RP8 | Anteil der reinen Nettoausgaben für FBBE an den gesamten reinen Ausgaben öffentlicher Haushalte

2005 liegt der Anteil der reinen Nettoausgaben für FBBE gemessen an ihrem Anteil an den gesamten reinen Ausgaben der öffentlichen Haushalte 1 Prozentpunkt über dem Anteil, der im Durchschnitt in Westdeutschland (3,3%) für FBBE aufgewandt wird.

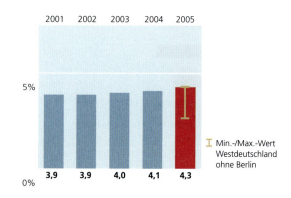

# Bildung fördern – Qualität sichern

Der Bildungsplan (in RP Bildungs- und Erziehungsempfehlungen genannt) wurde entwickelt mit Vertretern der Kommunen, der freien Träger und der Elternvertretung. Konsultationen mit Vertretern weiterer gesellschaftlicher Gruppen fanden ebenso statt wie eine Erprobungsphase in allen Einrichtungen, nach welcher die Bildungsempfehlungen überarbeitet wurden. Sie sind konzipiert für Kinder bis 14 Jahre. Die Bildungsempfehlungen sind an alle KiTas versandt worden und auch darüber hinaus zugänglich. Für Eltern gibt es Informationsmaterialien über die Bildungsempfehlungen, allerdings nicht mehrsprachig, obwohl knapp ein Viertel aller Kinder in den KiTas einen Migrationshintergrund hat. Es werden Informationsveranstaltungen für KiTa-Personal über die Bildungsempfehlungen durchgeführt, an denen eine Teilnahme freiwillig ist. Im Rahmen des landesweiten Fortbildungsprogramms für Erzieherinnen wird eine Vielzahl von Qualifizierungen angeboten. Als eine wichtige Multiplikatorengruppe für die Etablierung der Bildungsempfehlungen in der Praxis sind alle Fachberatungen qualifiziert worden. Es sind weiterhin öffentliche Mittel für regelmäßige Fortbildungen für alle pädagogischen Mitarbeiter verfügbar. Mit Blick auf die Überprüfung der Arbeit mit den Bildungsempfehlungen muss jede KiTa im Rahmen der Erteilung der Betriebserlaubnis eine Einrichtungskonzeption nachweisen, in die die Bildungsempfehlungen eingebunden sein müssen.

## RP9 | Bildungsplan (BP)

### I. Information

| | |
|---|---|
| Kostenloser Versand des BP an alle KiTas | ● |
| BP als Download verfügbar | ● |
| BP als Publikation erwerbbar | ● |
| Informationsmaterial über BP für Eltern verfügbar | ● |
| Informationsmaterial über BP mehrsprachig f. Eltern verfügbar | – |
| **4 von 5 Punkten** | ●●●●○ |

### II. Qualifizierung

| | |
|---|---|
| Infoveranstaltung zum BP für KiTa-Mitarbeiterinnen | ● |
| Verpflichtende Informationsveranstaltung zum BP für KiTa-Mitarbeiterinnen | – |
| Angebotene Fortbildung zum BP mindestens zweitägig | ●[3] |
| Alle Fachberatungen erhalten Fortbildungen zum BP | ● |
| Öffentliche Mittel für regelmäßige Fortbildung zum BP für alle pädagogischen Mitarbeiterinnen verfügbar | ● |
| **4 von 5 Punkten** | ●●●●○ |

### III. Umsetzungskontrolle (in allen KiTas)

| | |
|---|---|
| Jährliche externe Überprüfung der Umsetzung des BP | – |
| Jährliche Berichtspflicht zur Implementation des BP | – |
| Nachweis der Aufnahme des BP in die Konzeption | ● |
| **1 von 3 Punkten** | ●○○ |

**Insgesamt 9 von 13 Punkten**

## RP10 | Kooperation KiTa – Grundschule

Im Kindertagesstättengesetz ist eine verbindliche Regelung zur Kooperation von KiTas und Grundschulen enthalten und auch das Schulgesetz ist um eine entsprechende Regelung erweitert worden. In den Bildungs- und Erziehungsempfehlungen werden Grundsätze und Formen der Kooperation von KiTa und Grundschule definiert. Im Rahmen des Landesprogramms „Zukunftschance Kinder" werden KiTas für die Kooperation mit Grundschulen zusätzliche Mittel gewährt.

## RP11 | Pädagogisches Personal nach Berufsausbildungsabschlüssen (2007)

Die Qualifikationsstruktur des pädagogischen Personals wird in RP bestimmt durch Tätige mit Fachschulabschluss (74,6%). Ihr Anteil liegt über dem Bundesdurchschnitt (72,1%). Die Kinderpflegerinnen bilden die zweitgrößte Gruppe mit einem Anteil von 11,1%. Der Anteil des Personals mit einem Hochschulabschluss liegt unter dem Bundesdurchschnitt. Leicht über dem Bundesdurchschnitt (4,1%) ist der Anteil der Tätigen in Praktikum bzw. Ausbildung (5,5%).

| Abschluss | Rheinland-Pfalz | ø Deutschland |
|---|---|---|
| | Anteile in Prozent | |
| (sozialpädagogischer) Hochschulabschluss | 2,3 | 3,4 |
| Fachschulabschluss (Erzieherinnen, Heilpädagoginnen) | 74,6 | 72,1 |
| Kinderpflegerinnen | 11,1 | 13,5 |
| anderer fachlicher Abschluss (sonst. Sozial- u. Erziehungsberufe) | 1,9 | 1,8 |
| anderer Abschluss | 2,6 | 3,0 |
| Praktikum/Ausbildung | 5,5 | 4,1 |
| ohne abgeschl. Ausbildung | 1,9 | 2,1 |

## RP12 | Personalschlüssel und Gruppengrößen in Kindertageseinrichtungen (2006)

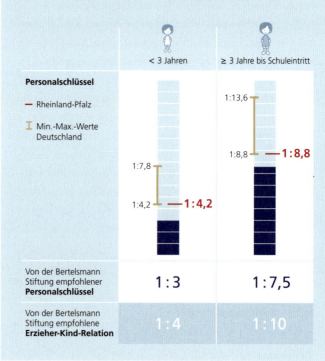

RP12A  Personalschlüssel* und Erzieher-Kind-Relation

## RP13 | Beschäftigungsumfang des pädagogischen Personals in Kindertageseinrichtungen (2007)

Der Anteil der Vollzeittätigen ist zwischen 1998 und 2007 kontinuierlich um insgesamt 13,4 Prozentpunkte gesunken. Im Jahr 2007 liegt diese Qualifikationsgruppe mit einem Anteil von 46,5% an den pädagogisch Tätigen 6,8 Prozentpunkte über dem bundesdurchschnittlichen Anteil dieser Gruppe. Die zweitgrößte Gruppe bilden mit einem Anteil von 32,0% die Beschäftigten, die 21 bis unter 32 Wochenstunden tätig sind. Über dem Bundesdurchschnitt (12,3%) liegt der Anteil der pädagogisch Tätigen (15,2%), die unter 21 Wochenstunden beschäftigt sind.

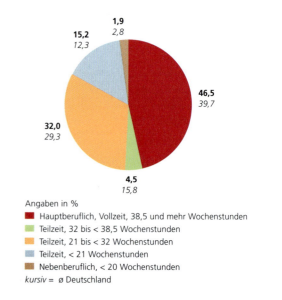

RP13A  Pädagogisches Personal nach Beschäftigungsumfang

# RHEINLAND-PFALZ (RP)

## RP12B  Durchschnittliche Gruppengrößen

|  | < 3 Jahren | ≥ 3 Jahre bis Schuleintritt |
|---|---|---|
| Ganztagsgruppen Anzahl der Kinder | 9 | 20 |
| Keine Ganztagsgruppen Anzahl der Kinder | 10 | 22 |

**\* Personalschlüssel**

Der für jedes Bundesland ausgewiesene Personalschlüssel und der von der Bertelsmann Stiftung empfohlene Personalschlüssel sind rechnerische Größen. Sie beschreiben jeweils die Relation zwischen der täglichen Inanspruchnahme aller Kinder und dem eingesetzten Personal in einer Gruppe. Basis ist die vertragliche Arbeitszeit der einzelnen Mitarbeiterinnen, die auch Vorbereitungszeiten, Teamsitzungen, Elterngespräche, Leitungsanteile, Urlaub und Krankheitszeiten u. a. umfasst. Der Personalschlüssel gibt nicht an, wie viele Kinder zu jedem Zeitpunkt am Tag von einer Fachkraft betreut werden. Hierzu s. Erzieher-Kind-Relation.

Die empfohlene Erzieher-Kind-Relation errechnet sich aus dem empfohlenen Personalschlüssel. Es wird angenommen, dass 25% der Arbeitszeit für Tätigkeiten ohne Kinder einzuplanen sind und 75% für eine direkte pädagogische Interaktion mit dem Kind verfügbar sind.

## RP13B  Anteil der Vollzeitbeschäftigten 1998–2007

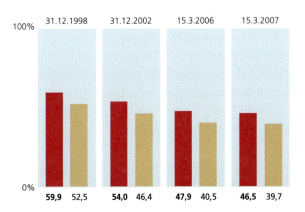

Anteil Vollzeitbeschäftigte an allen Beschäftigten ohne Verwaltung und Hauswirtschaft/Technik

■ RP   ■ ø Deutschland

## RP14 I Rahmenbedingungen für Bildungsqualität

| Regelungen zur Strukturqualität | Allgemein geregelt | Präzise definiert |
|---|---|---|
| Maximale Gruppengröße | ● | ● |
| Erzieher-Kind-Relation | ● | ● |
| Verfügungszeit | ●4 | – |
| Fachberatung | – | – |
| Fortbildung | ●5 | – |
| Leitungsfreistellung | ●6 | – |
| (Innen-/Außen-)Flächen | ●7 | – |

Insgesamt **8** von 14 Punkten

Landeseinheitlich präzise und verbindlich geregelt sind die maximalen Gruppengrößen sowie die Erzieher-Kind-Relation. Für die übrigen Elemente der Strukturqualität existiert eine Auslegung der jeweiligen Kann-Vorschriften. Diese ist im Rahmen einer Vereinbarung (Controlling-Papier) zwischen Städte- und Landkreistag sowie den beiden christlichen Kirchen unter beratender Mitwirkung des zuständigen Landesministeriums festgelegt worden.

| Regelungen zur Qualitätsüberprüfung | |
|---|---|
| Geregelte Verpflichtung in Ausführungsgesetz oder Verordnung | ● |
| *Elternbefragung (mindestens jährlich)* | – |
| *Selbstevaluation* | – |
| *Fremdevaluation* | – |
| Zahlung öffentlicher Zuschüsse abhängig von externer Qualitätsüberprüfung | – |

Insgesamt **1** von 5 Punkten

Verfahren zur Qualitätsüberprüfung sind nicht landesweit verbindlich in allen KiTas vorgesehen. Damit fehlt eine systematische und kontinuierliche Transparenz über die Qualität der bestehenden Bildungs- und Betreuungsangebote auf Landesebene. Sie könnte zielgerichtete Impulse für eine kontinuierliche Weiterentwicklung der pädagogischen Qualität liefern.

# Saarland

**Basisdaten 2007**

Fläche: 2.568 km²

Einwohner (31.12.2006): 1.043.167

**Anteil der Kinder in FBBE**
Kinder unter 3 Jahren: 12,1%
Nichtschulkinder
3 bis < 6 Jahre: 94,2%
(inkl. 0,0% in [vor-]schulischen Einrichtungen)

| | |
|---|---|
| Geborene Kinder 2006 | 7.222 |
| Geburten pro Frau 2005 | 1,2 |
| Anzahl der Kinder unter 10 Jahren (31.12.2006) | 83.331 |
| Davon Kinder unter 3 Jahren | 22.403 |
| Davon Kinder 3 bis unter 6 Jahre | 23.924 |
| Davon Kinder 6 bis unter 10 Jahre | 37.004 |

| | |
|---|---|
| Erwerbstätigenquote von Müttern (2006) mit | |
| … mindestens einem Kind unter 3 Jahren | 38,1% |
| … mindestens einem Kind von 3 bis unter 6 Jahren | 50,0% |
| Empfänger v. laufender Hilfe zum Lebensunterhalt (Ende 2004) | 45.172 |
| Darunter Kinder unter 18 Jahren | 17.742 |
| Tageseinrichtungen insgesamt | 483 |
| Anteil der Einrichtungen | |
| … in öffentlicher Trägerschaft | 26,7% |
| … in freigemeinnütziger Trägerschaft | 72,7% |
| … als Betriebs-/Unternehmensteil | 0,0% |
| … in privatgewerblicher Trägerschaft | 0,6% |
| Anteil der KiTas ohne feste Gruppenstruktur | 4,8% |
| Pädagogisches Personal in KiTas insgesamt | 4.150 |
| Kinder in KiTas insgesamt | 32.440 |
| Darunter Kinder unter 3 Jahren | 2.565 |
| Darunter Nichtschulkinder 3 bis unter 6 Jahre | 22.412 |
| Darunter Schulkinder 6 bis unter 10 Jahre | 2.077 |
| Tagespflegepersonen insgesamt | 313 |
| Kinder unter 6 Jahren in Kindertagespflege | 276 |
| Davon Kinder unter 3 Jahren | 152 |
| Davon Kinder 3 bis unter 6 Jahre | 115 |

Im SL ist das Ministerium für Bildung, Familie, Frauen und Kultur zuständig für FBBE. Eine interministerielle Fachgruppe beschäftigt sich vor allem mit der Finanzierung der Tageseinrichtungen, gesetzlichen Grundlagen und dem Bildungsauftrag. Dieser „Runde Tisch Kinderbetreuung im Saarland" ist besetzt mit Vertretern des Ministeriums für Inneres und Sport; des Ministeriums für Bildung, Familie, Frauen und Kultur; des Landkreistags des Saarlandes; des Gemeinde- und Städtetags Saarland sowie der Liga und des Landesjugendamts (Stand Anfang 2007). Auf der Landesebene arbeitet außerdem die AG „Zukunft der Kindertageseinrichtungen" an den Themen: Erzieherinnenausbildung, Finanzierungsfragen, Übergang vom Kindergarten zur Grundschule sowie dem Bildungsprogramm. Der AG gehören Spitzenvertreter der freien und kommunalen Träger von Tageseinrichtungen und des Landesjugendamts an.

## Teilhabe sichern

Von den Nichtschulkindern über drei Jahre (94%) nimmt im SL die Mehrzahl an einem Angebot der FBBE teil. Ihr Anteil liegt mehr als 4 Prozentpunkte über dem Bundesdurchschnitt. Ausbaubedarf besteht bei den unter Dreijährigen, von denen etwas mehr als 12% in einem Angebot der FBBE sind. Für den verstärkten Ausbau der Betreuungsangebote von unter Dreijährigen hat die Landesregierung Maßnahmen gestartet, insbesondere den Sonder-Vorschulentwicklungsplan 2008.

Im Zeitraum von 2006 bis 2007 ist bei den Zweijährigen bereits ein leichter Anstieg der Teilhabequote auf 26,0% zu verzeichnen. Dieser Anteil liegt zwar 6 Prozentpunkte über dem westdeutschen Durchschnitt, aber noch 4 Prozentpunkte unter dem Bundesdurchschnitt. Der Anteil der Dreijährigen, die an einem Angebot der FBBE teilnehmen (89,6%), liegt bereits mehr als 9 Prozentpunkte über dem Bundesdurchschnitt.

Im Vergleich zum westdeutschen Durchschnitt (34,0%) ist der Anteil der unter Dreijährigen, die ganztags in einer KiTa betreut werden, mit mehr als 39% vergleichsweise hoch. Allerdings ist der Anteil der ganztags betreuten Kinder bei den älteren Kindern deutlich geringer (17,2%). Die Mehrzahl der Kinder dieser Altersgruppe ist mehr als 5 bis zu 7 Stunden täglich in einer KiTa (41%). Möglicherweise ist dieser Schwerpunkt bei den genutzten Betreuungszeiten auch ein Effekt des Rechtsanspruchs, der Kindern täglich sechs Stunden Betreuung garantiert. Auffällig ist, dass mehr als 15% der älteren Kinder vor- und nachmittags, aber ohne Mittagsbetreuung in einer KiTa sind.

## Investitionen wirkungsvoll einsetzen

Von 2001 bis 2005 sind die reinen Nettoausgaben der öffentlichen Haushalte pro unter 10-jährigem Kind für FBBE im SL jährlich kontinuierlich gestiegen. Im Bundesländervergleich liegt das SL mit dieser Ausgabenhöhe im Mittelfeld. Der Anteil der reinen Nettoausgaben für FBBE gemessen an ihrem Anteil an den gesamten reinen Ausgaben der öffentlichen Haushalte liegt im SL (3,2%) etwas unter dem westdeutschen Durchschnitt (3,3%).

## Bildung fördern – Qualität sichern

Im SL gibt es keine durch das Land geregelten Verpflichtungen der KiTas zur Qualitätsentwicklung und -sicherung. Nach Angaben des zuständigen Landesministeriums hat die Landesebene zu diesem Bereich allerdings durch die Teilnahme an der Nationalen Qualitätsinitiative sowie durch das Bildungsprogramm Impulse gegeben. Darüber hinaus hat das zuständige Ministerium nach eigenen Angaben Aktivitäten in folgenden Themenbereichen unterstützt: Studiengänge im Bereich der FBBE, Kooperation von KiTa und Grundschule, Ausbau der institutionellen Angebote für Kinder unter drei Jahren sowie Ganztagsbetreuung. Außerdem werden die Programme „Früh Deutsch lernen" und „Hören Lauschen Lernen" als wichtige Bestandteile zur Weiterentwicklung der FBBE im SL angegeben. Insgesamt lässt sich aus den genannten Einzelinitiativen, die von der Landesebene gefördert werden, keine landespolitische Gesamtstrategie für den Bereich der FBBE erkennen. So kommt der kommunalen und der Trägerebene im SL für die Qualitätsentwicklung und -sicherung sowie für die Durchführung von spezifischen Maßnahmen im Bereich der FBBE eine besondere Rolle zu. Aufschlussreich wäre zu erfahren, welche Auswirkungen diese überwiegend dezentrale Verantwortung für die fachliche Steuerung auf vergleichbare Bildungschancen von allen Kindern im SL hat.

Neben Impulsen für die Qualität der pädagogischen Arbeit kann eine Landesebene auch die strukturellen Rahmenbedingungen für FBBE gestalten. Als eine wichtige Voraussetzung für eine gute Qualität der pädagogischen Praxis wird in der internationalen Forschung die Strukturqualität, z.B. die Personalressourcen der KiTas, definiert.

Im Vergleich zum Bundesdurchschnitt ist das formale Qualifikationsniveau im SL eher niedrig. So liegt der Anteil des pädagogischen Personals mit Fachschulabschluss 5,4 Prozentpunkte unter dem Bundesdurchschnitt und der Anteil mit dem formal niedrigeren Qualifikationsniveau der Kinderpflegerin liegt 7,6 Prozentpunkte über dem Bundesdurchschnitt. Als Hinweis auf intensive Ausbildungsaktivitäten könnte der Anteil derer, die sich in Praktikum bzw. Ausbildung befinden, interpretiert werden.

Der Anteil der Vollzeitbeschäftigten (44,6%) liegt fast 5 Prozentpunkte über dem Bundesdurchschnitt. Allerdings hat sich zwischen 1998 und 2007 ihr Anteil im SL kontinuierlich um insgesamt 13,3 Prozentpunkte reduziert. Die zweitgrößte Gruppe (fast 36%) ist mit einem Umfang von 21 bis unter 32 Wochenstunden beschäftigt. Die von den Kindern genutzten Betreuungszeiten in den KiTas zeigen durchaus mehrere Schwerpunkte. Deshalb wäre im Detail zu überprüfen, ob mit den bestehenden Beschäftigungszeiten eine Personalbesetzung realisiert werden kann, die auch pädagogischen Ansprüchen wie z.B. einem möglichst geringen Personalwechsel sowie Arbeitszeiten für Tätigkeiten ohne Kinder gerecht werden kann.

In diesem Zusammenhang liefern die berechneten Personalschlüssel (vgl. Grafik SL 12) Hinweise auf vergleichsweise gute Voraussetzungen bei den Personalressourcen im SL. So ist der durchschnittliche Personalschlüssel bei den unter Dreijährigen der zweitbeste im Bundesländervergleich und auch jener bei den über Dreijährigen liegt im Spitzenfeld der Bundesländer. Darüber hinaus zeigt sich bei sieben erfassten Bereichen der Strukturqualität, dass alle allgemein geregelt und insgesamt vier davon präzise definiert sind. Nach den vorliegenden Daten schafft die Landesebene demnach im Bundesländervergleich durchaus gute und auch landesweit vergleichbare Voraussetzungen bei der Strukturqualität der KiTas. Darüber hinaus konzentriert sich die Landesregierung insbesondere auf den quantitativen Ausbau für die unter Dreijährigen. Für die qualitative Weiterentwicklung der FBBE wird die primäre Zuständigkeit offensichtlich auf der kommunalen Ebene sowie bei den Trägern der Einrichtungen gesehen.

## SL1 | Rechtsanspruch des Kindes auf einen Betreuungsplatz

Es besteht ein elternunabhängiger Rechtsanspruch auf einen Betreuungsplatz für jedes Kind vom vollendeten dritten Lebensjahr bis zum Schuleintritt mit einem garantierten Betreuungsumfang von mindestens 6 Stunden täglich.

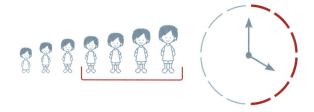

# Teilhabe sichern

Die Teilhabequote der Altersgruppe der Drei- bis unter Sechsjährigen an Angeboten der FBBE ist mit über 94% sehr hoch und liegt mehr als vier Prozentpunkte über dem bundesdeutschen Durchschnitt. Handlungsbedarf besteht demnach primär bei den unter Dreijährigen, von denen etwas mehr als 12% ein Angebot der FBBE nutzen. Von den unter Dreijährigen sind über 39% mehr als 7 Stunden sowie fast 35% mehr als 5 und bis zu 7 Stunden täglich in einer KiTa. Bei den Nichtschulkindern ab drei Jahren sinkt die Quote der Kinder, die mehr als 7 Stunden täglich in der KiTa sind, auf 17,2%. Ein großer Teil dieser Altersgruppe wird täglich mehr als 5 und bis zu 7 Stunden betreut (41%). Über 15% der Kinder nutzen die Vor- und Nachmittagsbetreuung in der KiTa ohne Mittagsbetreuung.

## SL2 | Ausbaubedarf bei Betreuungsplätzen für unter Dreijährige

**382** Mehr Kinder < 3 Jahren in FBBE 15.3.2007

**2.335** Kinder < 3 Jahren in FBBE 15.3.2006

**1.159** verbleibender Ausbaubedarf bis 2010

Nach den Kriterien des Tagesbetreuungsausbaugesetzes wird angenommen, dass für ca. 3.900 Kinder unter drei Jahren im Jahr 2010 ein Platz in der Tagesbetreuung verfügbar sein soll. Bis zum Jahr 2010 wären danach fast noch 30% des ermittelten Platzbedarfs zu decken.

## SL3 | Vertraglich vereinbarte tägliche Betreuungszeiten (2007)

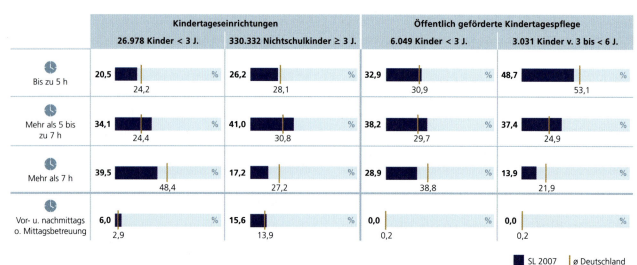

| | Kindertageseinrichtungen | | Öffentlich geförderte Kindertagespflege | |
| --- | --- | --- | --- | --- |
| | 26.978 Kinder < 3 J. | 330.332 Nichtschulkinder ≥ 3 J. | 6.049 Kinder < 3 J. | 3.031 Kinder v. 3 bis < 6 J. |
| Bis zu 5 h | 20,5 / 24,2 | 26,2 / 28,1 | 32,9 / 30,9 | 48,7 / 53,1 |
| Mehr als 5 bis zu 7 h | 34,1 / 24,4 | 41,0 / 30,8 | 38,2 / 29,7 | 37,4 / 24,9 |
| Mehr als 7 h | 39,5 / 48,4 | 17,2 / 27,2 | 28,9 / 38,8 | 13,9 / 21,9 |
| Vor- u. nachmittags o. Mittagsbetreuung | 6,0 / 2,9 | 15,6 / 13,9 | 0,0 / 0,2 | 0,0 / 0,2 |

SL 2007 | ø Deutschland

# SAARLAND (SL)

## SL4 | Bildungsbeteiligung vor der Schule (2007)

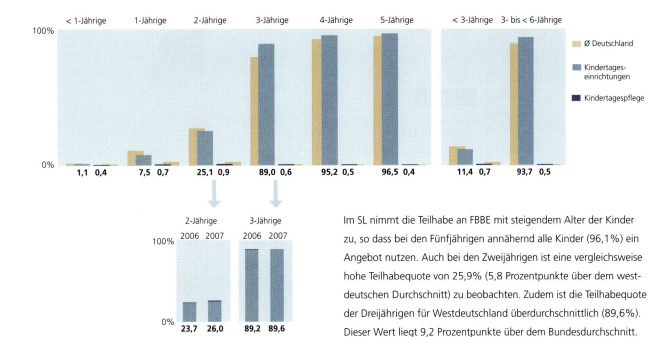

Im SL nimmt die Teilhabe an FBBE mit steigendem Alter der Kinder zu, so dass bei den Fünfjährigen annähernd alle Kinder (96,1%) ein Angebot nutzen. Auch bei den Zweijährigen ist eine vergleichsweise hohe Teilhabequote von 25,9% (5,8 Prozentpunkte über dem westdeutschen Durchschnitt) zu beobachten. Zudem ist die Teilhabequote der Dreijährigen für Westdeutschland überdurchschnittlich (89,6%). Dieser Wert liegt 9,2 Prozentpunkte über dem Bundesdurchschnitt.

## SL5 | Kinder mit Migrationshintergrund in Kindertageseinrichtungen (2007)

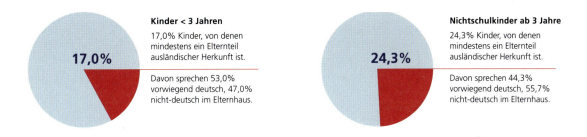

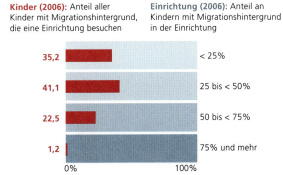

Von den unter Dreijährigen, die in eine KiTa gehen, haben 17,0% und von den Nichtschulkindern ab drei Jahren 24,3% einen Migrationshintergrund (mindestens ein Elternteil ausländischer Herkunft). 2006 war die Mehrheit (63,6%) der Kinder mit Migrationshintergrund in einer KiTa, in der mindestens 25% und höchstens 75% der Kinder einen Migrationshintergrund hatten.

## SL6 | Investitionen pro Kind

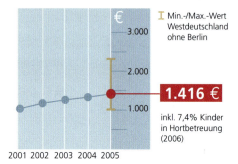

Die reinen Nettoausgaben der öffentlichen Haushalte für FBBE pro unter Zehnjährigem zeigen Steigerungsraten. Sie erhöhten sich von 2001 auf 2002 um 13,3%, von 2003 auf 2004 um 5,5% sowie von 2004 auf 2005 um 6,2%.

## SL7 | Finanzierungsgemeinschaft für FBBE (2005)

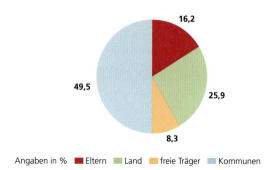

In den öffentlichen Statistiken fehlen i.d.R. die Elternbeiträge, die direkt von freien Trägern eingezogen werden, sowie die finanziellen Eigenanteile der freien Träger. Diese Ausgabengrößen werden daher über Schätzungen ermittelt.

# Investitionen wirkungsvoll einsetzen

Im SL tragen die Kommunen mit 49,5% den höchsten Finanzierungsanteil an den Gesamtkosten der FBBE. Das Land übernimmt 25,9% und damit etwa die Hälfte des kommunalen Anteils. Die freien Träger sind mit 8,3% an der Finanzierungsgemeinschaft beteiligt. Die Eltern finanzieren 16,2% der Gesamtkosten. Da die Träger die Elternbeiträge individuell festlegen, können Schwankungen in der Höhe der tatsächlichen Elternbeiträge auftreten. Eine Staffelung nach der Anzahl der Kinder ist vorgesehen. Eine Beitragsermäßigung bzw. -übernahme ist für einkommensschwache Familien möglich. Im letzten Kindergartenjahr müssen im SL keine Elternbeiträge mehr gezahlt werden. Eine landeseinheitliche Regelung legt als maximale Höhe der Elternbeiträge 25% der Personalkosten fest.

## SL8 | Anteil der reinen Nettoausgaben für FBBE an den gesamten reinen Ausgaben öffentlicher Haushalte

2005 liegt der Anteil der reinen Nettoausgaben für FBBE im SL gemessen an ihrem Anteil an den gesamten reinen Ausgaben der öffentlichen Haushalte geringfügig unter dem Anteil, der im Durchschnitt in Westdeutschland (3,3%) für FBBE aufgewandt wird.

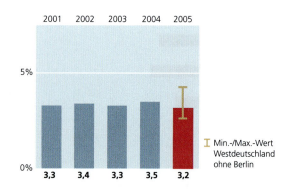

SAARLAND (SL)

# Bildung fördern – Qualität sichern

Der Bildungsplan (im SL „das Bildungsprogramm für saarländische Kindergärten" genannt) wurde von einer wissenschaftlichen Einrichtung entwickelt. Konsultationen mit Vertretern der Kommunen, der freien Träger sowie von Elternverbänden wurden durchgeführt. Nach einer Erprobungsphase in allen Einrichtungen wurde das Bildungsprogramm überarbeitet. Es ist für Kinder bis zum Schuleintritt konzipiert. Das Bildungsprogramm wird auf verschiedenen Wegen veröffentlicht und auch für Eltern liegen Informationsmaterialien vor. Allerdings sind diese nicht mehrsprachig verfügbar, so dass Eltern nicht-deutscher Herkunft sich aufgrund von Sprachbarrieren nicht über das Bildungsprogramm informieren können. Dabei ist zu berücksichtigen, dass von den Kindern mit Migrationshintergrund, die eine KiTa besuchen, über 50% in einer Familie leben, in der die vorwiegend gesprochene Sprache nicht Deutsch ist. Im SL sind Informationsveranstaltungen für die pädagogischen Mitarbeiter durchgeführt worden. Die Teilnahme ist jedoch nicht verpflichtend. Die angebotenen Fortbildungsveranstaltungen sind nicht mindestens zweitägig. Mit den Fachberatungen sind wichtige Multiplikatoren zum Bildungsprogramm qualifiziert worden. Es sind öffentliche Mittel für Fortbildungen verfügbar. Zur Kontrolle der pädagogischen Arbeit mit dem Bildungsprogramm sind bisher keine Aktivitäten vorgesehen.

## SL9 | Bildungsplan (BP)

| I. Information | |
|---|---|
| Kostenloser Versand des BP an alle KiTas | ● |
| BP als Download verfügbar | ● |
| BP als Publikation erwerbbar | ● |
| Informationsmaterial über BP für Eltern verfügbar | ● |
| Informationsmaterial über BP mehrsprachig f. Eltern verfügbar | – |
| **4 von 5 Punkten** | ●●●●○ |

| II. Qualifizierung | |
|---|---|
| Infoveranstaltung zum BP für KiTa-Mitarbeiterinnen | ● |
| Verpflichtende Informationsveranstaltung zum BP für KiTa-Mitarbeiterinnen | – |
| Angebotene Fortbildung zum BP mindestens zweitägig | –[1] |
| Alle Fachberatungen erhalten Fortbildungen zum BP | ● |
| Öffentliche Mittel für regelmäßige Fortbildung zum BP für alle pädagogischen Mitarbeiterinnen verfügbar | ● |
| **3 von 5 Punkten** | ●●●○○ |

| III. Umsetzungskontrolle (in allen KiTas) | |
|---|---|
| Jährliche externe Überprüfung der Umsetzung des BP | – |
| Jährliche Berichtspflicht zur Implementation des BP | – |
| Nachweis der Aufnahme des BP in die Konzeption | – |
| **0 von 3 Punkten** | ○○○ |

**Insgesamt 7 von 13 Punkten**

## SL10 | Kooperation KiTa – Grundschule

Im SL gibt es derzeit lediglich Empfehlungen zur Entwicklung weiterer Landesregelungen zur Kooperation von KiTas und Grundschulen. Konkrete Vereinbarungen sind noch in Vorbereitung.

Datengrundlage erhoben und berechnet in Zusammenarbeit mit akjstat

## SL11 | Pädagogisches Personal nach Berufsausbildungsabschlüssen (2007)

Vom pädagogischen Personal verfügen 66,7% über einen Fachschulabschluss. Der Anteil dieser Qualifikationsgruppe liegt 5,4 Prozentpunkte unter dem Bundesdurchschnitt. Als Kinderpflegerin wurden 21,1% des Personals ausgebildet. Ihr Anteil liegt 7,6 Prozentpunkte über dem Bundesdurchschnitt. In Praktikum oder Ausbildung befinden sich 6,8% der Tätigen und somit 2,7 Prozentpunkte mehr als im Bundesdurchschnitt.

| Abschluss | Saarland | ø Deutschland |
|---|---|---|
| | Anteile in Prozent | |
| (sozialpädagogischer) Hochschulabschluss | 1,3 | 3,4 |
| Fachschulabschluss (Erzieherinnen, Heilpädagoginnen) | 66,7 | 72,1 |
| Kinderpflegerinnen | 21,1 | 13,5 |
| anderer fachlicher Abschluss (sonst. Sozial- u. Erziehungsberufe) | 1,5 | 1,8 |
| anderer Abschluss | 0,9 | 3,0 |
| Praktikum/Ausbildung | 6,8 | 4,1 |
| ohne abgeschl. Ausbildung | 1,6 | 2,1 |

## SL12 | Personalschlüssel und Gruppengrößen in Kindertageseinrichtungen (2006)

### SL12A Personalschlüssel* und Erzieher-Kind-Relation

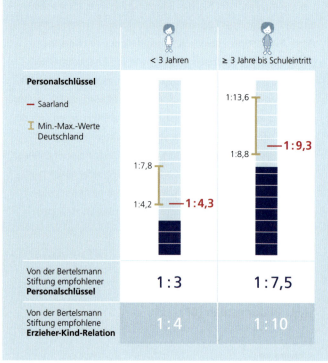

## SL13 | Beschäftigungsumfang des pädagogischen Personals in Kindertageseinrichtungen (2007)

Von den pädagogisch Tätigen sind 44,6% vollzeitbeschäftigt. Zwar liegt dieser Wert 4,9 Prozentpunkte über dem durchschnittlichen Anteil dieser Gruppe in Deutschland, aber von 1998 bis 2007 hat sich ihr Anteil kontinuierlich um insgesamt 13,3 Prozentpunkte reduziert. Die zweitgrößte Gruppe (35,9%) ist Personal mit einem Beschäftigungsumfang von 21 bis unter 32 Wochenstunden. 11,5% der pädagogisch Tätigen sind unter 21 Wochenstunden beschäftigt. Auffällig ist der geringe Anteil von Personal (7,4%), der 32 bis unter 38,5 Wochenstunden tätig ist. Dieser Anteil liegt 8,4 Prozentpunkte unter dem Bundesdurchschnitt.

### SL13A Pädagogisches Personal nach Beschäftigungsumfang

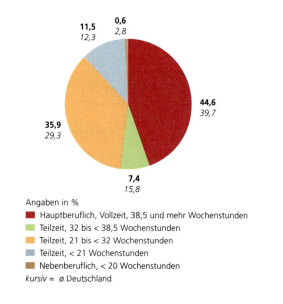

Angaben in %
- Hauptberuflich, Vollzeit, 38,5 und mehr Wochenstunden
- Teilzeit, 32 bis < 38,5 Wochenstunden
- Teilzeit, 21 bis < 32 Wochenstunden
- Teilzeit, < 21 Wochenstunden
- Nebenberuflich, < 20 Wochenstunden

*kursiv* = ø Deutschland

SAARLAND (SL)

## SL12B   Durchschnittliche Gruppengrößen

|  | < 3 Jahren | ≥ 3 Jahre bis Schuleintritt |
|---|---|---|
| **Ganztagsgruppen** Anzahl der Kinder | 12 | 18 |
| **Keine Ganztagsgruppen** Anzahl der Kinder | 11 | 22 |

**\* Personalschlüssel**

Der für jedes Bundesland ausgewiesene Personalschlüssel und der von der Bertelsmann Stiftung empfohlene Personalschlüssel sind rechnerische Größen. Sie beschreiben jeweils die Relation zwischen der täglichen Inanspruchnahme aller Kinder und dem eingesetzten Personal in einer Gruppe. Basis ist die vertragliche Arbeitszeit der einzelnen Mitarbeiterinnen, die auch Vorbereitungszeiten, Teamsitzungen, Elterngespräche, Leitungsanteile, Urlaub und Krankheitszeiten u. a. umfasst. Der Personalschlüssel gibt nicht an, wie viele Kinder zu jedem Zeitpunkt am Tag von einer Fachkraft betreut werden. Hierzu s. Erzieher-Kind-Relation.

Die empfohlene Erzieher-Kind-Relation errechnet sich aus dem empfohlenen Personalschlüssel. Es wird angenommen, dass 25 % der Arbeitszeit für Tätigkeiten ohne Kinder einzuplanen sind und 75 % für eine direkte pädagogische Interaktion mit dem Kind verfügbar sind.

## SL14 | Rahmenbedingungen für Bildungsqualität

| Regelungen zur Strukturqualität | Allgemein geregelt | Präzise definiert |
|---|---|---|
| Maximale Gruppengröße | ● | ● |
| Erzieher-Kind-Relation | ● | ● |
| Verfügungszeit | ● | – |
| Fachberatung | ● | – |
| Fortbildung | ● | – |
| Leitungsfreistellung | ● | ● |
| (Innen-/Außen-)Flächen | ● | ● |

Insgesamt **11** von 14 Punkten

Zentrale Elemente der Strukturqualität sind präzise definiert. Damit sind wichtige Voraussetzungen für landesweit vergleichbare Rahmenbedingungen der pädagogischen Arbeit gegeben und erhöhen die Chancen von Kindern auf strukturell ähnlich ausgestattete Bildungsangebote.

## SL13B   Anteil der Vollzeitbeschäftigten 1998–2007

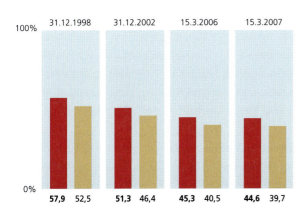

| 31.12.1998 | 31.12.2002 | 15.3.2006 | 15.3.2007 |
|---|---|---|---|
| 57,9 / 52,5 | 51,3 / 46,4 | 45,3 / 40,5 | 44,6 / 39,7 |

Anteil Vollzeitbeschäftigte an allen Beschäftigten ohne Verwaltung und Hauswirtschaft/Technik

■ SL   ■ ø Deutschland

| Regelungen zur Qualitätsüberprüfung | |
|---|---|
| Geregelte Verpflichtung in Ausführungsgesetz oder Verordnung | – |
| *Elternbefragung (mindestens jährlich)* | – |
| *Selbstevaluation* | – |
| *Fremdevaluation* | – |
| Zahlung öffentlicher Zuschüsse abhängig von externer Qualitätsüberprüfung | – |

Insgesamt **0**² von 5 Punkten

Verfahren zur Qualitätsüberprüfung sind nicht verbindlich in KiTas vorgesehen. Damit fehlt eine systematische und kontinuierliche Transparenz über die Qualität der bestehenden Angebote der FBBE. Sie könnte zielgerichtete Impulse für eine dauerhafte Weiterentwicklung der pädagogischen Qualität bieten. Die Zahlung öffentlicher Zuschüsse für die Kindertageseinrichtungen erfolgt unabhängig von einer externen Qualitätsüberprüfung.

# Sachsen

**Basisdaten 2007**

Fläche: 18.417 km²

Einwohner (31.12.2006):
4.249.774

**Anteil der Kinder in FBBE**
Kinder unter 3 Jahren: 34,6%
Nichtschulkinder
3 bis < 6 Jahre: 93,9%
(inkl. 0,1% in [vor-]schulischen Einrichtungen)

| | |
|---|---|
| Geborene Kinder 2006 | 32.556 |
| Geburten pro Frau 2005 | 1,3 |
| Anzahl der Kinder unter 10 Jahren (31.12.2006) | 314.610 |
| Davon Kinder unter 3 Jahren | 98.434 |
| Davon Kinder 3 bis unter 6 Jahre | 95.312 |
| Davon Kinder 6 bis unter 10 Jahre | 120.864 |

| | |
|---|---|
| Erwerbstätigenquote von Müttern (2006) mit | |
| … mindestens einem Kind unter 3 Jahren | 48,9% |
| … mindestens einem Kind von 3 bis unter 6 Jahren | 64,8% |
| Empfänger v. laufender Hilfe zum Lebensunterhalt (Ende 2004) | 139.594 |
| Darunter Kinder unter 18 Jahren | 52.311 |
| Tageseinrichtungen insgesamt | 2.630 |
| Anteil der Einrichtungen | |
| … in öffentlicher Trägerschaft | 49,2% |
| … in freigemeinnütziger Trägerschaft | 49,8% |
| … als Betriebs-/Unternehmensteil | 0,1% |
| … in privatgewerblicher Trägerschaft | 1,0% |
| Anteil der KiTas ohne feste Gruppenstruktur | 8,6% |
| Pädagogisches Personal in KiTas insgesamt | 21.779 |
| Kinder in KiTas insgesamt | 224.825 |
| Darunter Kinder unter 3 Jahren | 31.182 |
| Darunter Nichtschulkinder 3 bis unter 6 Jahre | 89.157 |
| Darunter Schulkinder 6 bis unter 10 Jahre | 71.123 |
| Tagespflegepersonen insgesamt | 968 |
| Kinder unter 6 Jahren in Kindertagespflege | 3.155 |
| Davon Kinder unter 3 Jahren | 2.922 |
| Davon Kinder 3 bis unter 6 Jahre | 233 |

In SN ist das Staatsministerium für Soziales zuständig für Angebote der FBBE. Das Ministerium initiiert kontinuierlich eine Vielzahl von langfristigen sowie kurzfristigen Projekten (zu Themen wie Sprachförderung, Familienzentren, KonsultationsKiTas, Qualitätsentwicklung und -sicherung usw.), durch die die Landesebene offensichtlich Impulse für die fachliche Weiterentwicklung der Kindertageseinrichtungen geben will. Für die Kooperation zwischen KiTas und Grundschulen besteht eine Arbeitsgruppe, die interministeriell besetzt ist, und zwar mit Vertretern des Kultusministeriums und des Sozialministeriums sowie externen Fachleuten. Bei den anderen Landesprojekten werden immer Vertreter verschiedener gesellschaftlicher Gruppierungen eingebunden. Demnach beabsichtigt die Landesebene, die Weiterentwicklung der FBBE mit den beteiligten Akteuren abzustimmen bzw. sie zu beteiligen.

## Teilhabe sichern

Im Vergleich mit den übrigen ostdeutschen Bundesländern hat SN die niedrigste Teilhabequote bei den unter Dreijährigen (34,6%). Auch von den Einjährigen nehmen 7 Prozentpunkte weniger und von den Zweijährigen ebenfalls fast 9 Prozentpunkte weniger ein Angebot der FBBE wahr als im ostdeutschen Durchschnitt. Bei den älteren Kindern entspricht die Teilhabequote etwa den Durchschnittswerten von Ostdeutschland.

Die vertraglich vereinbarten Betreuungszeiten in den KiTas deuten auf eine Kontinuität bei der täglichen Nutzung aller Altersgruppen hin. Denn sowohl bei den unter als auch bei den über Dreijährigen ist die Mehrzahl der Kinder (jeweils über 66%) in Ganztagsbetreuung. Von beiden Altersgruppen nehmen jeweils über 22% mehr als 5 bis zu 7 Stunden täglich Betreuung in Anspruch.

## Investitionen wirkungsvoll einsetzen

Von 2003 bis 2005 sind die reinen Nettoausgaben der öffentlichen Haushalte für FBBE pro unter 10-jährigem Kind in SN kontinuierlich gesunken, sie liegen aber im Bundesländervergleich immer noch im Spitzenfeld. Der Anteil der reinen Nettoausgaben für FBBE an den gesamten reinen Ausgaben der öffentlichen Haushalte liegt in SN 0,8 Prozentpunkte über dem ostdeutschen Durchschnitt. FBBE hat demnach in SN einen hohen landespolitischen Stellenwert.

## Bildung fördern und Qualität sichern

Der Kooperation zwischen KiTas und Grundschulen wird landespolitisch offenbar eine hohe Bedeutung beigemessen. So ist Sachsen das einzige Bundesland, in dem eine landesweit verbindliche Regelung sowie verbindliche fachliche Standards vorliegen und zudem sowohl die KiTas als auch die Grundschulen zusätzliche Finanzmittel für diesen Aufgabenbereich erhalten. Diese landesweit einheitlichen Bestimmungen bieten gute Voraussetzungen für vergleichbare Arbeitsbedingungen aller KiTas und Grundschulen für diesen Aufgabenbereich. Allerdings liegen keine Informationen über die Wirksamkeit der bestehenden Kooperationen vor.

Das pädagogische Personal ist eine zentrale Ressource für eine hohe Qualität der Arbeit in KiTas. Abgeleitet von den Berufsausbildungsabschlüssen des pädagogischen Personals ist das formale Qualifikationsniveau in SN vergleichsweise hoch. So liegt der Anteil des pädagogischen Personals mit Fachschulabschluss mehr als 16 Prozentpunkte über dem Bundesdurchschnitt und der Anteil der Kinderpflegerinnen mehr als 12 Prozentpunkte unter dem Bundesdurchschnitt. Auffällig ist ein niedriger Anteil der im Praktikum bzw. in Ausbildung befindlichen Beschäftigten (0,6%). Es wäre zu prüfen, ob dies als Hinweis auf eine niedrige Ausbildungsquote interpretiert werden muss.

Eine kontinuierliche und verlässliche Gestaltung der pädagogischen Beziehungen zwischen dem pädagogischen Personal und den Kindern kann unterstützt werden, indem Beschäftigungszeiten des pädagogischen Personals mit den Betreuungszeiten der Kinder abgestimmt werden. Ein Ziel wäre dabei, den täglichen Personalwechsel, den Kinder erleben, zu minimieren und gleichzeitig Arbeitszeiten für Aufgaben ohne Kinder zu ermöglichen. Da jeweils etwa zwei Drittel der unter und über Dreijährigen in SN ganztags in einer KiTa sind, wäre zu überprüfen, inwieweit Arbeitszeiten und Betreuungszeiten in den bestehenden Rahmenbedingungen in SN nach diesen Gesichtspunkten aufeinander abgestimmt werden können.

Einen Hinweis auf eine eher ungünstige Rahmenbedingung in den sächsischen KiTas gibt der berechnete Personalschlüssel (vgl. SN 12). Denn sowohl der durchschnittliche Personalschlüssel für die unter Dreijährigen als auch jener für die über Dreijährigen in SN gehört im Bundesländervergleich mit zu den ungünstigen Werten. Zudem sind in SN die Zeiten für Tätigkeiten des pädagogischen Personals ohne Kinder, wie Teamsitzungen, Kooperation mit anderen Einrichtungen, Elterngespräche oder auch Fortbildungen etc., weder allgemein noch präzise definiert. Weitere Rahmenbedingungen der Strukturqualität sind ebenfalls nur allgemein geregelt, lediglich der Bereich der Leitungsfreistellung ist neben der Erzieher-Kind-Relation präzise definiert. Die konkrete Ausgestaltung der Rahmenbedingungen in den KiTas erfolgt demnach überwiegend unterhalb der Landesebene. Damit kommt insbesondere den Trägern der Einrichtungen eine hohe Verantwortung bei der Gestaltung der Arbeitsbedingungen des pädagogischen Personals zu. Die sich dadurch ergebenden Gestaltungsspielräume können grundsätzlich zu unterschiedlichen Personalressourcen in den KiTas führen.

Vor diesem Hintergrund wäre zu prüfen, ob bzw. wie die zahlreichen Impulse, die von der Landesebene für die fachliche Entwicklung durch Modellprojekte, Tagungen etc. gegeben werden, in der alltäglichen Praxis aller sächsischen KiTas mit den bestehenden Rahmenbedingungen tatsächlich umgesetzt werden können.

Hilfreich bei der Weiterentwicklung der FBBE in SN könnte eine Verortung der bestehenden und auch geplanten Handlungsstränge in einem landespolitischen Gesamtprogramm für FBBE sein, das sowohl die landesspezifischen Zielsetzungen als auch die zentralen Handlungsfelder in einen Orientierungsrahmen einordnet. Ein solches Gesamtprogramm könnte für alle beteiligten Akteure in SN auch orientierend wirken, um eine vergleichbare fachliche Weiterentwicklung aller KiTas in SN zu fördern.

## SN1 | Rechtsanspruch des Kindes auf einen Betreuungsplatz

Es besteht ein elternunabhängiger Rechtsanspruch auf einen Betreuungsplatz für jedes Kind vom vollendeten dritten Lebensjahr bis zum Schuleintritt ohne garantierte Betreuungsumfänge.

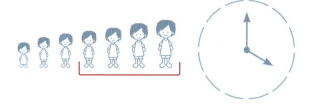

# Teilhabe sichern

Die Teilhabe der unter Dreijährigen an Angeboten der FBBE liegt in SN zwar deutlich über dem Bundesdurchschnitt, allerdings 6,4 Prozentpunkte unter dem ostdeutschen Durchschnitt. Der Anteil der Nichtschulkinder ab drei Jahre, der ein Angebot der FBBE nutzt, liegt 4,1 Prozentpunkte über dem Bundesdurchschnitt. Sowohl von den unter Dreijährigen als auch von den Nichtschulkindern ab drei Jahre nutzen jeweils zwei Drittel täglich mehr als 7 Stunden Betreuung in einer KiTa, werden also ganztägig betreut. Nur ein kleiner Teil von etwas mehr als 10% der Kinder beider Altersgruppen besucht jeweils nur bis zu 5 Stunden täglich eine KiTa.

**SN2** | Für Ostdeutschland ist der aus dem Tagesbetreuungsausbaugesetz 2003/04 abgeleitete Betreuungsbedarf erfüllt.

## SN3 | Vertraglich vereinbarte tägliche Betreuungszeiten (2007)

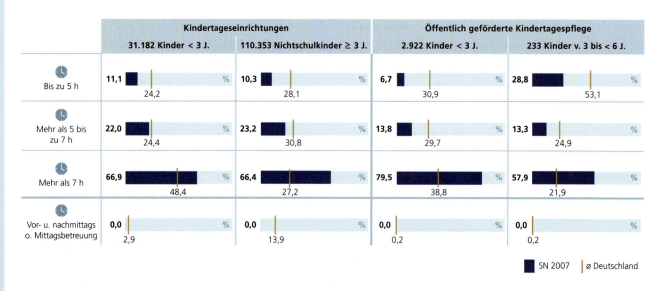

## SN4 | Bildungsbeteiligung vor der Schule (2007)

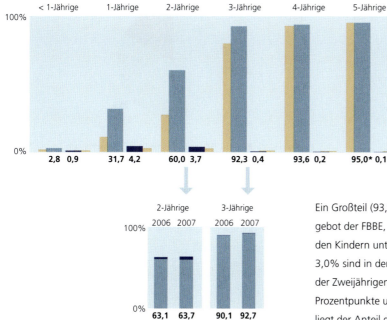

Ein Großteil (93,9%) der Drei- bis unter Sechsjährigen nutzt ein Angebot der FBBE, dabei sind nur 0,2% in der Kindertagespflege. Von den Kindern unter drei Jahren sind 34,6% in Angeboten der FBBE, 3,0% sind in der Kindertagespflege. Auffällig ist der niedrige Anteil der Zweijährigen in einem Angebot der FBBE (63,7%), er liegt 8,8 Prozentpunkte unter dem Durchschnitt Ostdeutschlands. Allerdings liegt der Anteil der Dreijährigen, die ein Angebot der FBBE nutzen, nur geringfügig unter dem Durchschnitt Ostdeutschlands.

## SN5 | Kinder mit Migrationshintergrund in Kindertageseinrichtungen (2007)

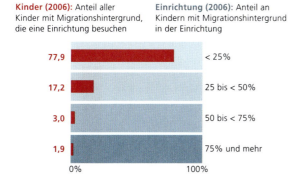

Im Jahr 2007 ist der durchschnittliche Anteil von Kindern mit Migrationshintergrund (mindestens ein Elternteil nichtdeutscher Herkunft) in KiTas in SN wie in allen ostdeutschen Ländern niedrig. Von den Kindern unter drei Jahren, die in einer KiTa sind, haben 3,2% einen Migrationshintergrund und von den Kindern ab drei Jahren etwa 6,2%. Aufgrund dieser vergleichsweise geringen Anzahl von Kindern mit Migrationshintergrund sind im Jahr 2006 die meisten dieser Kinder (fast 78%) in einer Einrichtung, in der der Anteil der Kinder mit mindestens einem Elternteil ausländischer Herkunft unter 25% liegt.

## SN6 | Investitionen pro Kind

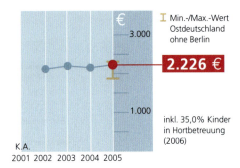

Die reinen Nettoausgaben der öffentlichen Haushalte für FBBE pro unter zehnjährigem Kind zeigen im Zeitverlauf leichte Schwankungen. Zwischen 2002 und 2003 ist ein Anstieg von fast 4% festzustellen, im Jahr danach reduzieren sich die Nettoausgaben um fast 2% und von 2004 auf 2005 um 3,4%.

## SN7 | Finanzierungsgemeinschaft für FBBE (2005)

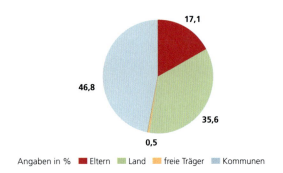

In den öffentlichen Statistiken fehlen i.d.R. die Elternbeiträge, die direkt von freien Trägern eingezogen werden, sowie die finanziellen Eigenanteile der freien Träger. Diese Ausgabengrößen werden daher über Schätzungen ermittelt.

# Investitionen wirkungsvoll einsetzen

Ausgaben für FBBE sind Investitionen in die Lebensperspektiven von Kindern und die Zukunft der Gesellschaft. Der hohe landespolitische Stellenwert, der FBBE zugewiesen wird, wird insbesondere in dem überdurchschnittlichen Anteil der reinen Nettoausgaben für FBBE an den reinen Nettoausgaben des Landes SN sichtbar. Dieser Anteil ist im Zeitraum von 2002 bis 2005 kontinuierlich gestiegen. Das Land beteiligt sich mit 35,6% an den Gesamtkosten der FBBE und die Kommunen tragen 46,8%. Auch die Eltern sind ein wichtiger Partner in der Finanzierungsgemeinschaft, sie tragen einen Anteil von 17,1%. Die tatsächlichen Elternbeiträge können zwischen den Kommunen variieren, da die Höhe der Beiträge kommunal und trägerübergreifend festgelegt wird. Die Elternbeiträge sind nach der Anzahl der Kinder gestaffelt. Eine Beitragsermäßigung bzw. Beitragsübernahme gibt es nur für einkommensschwache Familien. Nach einer landeseinheitlichen Regelung sollen Elternbeiträge für Krippen maximal 23%, für Kindergärten und Horte maximal 30% der Betriebskosten betragen.

## SN8 | Anteil der reinen Nettoausgaben für FBBE an den gesamten reinen Ausgaben öffentlicher Haushalte

2005 liegt der Anteil der reinen Nettoausgaben für FBBE gemessen an ihrem Anteil an den gesamten reinen Ausgaben der öffentlichen Haushalte (6,1%) über dem Durchschnitt in Ostdeutschland (5,3%) und symbolisiert den hohen landespolitischen Stellenwert, der FBBE in SN zugewiesen wird.

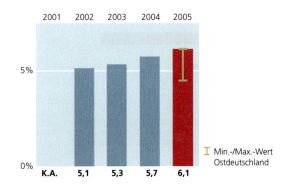

# Bildung fördern – Qualität sichern

Der sächsische Bildungsplan wurde mit einer wissenschaftlichen Einrichtung, unterstützt durch Konsultationen mit Vertretern verschiedener gesellschaftlicher Gruppen, entwickelt. Nach einer Erprobungsphase in ausgewählten Einrichtungen sowie einer systematischen Abfrage in KiTas wurde der Bildungsplan überarbeitet. Der Bildungsplan ist konzipiert für Kinder bis 6,5 Jahre. Ab 2007 wird er auf die Bereiche Hort und Tagespflege erweitert. Der Bildungsplan wurde öffentlich verbreitet und für Eltern wurde Informationsmaterial zur Verfügung gestellt. Für die Qualifizierung der pädagogischen Mitarbeiterinnen sind Informationsveranstaltungen angeboten worden. Es gab jedoch keine Verpflichtung zur Teilnahme an diesen Veranstaltungen. Die durchgeführten Fortbildungsveranstaltungen sind nicht mindestens zweitägig. Es stehen öffentliche Mittel für regelmäßige Fortbildungen für alle pädagogischen Mitarbeiterinnen zur Verfügung. Außerdem wurde im Rahmen des Fortbildungsprogramms des Landesjugendamtes zur Qualifizierung von Multiplikatorinnen die Umsetzung des Bildungsplans gefördert. Insgesamt wird nicht transparent, welcher Anteil des pädagogischen Personals tatsächlich an Fortbildungen zum Bildungsplan und in welchem Umfang teilgenommen hat.

## SN9 | Bildungsplan (BP)

**I. Information**

| | |
|---|---|
| Kostenloser Versand des BP an alle KiTas | ● |
| BP als Download verfügbar | ● |
| BP als Publikation erwerbbar | ● |
| Informationsmaterial über BP für Eltern verfügbar | ● |
| Informationsmaterial über BP mehrsprachig f. Eltern verfügbar | – |
| **4 von 5 Punkten** | ●●●●○ |

**II. Qualifizierung**

| | |
|---|---|
| Infoveranstaltung zum BP für KiTa-Mitarbeiterinnen | ● |
| Verpflichtende Informationsveranstaltung zum BP für KiTa-Mitarbeiterinnen | – |
| Angebotene Fortbildung zum BP mindestens zweitägig | – |
| Alle Fachberatungen erhalten Fortbildungen zum BP | – |
| Öffentliche Mittel für regelmäßige Fortbildung zum BP für alle pädagogischen Mitarbeiterinnen verfügbar | ● |
| **2 von 5 Punkten** | ●●○○○ |

**III. Umsetzungskontrolle (in allen KiTas)**

| | |
|---|---|
| Jährliche externe Überprüfung der Umsetzung des BP | – |
| Jährliche Berichtspflicht zur Implementation des BP | – |
| Nachweis der Aufnahme des BP in die Konzeption | ● |
| **1 von 3 Punkten** | ●○○ |

**Insgesamt 7 von 13 Punkten**

## SN10 | Kooperation KiTa – Grundschule

Im SächsKiTaG wird eine landesweit verbindliche Regelung zur Kooperation von KiTas und Grundschulen festgelegt. Zudem gibt es eine gemeinsame Vereinbarung des Sächs. Staatsministeriums für Soziales und des Sächs. Staatsministeriums für Kultus zur Kooperation. Für die Umsetzung der kooperativen Maßnahmen werden beiden Einrichtungsformen zusätzlich umfangreiche Mittel für Personalbedarf gewährt.

## SN11 | Pädagogisches Personal nach Berufsausbildungsabschlüssen (2007)

Das pädagogische Personal hat in SN überwiegend einen Fachschulabschluss (88,3%), ihr Anteil liegt damit 16,2 Prozentpunkte über dem Bundesdurchschnitt. Die Kinderpflegerinnen stellen mit 1,1% den kleinsten Anteil. 3,8% der pädagogisch Tätigen verfügen über einen Hochschulabschluss. Sehr gering ist der Anteil derjenigen, die im Praktikum oder in Ausbildung sind (0,6%).

| Abschluss | Sachsen | ø Deutschland |
|---|---|---|
| | Anteile in Prozent | |
| (sozialpädagogischer) Hochschulabschluss | 3,8 | 3,4 |
| Fachschulabschluss (Erzieherinnen, Heilpädagoginnen) | 88,3 | 72,1 |
| Kinderpflegerinnen | 1,1 | 13,5 |
| anderer fachlicher Abschluss (sonst. Sozial- u. Erziehungsberufe) | 3,2 | 1,8 |
| anderer Abschluss | 1,9 | 3,0 |
| Praktikum/Ausbildung | 0,6 | 4,1 |
| ohne abgeschl. Ausbildung | 1,1 | 2,1 |

## SN12 | Personalschlüssel und Gruppengrößen in Kindertageseinrichtungen (2006)

### SN12A Personalschlüssel* und Erzieher-Kind-Relation

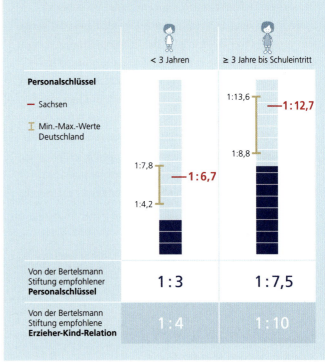

## SN13 | Beschäftigungsumfang des pädagogischen Personals in Kindertageseinrichtungen (2007)

Vom pädagogischen Personal sind 19,3% vollzeitbeschäftigt. Dieser Wert liegt mehr als 20 Prozentpunkte unter dem Bundesdurchschnitt, aber 1,5 Prozentpunkte über dem Durchschnitt in Ostdeutschland. Hervorzuheben ist, dass der Anteil der Vollzeitbeschäftigten von 1998 bis 2007 kontinuierlich um insgesamt 5,1 Prozentpunkte angestiegen ist. Jeweils etwa 37% der Beschäftigten sind 32 bis unter 38,5 Wochenstunden oder 21 bis unter 32 Wochenstunden tätig. Der Anteil der Teilzeittätigen mit einer wöchentlichen Arbeitszeit unter 21 Stunden liegt mit 5,6% unter dem Bundesdurchschnitt. Da zwei Drittel aller Kinder über 7 Stunden täglich in einer KiTa sind, wäre zu prüfen, ob eine Abstimmung von Betreuungszeiten und Beschäftigungszeiten erfolgt, die Kindern z.B. kontinuierliche sowie verlässliche Beziehungserfahrungen ermöglicht und gleichzeitig Arbeitszeiten für Aufgaben ohne Kinder berücksichtigt.

### SN13A Pädagogisches Personal nach Beschäftigungsumfang

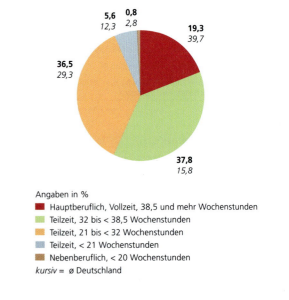

# SACHSEN-ANHALT (ST)

## SN12B  Durchschnittliche Gruppengrößen

|  | < 3 Jahren | ≥ 3 Jahre bis Schuleintritt |
|---|---|---|
| **Ganztagsgruppen** Anzahl der Kinder | 12 | 17 |
| **Keine Ganztagsgruppen** Anzahl der Kinder | 12 | 17 |

\* **Personalschlüssel**
Der für jedes Bundesland ausgewiesene Personalschlüssel und der von der Bertelsmann Stiftung empfohlene Personalschlüssel sind rechnerische Größen. Sie beschreiben jeweils die Relation zwischen der täglichen Inanspruchnahme aller Kinder und dem eingesetzten Personal in einer Gruppe. Basis ist die vertragliche Arbeitszeit der einzelnen Mitarbeiterinnen, die auch Vorbereitungszeiten, Teamsitzungen, Elterngespräche, Leitungsanteile, Urlaub und Krankheitszeiten u. a. umfasst. Der Personalschlüssel gibt nicht an, wie viele Kinder zu jedem Zeitpunkt am Tag von einer Fachkraft betreut werden. Hierzu s. Erzieher-Kind-Relation.

Die empfohlene Erzieher-Kind-Relation errechnet sich aus dem empfohlenen Personalschlüssel. Es wird angenommen, dass 25% der Arbeitszeit für Tätigkeiten ohne Kinder einzuplanen sind und 75% für eine direkte pädagogische Interaktion mit dem Kind verfügbar sind.

## SN13B  Anteil der Vollzeitbeschäftigten 1998–2007

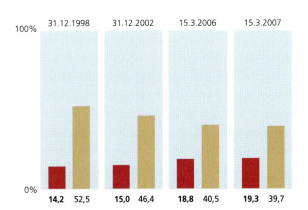

Anteil Vollzeitbeschäftigte an allen Beschäftigten ohne Verwaltung und Hauswirtschaft/Technik

■ SN   ■ ø Deutschland

## SN14  Rahmenbedingungen für Bildungsqualität

| Regelungen zur Strukturqualität | Allgemein geregelt | Präzise definiert |
|---|---|---|
| Maximale Gruppengröße | – | – |
| Erzieher-Kind-Relation | ● | ● |
| Verfügungszeit | – | – |
| Fachberatung | ● | – |
| Fortbildung | ● | – |
| Leitungsfreistellung | ● | ● |
| (Innen-/Außen-)Flächen | ● | – |

Insgesamt 7 von 14 Punkten

Die Elemente Erzieher-Kind-Relation sowie Leitungsfreistellung sind landeseinheitlich präzise definiert. Gleichzeitig gibt es keine Regelungen zu den Arbeitszeiten, die für Tätigkeiten ohne Kinder zur Verfügung stehen. Die Rahmenbedingungen für KiTas sind demnach lediglich in wenigen Bereichen landeseinheitlich präzise definiert.

| Regelungen zur Qualitätsüberprüfung | |
|---|---|
| Geregelte Verpflichtung in Ausführungsgesetz oder Verordnung | ● |
| *Elternbefragung (mindestens jährlich)* | – |
| *Selbstevaluation* | – |
| *Fremdevaluation* | – |
| Zahlung öffentlicher Zuschüsse abhängig von externer Qualitätsüberprüfung | – |

Insgesamt 1 von 5 Punkten

Landeseinheitliche Verfahren zur Qualitätsüberprüfung sind nicht verbindlich in allen KiTas vorgesehen. Damit fehlt eine systematische und kontinuierliche Transparenz über die Qualität der bestehenden Bildungs- und Betreuungsangebote. Alle Einrichtungen müssen allerdings bis Ende 2007 in die Konzeptionen eingegangene Qualitätssicherungskonzepte gegenüber dem Landesjugendamt nachweisen.

# Sachsen-Anhalt

**Basisdaten 2007**

**Fläche:** 20.446 km²

**Einwohner** (31.12.2006):
2.441.787

**Anteil der Kinder in FBBE**
Kinder unter 3 Jahren: 51,8%
Nichtschulkinder
3 bis < 6 Jahre: 93,0%
(inkl. 0,1% in [vor-]schulischen Einrichtungen)

| | |
|---|---:|
| Geborene Kinder 2006 | 16.927 |
| Geburten pro Frau 2005 | 1,3 |
| Anzahl der Kinder unter 10 Jahren (31.12.2006) | 170.663 |
| Davon Kinder unter 3 Jahren | 51.188 |
| Davon Kinder 3 bis unter 6 Jahre | 51.541 |
| Davon Kinder 6 bis unter 10 Jahre | 67.934 |

| | |
|---|---:|
| Erwerbstätigenquote von Müttern (2006) mit | |
| … mindestens einem Kind unter 3 Jahren | 53,3% |
| … mindestens einem Kind von 3 bis unter 6 Jahren | 66,0% |
| Empfänger v. laufender Hilfe zum Lebensunterhalt (Ende 2004) | 97.639 |
| Darunter Kinder unter 18 Jahren | 36.412 |
| Tageseinrichtungen insgesamt | 1.681 |
| Anteil der Einrichtungen | |
| … in öffentlicher Trägerschaft | 62,9% |
| … in freigemeinnütziger Trägerschaft | 36,6% |
| … als Betriebs-/Unternehmensteil | 0,1% |
| … in privatgewerblicher Trägerschaft | 0,5% |
| Anteil der KiTas ohne feste Gruppenstruktur | 19,2% |
| Pädagogisches Personal in KiTas insgesamt | 13.033 |
| Kinder in KiTas insgesamt | 120.97 |
| Darunter Kinder unter 3 Jahren | 26.309 |
| Darunter Nichtschulkinder 3 bis unter 6 Jahre | 47.841 |
| Darunter Schulkinder 6 bis unter 10 Jahre | 30.861 |
| Tagespflegepersonen insgesamt | 94 |
| Kinder unter 6 Jahren in Kindertagespflege | 287 |
| Davon Kinder unter 3 Jahren | 229 |
| Davon Kinder 3 bis unter 6 Jahre | 58 |

Das Ministerium für Gesundheit und Soziales ist in ST zuständig für FBBE. Die Koalitionsvereinbarung zwischen CDU und SPD in der 5. Legislaturperiode wird als schriftlich fixiertes landespolitisches Gesamtprogramm für die Weiterentwicklung der FBBE von der Landesregierung eingestuft. Entwicklungen in der FBBE werden in ST nicht im Rahmen interministerieller, regelmäßig stattfindender Fachgruppen erörtert oder abgestimmt. Allerdings bestehen die drei Gremien AG „Qualifizierung der vorschulischen Bildung", AG „Qualifizierung der Erzieherinnen und Erzieher" und AG „Verbesserung der vorschulischen Bildung durch Fortbildung des Betreuungspersonals". An diesen Arbeitsgruppen sind das Ministerium für Gesundheit und Soziales, das Kultusministerium sowie das Landesjugendamt, der Landkreistag, der Städte- und Gemeindebund und die LIGA der freien Wohlfahrtspflege beteiligt. Damit sind Voraussetzungen geschaffen, dass sich die relevanten Akteure auf Landesebene zu den Themenbereichen abstimmen und koordinieren können.

## Teilhabe sichern

Der Anteil der unter Dreijährigen (fast 52%), der in ST ein Angebot der FBBE nutzt, ist der höchste im Bundesländervergleich. Diese hohe Teilhabequote in einem frühen Alter der Kinder ist möglicherweise ein Effekt des Rechtsanspruchs eines Kindes auf Kindertagesbetreuung ab Geburt (Halbtagsplatz). Herausragend ist insbesondere der Anteil der Einjährigen, die ein Angebot der FBBE nutzen, er liegt 17 Prozentpunkte über dem ostdeutschen Durchschnitt. Auch die Nutzungsquote der Zweijährigen liegt 12 Prozentpunkte über dem Durchschnitt Ostdeutschlands. Der Anteil der Nichtschulkinder ab drei Jahre entspricht dem ostdeutschen Durchschnitt. Bei den Dreijährigen hat sich der Anteil von 2006 auf 2007 nochmals um 5 Prozentpunkte erhöht.

Bei den Betreuungszeiten der Kinder in den KiTas zeigen sich deutliche Schwerpunkte: So sind von den unter Dreijährigen und den über Dreijährigen jeweils etwa 40% der Kinder täglich bis zu

5 Stunden in einer KiTa. Da der Rechtsanspruch eines Kindes in ST einen Halbtagsplatz ab Geburt umfasst, zeigen diese Daten, dass ein erheblicher Teil der Eltern dieses Angebot für ihre Kinder nutzt. Über die Hälfte der unter Dreijährigen (54,6%) und der ab Dreijährigen (57,1%) sind täglich mehr als 7 Stunden in einer KiTa. Vermutlich steht diese ganztägige Nutzung in Zusammenhang mit der Erwerbs- bzw. Ausbildungssituation der Eltern.

## Investitionen wirkungsvoll einsetzen

Die reinen Nettoausgaben der öffentlichen Haushalte für FBBE pro unter 10-jährigem Kind sind von 2003 bis 2005 kontinuierlich gesunken. Zwar liegt die Ausgabenhöhe von ST damit im Bundesländervergleich immer noch im Spitzenfeld. Allerdings zeigt auch der Anteil der reinen Nettoausgaben für FBBE gemessen an den gesamten reinen Ausgaben der öffentlichen Haushalte, dass ST mit 4,6% auch 0,7 Prozentpunkte unter dem ostdeutschen Durchschnitt liegt. Es bleibt abzuwarten, ob sich dieser Trend der sinkenden Ausgaben für FBBE weiter fortsetzt.

## Bildung fördern – Qualität sichern

Nach der internationalen Qualitätsforschung werden die Personalressourcen einer KiTa und ihr Management als zentrale Elemente einer guten Strukturqualität und damit auch als wichtige Einflussgrößen auf die pädagogische Prozessqualität definiert. Das formale Qualifikationsniveau des Personals in den KiTas in ST liegt im Bundesländervergleich im Spitzenfeld, da 93,2% des pädagogischen Personals über einen Fachschulabschluss verfügen.

Hinweise auf eine eher ungünstige Situation bei der Personalausstattung geben die Daten zu dem Beschäftigungsumfang des pädagogischen Personals. Über 55% des pädagogischen Personals sind zwischen 21 und unter 32 Stunden wöchentlich beschäftigt. Der Anteil der Vollzeitbeschäftigten ist von 1998 bis 2007 um insgesamt 24 Prozentpunkte gesunken. Dies ist der niedrigste Anteil an Vollzeitbeschäftigten im Bundesländervergleich. Da über 50% der Kinder in den KiTas ganztags betreut werden, wäre zu prüfen, ob mit diesen Beschäftigungszeiten im Verhältnis zu den Betreuungszeiten der Kinder auch pädagogische Anforderungen wie kontinuierliche und verlässliche Beziehungsstrukturen realisiert werden können. Zudem wäre genauer festzustellen, in welchem Verhältnis der Zeitanteil für die direkte pädagogische Arbeit mit den Kindern zu dem Zeitanteil für Tätigkeiten ohne Kinder steht, da Letztere im Arbeitsalltag zusätzlich zu einer Verringerung der Zeitanteile mit den Kindern führen können.

Der berechnete Personalschlüssel bei den unter Dreijährigen in den KiTas in ST (vgl. Grafik ST 12) ist der zweitschlechteste im Bundesländervergleich. Der berechnete Personalschlüssel für die Kinder ab drei Jahre liegt im Bundesländervergleich im Mittelfeld. Damit hat ST von den ostdeutschen Bundesländern den besten Personalschlüssel für diese Altersgruppe.

Bei den Rahmenbedingungen der Strukturqualität in den KiTas in ST fällt auf, dass von sieben erfassten Bereichen, wie Verfügungszeit, Leitungsfreistellung etc., nur drei allgemein geregelt sind und eine präzise Definition lediglich für die Erzieher-Kind-Relation besteht. Grundsätzlich existieren deshalb deutliche Handlungsspielräume bei der Ausgestaltung der Strukturqualität. Damit entscheiden die Träger der Einrichtungen in hohem Maße über die Strukturqualität in den KiTas. Prinzipiell ist es deshalb möglich, dass für Kinder in ST sehr unterschiedliche Rahmenbedingungen für die pädagogische Arbeit in den KiTas vorhanden sind. Welche Auswirkungen diese Situation auf die Qualität der pädagogischen Praxis in den KiTas landesweit konkret hat, kann nicht eingeschätzt werden. Bislang sind noch keine Maßnahmen oder Verfahren zur Qualitätsüberprüfung verbindlich landesweit vorgesehen. Da nach Angaben des Ministeriums für Gesundheit und Soziales ab 2008 oder 2009 die Verankerung von externer Evaluation vorgesehen ist, könnten allerdings mittelfristig Daten zur Qualität der KiTas landesweit vorliegen.

## ST1 | Rechtsanspruch des Kindes auf einen Betreuungsplatz

Es besteht ein elternunabhängiger Rechtsanspruch auf einen Betreuungsplatz für jedes Kind ab Geburt mit dem garantierten Umfang eines Halbtagsplatzes.

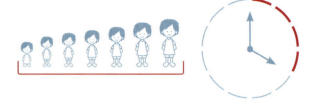

# Teilhabe sichern

Im Bundesvergleich ist in ST der größte Anteil der unter Dreijährigen (51,8%) in einem Angebot der FBBE, dies sind 10,8 Prozentpunkte mehr als im ostdeutschen Durchschnitt. Der Anteil der Nichtschulkinder ab drei Jahre entspricht etwa dem ostdeutschen Durchschnitt. Bei den täglichen Betreuungszeiten in einer KiTa lassen sich zwei Schwerpunkte sowohl bei den unter Dreijährigen als auch bei den ab Dreijährigen erkennen. Jeweils etwa 40% der Kinder beider Altersgruppen sind bis zu fünf Stunden täglich in einer KiTa. Die Mehrheit der unter Dreijährigen nutzt mehr als sieben Stunden täglich eine KiTa (54,6%) und von den älteren Kindern sogar 57,1%. Insbesondere die hohe Quote der unter Dreijährigen als auch die in hohem Maße genutzte Ganztagsbetreuung werden als Wirkungen des in ST geltenden Rechtsanspruchs ab Geburt interpretiert.

**ST2** | Für Ostdeutschland ist der aus dem Tagesbetreuungsausbaugesetz 2003/04 abgeleitete Betreuungsbedarf erfüllt.

## ST3 | Vertraglich vereinbarte tägliche Betreuungszeiten (2007)

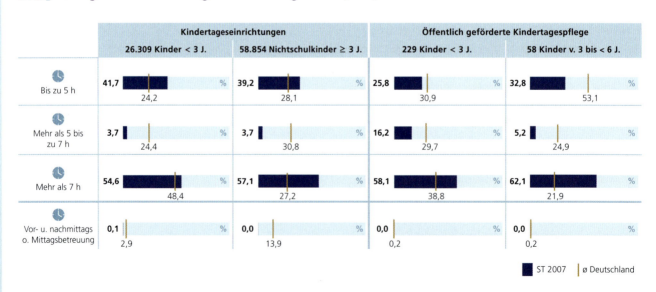

## ST4 | Bildungsbeteiligung vor der Schule (2007)

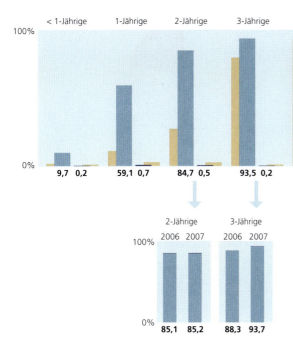

Fast 60% der Einjährigen sind in einem Angebot der FBBE und damit etwa 17 Prozentpunkte mehr als im ostdeutschen Durchschnitt. Auch der Anteil der Zweijährigen liegt fast 12 Prozentpunkte über dem ostdeutschen Durchschnitt. Die Teilhabe der Dreijährigen an Angeboten der FBBE hat sich von 2006 auf 2007 nochmals um über 5 Prozentpunkte erhöht und liegt geringfügig über dem ostdeutschen Durchschnitt. Die hohen Teilhabequoten der unter Dreijährigen bilden eine wichtige Basis für eine hohe Beteiligung der älteren Kinder.

## ST5 | Kinder mit Migrationshintergrund in Kindertageseinrichtungen (2007)

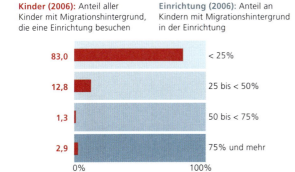

Der durchschnittliche Anteil von Kindern mit Migrationshintergrund (mindestens ein Elternteil ausländischer Herkunft) in Kindertageseinrichtungen in ST entspricht sowohl für die Altersgruppe der unter Dreijährigen als auch für die Nichtschulkinder ab drei Jahre weitgehend dem entsprechenden Vergleichswert in Ostdeutschland.

## ST6 | Investitionen pro Kind

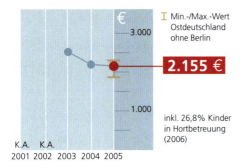

Die reinen Nettoausgaben der öffentlichen Haushalte für FBBE pro unter 10-jährigem Kind gingen zwischen 2003 und 2004 um −11% sowie zwischen 2004 und 2005 um −2,7% zurück.

## ST7 | Finanzierungsgemeinschaft für FBBE (2005)

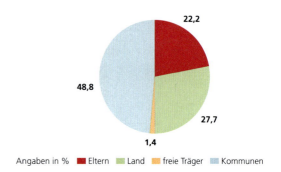

In den öffentlichen Statistiken fehlen i.d.R. die Elternbeiträge, die direkt von freien Trägern eingezogen werden, sowie die finanziellen Eigenanteile der freien Träger. Diese Ausgabengrößen werden daher über Schätzungen ermittelt.

# Investitionen wirkungsvoll einsetzen

Die Investitionshöhe in ST spiegelt den hohen Stellenwert der FBBE wider, wenngleich mit den vorliegenden Daten keine Aussagen über die Qualität sowie die Wirkungen der Angebotsstrukturen möglich sind. Die Finanzierungsgemeinschaft für FBBE wird durch einen Anteil der Kommunen in Höhe von 48,8% getragen, das Land übernimmt einen Anteil von 27,7%. Die Eltern erbringen 22,2%, dies ist in Ostdeutschland ein vergleichsweise hoher Finanzierungsanteil. Den geringsten Anteil erbringen die freien Träger mit einem Anteil von 1,4%. Bei den Beiträgen, die Eltern zahlen, ist von größeren Schwankungen auszugehen, da ihre Höhe von den einzelnen Trägern bestimmt wird. Dabei kann eine generelle Einkommensstaffelung und eine Staffelung nach Anzahl der Kinder vorgenommen werden. Eine Beitragsermäßigung oder Beitragsübernahme gilt zudem für einkommensschwache Familien. Eine landeseinheitliche Regelung über die maximale Höhe der Elternbeiträge gibt es nicht.

## ST8 | Anteil der reinen Nettoausgaben für FBBE an den gesamten reinen Ausgaben öffentlicher Haushalte

2005 liegt der Anteil der reinen Nettoausgaben für FBBE gemessen an ihrem Anteil an den gesamten reinen Ausgaben der öffentlichen Haushalte in ST 0,7 Prozentpunkte unter dem Anteil, der im Durchschnitt in Ostdeutschland (5,3%) für FBBE aufgewandt wird.

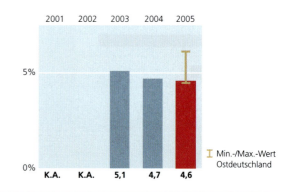

# Bildung fördern – Qualität sichern

Der Bildungsplan (Bildung: elementar – Bildung von Anfang an) wurde entwickelt durch eine wissenschaftliche Einrichtung. Zudem wurden Konsultationen mit Vertretern der verschiedensten gesellschaftlichen Gruppen und eine Diskussion mit einem Expertenteam durchgeführt. Nach einer Erprobungsphase in ausgewählten Einrichtungen wurde der Bildungsplan überarbeitet. Er ist für Kinder bis 14 Jahre konzipiert. Es gibt Informationsmaterialien über den Bildungsplan für die Eltern. Für die Mitarbeiterinnen der KiTas sind Informationsveranstaltungen zum Bildungsplan durchgeführt worden, allerdings war die Teilnahme an ihnen nicht verpflichtend. Die Fortbildungen, die durchgeführt wurden, sind mindestens zweitägig und es gibt öffentliche Mittel, um Fortbildungen für alle pädagogischen Mitarbeiter zum Bildungsplan anzubieten. Die Arbeit mit dem Bildungsplan in der Alltagspraxis wird nicht extern überprüft. Jede Einrichtung muss die Aufnahme des Bildungsplans in ihre Konzeption nachweisen.

## ST9 | Bildungsplan (BP)

### I. Information

| | |
|---|---|
| Kostenloser Versand des BP an alle KiTas | ● |
| BP als Download verfügbar | ● |
| BP als Publikation erwerbbar | ● |
| Informationsmaterial über BP für Eltern verfügbar | ● |
| Informationsmaterial über BP mehrsprachig f. Eltern verfügbar | – |
| **4 von 5 Punkten** | ●●●●○ |

### II. Qualifizierung

| | |
|---|---|
| Infoveranstaltung zum BP für KiTa-Mitarbeiterinnen | ● |
| Verpflichtende Informationsveranstaltung zum BP für KiTa-Mitarbeiterinnen | – |
| Angebotene Fortbildung zum BP mindestens zweitägig | ● |
| Alle Fachberatungen erhalten Fortbildungen zum BP | – |
| Öffentliche Mittel für regelmäßige Fortbildung zum BP für alle pädagogischen Mitarbeiterinnen verfügbar | ● |
| **3 von 5 Punkten** | ●●●○○ |

### III. Umsetzungskontrolle (in allen KiTas)

| | |
|---|---|
| Jährliche externe Überprüfung der Umsetzung des BP | – |
| Jährliche Berichtspflicht zur Implementation des BP | – |
| Nachweis der Aufnahme des BP in die Konzeption | ● |
| **1[1] von 3 Punkten** | ●○○ |

**Insgesamt 8 von 13 Punkten**

## ST10 | Kooperation KiTa – Grundschule

Es gilt eine landesweit verbindliche Regelung zur Kooperation von KiTas und Grundschulen, die im Kinderförderungsgesetz und in einem Erlass des Kultusministeriums festgelegt ist. Es sind keine landesweit verbindlichen fachlichen Standards definiert und es werden den Einrichtungen keine zusätzlichen Mittel zur Verfügung gestellt.

## ST11 | Pädagogisches Personal nach Berufsausbildungsabschlüssen (2007)

93,2% aller pädagogisch Tätigen verfügen in ST über einen Fachschulabschluss, dieser Anteil liegt 2,5 Prozentpunkte über dem ostdeutschen Durchschnitt. Lediglich 0,7% des Personals sind Kinderpflegerin. Dieses Qualifikationsniveau hat in ST den geringsten Anteil an den pädagogisch Beschäftigten. Sehr gering ist ebenfalls der Anteil derjenigen, die im Praktikum oder in Ausbildung sind (1,0%).

| Abschluss | Sachsen-Anhalt | ø Deutschland |
|---|---|---|
| | Anteile in Prozent | |
| (sozialpädagogischer) Hochschulabschluss | 1,4 | 3,4 |
| Fachschulabschluss (Erzieherinnen, Heilpädagoginnen) | 93,2 | 72,1 |
| Kinderpflegerinnen | 0,7 | 13,5 |
| anderer fachlicher Abschluss (sonst. Sozial- u. Erziehungsberufe) | 1,4 | 1,8 |
| anderer Abschluss | 1,2 | 3,0 |
| Praktikum/Ausbildung | 1,0 | 4,1 |
| ohne abgeschl. Ausbildung | 1,1 | 2,1 |

## ST12 | Personalschlüssel und Gruppengrößen in Kindertageseinrichtungen (2006)

### ST12A Personalschlüssel* und Erzieher-Kind-Relation

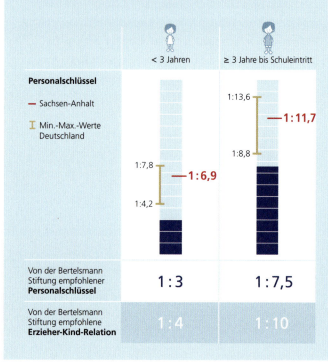

## ST13 | Beschäftigungsumfang des pädagogischen Personals in Kindertageseinrichtungen (2007)

Fast 13% der pädagogisch Tätigen sind in ST vollzeitbeschäftigt. Der Anteil der Vollzeitbeschäftigten hat sich von 1998 bis 2007 in hohem Umfang – um fast 24 Prozentpunkte – reduziert. Etwas über 22% der Personals sind 32 bis unter 38,5 Wochenstunden beschäftigt. Den größten Anteil am pädagogischen Personal haben die Beschäftigten mit 21 bis unter 32 Wochenstunden (über 55%). Der Anteil der teilzeittätigen Personen, die unter 21 Wochenstunden tätig sind (über 9%), liegt mehr als drei Prozentpunkte unter dem Bundesdurchschnitt. Mehr als 50% der Kinder in einer KiTa werden mehr als 7 Stunden täglich betreut. Mit Blick auf die Qualität der Angebote wäre zu prüfen, ob insbesondere bei der Ganztagsbetreuung eine Abstimmung von Betreuungszeiten und Beschäftigungszeiten erfolgt, die Kindern z.B. kontinuierliche sowie verlässliche Beziehungserfahrungen ermöglicht und gleichzeitig für das pädagogische Personal Arbeitszeit für Aufgaben ohne Kinder berücksichtigt.

### ST13A Pädagogisches Personal nach Beschäftigungsumfang

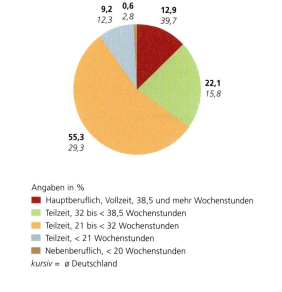

Angaben in %
- Hauptberuflich, Vollzeit, 38,5 und mehr Wochenstunden
- Teilzeit, 32 bis < 38,5 Wochenstunden
- Teilzeit, 21 bis < 32 Wochenstunden
- Teilzeit, < 21 Wochenstunden
- Nebenberuflich, < 20 Wochenstunden

*kursiv* = ø Deutschland

# SACHSEN-ANHALT (ST)

## ST12B Durchschnittliche Gruppengrößen

|  | < 3 Jahren | ≥ 3 Jahre bis Schuleintritt |
|---|---|---|
| **Ganztagsgruppen** Anzahl der Kinder | 12 | 17 |
| **Keine Ganztagsgruppen** Anzahl der Kinder | 13 | 18 |

**\* Personalschlüssel**

Der für jedes Bundesland ausgewiesene Personalschlüssel und der von der Bertelsmann Stiftung empfohlene Personalschlüssel sind rechnerische Größen. Sie beschreiben jeweils die Relation zwischen der täglichen Inanspruchnahme aller Kinder und dem eingesetzten Personal in einer Gruppe. Basis ist die vertragliche Arbeitszeit der einzelnen Mitarbeiterinnen, die auch Vorbereitungszeiten, Teamsitzungen, Elterngespräche, Leitungsanteile, Urlaub und Krankheitszeiten u. a. umfasst. Der Personalschlüssel gibt nicht an, wie viele Kinder zu jedem Zeitpunkt am Tag von einer Fachkraft betreut werden. Hierzu s. Erzieher-Kind-Relation.

Die empfohlene Erzieher-Kind-Relation errechnet sich aus dem empfohlenen Personalschlüssel. Es wird angenommen, dass 25% der Arbeitszeit für Tätigkeiten ohne Kinder einzuplanen sind und 75% für eine direkte pädagogische Interaktion mit dem Kind verfügbar sind.

## ST14 Rahmenbedingungen für Bildungsqualität

| Regelungen zur Strukturqualität | Allgemein geregelt | Präzise definiert |
|---|---|---|
| Maximale Gruppengröße | – | – |
| Erzieher-Kind-Relation | ● | ● |
| Verfügungszeit | – | – |
| Fachberatung | – | – |
| Fortbildung | ● | – |
| Leitungsfreistellung | ● | – |
| (Innen-/Außen-)Flächen | – | – |

**Insgesamt 4 von 14 Punkten**

Nur die Erzieher-Kind-Relation ist landeseinheitlich präzise definiert. Weitere Elemente der Strukturqualität sind auf Landesebene entweder nicht oder nur allgemein geregelt.

## ST13B Anteil der Vollzeitbeschäftigten 1998–2007

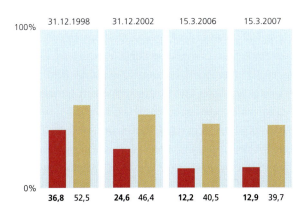

| | 31.12.1998 | 31.12.2002 | 15.3.2006 | 15.3.2007 |
|---|---|---|---|---|
| ST | 36,8 | 24,6 | 12,2 | 12,9 |
| ø Deutschland | 52,5 | 46,4 | 40,5 | 39,7 |

Anteil Vollzeitbeschäftigte an allen Beschäftigten ohne Verwaltung und Hauswirtschaft/Technik

■ ST   ■ ø Deutschland

| Regelungen zur Qualitätsüberprüfung | |
|---|---|
| Geregelte Verpflichtung in Ausführungsgesetz oder Verordnung | – |
| *Elternbefragung (mindestens jährlich)* | – |
| *Selbstevaluation* | – |
| *Fremdevaluation* |  |
| Zahlung öffentlicher Zuschüsse abhängig von externer Qualitätsüberprüfung | – |

**Insgesamt 0 von 5 Punkten**

Verfahren zur Qualitätsüberprüfung sind nicht verbindlich in allen KiTas vorgesehen. Damit fehlt eine systematische und kontinuierliche Transparenz über die Qualität der bestehenden Bildungs- und Betreuungsangebote. Sie könnte zielgerichtete Impulse für eine kontinuierliche Qualitätsentwicklung aller KiTas geben.

# Schleswig-Holstein

**Basisdaten 2007**

Fläche: 15.800 km²

Einwohner (31.12.2006):
2.834.254

**Anteil der Kinder in FBBE**
Kinder unter 3 Jahren: 8,3%
Nichtschulkinder
3 bis < 6 Jahre: 83,3%
(inkl. 0,1% in [vor-]schulischen Einrichtungen)

| | |
|---|---:|
| Geborene Kinder 2006 | 22.686 |
| Geburten pro Frau 2005 | 1,4 |
| Anzahl der Kinder unter 10 Jahren (31.12.2006) | 267.036 |
| Davon Kinder unter 3 Jahren | 71.127 |
| Davon Kinder 3 bis unter 6 Jahre | 77.897 |
| Davon Kinder 6 bis unter 10 Jahre | 118.012 |

| | |
|---|---:|
| Erwerbstätigenquote von Müttern (2006) mit | |
| ... mindestens einem Kind unter 3 Jahren | 44,6% |
| ... mindestens einem Kind von 3 bis unter 6 Jahren | 53,5% |
| Empfänger v. laufender Hilfe zum Lebensunterhalt (Ende 2004) | 114.645 |
| Darunter Kinder unter 18 Jahren | 45.937 |
| Tageseinrichtungen insgesamt | 1.639 |
| Anteil der Einrichtungen | |
| ... in öffentlicher Trägerschaft | 23,9% |
| ... in freigemeinnütziger Trägerschaft | 74,8% |
| ... als Betriebs-/Unternehmensteil | 0,2% |
| ... in privatgewerblicher Trägerschaft | 1,0% |
| Anteil der KiTas ohne feste Gruppenstruktur | 5,9% |
| Pädagogisches Personal in KiTas insgesamt | 11.453 |
| Kinder in KiTas insgesamt | 92.290 |
| Darunter Kinder unter 3 Jahren | 4.310 |
| Darunter Nichtschulkinder 3 bis unter 6 Jahre | 64.186 |
| Darunter Schulkinder 6 bis unter 10 Jahre | 5.949 |
| Tagespflegepersonen insgesamt | 1.611 |
| Kinder unter 6 Jahren in Kindertagespflege | 2.185 |
| Davon Kinder unter 3 Jahren | 1.580 |
| Davon Kinder 3 bis unter 6 Jahre | 605 |

In Schleswig-Holstein ist das Ministerium für Bildung und Frauen zuständig für FBBE. Es gibt keinen Austausch oder Abstimmung über Themen der FBBE in interministeriellen, regelmäßigen Fachgruppen. Auf Landesebene arbeiten drei Gremien an Themen der FBBE: die Steuerungsgruppe, die AG „Leitlinien zum Bildungsauftrag" sowie die AG „Sprachförderung". An ihnen sind das Bildungsministerium, Wohlfahrtsverbände, Elternvertretungen, kommunale Landesverbände, die Landeselternvertretung, die Universität Flensburg, Sprachheilpädagogen und KiTa-Fachberaterinnen beteiligt.

Das zuständige Landesministerium hat ausgewählte Projekte zur Sprachförderung, Kooperation KiTa und Grundschule oder auch zu Beobachtungsverfahren initiiert. Insgesamt zeigt sich, dass die Landesebene in SH kaum über langfristige Programme Impulse für die fachliche Weiterentwicklung der FBBE gibt.

## Teilhabe sichern

In SH ist die Teilhabe der Kinder an Angeboten der FBBE vergleichsweise niedrig. So hat SH im Bundesländervergleich die niedrigste Teilhabequote der Kinder ab drei Jahre an FBBE, sie liegt 6,5 Prozentpunkte unter dem Bundesdurchschnitt. Auch der Anteil der unter Dreijährigen an Angeboten der FBBE liegt 7,2 Prozentpunkte unter dem Bundesdurchschnitt. Intensive Ausbauaktivitäten haben nach den vorliegenden Daten zwischen 2006 und 2007 noch nicht stattgefunden. Der Anteil der Zweijährigen hat sich in diesem Zeitraum nur geringfügig erhöht und liegt fast 13 Prozentpunkte unter dem Bundesdurchschnitt. Der Anteil der Dreijährigen hat sich von 2006 auf 2007 lediglich um 1,7 Prozentpunkte erhöht und liegt damit insgesamt mehr als 13 Prozentpunkte unter dem Bundesdurchschnitt.

Die Mehrheit aller Kinder, die eine KiTa besuchen, wird in SH täglich bis zu 5 Stunden betreut. Damit liegt der Anteil der

Kinder unter drei Jahren, die diese Betreuungszeit nutzen, 24 Prozentpunkte und bei den älteren Kindern fast 36 Prozentpunkte über dem Bundesdurchschnitt. Auch die Nutzung von Ganztagsbetreuung ist in SH vergleichsweise gering. Fast 32% der unter Dreijährigen sind mehr als 7 Stunden täglich in einer KiTa, dieser Anteil liegt 16 Prozentpunkte unter dem Bundesdurchschnitt. Von den älteren Kindern ist der Anteil in Ganztagsbetreuung noch niedriger (über 13%) und liegt damit 14 Prozentpunkte unter dem Bundesdurchschnitt.

## Investitionen wirkungsvoll einsetzen

Im Bundesländervergleich hat SH bei den reinen Nettoausgaben der öffentlichen Haushalte für FBBE pro unter 10-jährigem Kind die niedrigsten Ausgaben. Hier werden nur 36,7% der Ausgaben des Bundeslandes mit den höchsten Ausgaben pro Kind in Deutschland aufgewandt. Auch der Anteil reiner Nettoausgaben für FBBE gemessen an ihrem Anteil an den gesamten reinen Ausgaben der öffentlichen Haushalte liegt 0,5 Prozentpunkte unter dem durchschnittlichen Anteil in Westdeutschland (3,3%). Bei der Finanzierung der Ausgaben für FBBE fällt zudem auf, dass nach den vorliegenden Berechnungen die Eltern in SH mit 27,4% den höchsten Anteil im Bundesländervergleich zahlen.

## Bildung fördern – Qualität sichern

Das zuständige Landesministerium hat in SH die Konzeption eines Bildungsplans initiiert. Bei den Aktivitäten zur Förderung der Umsetzung des Bildungsplans fällt auf, dass für Eltern keine Informationsmaterialien erstellt worden sind. Die Umsetzung des Bildungsplans ist durch Fortbildungen für alle Fachberaterinnen unterstützt worden, damit ist eine wichtige Multiplikatorengruppe erreicht worden. Für die Qualifizierung des pädagogischen Personals sind öffentliche Mittel verfügbar, allerdings ist nicht erkennbar, wie viele Mitarbeiterinnen der KiTas tatsächlich landesweit qualifiziert wurden. Bei den Aktivitäten zur Kontrolle der Umsetzung fällt auf, dass SH nicht nur den Nachweis der Aufnahme des Bildungsplans in die Konzeption vorschreibt, sondern dass darüber hinaus auch eine jährliche Berichtspflicht der KiTas zur Implementation des Bildungsplans besteht. Interessant wäre festzustellen, ob durch dieses Verfahren eine nachhaltige Umsetzung des Bildungsplans gefördert wird.

Die in den KiTas verfügbaren Personalressourcen werden als zentrale Einflussgröße auf die pädagogische Arbeit eingestuft. In SH ist das formale Qualifikationsniveau im Bundesländervergleich insgesamt eher niedrig. So liegt der Anteil des pädagogischen Personals mit Fachschulabschluss fast 9 Prozentpunkte unter dem Bundesdurchschnitt und der des Personals mit dem formal niedrigeren Abschluss der Kinderpflegerin 7,6 Prozentpunkte über dem Bundesdurchschnitt. Der Anteil des pädagogischen Personals mit Hochschulabschluss liegt 1,4 Prozentpunkte über dem Bundesdurchschnitt.

In SH ist ein großer Anteil des pädagogischen Personals 21 bis unter 32 Wochenstunden tätig (fast 43%). Diese eher geringen Beschäftigungsumfänge sind auch vor dem Hintergrund zu beurteilen, dass der überwiegende Teil der Kinder in den KiTas nur bis zu 5 Stunden täglich betreut wird. Darüber hinaus besteht auch in SH der bundesweite Trend des Abbaus der Vollzeitbeschäftigung. So ist zwischen 1998 und 2007 der Anteil der Vollzeitbeschäftigten in SH um 9,4 Prozentpunkte gesunken.

Die Berechnungen zu den Personalschlüsseln (vgl. Grafik SH 12) liefern weitere Informationen über die in den KiTas verfügbaren Personalressourcen. Dabei zeigt sich für SH, dass sowohl die Personalressourcen für die Kinder unter drei Jahren als auch für die älteren Kinder im Bundesländervergleich im Mittelfeld liegen.

Zu den weiteren Rahmenbedingungen der Bildungsqualität in den KiTas bestehen zwar für sechs von insgesamt sieben erfassten Elementen der Strukturqualität allgemeine Regelungen. Allerdings sind nur die maximale Gruppengröße sowie die Erzieher-Kind-Relation präzise definiert, so dass von landeseinheitlichen Bedingungen in allen KiTas ausgegangen werden kann. Für die übrigen Bereiche liegt die Gestaltungsverantwortung dezentral, so dass landesweit Differenzen in den Strukturqualitäten der KiTas auftreten können. Welche Auswirkungen diese möglichen Differenzen auf die pädagogische Prozessqualität in den KiTas haben, kann mangels Daten nicht festgestellt werden. Eine aktive Unterstützung der Qualitätsentwicklung seitens des Landes könnte durch Maßnahmen der Fremdevaluation erfolgen. Alternativ oder zusätzlich könnten durch das Land Maßnahmen zur einrichtungsspezifischen Qualitätsentwicklung angeboten werden, die an den Ergebnissen der bereits verpflichtend durchzuführenden Selbstevaluation ansetzen könnten.

Hilfreich für die Weiterentwicklung der FBBE in SH könnte ein landespolitisches Gesamtprogramm sein, das die Zielsetzungen sowie die existierenden Maßnahmen des Landes transparent macht und damit auch eine zielorientierte Weiterentwicklung des Systems der FBBE unterstützen könnte.

## SH1 | Rechtsanspruch des Kindes auf einen Betreuungsplatz

Es besteht ein elternunabhängiger Rechtsanspruch auf einen Betreuungsplatz für jedes Kind vom vollendeten dritten Lebensjahr bis zum Schuleintritt. Die garantierten Betreuungsumfänge umfassen vier Stunden täglich.

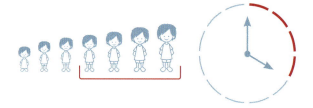

# Teilhabe sichern

Die Teilhabequoten an FBBE-Angeboten der unter Dreijährigen sowie der älteren Kinder ab drei Jahre liegen 7,2 bzw. 6,5 Prozentpunkte unter dem Bundesdurchschnitt. Die Mehrheit aller Kinder in den KiTas wird täglich bis zu 5 Stunden betreut. Von den unter Dreijährigen wird ein Anteil von 48,2% bis zu 5 Stunden und 31,9% werden mehr als 7 Stunden täglich in einer KiTa betreut. Von den älteren Kindern werden 63,8% bis zu 5 Stunden und 13,2% mehr als 7 Stunden täglich in einer KiTa betreut. Damit liegt der Anteil der Kinder, die täglich nur fünf Stunden und weniger in ihrer KiTa sind, weit über dem Bundesdurchschnitt, bei den unter Dreijährigen 24,0 Prozentpunkte, bei den älteren Kindern 35,7 Prozentpunkte.

## SH2 | Ausbaubedarf bei Betreuungsplätzen für unter Dreijährige

**386** Mehr Kinder < 3 Jahren in FBBE 15.3.2007

**5.504** Kinder < 3 Jahren in FBBE 15.3.2006

**5.840** verbleibender Ausbaubedarf bis 2010

Nach den Kriterien des Tagesbetreuungsausbaugesetzes wird angenommen, dass für 11.730 Kinder unter drei Jahren im Jahr 2010 ein Platz in der Tagesbetreuung verfügbar sein soll. Bis zum Jahr 2010 wären danach fast noch 50% des ermittelten Platzbedarfs neu zu schaffen.

## SH3 | Vertraglich vereinbarte tägliche Betreuungszeiten (2007)

| | Kindertageseinrichtungen | | Öffentlich geförderte Kindertagespflege | |
|---|---|---|---|---|
| | 4.310 Kinder < 3 J. | 80.748 Nichtschulkinder ≥ 3 J. | 1.580 Kinder < 3 J. | 605 Kinder v. 3 bis < 6 J. |
| Bis zu 5 h | 48,2% / 24,2 | 63,8% / 28,1 | 45,3% / 30,9 | 53,1% / 53,1 |
| Mehr als 5 bis zu 7 h | 19,7% / 24,4 | 22,8% / 30,8 | 31,7% / 29,7 | 27,9% / 24,9 |
| Mehr als 7 h | 31,9% / 48,4 | 13,2% / 27,2 | 22,9% / 38,8 | 18,8% / 21,9 |
| Vor- u. nachmittags o. Mittagsbetreuung | 0,2% / 2,9 | 0,2% / 13,9 | 0,1% / 0,2 | 0,2% / 0,2 |

■ SH 2007   | ø Deutschland

## SH4 | Bildungsbeteiligung vor der Schule (2007)

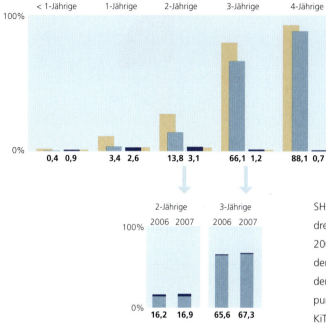

SH hat im Bundesvergleich die niedrigste Teilhabequote der Kinder ab drei Jahren an FBBE. Der Anteil der Zweijährigen in KiTas hat sich von 2006 auf 2007 nicht verändert, lediglich der Anteil der Kinder in Kindertagespflege hat sich um 0,7 Prozentpunkte erhöht. Insgesamt liegt der Anteil der Zweijährigen, die Angebote besuchen, 12,8 Prozentpunkte unter dem Bundesdurchschnitt. Der Anteil der Dreijährigen in KiTas hat sich von 2006 auf 2007 geringfügig um 1,6 Prozentpunkte erhöht. Insgesamt werden von den Dreijährigen 13,1 Prozentpunkte weniger in Angeboten der FBBE betreut als im Bundesdurchschnitt.

## SH5 | Kinder mit Migrationshintergrund in Kindertageseinrichtungen (2007)

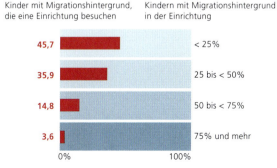

Durchschnittlich haben von den unter Dreijährigen in KiTas über 13% einen Migrationshintergrund (mindestens ein Elternteil ausländischer Herkunft). Von den Nichtschulkindern ab drei Jahre haben über 15% einen Migrationshintergrund.

## SH6 | Investitionen pro Kind

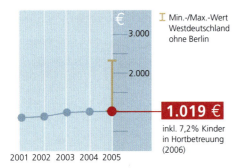

Die reinen Nettoausgaben der öffentlichen Haushalte für FBBE pro unter Zehnjährigem zeigen – variierende – Steigerungsraten. Zwischen 2002 und 2003 steigen die Ausgaben um 11,5% und von 2004 auf 2005 um 0,5%. Im Bundesvergleich hat SH die niedrigsten Ausgaben pro Kind.

## SH7 | Finanzierungsgemeinschaft für FBBE (2005)

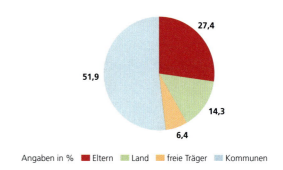

In den öffentlichen Statistiken fehlen i.d.R. die Elternbeiträge, die direkt von freien Trägern eingezogen werden, sowie die finanziellen Eigenanteile der freien Träger. Diese Ausgabengrößen werden daher über Schätzungen ermittelt.

# Investitionen wirkungsvoll einsetzen

Die Kommunen tragen 2005 fast 52% der Gesamtkosten. Der zweitgrößte Anteil – über 27% – wird von den Eltern finanziert. Das Land übernimmt einen Anteil von über 14%, und die freien Träger beteiligen sich mit mehr als 6%. Im Bundesvergleich ist der Finanzierungsanteil von Land und Kommunen in SH der niedrigste. Am 1.1.2004 wurde der Landesfinanzierungsanteil in Höhe von 60 Mio. Euro in den kommunalen Finanzausgleich überführt. Damit wurde eine Zweckbindung für Kindertagesbetreuung festgelegt. Der Landesanteil wird nur an den örtlichen Träger der Jugendhilfe ausgezahlt, welcher bei der Weitergabe der Landesgelder einen Gestaltungsspielraum hat. Die Höhe der Elternbeiträge wird von den Trägern oder von den Standortgemeinden bzw. in einem Fall vom örtlichen Träger der Jugendhilfe festgelegt. Elternbeiträge werden nach Anzahl der Kinder gestaffelt. Zudem gibt es eine Beitragsermäßigung bzw. eine -übernahme für einkommensschwache Familien. Eine landeseinheitliche Regelung über die maximale Höhe der Elternbeiträge gibt es nicht.

## SH8 | Anteil der reinen Nettoausgaben für FBBE an den gesamten reinen Ausgaben öffentlicher Haushalte

2005 liegt in SH der Anteil der reinen Nettoausgaben für FBBE gemessen an ihrem Anteil an den gesamten reinen Ausgaben der öffentlichen Haushalte 0,5 Prozentpunkte unter dem durchschnittlichen Anteil, der in Westdeutschland (3,3%) für FBBE aufgewandt wird.

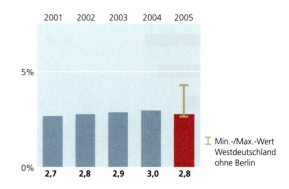

SCHLESWIG-HOLSTEIN (SH)

# Bildung fördern – Qualität sichern

Der Bildungsplan (in SH „Erfolgreich starten - Leitlinien zum Bildungsauftrag von KiTas" genannt) wurde durch eine wissenschaftliche Einrichtung entwickelt. Die Entwicklung war geprägt durch Konsultationen mit Vertretern der freien Träger, von Elternverbänden und Fachschulen für Sozialpädagogik. Nach einer Erprobungsphase in allen Einrichtungen wurde der Bildungsplan überarbeitet. Er ist für Kinder bis 14 Jahre konzipiert. Für Eltern gibt es keine gesonderten Materialien zur Information über den Bildungsplan. Für das pädagogische Personal wurden Informationsveranstaltungen durchgeführt, eine Teilnahme an ihnen ist nicht verpflichtend. Alle Fachberatungen haben Fortbildungen zum Bildungsplan erhalten - damit wurde eine zentrale Multiplikatorengruppe qualifiziert. Außerdem stehen öffentliche Mittel für regelmäßige Fortbildungen für alle pädagogischen Mitarbeiterinnen zur Verfügung. Zur Überprüfung der Arbeit nach dem Bildungsplan muss jede Einrichtung einen Bericht zur Implementation des Bildungsplans vorlegen sowie die Aufnahme des Bildungsplans in die Einrichtungskonzeption nachweisen.

## SH9 | Bildungsplan (BP)

| I. Information | |
|---|---|
| Kostenloser Versand des BP an alle KiTas | ● |
| BP als Download verfügbar | ● |
| BP als Publikation erwerbbar | – |
| Informationsmaterial über BP für Eltern verfügbar | – |
| Informationsmaterial über BP mehrsprachig f. Eltern verfügbar | – |
| | 2 von 5 Punkten  ●●○○○ |

| II. Qualifizierung | |
|---|---|
| Infoveranstaltung zum BP für KiTa-Mitarbeiterinnen | ● |
| Verpflichtende Informationsveranstaltung zum BP für KiTa-Mitarbeiterinnen | – |
| Angebotene Fortbildung zum BP mindestens zweitägig | – |
| Alle Fachberatungen erhalten Fortbildungen zum BP | ● |
| Öffentliche Mittel für regelmäßige Fortbildung zum BP für alle pädagogischen Mitarbeiterinnen verfügbar | ● |
| | 3 von 5 Punkten  ●●●○○ |

| III. Umsetzungskontrolle (in allen KiTas) | |
|---|---|
| Jährliche externe Überprüfung der Umsetzung des BP | – |
| Jährliche Berichtspflicht zur Implementation des BP | ● |
| Nachweis der Aufnahme des BP in die Konzeption | ● |
| | 2 von 3 Punkten  ●●○ |

**Insgesamt 7 von 13 Punkten**

## SH10 | Kooperation KiTa – Grundschule

Im KiTa- und Schulgesetz sind landesweit verbindliche Regelungen zur Kooperation von KiTas und Grundschulen festgelegt. Zudem gibt es verbindliche Rahmenvereinbarungen auf Landesebene, in denen Prinzipien und Grundsätze der Zusammenarbeit sowie fachliche Standards für die Kooperation definiert sind.

Datengrundlage erhoben und berechnet in Zusammenarbeit mit akj STAT

## SH11 | Pädagogisches Personal nach Berufsausbildungsabschlüssen (2007)

Vom pädagogischen Personal haben 63,2% einen Fachschulabschluss, ihr Anteil liegt 8,9 Prozentpunkte unter dem Bundesdurchschnitt. 21,1% des pädagogischen Personals sind Kinderpflegerinnen, ihr Anteil liegt 7,6 Prozentpunkte über dem Bundesdurchschnitt. Der Anteil des Personals mit einem Hochschulabschluss liegt bei 4,8% und damit über dem Bundesdurchschnitt.

| Abschluss | Schleswig-Holstein | ø Deutschland |
|---|---|---|
| | Anteile in Prozent | |
| (sozialpädagogischer) Hochschulabschluss | 4,8 | 3,4 |
| Fachschulabschluss (Erzieherinnen, Heilpädagoginnen) | 63,2 | 72,1 |
| Kinderpflegerinnen | 21,1 | 13,5 |
| anderer fachlicher Abschluss (sonst. Sozial- u. Erziehungsberufe) | 3,7 | 1,8 |
| anderer Abschluss | 3,6 | 3,0 |
| Praktikum/Ausbildung | 0,6 | 4,1 |
| ohne abgeschl. Ausbildung | 3,0 | 2,1 |

## SH12 | Personalschlüssel und Gruppengrößen in Kindertageseinrichtungen (2006)

### SH12A  Personalschlüssel* und Erzieher-Kind-Relation

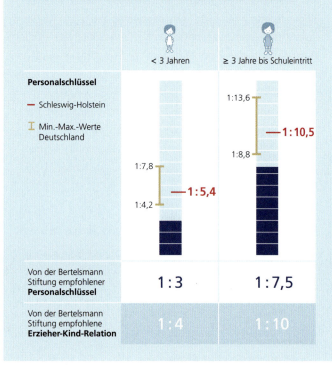

## SH13 | Beschäftigungsumfang des pädagogischen Personals in Kindertageseinrichtungen (2007)

Mit fast 43% ist ein großer Anteil der pädagogisch Tätigen 21 bis unter 32 Wochenstunden tätig. Da die Mehrheit der Kinder in KiTas bis zu fünf Stunden täglich betreut wird, könnte das Arbeitszeitvolumen auf diese Betreuungszeiten abgestimmt sein. Etwa ein Viertel der pädagogisch Tätigen ist vollzeitbeschäftigt. Ihr Anteil ist von 1998 bis 2007 um insgesamt 9,4 Prozentpunkte gesunken. Jeweils ca. 14% sind als Teilzeittätige 32 bis unter 38,5 Wochenstunden sowie unter 21 Wochenstunden beschäftigt.

### SH13A  Pädagogisches Personal nach Beschäftigungsumfang

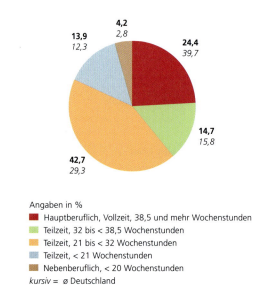

SCHLESWIG-HOLSTEIN (SH)

## SH12B  Durchschnittliche Gruppengrößen

|  | < 3 Jahren | ≥ 3 Jahre bis Schuleintritt |
|---|---|---|
| **Ganztagsgruppen** Anzahl der Kinder | 9 | 20 |
| **Keine Ganztagsgruppen** Anzahl der Kinder | 10 | 20 |

**\* Personalschlüssel**

Der für jedes Bundesland ausgewiesene Personalschlüssel und der von der Bertelsmann Stiftung empfohlene Personalschlüssel sind rechnerische Größen. Sie beschreiben jeweils die Relation zwischen der täglichen Inanspruchnahme aller Kinder und dem eingesetzten Personal in einer Gruppe. Basis ist die vertragliche Arbeitszeit der einzelnen Mitarbeiterinnen, die auch Vorbereitungszeiten, Teamsitzungen, Elterngespräche, Leitungsanteile, Urlaub und Krankheitszeiten u. a. umfasst. Der Personalschlüssel gibt nicht an, wie viele Kinder zu jedem Zeitpunkt am Tag von einer Fachkraft betreut werden. Hierzu s. Erzieher-Kind-Relation.

Die empfohlene Erzieher-Kind-Relation errechnet sich aus dem empfohlenen Personalschlüssel. Es wird angenommen, dass 25% der Arbeitszeit für Tätigkeiten ohne Kinder einzuplanen sind und 75% für eine direkte pädagogische Interaktion mit dem Kind verfügbar sind.

## SH13B  Anteil der Vollzeitbeschäftigten 1998–2007

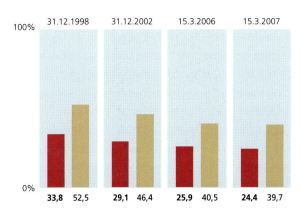

| | 31.12.1998 | 31.12.2002 | 15.3.2006 | 15.3.2007 |
|---|---|---|---|---|
| SH | 33,8 | 29,1 | 25,9 | 24,4 |
| ø Deutschland | 52,5 | 46,4 | 40,5 | 39,7 |

Anteil Vollzeitbeschäftigte an allen Beschäftigten ohne Verwaltung und Hauswirtschaft/Technik

■ SH   ■ ø Deutschland

## SH14 | Rahmenbedingungen für Bildungsqualität

| Regelungen zur Strukturqualität | Allgemein geregelt | Präzise definiert |
|---|---|---|
| Maximale Gruppengröße | ● | ● |
| Erzieher-Kind-Relation | ● | ●[1] |
| Verfügungszeit | ● | – |
| Fachberatung | ● | – |
| Fortbildung | ● | – |
| Leitungsfreistellung | ● | – |
| (Innen-/Außen-)Flächen | – | – |

**Insgesamt 8 von 14 Punkten**

Für die meisten Elemente der Strukturqualität gibt es allgemeine Regelungen, jedoch ohne konkrete Angaben zum Umfang. Landeseinheitliche Regelungen zu Rahmenbedingungen für KiTas existieren somit kaum. Es wäre zu prüfen, ob dies zu starken Differenzen in der Strukturqualität führt und welche Effekte jeweils auf die pädagogische Prozessqualität zu erwarten sind.

| Regelungen zur Qualitätsüberprüfung | |
|---|---|
| Geregelte Verpflichtung in Ausführungsgesetz oder Verordnung | ● |
| *Elternbefragung (mindestens jährlich)* | ● |
| *Selbstevaluation* | ● |
| *Fremdevaluation* | – |
| Zahlung öffentlicher Zuschüsse abhängig von externer Qualitätsüberprüfung | – |

**Insgesamt 3 von 5 Punkten**

Verpflichtungen zur Qualitätsentwicklung und -sicherung werden per Ausführungsgesetz durch das Land geregelt.
Es müssen mindestens jährlich Elternbefragungen und Selbstevaluation durchgeführt werden.

# Thüringen

### Basisdaten 2007

**Fläche:** 16.172 km²

**Einwohner** (31.12.2006): 2.311.140

**Anteil der Kinder in FBBE**
Kinder unter 3 Jahren: 37,5%
Nichtschulkinder
3 bis < 6 Jahre: 95,9%
(inkl. 0,1% in [vor-]schulischen Einrichtungen)

| | |
|---|---|
| Geborene Kinder 2006 | 16.402 |
| Geburten pro Frau 2005 | 1,3 |
| Anzahl der Kinder unter 10 Jahren (31.12.2006) | 167.253 |
| Davon Kinder unter 3 Jahren | 50.217 |
| Davon Kinder 3 bis unter 6 Jahre | 50.867 |
| Davon Kinder 6 bis unter 10 Jahre | 66.169 |

| | |
|---|---|
| Erwerbstätigenquote von Müttern (2006) mit | |
| … mindestens einem Kind unter 3 Jahren | 42,6% |
| … mindestens einem Kind von 3 bis unter 6 Jahren | 62,8% |
| Empfänger v. laufender Hilfe zum Lebensunterhalt (Ende 2004) | 59.582 |
| Darunter Kinder unter 18 Jahren | 22.941 |
| Tageseinrichtungen insgesamt | 1.349 |
| Anteil der Einrichtungen | |
| … in öffentlicher Trägerschaft | 38,7% |
| … in freigemeinnütziger Trägerschaft | 61,1% |
| … als Betriebs-/Unternehmensteil | 0,1% |
| … in privatgewerblicher Trägerschaft | 0,1% |
| Anteil der KiTas ohne feste Gruppenstruktur | 4,4% |
| Pädagogisches Personal in KiTas insgesamt | 10.024 |
| Kinder in KiTas insgesamt | 79.130 |
| Darunter Kinder unter 3 Jahren | 18.216 |
| Darunter Nichtschulkinder 3 bis unter 6 Jahre | 48.740 |
| Darunter Schulkinder 6 bis unter 10 Jahre | 1.493 |
| Tagespflegepersonen insgesamt | 280 |
| Kinder unter 6 Jahren in Kindertagespflege | 634 |
| Davon Kinder unter 3 Jahren | 608 |
| Davon Kinder 3 bis unter 6 Jahre | 26 |

In TH ist seit 2004 das Ministerium für Kultus für Kinderkrippen, Kindergärten und Horte zuständig. Die Kindertagespflege liegt im Verantwortungsbereich des Ministeriums für Soziales, Familie und Gesundheit. Innerhalb des Kultusministeriums sind KiTas im Referat Kindertageseinrichtungen, Grundschulen, Förderschulen und sonderpädagogische Förderung verortet, welches somit die Bildungsinstitutionen der ersten zehn Lebensjahre umfasst. Diese Struktur beabsichtigt die strukturelle Verankerung der Elementarbildung in ein lebenslanges Lern- und Bildungskonzept, das bildungspolitisches Ziel in TH ist. Diese Zielsetzung konkretisiert sich gegenwärtig auch in dem in Erprobung befindlichen Thüringer Bildungsplan, der für die Altersgruppe der Kinder bis 10 Jahre entwickelt wurde.

Für die inhaltliche Ausgestaltung der Bildungsaufgaben in den KiTas sowie den Thüringer Bildungsplan bilden gegenwärtig die „Leitlinien frühkindlicher Bildung" die zentrale Arbeitsgrundlage, die der konzeptionellen Arbeit jeder Thüringer KiTa zugrunde liegen soll.

Die Weiterentwicklung der FBBE in TH wird auf der Landesebene durch drei regelmäßig stattfindende Fachgruppen begleitet, die sich mit den Themen „Weiterentwicklung der Qualität in KiTa", „Fortbildung des Pädagogischen Personals" und „Monitoring" beschäftigen. An allen drei Fachgruppen ist das Thüringer Kultusministerium beteiligt und in der Monitoring-Gruppe arbeiten zusätzlich das Thüringer Innenministerium, das Thüringer Ministerium für Soziales, Familie und Gesundheit und das Thüringer Finanzministerium mit. Darüber hinaus sind in allen Arbeitsgruppen der FBBE eine Vielzahl von gesellschaftlichen Gruppierungen aus Wissenschaft, Praxis, Trägerverbänden, Ministerien etc. eingebunden.

## Teilhabe sichern

In TH besteht eine hohe Teilhabequote der Kinder an Angeboten der FBBE. Drei Viertel aller zweijährigen Kinder und über 96% der dreijährigen Kinder sind in einem Angebot der FBBE. Da Kinder in TH bereits ab dem zweiten Lebensjahr einen Rechtsanspruch auf einen Kindergartenplatz haben, ist die Vermutung plausibel, dass diese Zugangsregelung einen frühen Zugang ermöglicht und von den Familien für ihre Kinder auch wahrgenommen wird. Herausragend im Bundesländervergleich sind darüber hinaus die vertraglich vereinbarten Betreuungszeiten in den KiTas. Von den unter Dreijährigen sind 83% und von den älteren Kindern 88% täglich mehr als 7 Stunden in einer KiTa. In TH ist demnach im Bundesvergleich der größte Anteil von Kindern in Ganztagsbetreuung.

## Investitionen wirkungsvoll einsetzen

Auch die reinen Nettoausgaben der öffentlichen Haushalte für FBBE pro unter 10-jährigem Kind in TH spiegeln den offensichtlich hohen Stellenwert wider, der Investitionen in frühe Bildung in TH beigemessen wird. So liegt die Höhe der Nettoausgaben im Spitzenfeld bei einem Vergleich der Bundesländer. Der Anteil der reinen Nettoausgaben für FBBE (5,1%) gemessen an den gesamten reinen Ausgaben der öffentlichen Haushalte liegt in TH etwas unter dem Durchschnitt Ostdeutschlands. Offensichtlich wird FBBE in TH deutlich als Landesaufgabe eingestuft, dies wird u. a. auch dadurch symbolisiert, dass in TH im Bundesländervergleich der höchste Finanzierungsanteil von einer Landesebene (ohne Berücksichtigung der Stadtstaaten) gezahlt wird.

## Bildung fördern – Qualität sichern

Die Personalressourcen einer KiTa werden in der internationalen Qualitätsforschung als grundlegende Elemente einer guten Strukturqualität und damit auch als zentrale Einflussgrößen auf die pädagogische Prozessqualität definiert. Das Qualifikationsniveau des pädagogischen Personals in TH bietet vor diesem Hintergrund im Bundesländervergleich grundsätzlich gute formale Voraussetzungen für eine hohe Qualität der pädagogischen Arbeit. Im Bundesländervergleich liegt das formale Qualifikationsniveau des Personals in den KiTas in TH im Spitzenfeld, da fast 94% des pädagogischen Personals über einen Fachschulabschluss verfügen.

Auffällig ist weiterhin, dass über 63% des pädagogischen Personals mindestens 32 Stunden wöchentlich beschäftigt sind. Da Ganztagsbetreuung in TH die am meisten genutzte Betreuungszeit ist, kann hier zumindest teilweise eine Abstimmung der Beschäftigungs- und Betreuungszeiten angenommen werden, bei der auch pädagogische Anforderungen wie kontinuierliche Beziehungsstrukturen realisiert werden können. Allerdings wäre genauer zu prüfen, in welchem Verhältnis der Zeitanteil für die direkte pädagogische Arbeit mit den Kindern zu dem Zeitanteil für Tätigkeiten ohne Kinder steht, da Letztere im Arbeitsalltag zu einer Verringerung der Zeitanteile mit den Kindern führen können.

Hinweise auf eher ungünstige Bedingungen bei den Personalressourcen geben die für TH berechneten Personalschlüssel (vgl. TH 12). Grundsätzlich ist nach diesen Ergebnissen davon auszugehen, dass TH beim Personalschlüssel sowohl für die Kinder unter drei Jahren als auch bei dem für die Nichtschulkinder über drei Jahren in die Gruppe der Bundesländer einzuordnen ist, die in den KiTas die schlechtesten Personalschlüssel haben und bei denen demnach deutlicher Verbesserungsbedarf besteht.

In TH sind fast alle betrachteten Elemente der Strukturqualität allgemein geregelt und zentrale Bereiche, wie z.B. Verfügungszeit, Erzieher-Kind-Relation und Leitungsfreistellung, sind auch präzise definiert. Damit sind gute Voraussetzungen geschaffen, dass für alle Kinder landesweit vergleichbare Rahmenbedingungen in den KiTas bestehen. Jedoch ist damit noch nicht gewährleistet, dass die vorhandenen Regelungen fachliche Standards erfüllen und eine angemessene Strukturqualität gewährleisten. Die vergleichsweise ungünstigen Personalschlüssel werfen beispielsweise die Frage auf, ob die von Landesebene angestoßenen Entwicklungen in der Alltagspraxis unter den gegebenen Rahmenbedingungen tatsächlich realisiert werden können. Das Kultusministerium lässt gegenwärtig Selbstevaluationsinstrumente entwickeln, die die KiTas bei der Weiterentwicklung ihrer Qualität unterstützen können. Darüber hinaus wäre zu prüfen, ob diese Verfahren auch transparent machen, wenn bestehende Rahmenbedingungen unzureichend sind, um gute Qualität realisieren zu können.

Das zuständige Landesministerium in TH initiiert und fördert zentrale fachliche Entwicklungsstränge im Bereich der FBBE. Hilfreich für die pädagogische Praxis und auch die Öffentlichkeit könnte mittelfristig die Entwicklung eines „Landesprogramms für FBBE" sein, das einen Orientierungsrahmen für pädagogische Zielsetzungen und Handlungsschwerpunkte der FBBE in TH bieten könnte.

## TH1 | Rechtsanspruch des Kindes auf einen Betreuungsplatz

Ein Rechtsanspruch auf einen Platz in der FBBE besteht für jedes Kind ab dem vollendeten zweiten Lebensjahr bis zum Schuleintritt. Die Betreuungszeiten sollen bedarfsgerecht sein und sich am Kindeswohl orientieren.

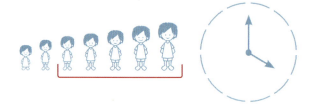

# Teilhabe sichern

Fast 96% der Kinder der Altersgruppe ab drei bis unter sechs Jahren nutzen ein Angebot der FBBE. Möglicherweise unterstützt durch den geltenden Rechtsanspruch in TH, der ab dem zweiten Lebensjahr besteht, liegt die Teilhabequote der zweijährigen Kinder bei fast 74% und damit über dem Durchschnitt Ostdeutschlands. Zwischen 2006 und 2007 verringerte sie sich allerdings um über 6 Prozentpunkte. Die Teilhabe der Dreijährigen erhöhte sich zwischen 2006 und 2007 um 2,7 Prozentpunkte. Auch die zeitliche Nutzung der KiTas weist auf eine umfangreiche Inanspruchnahme von FBBE hin. Für 83% der unter Dreijährigen und 88% der Nichtschulkinder ab drei Jahre sind tägliche Betreuungszeiten von mehr als 7 Stunden mit den KiTas vereinbart.

## TH2 | Ausbaubedarf bei Betreuungsplätzen für unter Dreijährige

Seit Inkrafttreten des Tagesbetreuungsausbaugesetzes sind in Thüringen bestehende Landesregelungen verändert worden, wie etwa die Absenkung des Rechtsanspruchs von 2,5 auf 2 Jahre. Die Regelung § 24 Abs. 2 SGB VIII wurde für Kinder unter 2 Jahren im ThürKiTaG festgeschrieben. In Thüringen besteht bezüglich des quantitativen Ausbaus der Plätze für unter Dreijährige kein Handlungsbedarf, da ein bedarfsgerechtes Angebot entsprechend dem Bundeskriterium besteht. Aufgrund des in Thüringen bestehenden Rechtsanspruchs ab 2 Jahren und dem Anspruch entsprechend den Kriterien nach § 24 Abs. 2 SGB VIII i. V. m. § 2 ThürKiTaG für Kinder unter 2 Jahren ist ein weiterer Ausbau geboten.

## TH3 | Vertraglich vereinbarte tägliche Betreuungszeiten (2007)

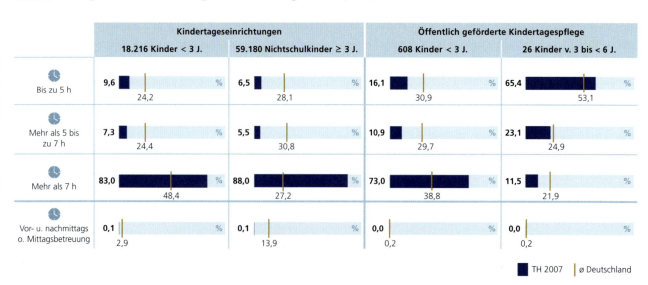

## TH4 | Bildungsbeteiligung vor der Schule (2007)

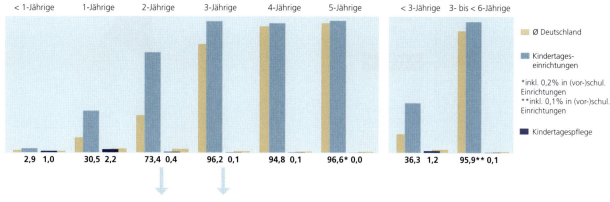

Die überwiegende Mehrheit (fast 96%) der Drei- bis unter Sechsjährigen nutzt ein Angebot der FBBE, wobei sich nur wenige Kinder (26) in der Kindertagespflege befinden. Fast drei Viertel der Zweijährigen nutzen ein Angebot der FBBE, vor allem in einer KiTa. Es ist deshalb plausibel davon auszugehen, dass ein großer Teil der Kinder mindestens vier Jahre eine KiTa besucht. Damit bestehen gute Voraussetzungen für eine kontinuierliche Förderung ihrer individuellen Bildungschancen.

## TH5 | Kinder mit Migrationshintergrund in Kindertageseinrichtungen (2007)

**Kinder < 3 Jahren**
3,2% Kinder, von denen mindestens ein Elternteil ausländischer Herkunft ist.

Davon sprechen 59,6% vorwiegend deutsch, 40,4% nicht-deutsch im Elternhaus.

**Nichtschulkinder ab 3 Jahre**
5,0% Kinder, von denen mindestens ein Elternteil ausländischer Herkunft ist.

Davon sprechen 54,7% vorwiegend deutsch, 45,3% nicht-deutsch im Elternhaus.

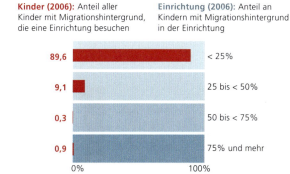

**Kinder (2006):** Anteil aller Kinder mit Migrationshintergrund, die eine Einrichtung besuchen

**Einrichtung (2006):** Anteil an Kindern mit Migrationshintergrund in der Einrichtung

Lediglich 3,2% der unter Dreijährigen und 5,0% der Kinder ab drei Jahren haben einen Migrationshintergrund. Aufgrund der insgesamt geringen Anzahl von Kindern mit Migrationshintergrund befanden sich 2006 89,6% dieser Kinder in einer KiTa, die einen Anteil von Kindern mit Migrationshintergrund unter 25% hat. Zur Unterstützung von KiTas mit einem hohen Anteil an Kindern mit Migrationshintergrund entwickelt das Kultusministerium mit dem Ministerium für Soziales, Familie und Gesundheit gegenwärtig ein Projekt, das den Übergang der Kinder in die Grundschule erleichtern soll.

## TH6 | Investitionen pro Kind

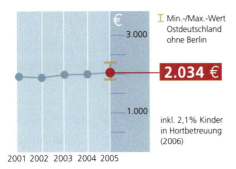

Die reinen Nettoausgaben der öffentlichen Haushalte für FBBE pro unter Zehnjährigem zeigen im Zeitverlauf Steigerungen. Die Ausgaben pro Kind sind zwischen 2004 und 2005 um 2,2% gestiegen.

## TH7 | Finanzierungsgemeinschaft für FBBE (2005)

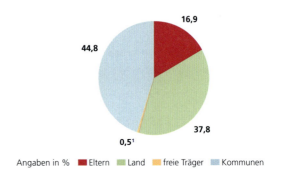

In den öffentlichen Statistiken fehlen i.d.R. die Elternbeiträge, die direkt von freien Trägern eingezogen werden, sowie die finanziellen Eigenanteile der freien Träger. Diese Ausgabengrößen werden daher über Schätzungen ermittelt. Genauere Erläuterungen vgl. Anhang.

# Investitionen wirkungsvoll einsetzen

Ausgaben für FBBE sind Investitionen in die Lebensperspektiven von Kindern und die Zukunft der Gesellschaft. Der landespolitische Stellenwert, der FBBE zugewiesen wird, spiegelt sich insbesondere im hohen Finanzierungsanteil des Landes wider (37,8%). TH übernimmt den höchsten Finanzierungsanteil einer Landesebene im Bundesgebiet (ohne Berücksichtigung der Stadtstaaten). Dieses Investitionsverhalten entspricht volkswirtschaftlichen Ertragsstudien, die zu dem Ergebnis kommen, dass die Landesebene höhere Erträge durch FBBE als die kommunale Ebene erfährt. Der Anteil der freien Träger ist mit 0,5% bemerkenswert gering, insbesondere da sich über 60% aller KiTas in freier Trägerschaft befinden. Der Finanzierungsanteil der Eltern an den Gesamtkosten für FBBE beträgt 2005 knapp 17%. Dabei können Schwankungen in der Höhe der Elternbeiträge bestehen, da diese von jedem Träger individuell festgelegt werden. Die Elternbeiträge sind nach dem Einkommen und/oder der Zahl der Kinder gestaffelt.

## TH8 | Anteil der reinen Nettoausgaben für FBBE an den gesamten reinen Ausgaben öffentlicher Haushalte

2005 liegt der Anteil der reinen Nettoausgaben für FBBE gemessen an ihrem Anteil an den gesamten reinen Ausgaben der öffentlichen Haushalte geringfügig (0,2 Prozentpunkte) unter dem Anteil, der im Durchschnitt in Ostdeutschland für FBBE aufgewandt wird.

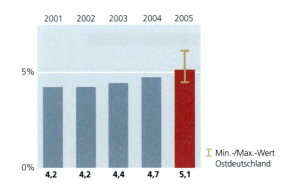

# Bildung fördern – Qualität sichern

Der Entwurf des Bildungsplans (in TH Thüringer Bildungsplan bis 10 Jahre genannt) wurde durch ein Konsortium mit Konsultation von verschiedenen gesellschaftlichen Gruppen entwickelt. Die Entwürfe werden öffentlich zur Diskussion gestellt. Zurzeit findet eine Erprobungsphase mit ausgewählten Praxispartnern[2] statt, nach der der Entwurf des Bildungsplans überarbeitet wird. Der Plan ist für die Altersgruppe der Kinder bis 10 Jahren konzipiert. Informationen zum Bildungsplan bzw. die Verteilung des Bildungsplans erfolgt mit dem In-Kraft-Setzen im Sommer 2008 an alle Personen, die im Bereich FBBE arbeiten. Informationsveranstaltungen für KiTa-Personal sowie Qualifizierungen für Fachberaterinnen sind durchgeführt worden. Eine verpflichtende Teilnahme aller pädagogischen Mitarbeiterinnen der KiTas ist nicht vorgesehen und die stattfindenden Qualifizierungsveranstaltungen sind nicht generell mindestens zweitägig. Einrichtungen müssen nachweisen, dass sie den Bildungsplan in ihre Konzeption aufgenommen haben. Die Verankerung des Bildungsplans in die Alltagspraxis wird durch unterstützte Praxis in Netzwerken zur Umsetzung eines ausgewählten Bildungsbereichs zu sichern versucht. Das entsprechende Implementationskonzept liegt im Sommer 2008 vor. Die notwendige Fortbildung wird durch das Land gefördert.

## TH9 | Bildungsplan (BP)

| I. Information | |
|---|---|
| Kostenloser Versand des BP an alle KiTas | ● |
| BP als Download verfügbar | ● |
| BP als Publikation erwerbbar | ● |
| Informationsmaterial über BP für Eltern verfügbar | ● |
| Informationsmaterial über BP mehrsprachig f. Eltern verfügbar | – |
| | BP in Erprobung |

| II. Qualifizierung | |
|---|---|
| Infoveranstaltung zum BP für KiTa-Mitarbeiterinnen | ● |
| Verpflichtende Informationsveranstaltung zum BP für KiTa-Mitarbeiterinnen | ○ |
| Angebotene Fortbildung zum BP mindestens zweitägig | – |
| Alle Fachberatungen erhalten Fortbildungen zum BP | ● |
| Öffentliche Mittel für regelmäßige Fortbildung zum BP für alle pädagogischen Mitarbeiterinnen verfügbar | ● |
| | BP in Erprobung |

| III. Umsetzungskontrolle (in allen KiTas) | |
|---|---|
| Jährliche externe Überprüfung der Umsetzung des BP | ○ |
| Jährliche Berichtspflicht zur Implementation des BP | ○ |
| Nachweis der Aufnahme des BP in die Konzeption | ● |
| | BP in Erprobung |

● wird durchgeführt   ○ in Planung

## TH10 | Kooperation KiTa – Grundschule

Eine landesweit verbindliche Regelung zur Kooperation von KiTas und Grundschulen ist im ThürKiTaG festgelegt, das eine enge Zusammenarbeit von pädagogischem Personal in beiden Einrichtungen vorschreibt. Verbindliche Rahmenvereinbarungen mit fachlichen Standards sollen im Rahmen von TransKiGS entwickelt werden.

landesweit verbindliche Regelung | verbindliche Rahmenvereinbarung mit fachlichen Standards | zusätzliche Mittel für KiTas[3] | zusätzliche Mittel für Grundschulen

## TH11 | Pädagogisches Personal nach Berufsausbildungsabschlüssen (2007)

Das pädagogische Personal verfügt ganz überwiegend über einen Fachschulabschluss (93,7%). Damit liegt ihr Anteil sehr deutlich über dem gesamtdeutschen Durchschnitt (72,1%). Über einen Hochschulabschluss verfügen 1,7% der Tätigen, ihr Anteil liegt unter dem Bundesdurchschnitt. Im Praktikum oder in der Ausbildung befindet sich 1,0% der pädagogisch Tätigen. Damit liegt die Ausbildungsquote deutlich unter dem Bundesdurchschnitt.

| Abschluss | Thüringen | Ø Deutschland |
|---|---|---|
| | \multicolumn{2}{c}{Anteile in Prozent} | |
| (sozialpädagogischer) Hochschulabschluss | 1,7 | 3,4 |
| Fachschulabschluss (Erzieherinnen, Heilpädagoginnen) | 93,7 | 72,1 |
| Kinderpflegerinnen | 0,3 | 13,5 |
| anderer fachlicher Abschluss (sonst. Sozial- u. Erziehungsberufe) | 1,2 | 1,8 |
| anderer Abschluss | 1,1 | 3,0 |
| Praktikum/Ausbildung | 1,0 | 4,1 |
| ohne abgeschl. Ausbildung | 0,9 | 2,1 |

## TH12 | Personalschlüssel und Gruppengrößen in Kindertageseinrichtungen (2006)

### TH12A Personalschlüssel* und Erzieher-Kind-Relation

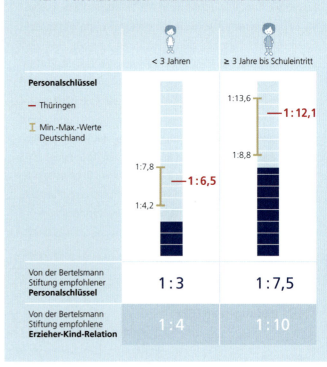

## TH13 | Beschäftigungsumfang des pädagogischen Personals in Kindertageseinrichtungen (2007)

Weniger als ein Viertel des pädagogischen Personals in KiTas ist vollzeitbeschäftigt, dieser Anteil liegt 17,6 Prozentpunkte unter dem Bundesdurchschnitt. Im Zeitverlauf hat sich sein Anteil von 1998 bis 2002 insgesamt um fast 9 Prozentpunkte verringert. 41,6% der Beschäftigten sind 32 bis 38,5 Wochenstunden tätig. Der Anteil der Vollzeitbeschäftigten ist in Ostdeutschland besonders gering, da im Rahmen einer sozialverträglichen Verteilung der Beschäftigungszeiten möglichst vielen Erzieherinnen eine Erwerbstätigkeit gesichert werden sollte. In TH liegt der Anteil der pädagogisch Tätigen, die mit einem höheren Wochenstundenumfang beschäftigt sind, über dem Durchschnitt Ostdeutschlands. Es entsteht der Eindruck, dass hier eine Personalplanung praktiziert wird, die Betreuungszeiten und Beschäftigungszeiten deutlicher abstimmt.

### TH13A Pädagogisches Personal nach Beschäftigungsumfang

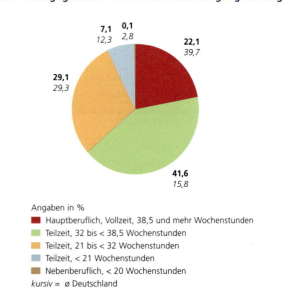

THÜRINGEN (TH)

## TH12B  Durchschnittliche Gruppengrößen

|  | < 3 Jahren | ≥ 3 Jahre bis Schuleintritt |
|---|---|---|
| **Ganztagsgruppen** Anzahl der Kinder | 10 | 17 |
| **Keine Ganztagsgruppen** Anzahl der Kinder | 10 | 17 |

**\* Personalschlüssel**

Der für jedes Bundesland ausgewiesene Personalschlüssel und der von der Bertelsmann Stiftung empfohlene Personalschlüssel sind rechnerische Größen. Sie beschreiben jeweils die Relation zwischen der täglichen Inanspruchnahme aller Kinder und dem eingesetzten Personal in einer Gruppe. Basis ist die vertragliche Arbeitszeit der einzelnen Mitarbeiterinnen, die auch Vorbereitungszeiten, Teamsitzungen, Elterngespräche, Leitungsanteile, Urlaub und Krankheitszeiten u. a. umfasst. Der Personalschlüssel gibt nicht an, wie viele Kinder zu jedem Zeitpunkt am Tag von einer Fachkraft betreut werden. Hierzu s. Erzieher-Kind-Relation.

Die empfohlene Erzieher-Kind-Relation errechnet sich aus dem empfohlenen Personalschlüssel. Es wird angenommen, dass 25% der Arbeitszeit für Tätigkeiten ohne Kinder einzuplanen sind und 75% für eine direkte pädagogische Interaktion mit dem Kind verfügbar sind.

## TH14  Rahmenbedingungen für Bildungsqualität

| Regelungen zur Strukturqualität | Allgemein geregelt | Präzise definiert |
|---|---|---|
| Maximale Gruppengröße | – | – |
| Erzieher-Kind-Relation | ● | ● |
| Verfügungszeit | ● | ● |
| Fachberatung | ● | – |
| Fortbildung | ● | – |
| Leitungsfreistellung | ● | ● |
| (Innen-/Außen-)Flächen | ● | ● |

Insgesamt **10** von 14 Punkten

Zentrale Elemente der Strukturqualität sind in TH landeseinheitlich und präzise geregelt. Damit sind gute Voraussetzungen für landesweit vergleichbare Rahmenbedingungen der pädagogischen Arbeit gegeben, die die Chancen von Kindern auf strukturell ähnlich ausgestattete Bildungsangebote erhöhen.

## TH13B  Anteil der Vollzeitbeschäftigten 1998–2007

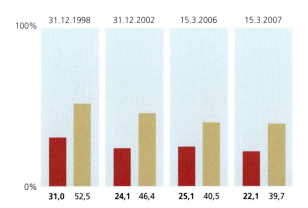

|  | 31.12.1998 | 31.12.2002 | 15.3.2006 | 15.3.2007 |
|---|---|---|---|---|
| TH | 31,0 | 24,1 | 25,1 | 22,1 |
| ø Deutschland | 52,5 | 46,4 | 40,5 | 39,7 |

Anteil Vollzeitbeschäftigte an allen Beschäftigten ohne Verwaltung und Hauswirtschaft/Technik

| Regelungen zur Qualitätsüberprüfung | |
|---|---|
| Geregelte Verpflichtung in Ausführungsgesetz oder Verordnung | ● |
| *Elternbefragung (mindestens jährlich)* | –⁴ |
| *Selbstevaluation* | ● |
| *Fremdevaluation* | –⁵ |
| Zahlung öffentlicher Zuschüsse abhängig von externer Qualitätsüberprüfung | – |

Insgesamt **2** von 5 Punkten

Als Verfahren zur Qualitätsüberprüfung ist die Durchführung von Selbstevaluation in allen KiTas verbindlich vorgesehen. Das Verfahren befindet sich gegenwärtig in der Entwicklung. Vorgesehen ist ein Angebot von Selbstevaluationsinstrumenten. Die Zahlung öffentlicher Zuschüsse für die Kindertageseinrichtungen erfolgt unabhängig von einer externen Qualitätsüberprüfung.

# Anhang

# Anmerkungen

**Baden-Württemberg**

1
Zur Höhe des kommunalen Zuschusses an freie Träger von Kindergärten und Kindertageseinrichtungen mit altersgemischten Gruppen, zum Eigenanteil der Träger und zu den Elternbeiträgen liegen in Baden-Württemberg keine verlässlichen bzw. konkreten Daten vor. Die Werte sind von Gemeinde zu Gemeinde bzw. von Träger zu Träger sehr unterschiedlich. Gemäß den gesetzlichen Vorgaben fördern die Kommunen die Kindertageseinrichtungen von Trägern der freien Jugendhilfe, die in den Bedarfsplan aufgenommen sind, mit mindestens 63% der Betriebskosten. Nach groben Schätzungen der landesweiten Durchschnittswerte dürfte die Zuschusshöhe der Kommunen bei ca. 75%, der Eigenanteil der Träger bei ca. 10% und die Elternbeiträge bei ca. 15% der Betriebskosten liegen.

2
Mehrsprachiges Informationsmaterial für Eltern wird gegenwärtig erstellt.

3
In BW gibt es nur selten Angebote für unter Dreijährige in altersgruppeneinheitlichen Gruppen (0 bis unter 3 Jahre). Die vorherrschende Form der Angebote für unter Dreijährige ist die alters(gruppen)gemischte Gruppe. In BW haben die alters(gruppen)gemischten Gruppen einen Anteil von 72%. Dadurch wird die Darstellung der Unter-Dreijährigen-Gruppe der Situation in BW nicht gerecht.

4
Alle Regelungen sind Inhalt einer abgestimmten Handhabung des Landesjugendamtes mit dem Sozialministerium und zentralen Trägern der freien Jugendhilfe.

ANMERKUNGEN

**Bayern**

1
Die amtliche Kinder- und Jugendhilfestatistik berücksichtigt allerdings in der Gegenüberstellung der Alterskohorte der Kinder ab Vollendung des dritten Lebensjahres bis Vollendung des sechsten Lebensjahres rund 59.000 ältere Vorschulkinder nicht, die den Kindergarten besuchen. Diese hohe Zahl älterer Kinder ist u. a. auf den sehr späten Schulbeginn im Vergleich zum Abfragezeitpunkt der amtlichen Kinder- und Jugendhilfestatistik zurückzuführen. Die amtliche Statistik erfasst zudem nicht rund 9.000 Kinder in so genannten schulvorbereitenden Einrichtungen (Einrichtungen außerhalb der Jugendhilfe) und in heilpädagogischen Tagesstätten (Hinweis des Staatsministeriums für Arbeit und Sozialordnung, Familie und Frauen vom 8.10.2007).

2
Das BayKiBiG ist am 1.8.2005 in Kraft getreten und hat erheblich zu einer Dynamisierung des Ausbaus der Kinderbetreuung unter drei Jahren beigetragen. Zum 1.1.2007 betrug der Versorgungsgrad rund 10,1%. Zum Jahresende 2007 wird Bayern über rund 40.000 Plätze für Kinder unter drei Jahren verfügen. Das Ausbauziel des TAG wird voraussichtlich zu Beginn des Jahres 2010 erreicht (Hinweis des Staatsministeriums für Arbeit und Sozialordnung, Familie und Frauen vom 8.10.2007).

3
Dieser statistische Wert berücksichtigt nicht rund 59.000 Vorschulkinder im Alter ab Vollendung des sechsten Lebensjahres und auch nicht rund 9.000 Kinder in schulvorbereitenden Einrichtungen. Zum Schuleintritt haben rund 99% der Kinder einen Kindergarten besucht (Hinweis des Staatsministeriums für Arbeit und Sozialordnung, Familie und Frauen vom 8.10.2007).

4
Die kindbezogene Förderung sieht bei Kindern, deren Eltern beide nicht-deutschsprachiger Herkunft sind, eine um 30% höhere Förderung vor. Dies hat bereits im ersten Jahr nach Einführung der kindbezogenen Förderung zu einer erheblichen Entzerrung geführt. Der hohe Anteil von Kindern mit Migrationshintergrund insbesondere in städtischen Einrichtungen konnte minimiert werden und eine gleichmäßigere Verteilung dieser Kinder auf die Einrichtungen erreicht werden (Hinweis des Staatsministeriums für Arbeit und Sozialordnung, Familie und Frauen vom 8.10.2007).

5
Aus der Multiplikation eines so genannten Basiswertes mit Zeit- und Gewichtungsfaktoren ergibt sich eine kindbezogene Leistungspauschale, die in gleicher Höhe von Staat und Kommune zu leisten ist.

6
Für die Grundschulen stehen zusätzliche Finanzmittel für die gemeinsame Kooperation zur Verfügung (Fachstunden für Kooperationsbeauftragte), im Bereich der Kindertageseinrichtungen wurden die Mittel für die Durchführung gemeinsamer Fortbildungsveranstaltungen erheblich aufgestockt. Für 13.000 Kinder führen die Grundschulen und Kindertageseinrichtungen gemeinsam Vorkurse zur Sprachförderung für Kinder mit Migrationshintergrund durch (insgesamt 160 Stunden im Jahr vor der Einschulung). U. a. dafür erhalten Träger von Kindertageseinrichtungen eine um 30% höhere kindbezogene Förderung (Hinweis des Staatsministeriums für Arbeit und Sozialordnung, Familie und Frauen vom 8.10.2007).

7
Zum Abfragezeitpunkt (Kinder- und Jugendhilfestatistik 15.3.2006) galt in Regelkindergärten eine maximale Gruppengröße von 25 Kindern. Ab 1.9.2006 wird flächendeckend kindbezogen gefördert. Die neue Förderung setzt nicht mehr am Gruppenbegriff an, weshalb auf eine rechtliche Regelung zu maximalen Gruppengrößen verzichtet wird (Hinweis des Staatsministeriums für Arbeit und Sozialordnung, Familie und Frauen vom 8.10.2007).

8
Zum Abfragezeitpunkt (Kinder- und Jugendhilfestatistik 15.3.2006) wurden pro pädagogische Kraft Verfügungszeiten bis zu 8,5 Wochenstunden staatlich gefördert. Bis zur Einführung des BayKiBiG waren auch Mindestflächen staatlich geregelt. Seit der Reform des Kinderbetreuungsrechts im Jahr 2005 setzt der Freistaat auf mittelbare Qualitätssteuerung. Spezielle Regelungen zu den Strukturbedingungen bleiben der örtlichen Ebene vorbehalten (Hinweis des Staatsministeriums für Arbeit und Sozialordnung, Familie und Frauen vom 8.10.2007).

9
Vgl. Anmerkung 8.

10
Vgl. Anmerkung 8.

11
Vgl. Anmerkung 8.

## Berlin

**1**
Darüber hinaus liegt im Sinne von § 4 Abs. 2. KiTaFöG ein pädagogischer Bedarf vor, wenn Kinder wegen ihrer individuellen Entwicklung einer Förderung bedürfen. Ein Bedarf aus sozialen Gründen liegt vor, wenn Kinder auf Grund besonderer, belastender Familienverhältnisse einer Förderung bedürfen (vgl. § 4 Abs. 3 KiTaFöG i.V.m. § 4 Abs. 3 VOKiTaFöG). Wenn das zweite Lebensjahr vollendet ist, liegt regelmäßig ein Bedarf zumindest für eine Halbtagsförderung vor, wenn Förderung für die sprachliche Integration erforderlich ist (vgl. § 4 Abs. 3 KiTaFöG i.V.m. § 4 Abs. 6 VOKiTaFöG). Bei Kindern, die auf Dauer bei Pflegepersonen leben, wird regelmäßig ohne weitere Angaben ein Halbtagsbedarf angenommen. Bei Kindern, die in Not- und Sammelunterkünften leben, wird regelmäßig ohne weitere Angaben ein Bedarf für eine Teilzeitförderung angenommen (vgl. § 4 Abs. 5 VOKiTaFöG). Danach sind sowohl im KiTaFöG als auch in der VOKiTaFöG die rechtlichen Grundlagen dafür gegeben, dass bei jeder begründeten und schlüssig nachvollziehbaren Bedarfslage in der Familie eine Betreuung und Förderung sichergestellt sein kann (Quelle: KiTaFöG: Artikel I des Kindertagesbetreuungsgesetzes von 23. Juni 2005, Inkrafttreten [mit einigen Ausnahmen]: am 1. August 2005. VOKiTaFöG: vom 4. November 2005, Inkrafttreten am Tag nach der Verkündung im GVBI, also am 16. November 2005). (Auskunft von der Senatsverwaltung für Bildung, Wissenschaft und Forschung vom 5.2.2007.)

**2**
Allerdings ist bei älteren Kindern zu berücksichtigen, dass die Kindertagespflege als ergänzende Betreuung zu den Betreuungszeiten in einer KiTa genutzt werden kann, wenn dies zur Vereinbarkeit von Beruf und Familie von den Eltern gewünscht wird.

**3**
Bis einschließlich 2005 gab es zwei unterschiedliche Wege der Abrechnung. Die Finanzierung der öffentlichen Tageseinrichtungen für Kinder in den 12 Bezirken erfolgte nach dem kameralistischen Prinzip und die Finanzierung der freien Träger nach einer einheitlichen Kostenpauschale der verschiedenen Ausgabenpositionen je nach Alter des Kindes und Betreuungsumfang. Bei diesen parallelen Verfahren konnte nicht sichergestellt werden, dass alle Elternbeiträge erfasst werden. Aus den Richtlinien der Kostenaufstellung bei den freien Trägern ergibt sich, dass der Elternanteil grundsätzlich 13% beträgt. Für den Besuch der öffentlichen Einrichtungen der Bezirke kann man nicht von einer einheitlichen Buchung der Elternbeiträge in den vergangenen Jahren ausgehen. Laut Senatsverwaltung ist jedoch bekannt, dass die Anteile beim öffentlichen Träger unter den 13% liegen. Ein Insgesamt-Wert von ca. 11% erscheint durchaus realistisch. Die Träger der freien Jugendhilfe müssen sich mit 9% an den Betriebskosten beteiligen (2007 allerdings nur noch mit 7,5%; ab 2008 nur noch mit 7,0%). Aus dieser Angabe und einem Anteil der Plätze bei freien Trägern von 66,6% im März 2006 ergibt sich ein Trägeranteil von ca. 44 Mio. Euro. Bezogen auf die Gesamtausgaben sind dies ca. 5%.

**4**
In BE werden die Angebote für unter Dreijährige nur sehr selten in alters(gruppen)einheitlichen Gruppen (0 bis unter 3 Jahre) angeboten. Die vorherrschende Form der Angebote für unter Dreijährige ist die alters(gruppen)gemischte Gruppe. In Berlin haben die alters(gruppen)gemischten Gruppen einen Anteil von 93%. Dadurch wird die Darstellung der Unter-Dreijährigen-Gruppe der Situation in BE nicht gerecht.

**5**
In Berlin werden Kinder im Bundesvergleich zu einem erheblich niedrigeren Anteil in der hier wiedergegebenen Gruppenform („Kindergartengruppe") betreut. Häufiger sind Kinder dieser Altersgruppe in altersgemischten Gruppen. Aus diesem Grund ist zwar die ausgegebene Personal-Kind-Relation für die angegebene Gruppenform rechnerisch richtig, jedoch kann diese nicht als eine repräsentative Relation für den Personalressourceneinsatz pro Kind im Kindergartenalter verstanden werden.

**6**
Die Definition, dass von einer Vollzeitbeschäftigung bei 38,5 und mehr Wochenstunden auszugehen ist, trifft auf das Personal in den städtischen KiTas in Berlin nicht zu. Durch den Berliner Anwendungstarifvertrag wurde die Vollzeitbeschäftigung auf 37 Wochenstunden festgelegt, die in der zugrunde gelegten Systematik allerdings automatisch als Teilzeitbeschäftigung in der Rubrik 32 bis unter 38,5 Wochenstunden gezählt wird.

**7**
Die Verfügungszeit ist gem. § 12 Abs. 2 VOKiTaFöG Bestandteil der Personalausstattung. Diese umfasst neben der Betreuungszeit die in jeder Einrichtung pro Woche erforderlichen Zeiten je Fachkraft für die Teilnahme an Dienstbesprechungen, Fachberatungen, die Elternarbeit, Gespräche mit anderen Dienststellen, die Anleitung von Praktikanten und Praktikantinnen sowie die individuelle Vor- und Nachbereitungszeit (Auskunft von der Senatsverwaltung für Bildung, Wissenschaft und Forschung vom 5.2.2007).

**8**
Es besteht eine präzise Regelung für die Innenflächen.

**9**
Die Zahlung öffentlicher Zuschüsse ist nicht abhängig vom Ergebnis externer Qualitätsüberprüfungen, aber von der Umsetzung der in der „Qualitätsvereinbarung Tageseinrichtungen, QVTAG" beschriebenen Qualitätsentwicklungsmaßnahmen.

## ANMERKUNGEN

### Brandenburg

**1**
Eine entsprechende familiäre Situation oder ein besonderer Erziehungsbedarf begründen auch für jüngere Kinder einen Rechtsanspruch sowie eine Verlängerung der Betreuungszeiten (Mitteilung des Ministeriums für Bildung, Jugend und Sport vom 21.11.2007).

**2**
Jede Einrichtung erhielt drei Ordner (Bildungsplan mit erläuternden Beispielen; Umsetzungskonzept Infans und Bildungs- und Lerngeschichten; „Umgang mit Differenzen: Entwicklungsbedarfe erkennen – Möglichkeiten fördern"), die mit Ergänzungslieferungen fortgeschrieben werden.

**3**
Die Zahlung öffentlicher Zuschüsse ist gegenwärtig nicht abhängig von einer externen Qualitätsüberprüfung. Es ist seit dem 1.7.2007 grundsätzlich möglich, dass bei unzureichender Qualität Zuschüsse gekürzt werden oder entfallen können.

### Bremen

**1**
Beim Finanzierungsanteil der freien Träger sind nicht die Eigenanteile der Elternvereine in der Stadtgemeinde Bremen enthalten, da diese nicht beziffert werden können.

**2**
Die Fachberatungen waren an der Entwicklung des Rahmenplans beteiligt und anschließend an der Entwicklung eines trägerübergreifenden Qualifizierungskonzepts. Gemeinsam mit Fachberatungen wurde eine verbindliche Lern- und Entwicklungsdokumentation erarbeitet, die zurzeit in den Einrichtungen erprobt und durch das SPI Köln wissenschaftlich evaluiert wird.

**3**
Zur Umsetzung des Rahmenplans begleitet und finanziert die Senatsbehörde KonsultationsKiTas, Projekte zur Sprachförderung und interkultureller Kompetenz, TransKigs u. a.

**4**
Den Stadtgemeinden wurde vorgegeben, welche Aspekte die mit den Trägern abzuschließenden Vereinbarungen zu enthalten haben: Überarbeitung/Entwicklung der Einrichtungskonzeptionen, Qualitätsentwicklung einschließlich Evaluation in den Einrichtungen, Erarbeitung von Jahresplänen, Feststellung des Qualifizierungsbedarfs, Einbeziehung der Eltern im Umsetzungsprozess.

**5**
Für Bremen ergaben sich zwischen der Auswertung der Kinder- und Jugendhilfestatistik und verwaltungsinternen Erhebungen erhebliche Differenzen, die nicht abschließend geklärt werden konnten. Aufgrund dieser Unsicherheit wird kein Wert ausgewiesen.

**6**
Der Umfang für Fachberatung und Fortbildung ist für alle Träger über Teilleistungspauschalen präzise definiert, d. h., alle Träger haben Fachberatung. Gleiches gilt für die Leitungsfreistellung, jeweils definiert über die Platzzahl. Verfügungszeiten sind ebenfalls über die Personalbemessung für alle Träger gleich geregelt, allerdings in den beiden Stadtgemeinden mit kleinen Unterschieden bei den jeweiligen Anteilen z. B. für pädagogische Gruppenarbeit oder Kooperationszeiten (Mitteilung von der Senatorin für Arbeit, Frauen, Gesundheit, Jugend und Soziales vom 30.11.2007).

**7**
Vgl. Anmerkung 6.

**8**
Vgl. Anmerkung 6.

**9**
Vgl. Anmerkung 6.

## Hamburg

**1**
Des Weiteren haben Kinder mit dringlichem sozial bedingten oder pädagogischen Bedarf Anspruch auf Tagesbetreuung in dem zeitlichen Umfang, der es erlaubt, sie bedarfsgerecht zu fördern.

**2**
Mehrsprachiges Informationsmaterial zum Bildungsplan wird gegenwärtig erarbeitet.

**3**
Alle KiTa-Verbände in Hamburg erhalten Mittel für Fortbildungsmaßnahmen für Fachberatungskräfte und Multiplikatoren. Die Fortbildungen dienen explizit der Implementierung des KiTa-Bildungsplans und sollen alle Fachberaterinnen und -berater erreichen (Mitteilung der Behörde für Soziales, Familie, Gesundheit und Verbraucherschutz der Freien und Hansestadt Hamburg am 26.11.2007).

**4**
Die gemäß § 15 des Landesrahmenvertrages vorgesehene, regelmäßige Qualitätsberichterstattung ist als eine Evaluation der Einführung der KiTa-Bildungsempfehlungen zu verstehen und wird derzeit mit wissenschaftlicher Unterstützung umgesetzt.

## ANMERKUNGEN

### Hessen

**1**
Das System der Landesförderung ist darauf ausgerichtet, dass eine ganztägige Betreuung stärker gefördert wird als eine halbtägige, sowohl im U3-Bereich als auch im Bereich der Kinder im Kindergartenalter.

**2**
BAMBINI-Landesprogramm: Betreuung ausbauen, Mittel bereitstellen, in Nachwuchs investieren.

**3**
In Hessen ergibt sich bis 2004 ein Finanzierungsanteil der Eltern von 20%. Dieser Wert ist im Vergleich relativ hoch. Nach Angaben des Ministeriums, das sich auf eine Studie des Landesrechnungshofes bezieht, betrug der Anteil der Eltern sogar 24% im Jahre 2000. Auch der absolute Wert von durchschnittlich 76 Euro ist realistisch. In manchen Regionen wird sogar erwartet, dass sich die Eltern mit 100 Euro am Kindergartenbesuch ihrer Kinder beteiligen. Für die Förderung der Kostenfreiheit des letzten Kindergartenjahres erhalten die Kommunen vom Land sogar 100 Euro pro Kind (im altersgerecht letzten Kindergartenjahr) und Monat. Somit ist die Angabe 20% bis 2004 auf keinen Fall zu hoch, eher zu niedrig, wird aber ab 2007 aufgrund der Beitragsfreistellung des letzten Kindergartenjahres deutlich sinken. Der Trägeranteil betrug in den vergangenen Jahren 15% bis 20%. Dieser Anteil ist offensichtlich in den Verhandlungen mit den Kommunen (aufgrund der Kommunalisierung handelte es sich um Einzelaushandlung) reduziert worden. Für die Berechnungen wird daher von einem Durchschnittswert von 15% ausgegangen.

**4**
Dabei ist zu berücksichtigen, dass 1997/98 der Landesanteil an der Finanzierung der KiTas für den Bereich der Kindergärten mit einer Höhe von 110 Mio. DM in den kommunalen Finanzausgleich überführt wurde. Mit der Überführung ist eine Zweckbindung festgelegt worden. Die Zuwendungen werden von zentraler Stelle den einzelnen Kindergartenträgern zweckgebunden zugewiesen und in Abständen vom Rechnungshof geprüft. Der Landesanteil wird bei der Kindergartenförderung direkt an die örtlichen Träger und freien Träger ausgezahlt. Bei der Förderung der anderen Altersgruppen und der Beitragsfreistellung wird der Landesanteil direkt an die Gemeinden ausgezahlt. Der örtliche Träger der Jugendhilfe hat bei der Weitergabe der Landesgelder einen Gestaltungsspielraum, da die Gemeinden die Antragstellung steuern können.

**5**
Nach Erprobung als Publikation erwerbbar.

**6**
Nach Vorlage des überarbeiteten Bildungsplans Ende 2007/Anfang 2008 ist die mehrsprachige Übersetzung vorgesehen.

**7**
Seit Oktober 2007 können alle interessierten Leitungskräfte und Fachberatungen mehrtägige Fortbildungen zum Bildungs- und Erziehungsplan erhalten (Auskunft des Hessischen Sozialministeriums vom 28.11.2007).

**8**
Seit Oktober 2007 sind öffentliche Mittel für Multiplikatorenfortbildung u. a. verfügbar (Auskunft des Hessischen Sozialministeriums vom 28.11.2007).

**9**
Es werden derzeit 100 Multiplikatoren aus den Bereichen Jugendhilfe und der Schulen ausgebildet, um ab 2008 ein breit gefächertes Qualifizierungsprogramm für alle Fach- und Lehrkräfte einzusetzen. Es erfolgen derzeit besondere Qualifizierungsangebote für Fachberatungen und Leitungskräfte beider Bereiche (Auskunft des Hessischen Sozialministeriums vom 28.11.2007).

**10**
Evaluierungsmaßnahmen sind in den kommenden Jahren vorgesehen.

**11**
Die Erzieher-Kind-Relation ergibt sich indirekt aus der maximalen Gruppengröße, da jede Gruppe mit mindestens 1,5 Fachkräften besetzt sein muss.

Datengrundlage erhoben und berechnet in Zusammenarbeit mit

## Mecklenburg-Vorpommern

**1**
Gesetzlich ist kein Eigenanteil der freien Träger im Rahmen der Kindertageseinrichtungen vorgesehen. Es gilt §17 Abs. 2 KiföG M-V: „Träger von KiTas können sich durch nicht refinanzierbare Eigenanteile an den Kosten ihrer Einrichtung beteiligen."

**2**
Ende 2004 gab es eine Gesetzesnovelle, mit der auch die Finanzierungsregelungen im Bereich der Kindertagesförderung grundlegend verändert wurden.

**3**
Grundsätzlich müssen pädagogische Fachkräfte (Abschlüsse: u.a. staatlich anerkannte Erzieherin, Diplom-Pädagogin und Sozialpädagogin) in KiTas beschäftigt werden. Die pädagogischen Fachkräfte können bei der Wahrnehmung ihrer Aufgaben durch Personen mit anerkannten pädagogischen Teilqualifikationen sowie durch Kinderpflegerinnen/Kinderpfleger und Sozialassistentinnen/Sozialassistenten unterstützt werden. Ebenso ist auch der zusätzliche Einsatz von Praktikantinnen und Praktikanten in der Ausbildung zur Erzieherin oder zum Erzieher zulässig (KiföG M-V vom 1. April 2004 in der Fassung vom 2. Dezember 2004, § 10, Abs. 2, 4).

## Niedersachsen

**1**
Nach einer eigenen Erhebung des Landes Niedersachsen liegt die Besuchsquote für unter 3-Jährige fast doppelt so hoch. In dieser Erhebung des Landes Niedersachsen werden die Kinder zum 1.10. in Tageseinrichtungen erfasst. Die amtliche Kinder- und Jugendhilfestatistik erfasst die Kinder am 15.03. des darauffolgenden Jahres. Zwischen den beiden Erhebungszeitpunkten werden viele der vormals unter 3-Jährigen zwischenzeitlich drei Jahre alt und somit einer anderen Altersgruppe zugeordnet.

**2**
Vgl. Anmerkung 1.

**3**
Um eine bundesweite Vergleichbarkeit zu erreichen, wurden aus dem Einzeldatensatz der amtlichen Statistik nur solche Gruppen ausgewählt, in denen es keine besonderen Förderbedarfe für Kinder gibt und kein einziges Kind 3 Jahre und älter ist.

**4**
Um eine bundesweite Vergleichbarkeit zu erreichen, wurden aus dem Einzeldatensatz der amtlichen Statistik nur solche Gruppen ausgewählt, in denen es keine besonderen Förderbedarfe für Kinder gibt und kein einziges Kind jünger als 3 Jahre oder bereits Schulkind ist.

**5**
Die Erzieher-Kind-Relation ergibt sich aus der maximalen Gruppengröße sowie der Anzahl der Fachkräfte, die gemäß § 4 Abs. 2 und 3 KiTaG pro Gruppe eingesetzt werden müssen.

## ANMERKUNGEN

**Nordrhein-Westfalen**

1
Am 25. Oktober 2007 hat der Landtag ein neues Kinderbildungsgesetz verabschiedet, das die Finanzierung der Tageseinrichtungen für Kinder auf Kindpauschalen umstellt; diese sind gestaffelt nach der Betreuungszeit des Kindes (Hinweis des Ministeriums für Generationen, Familie, Frauen und Integration des Landes Nordrhein-Westfalen vom 4.11.2007).

2
Aufgrund von Abgrenzungsproblemen (im Bereich Kindertageseinrichtungen) in der Startphase der neuen Statistiken zur Kindertagesbetreuung sind die Ergebnisse für Nordrhein-Westfalen nur eingeschränkt mit dem Folgejahr vergleichbar.

3
In Nordrhein-Westfalen wurden bei der Erhebung für den 15.3.2007 die Abgrenzungskriterien zur Berücksichtigung in der Statistik den bundeseinheitlichen Kriterien angepasst. Daher sind die Ergebnisse mit dem Vorjahr nicht direkt vergleichbar.

4
Die vorherrschende Form der Angebote für unter Dreijährige war nach dem Gesetz für Tageseinrichtungen für Kinder in Nordrhein-Westfalen die kleine alters(gruppen)gemischte Gruppe. Dadurch würde die Darstellung eines Personalschlüssels der Unter-Dreijährigen-Gruppe der Situation in Nordrhein-Westfalen nicht gerecht. „Das neue Kinderbildungsgesetz sieht vor, dass die Oberste Landesjugendbehörde mit den Trägerverbänden und den Kirchen Vereinbarungen trifft zur Qualifikation und dem Personalschlüssel, § 26 Abs. 2 KiBiz" (Hinweis des Ministeriums für Generationen, Familie, Frauen und Integration des Landes Nordrhein-Westfalen vom 4.11.2007).

5
In NRW werden Angebote für Kinder im Alter von unter 3 Jahren nur sehr selten in altersgruppeneinheitlichen Gruppen (Gruppen für Kinder unter 3 Jahren) angeboten.

6
Siehe Anmerkung 4.

7
Die Erzieher-Kind-Relation ergibt sich aus der Gruppengröße sowie den pädagogisch Tätigen pro Gruppe.

8
Zwischenzeitlich ist das neue Kinderbildungsgesetz verabschiedet, das in seinen wesentlichen Teilen zum 1. August 2008 in Kraft treten wird; dieses Gesetz stärkt die Verantwortung der örtlichen Jugendhilfeplanung auch bzgl. der Strukturqualität (Hinweis des Ministeriums für Generationen, Familie, Frauen und Integration des Landes Nordrhein-Westfalen vom 4.11.2007).

9
Das neue Kinderbildungsgesetz greift dieses auf und sieht darüber hinaus vor, in Abstimmung mit dem Träger eine externe Evaluierung in der Tageseinrichtung durchzuführen (Hinweis des Ministeriums für Generationen, Familie, Frauen und Integration des Landes Nordrhein-Westfalen vom 4.11.2007).

10
Freiwillige Selbstverpflichtung der Landesverbände der Träger der freien Jugendhilfe sowie der kommunalen Spitzenverbände im Rahmen der Bildungsvereinbarung.

Datengrundlage erhoben und berechnet in Zusammenarbeit mit

## Rheinland-Pfalz

**1**
Es besteht ein Rechtsanspruch auf eine Vor- und Nachmittagsbetreuung mit Mittagspause. Mit Einverständnis der Eltern kann auch eine Vormittagsbetreuung mit Über-Mittag-Betreuung statt Mittagspause und Nachmittagsbetreuung genutzt werden.

**2**
Der finanzielle Eigenanteil der freien Träger in Rheinland-Pfalz umfasst bei den Kindertagesstätten den gesetzlich vorgegebenen Anteil an den Personalkosten (zwischen 5% und 12,5%) sowie grundsätzlich die Sachkosten und die (öffentlich geförderten) Investitionskosten. Zahlreiche Gemeinden haben mit ihren freien Trägern über das Kindertagesstättengesetz hinausgehende Vereinbarungen zur kommunalen Kostenübernahme geschlossen. Statistische Erhebungen hierzu liegen nicht vor. Hilfsweise wird hier von ca. 8,75% ausgegangen.

**3**
Landesweites Fortbildungsprogramm für Erzieherinnen im Rahmen der Initiative der Landesregierung „Zukunftschance Kinder – Bildung von Anfang an".

**4**
Empfehlungen u. a. für die Berechnung von Leitungsfreistellung und Verfügungszeiten beinhaltet ein sog. „Controlling-Papier", das eine Auslegung der Kann-Vorschriften definiert. Eine Vereinbarung über das Controlling-Papier wurde zwischen Städte- und Landkreistag sowie den beiden christlichen Kirchen unter beratender Mitwirkung des zuständigen Landesministeriums geschlossen.

**5**
Landesweites Fortbildungsprogramm für Erzieherinnen im Rahmen der Initiative der Landesregierung „Zukunftschance Kinder – Bildung von Anfang an".

**6**
Vgl. Anmerkung 4.

**7**
Bei der Aufnahme von unter Dreijährigen hat ein Träger für die Betriebserlaubnis bei der räumlichen Gestaltung spezifische Anforderungsprofile mit Blick auf die Bedürfnisse der Kinder zu berücksichtigen.

## Saarland

**1**
Das Ministerium für Bildung, Familie, Frauen und Kultur hat eine Fortbildung zum internen und externen Evaluator für Fachberater und andere Multiplikatoren angeboten. Diese Fortbildung wurde an 5 Seminarblöcken à 3 Tage mit mehreren Reflexionstagen angeboten. Außerdem wurden als Implementierungsangebote 65 Seminare der Träger mit 125 Seminartagen mit insgesamt 45.000 Euro gefördert. Viele dieser Seminare sind 2-tägig (Mitteilung des Ministeriums für Bildung, Familie, Frauen und Kultur am 26.11.2007).

**2**
Bestandteil des Bildungsprogramms ist die interne Evaluation. Mit einer Fortbildung für Evaluatoren werden die Träger bei der Durchführung dieser internen Evaluationen unterstützt. Auch externe Evaluationen werden durch die Ausbildung der entsprechenden Fachkräfte gefördert. Das Saarland setzt auf freiwillige Mitwirkung der Träger (Mitteilung des Ministeriums für Bildung, Familie, Frauen und Kultur am 26.11.2007).

## ANMERKUNGEN

**Sachsen**
Hier liegen keine Anmerkungen vor

**Sachsen-Anhalt**
1
Die Einführung einer Umsetzungskontrolle ist ab 2008/09 vorgesehen.

2
Stichprobenerhebungen.

## Schleswig-Holstein

**1**
Der Personalschlüssel ergibt sich indirekt aus den Regelungen über die maximale Gruppengröße und deren Personalausstattung in der KiTaVO.

## Thüringen

**1**
Grundsätzlich sind die Träger der freien Jugendhilfe nicht verpflichtet einen finanziellen Eigenanteil zu leisten. Allerdings ergeben sich in manchen Kommunen solche Konstellationen, dass die Träger der freien Jugendhilfe Eigenanteile beisteuern. Die Höhe dieser Eigenanteile wurde erstmals 2005 flächendeckend vom Ministerium erfasst. Dabei ergab sich im Durchschnitt ein prozentualer Eigenanteil von 0,9 Prozent der Betriebskosten.

**2**
Z.B. auch Tagesmütter, Eltern und nicht nur Einrichtungen.

**3**
Zusätzliche Mittel werden KiTas und Grundschulen im Rahmen einer Beteiligung am Modellprojekt TransKiGS gewährt.

**4**
Das Selbstevaluationsinstrument wird in jedem Fall eine Elternbefragung mit beinhalten.

**5**
Geplant als Expertenbesuch – mit Vergleich von Selbst- und Fremdbild und Beratung zum nächsten Entwicklungsschritt.

# Verzeichnis der Datenquellen

**Basisdaten**

**Fläche**
Statistische Ämter des Bundes und der Länder 2008.

**Einwohner**
Statistisches Bundesamt: Kinder und tätige Personen in Tageseinrichtungen 2007; zusammengestellt und berechnet von der Dortmunder Arbeitsstelle Kinder- und Jugendhilfestatistik, Februar 2008.

**Geborene Kinder**
Statistisches Bundesamt, Wiesbaden 2007.

**Geburten pro Frau 2005**
Statistisches Bundesamt, Wiesbaden 2006.

**Anzahl der Kinder unter 10 Jahren**
Statistisches Bundesamt: Bevölkerungsfortschreibung 2006; zusammengestellt und berechnet von der Dortmunder Arbeitsstelle Kinder- und Jugendhilfestatistik, April 2008.

**Erwerbstätigenquote von Müttern**
Statistisches Bundesamt, Sonderauswertung, Wiesbaden 2007.

**Empfänger/innen von laufender Hilfe zum Lebensunterhalt**
Statistisches Bundesamt, Statistik der Sozialhilfe, Wiesbaden 2005.

**Tageseinrichtungen insgesamt**
Statistisches Bundesamt: Kinder und tätige Personen in Tageseinrichtungen 2007; zusammengestellt und berechnet von der Dortmunder Arbeitsstelle Kinder- und Jugendhilfestatistik, März 2008.

**Anteil der Einrichtungen differenziert nach Trägerschaft**
Statistisches Bundesamt: Kinder und tätige Personen in Tageseinrichtungen 2007; zusammengestellt und berechnet von der Dortmunder Arbeitsstelle Kinder- und Jugendhilfestatistik, März 2008.

**Anteil der KiTas ohne feste Gruppenstruktur**
Statistisches Bundesamt: Kinder und tätige Personen in Tageseinrichtungen 2007; zusammengestellt und berechnet von der Dortmunder Arbeitsstelle Kinder- und Jugendhilfestatistik, April 2008.

**Pädagogisches Personal in KiTas**
Statistisches Bundesamt; Kinder in Tageseinrichtungen 2007; zusammengestellt und berechnet von der Dortmunder Arbeitsstelle Kinder- und Jugendhilfestatistik, 2008.

**Kinder in KiTas gesamt und differenziert nach Altersgruppen**
Statistisches Bundesamt: Kinder und tätige Personen in Tageseinrichtungen 2007; zusammengestellt und berechnet von der Dortmunder Arbeitsstelle Kinder- und Jugendhilfestatistik, April 2008.

**Tagespflegepersonen insgesamt**
Statistisches Bundesamt: Kinder und tätige Personen in öffentlich geförderter Kindertagespflege 2007; zusammengestellt und berechnet von der Dortmunder Arbeitsstelle Kinder- und Jugendhilfestatistik, April 2008.

**Kinder in Kindertagespflege differenziert nach Alter**
Statistisches Bundesamt: Kinder und tätige Personen in öffentlich geförderter Kindertagespflege 2007; zusammengestellt und berechnet von der Dortmunder Arbeitsstelle Kinder- und Jugendhilfestatistik, Februar 2008.

## Grafiken

**Grafik 1:**
**Rechtsanspruch des Kindes auf einen Betreuungsplatz**
Angaben der Bundesländer zum elternunabhängigen Rechtsanspruch des Kindes auf einen Betreuungsplatz im Rahmen der schriftlichen Befragung der Bertelsmann Stiftung für den Länderreport Frühkindliche Bildungssysteme (Stand Januar 2007; aktualisiert nach Meldung der Bundesländer im November 2007).

**Grafik 2:**
**Ausbaubedarf bei Betreuungsplätzen für unter Dreijährige**
Statistisches Bundesamt: Kinder und tätige Personen in Tageseinrichtungen 2006 und 2007; Kinder und tätige Personen in Kindertagespflege 2006 und 2007; Bundestagsdrucksache 16/6100, S. 8; zusammengestellt und berechnet von der Dortmunder Arbeitsstelle Kinder- und Jugendhilfestatistik, März 2008.

**Grafik 3:**
**Vertraglich vereinbarte tägliche Betreuungszeiten**
Statistisches Bundesamt: Kinder und tätige Personen in Tageseinrichtungen 2007; zusammengestellt und berechnet von der Dortmunder Arbeitsstelle Kinder- und Jugendhilfestatistik, Februar 2008.
Statistisches Bundesamt: Kinder und tätige Personen in öffentlich geförderter Kindertagespflege 2007; zusammengestellt und berechnet von der Dortmunder Arbeitsstelle Kinder- und Jugendhilfestatistik, Februar 2008.

**Grafik 4:**
**Bildungsbeteiligung vor der Schule**
Statistisches Bundesamt: Kinder und tätige Personen in Tageseinrichtungen 2007; Kinder und tätige Personen in öffentlich geförderter Kindertagespflege 2007; Allgemeinbildende Schulen 2006/07; zusammengestellt und berechnet von der Dortmunder Arbeitsstelle Kinder- und Jugendhilfestatistik, Januar 2008.

**Grafik 5:**
**Kinder mit Migrationshintergrund in Kindertageseinrichtungen**
Statistisches Bundesamt: Kinder und tätige Personen in Tageseinrichtungen 2007; zusammengestellt und berechnet von der Dortmunder Arbeitsstelle Kinder- und Jugendhilfestatistik, Januar 2008.
Statistisches Bundesamt: Kinder und tätige Personen in Tageseinrichtungen 2006; Sonderauswertung der vom Forschungsdatenzentrum der Länder bereitgestellten anonymisierten Einzeldaten; zusammengestellt und berechnet von der Dortmunder Arbeitsstelle Kinder- und Jugendhilfestatistik, September 2007.

**Grafik 6:**
**Investitionen pro Kind**
Statistisches Bundesamt: Finanzen und Steuern. Rechnungsergebnisse der kommunalen Haushalte. Sonderauswertung der Dreisteller HUA 454 und 464 durch das Statistische Bundesamt nach dem Schema der Tabelle 4 der Fachserie 14, Reihe 3.3.
Statistisches Bundesamt: Finanzen und Steuern. Rechnungsergebnisse der öffentlichen Haushalte für soziale Sicherung und für Gesundheit, Sport, Erholung. Fachserie 14, Reihe 3.5; Tabelle 2.2 Veröffentlichungsnummer 3060 (Förderung von Kindern in Tageseinrichtungen und Tagespflege = Funktion 264) und 3074 (Tageseinrichtungen für Kinder = Funktion 274); zusammengestellt und berechnet von der Dortmunder Arbeitsstelle Kinder- und Jugendhilfestatistik, Oktober 2007.

**Grafik 7:**
**Finanzierungsgemeinschaft für FBBE**
Siehe Grafik 6.

**Grafik 8:**
**Anteil der reinen Nettoausgaben für FBBE an den gesamten reinen Ausgaben öffentlicher Haushalte**
Siehe Grafik 6.

**Grafik 9:**
**Bildungsplan**
Angaben der Bundesländer zum Bildungsplan im Rahmen der schriftlichen Befragung der Bertelsmann Stiftung für den Länderreport Frühkindliche Bildungssysteme (Stand Januar 2007; aktualisiert nach Meldung der Bundesländer im November 2007).

**Grafik 10:**
**Kooperation KiTa – Grundschule**
Angaben der Bundesländer zu Regelungen und Aktivitäten zum Bereich Kooperation KiTa – Grundschule im Rahmen der schriftlichen Befragung der Bertelsmann Stiftung für den Länderreport Frühkindliche Bildungssysteme (Stand Januar 2007; aktualisiert nach Meldung der Bundesländer im November 2007).

**Grafik 11:**
**Pädagogisches Personal nach Berufsausbildungsabschlüssen**
Statistisches Bundesamt: Kinder und tätige Personen in Tageseinrichtungen 2007; zusammengestellt und berechnet von der Dortmunder Arbeitsstelle Kinder- und Jugendhilfestatistik, Februar 2008.

**Grafik 12:**
**Personalschlüssel und Gruppengrößen in Kindertageseinrichtungen**
Grafik 12A: Personalschlüssel und Erzieher-Kind-Relation Statistisches Bundesamt: Kinder und tätige Personen in Tageseinrichtungen 2006; Sonderauswertung der vom Forschungsdatenzentrum der Länder bereitgestellten anonymisierten Einzeldaten; zusammengestellt und berechnet von der Dortmunder Arbeitsstelle Kinder- und Jugendhilfestatistik, September 2007.

Grafik 12B: Durchschnittliche Gruppengrößen
Statistisches Bundesamt: Kinder und tätige Personen in Tageseinrichtungen 2006; Sonderauswertung der vom Forschungsdatenzentrum der Länder bereitgestellten anonymisierten Einzeldaten; zusammengestellt und berechnet von der Dortmunder Arbeitsstelle Kinder- und Jugendhilfestatistik, September 2007.

VERZEICHNIS DER DATENQUELLEN

**Grafik 13:**
**Beschäftigungsumfang des pädagogischen Personals in Kindertageseinrichtungen**
Grafik 13A:
Pädagogisches Personal nach Beschäftigungsumfang
Statistisches Bundesamt: Kinder und tätige Personen in Tageseinrichtungen 2007; zusammengestellt und berechnet von der Dortmunder Arbeitsstelle Kinder- und Jugendhilfestatistik, Februar 2008.

Grafik 13B:
Anteil der Vollzeitbeschäftigten 1998–2007
Statistisches Bundesamt: Tageseinrichtungen für Kinder 1998 und 2002; Kinder und tätige Personen in Tageseinrichtungen 2006 und 2007; zusammengestellt und berechnet von der Dortmunder Arbeitsstelle Kinder- und Jugendhilfestatistik, Februar 2008.

**Grafik 14:**
**Rahmenbedingungen für Bildungsqualität**
Angaben der Bundesländer zu Regelungen der Strukturqualität sowie zu Regelungen zur Qualitätsentwicklung und -sicherung im Rahmen der schriftlichen Befragung der Bertelsmann Stiftung für den Länderreport Frühkindliche Bildungssysteme (Stand Januar 2007; aktualisiert nach Meldung der Bundesländer im November 2007).

Datengrundlage erhoben und berechnet in Zusammenarbeit mit

# Tabellen

Datengrundlage erhoben und berechnet in Zusammenarbeit mit

**Tab. 1** Kinder im Alter von unter 3 Jahren in Kindertagesbetreuung (Tageseinrichtungen und Kindertagespflege) am 15.03.2006 und 15.03.2007 sowie Ausbaubedarf nach dem Bericht der Bundesregierung über den Stand des Ausbaus für ein bedarfsgerechtes Angebot an Kindertagesbetreuung in den westdeutschen Flächenstaaten (Bundestagsdrucksache 16/6100) (Anzahl; Entwicklung des Anteils in %)

| Bundesländer | Kinder im Alter von unter 3 Jahren in Kindertagesbetreuung (Tageseinrichtungen und Kindertagespflege) | | | Notwendiger Ausbau nach den Kriterien des Tagesbetreuungsausbaugesetzes*** | | |
|---|---|---|---|---|---|---|
| | 15.03.2006 | 15.03.2007 | Zunahme zwischen 15.03.2006 und 15.03.2007 | Platzbedarf nach den Kriterien des TAG im Jahre 2010 | Verbleibender Ausbau bis 2010 (Differenz der Spalten 2 und 4) | Anteil des erfolgten Ausbaus zwischen 2006 und 2007 in % des notwendigen Gesamtplatzbedarfs |
| | Anzahl | | | Anzahl | | In % |
| Baden-Württemberg | 25.605 | 33.027 | 7.422 | 48.237 | 15.210 | 15,4 |
| Bayern | 27.308 | 35.117 | 7.809 | 55.165 | 20.048 | 14,2 |
| Hessen | 14.602 | 19.747 | 5.145 | 25.211 | 5.464 | 20,4 |
| Niedersachsen* | 10.750 | 14.052 | 3.302 | 32.691 | 18.639 | 10,1 |
| Nordrhein-Westfalen** | 30.710 | 31.997 | 1.287 | 76.432 | 44.435 | 1,7 |
| Rheinland-Pfalz | 9.567 | 11.892 | 2.325 | 16.932 | 5.040 | 13,7 |
| Saarland | 2.335 | 2.717 | 382 | 3.876 | 1.159 | 9,9 |
| Schleswig-Holstein | 5.504 | 5.890 | 386 | 11.730 | 5.840 | 3,3 |

\* Nach einer eigenen Erhebung des Landes Niedersachsen liegt die Besuchsquote für unter 3-Jährige fast doppelt so hoch. In dieser Erhebung des Landes Niedersachsen werden die Kinder zum 1.10. in Tageseinrichtungen erfasst. Die amtliche Kinder- und Jugendhilfestatistik erfasst die Kinder am 15.03. des darauffolgenden Jahres. Zwischen den beiden Erhebungszeitpunkten werden viele der vormals unter 3-Jährigen zwischenzeitlich drei Jahre alt und somit einer anderen Altersgruppe zugeordnet.

\*\* In Nordrhein-Westfalen wurden bei der Erhebung für den 15.03.2007 die Abgrenzungskriterien zur Berücksichtigung in der Statistik den bundeseinheitlichen Kriterien angepasst. Daher sind die Ergebnisse mit dem Vorjahr nicht direkt vergleichbar.

\*\*\* Siehe Bundestagsdrucksache 16/6100, S. 8

Die Stadtstaaten werden hier nicht aufgeführt, da für diese keine besonderen Bedarfsabschätzungen durchgeführt wurden. Die Stadtstaaten wurden im Kostentableau mit den Kosten für eine Versorgungsquote von +13 Prozentpunkten gegenüber der Platzzahl zum 31.12.2002 berücksichtigt.

Dieser Wert ergab sich unter Gleichbehandlungsgesichtspunkten mit den Flächenländern. Für diese wird angenommen, dass die TAG-Kriterien erfüllt sind, wenn für ca. 17% der unter Dreijährigen Angebote vorhanden sind.

Bei einem vorhandenen Platzangebot am 31.02.2002 von ca. 4% ergab sich eine Ausbaudifferenz von 13 Prozentpunkten, die die Grundlage für die Kalkulation der Folgekosten für das Tagesbetreuungsausbaugesetz darstellen.

Quelle: Statistisches Bundesamt: Kinder und tätige Personen in Tageseinrichtungen 2006 und 2007; Kinder und tätige Personen in Kindertagespflege 2006 und 2007; Bundestagsdrucksache 16/6100, S. 8; zusammengestellt und berechnet von der Dortmunder Arbeitsstelle Kinder- und Jugendhilfestatistik, März 2008

**Tab. 2** Kinder im Alter von unter 3 Jahren in Kindertageseinrichtungen nach vertraglich vereinbarter täglicher Betreuungszeit in den Bundesländern 15.03.2007 (Anzahl; Anteil in %)

| Bundesländer | Kinder in Tageseinrichtungen insgesamt | Vertraglich vereinbarte Betreuungszeit pro Tag (Anzahl) | | | | Vertraglich vereinbarte Betreuungszeit pro Tag (In %) | | | |
|---|---|---|---|---|---|---|---|---|---|
| | Anzahl | bis zu 5 Stunden | mehr als 5 bis zu 7 Stunden | mehr als 7 Stunden | vor- und nachmittags ohne Mittagsbetreuung | bis zu 5 Stunden | mehr als 5 bis zu 7 Stunden | mehr als 7 Stunden | vor- und nachmittags ohne Mittagsbetreuung |
| Baden-Württemberg | 26.978 | 8.460 | 8.948 | 6.209 | 3.361 | 31,4 | 33,2 | 23,0 | 12,5 |
| Bayern | 31.091 | 13.260 | 9.845 | 7.785 | 201 | 42,6 | 31,7 | 25,0 | 0,6 |
| Berlin | 31.363 | 5.068 | 8.702 | 17.593 | 0 | 16,2 | 27,7 | 56,1 | 0,0 |
| Brandenburg | 21.013 | 1.305 | 6.554 | 13.145 | 9 | 6,2 | 31,2 | 62,6 | 0,0 |
| Bremen | 1.404 | 476 | 345 | 583 | 0 | 33,9 | 24,6 | 41,5 | 0,0 |
| Hamburg | 8.286 | 874 | 2.767 | 4.645 | 0 | 10,5 | 33,4 | 56,1 | 0,0 |
| Hessen | 15.759 | 4.040 | 5.204 | 6.212 | 303 | 25,6 | 33,0 | 39,4 | 1,9 |
| Mecklenburg-Vorpommern | 12.899 | 1.303 | 4.483 | 7.095 | 18 | 10,1 | 34,8 | 55,0 | 0,1 |
| Niedersachsen | 12.283 | 6.333 | 2.542 | 3.303 | 105 | 51,6 | 20,7 | 26,9 | 0,9 |
| Nordrhein-Westfalen | 23.834 | 4.395 | 4.799 | 12.509 | 2.131 | 18,4 | 20,1 | 52,5 | 8,9 |
| Rheinland-Pfalz | 11.150 | 3.185 | 2.960 | 3.185 | 1.820 | 28,6 | 26,5 | 28,6 | 16,3 |
| Saarland | 2.565 | 525 | 875 | 1.012 | 153 | 20,5 | 34,1 | 39,5 | 6,0 |
| Sachsen | 31.182 | 3.462 | 6.863 | 20.852 | 5 | 11,1 | 22,0 | 66,9 | 0,0 |
| Sachsen-Anhalt | 26.309 | 10.959 | 961 | 14.364 | 25 | 41,7 | 3,7 | 54,6 | 0,1 |
| Schleswig-Holstein | 4.310 | 2.077 | 847 | 1.377 | 9 | 48,2 | 19,7 | 31,9 | 0,2 |
| Thüringen | 18.216 | 1.754 | 1.332 | 15.117 | 13 | 9,6 | 7,3 | 83,0 | 0,1 |
| Ostdeutschland (ohne Berlin) | 109.619 | 18.783 | 20.193 | 70.573 | 70 | 17,1 | 18,4 | 64,4 | 0,1 |
| Westdeutschland (ohne Berlin) | 137.660 | 43.625 | 39.132 | 46.820 | 8.083 | 31,7 | 28,4 | 34,0 | 5,9 |
| Deutschland | 278.642 | 67.476 | 68.027 | 134.986 | 8.153 | 24,2 | 24,4 | 48,4 | 2,9 |

Quelle: Statistisches Bundesamt: Kinder und tätige Personen in Tageseinrichtungen 2007; zusammengestellt und berechnet von der Dortmunder Arbeitsstelle Kinder- und Jugendhilfestatistik, Februar 2008

**Tab. 3** Kinder im Alter von 3 Jahren bis zum Schuleintritt in Kindertageseinrichtungen nach vertraglich vereinbarter täglicher Betreuungszeit in den Bundesländern 15.03.2007 (Anzahl; Anteil in %)

| Bundesländer | Kinder in Tageseinrichtungen insgesamt | Vertraglich vereinbarte Betreuungszeit pro Tag | | | | Vertraglich vereinbarte Betreuungszeit pro Tag | | | |
|---|---|---|---|---|---|---|---|---|---|
| | | bis zu 5 Stunden | mehr als 5 bis zu 7 Stunden | mehr als 7 Stunden | vor- und nachmittags ohne Mittagsbetreuung | bis zu 5 Stunden | mehr als 5 bis zu 7 Stunden | mehr als 7 Stunden | vor- und nachmittags ohne Mittagsbetreuung |
| | Anzahl | Anzahl | | | | In % | | | |
| Baden-Württemberg | 330.332 | 38.618 | 146.051 | 27.805 | 117.858 | 11,7 | 44,2 | 8,4 | 35,7 |
| Bayern | 359.962 | 121.308 | 155.525 | 78.337 | 4.792 | 33,7 | 43,2 | 21,8 | 1,3 |
| Berlin | 78.562 | 8.043 | 25.703 | 44.816 | 0 | 10,2 | 32,7 | 57,1 | 0,0 |
| Brandenburg | 62.173 | 4.161 | 27.031 | 30.971 | 10 | 6,7 | 43,5 | 49,8 | 0,0 |
| Bremen | 16.230 | 6.098 | 6.440 | 3.692 | 0 | 37,6 | 39,7 | 22,7 | 0,0 |
| Hamburg | 40.291 | 19.514 | 6.432 | 14.340 | 5 | 48,4 | 16,0 | 35,6 | 0,0 |
| Hessen | 181.882 | 67.418 | 49.402 | 51.630 | 13.432 | 37,1 | 27,2 | 28,4 | 7,4 |
| Mecklenburg-Vorpommern | 43.245 | 3.428 | 16.808 | 22.930 | 79 | 7,9 | 38,9 | 53,0 | 0,2 |
| Niedersachsen | 232.372 | 172.626 | 31.234 | 25.815 | 2.697 | 74,3 | 13,4 | 11,1 | 1,2 |
| Nordrhein-Westfalen | 515.172 | 87.398 | 150.478 | 130.441 | 146.855 | 17,0 | 29,2 | 25,3 | 28,5 |
| Rheinland-Pfalz | 123.208 | 26.244 | 38.539 | 27.030 | 31.395 | 21,3 | 31,3 | 21,9 | 25,5 |
| Saarland | 27.311 | 7.169 | 11.205 | 4.686 | 4.251 | 26,2 | 41,0 | 17,2 | 15,6 |
| Sachsen | 110.353 | 11.366 | 25.652 | 73.315 | 20 | 10,3 | 23,2 | 66,4 | 0,0 |
| Sachsen-Anhalt | 58.854 | 23.059 | 2.187 | 33.584 | 24 | 39,2 | 3,7 | 57,1 | 0,0 |
| Schleswig-Holstein | 80.748 | 51.527 | 18.394 | 10.656 | 171 | 63,8 | 22,8 | 13,2 | 0,2 |
| Thüringen | 59.180 | 3.850 | 3.236 | 52.061 | 33 | 6,5 | 5,5 | 88,0 | 0,1 |
| Ostdeutschland (ohne Berlin) | 333.805 | 45.864 | 74.914 | 212.861 | 166 | 13,7 | 22,4 | 63,8 | 0,1 |
| Westdeutschland (ohne Berlin) | 1.907.508 | 597.920 | 613.700 | 374.432 | 321.456 | 31,3 | 32,2 | 19,6 | 16,9 |
| Deutschland | 2.319.875 | 651.827 | 714.317 | 632.109 | 321.622 | 28,1 | 30,8 | 27,2 | 13,9 |

Quelle: Statistisches Bundesamt: Kinder und tätige Personen in Tageseinrichtungen 2007; zusammengestellt und berechnet von der Dortmunder Arbeitsstelle Kinder- und Jugendhilfestatistik, Februar 2008

**Tab. 4** Kinder im Alter von unter 3 Jahren in öffentlich geförderter Kindertagespflege nach vertraglich vereinbarter täglicher Betreuungszeit in den Bundesländern 15.03.2007 (Anzahl; Anteil in %)

| Bundesländer | Kinder in Tageseinrichtungen insgesamt | Vertraglich vereinbarte Betreuungszeit pro Tag (Anzahl) | | | | Vertraglich vereinbarte Betreuungszeit pro Tag (In %) | | | |
|---|---|---|---|---|---|---|---|---|---|
| | Anzahl | bis zu 5 Stunden | mehr als 5 bis zu 7 Stunden | mehr als 7 Stunden | vor- und nachmittags ohne Mittagsbetreuung | bis zu 5 Stunden | mehr als 5 bis zu 7 Stunden | mehr als 7 Stunden | vor- und nachmittags ohne Mittagsbetreuung |
| Baden-Württemberg | 6.049 | 3.262 | 1.452 | 1.330 | 5 | 53,9 | 24,0 | 22,0 | 0,1 |
| Bayern | 4.026 | 1.670 | 1.293 | 1.062 | 1 | 41,5 | 32,1 | 26,4 | 0,0 |
| Berlin | 3.172 | 650 | 1.284 | 1.238 | 0 | 20,5 | 40,5 | 39,0 | 0,0 |
| Brandenburg | 2.980 | 184 | 805 | 1.991 | 0 | 6,2 | 27,0 | 66,8 | 0,0 |
| Bremen | 292 | 92 | 111 | 89 | 0 | 31,5 | 38,0 | 30,5 | 0,0 |
| Hamburg | 2.171 | 984 | 708 | 479 | 0 | 45,3 | 32,6 | 22,1 | 0,0 |
| Hessen | 3.988 | 1.145 | 1.351 | 1.255 | 237 | 28,7 | 33,9 | 31,5 | 5,9 |
| Mecklenburg-Vorpommern | 3.838 | 197 | 707 | 2.932 | 2 | 5,1 | 18,4 | 76,4 | 0,1 |
| Niedersachsen | 1.769 | 757 | 522 | 489 | 1 | 42,8 | 29,5 | 27,6 | 0,1 |
| Nordrhein-Westfalen | 8.163 | 2.857 | 3.166 | 2.135 | 5 | 35,0 | 38,8 | 26,2 | 0,1 |
| Rheinland-Pfalz | 742 | 276 | 211 | 254 | 1 | 37,2 | 28,4 | 34,2 | 0,1 |
| Saarland | 152 | 50 | 58 | 44 | 0 | 32,9 | 38,2 | 28,9 | 0,0 |
| Sachsen | 2.922 | 196 | 403 | 2.323 | 0 | 6,7 | 13,8 | 79,5 | 0,0 |
| Sachsen-Anhalt | 229 | 59 | 37 | 133 | 0 | 25,8 | 16,2 | 58,1 | 0,0 |
| Schleswig-Holstein | 1.580 | 716 | 501 | 362 | 1 | 45,3 | 31,7 | 22,9 | 0,1 |
| Thüringen | 608 | 98 | 66 | 444 | 0 | 16,1 | 10,9 | 73,0 | 0,0 |
| Ostdeutschland (ohne Berlin) | 10.577 | 734 | 2.018 | 7.823 | 2 | 6,9 | 19,1 | 74,0 | 0,0 |
| Westdeutschland (ohne Berlin) | 28.932 | 11.809 | 9.373 | 7.499 | 251 | 40,8 | 32,4 | 25,9 | 0,9 |
| Deutschland | 42.681 | 13.193 | 12.675 | 16.560 | 253 | 30,9 | 29,7 | 38,8 | 0,6 |

Quelle: Statistisches Bundesamt: Kinder und tätige Personen in öffentlich geförderter Kindertagespflege 2007; zusammengestellt und berechnet von der Dortmunder Arbeitsstelle Kinder- und Jugendhilfestatistik, Februar 2008

**Tab. 5** Kinder im Alter von 3 bis unter 6 Jahren in öffentlich geförderter Kindertagespflege nach vertraglich vereinbarter täglicher Betreuungszeit in den Bundesländern 15.03.2007 (Anzahl; Anteil in %)

| Bundesländer | Kinder in Tagespflege insgesamt | Vertraglich vereinbarte Betreuungszeit pro Tag | | | | Vertraglich vereinbarte Betreuungszeit pro Tag | | | |
|---|---|---|---|---|---|---|---|---|---|
| | | bis zu 5 Stunden | mehr als 5 bis zu 7 Stunden | mehr als 7 Stunden | vor- und nachmittags ohne Mittagsbetreuung | bis zu 5 Stunden | mehr als 5 bis zu 7 Stunden | mehr als 7 Stunden | vor- und nachmittags ohne Mittagsbetreuung |
| | Anzahl | Anzahl | | | | In % | | | |
| Baden-Württemberg | 3.031 | 2.148 | 629 | 253 | 1 | 70,9 | 20,8 | 8,3 | 0,0 |
| Bayern | 1.129 | 687 | 252 | 190 | 0 | 60,9 | 22,3 | 16,8 | 0,0 |
| Berlin | 991 | 191 | 343 | 457 | 0 | 19,3 | 34,6 | 46,1 | 0,0 |
| Brandenburg | 495 | 44 | 162 | 289 | 0 | 8,9 | 32,7 | 58,4 | 0,0 |
| Bremen | 198 | 113 | 49 | 36 | 0 | 57,1 | 24,7 | 18,2 | 0,0 |
| Hamburg | 1.253 | 707 | 327 | 219 | 0 | 56,4 | 26,1 | 17,5 | 0,0 |
| Hessen | 807 | 448 | 212 | 131 | 16 | 55,5 | 26,3 | 16,2 | 2,0 |
| Mecklenburg-Vorpommern | 720 | 49 | 140 | 531 | 0 | 6,8 | 19,4 | 73,8 | 0,0 |
| Niedersachsen | 1.177 | 680 | 307 | 188 | 2 | 57,8 | 26,1 | 16,0 | 0,2 |
| Nordrhein-Westfalen | 2.780 | 1.654 | 713 | 409 | 4 | 59,5 | 25,6 | 14,7 | 0,1 |
| Rheinland-Pfalz | 395 | 247 | 95 | 53 | 0 | 62,5 | 24,1 | 13,4 | 0,0 |
| Saarland | 115 | 56 | 43 | 16 | 0 | 48,7 | 37,4 | 13,9 | 0,0 |
| Sachsen | 233 | 67 | 31 | 135 | 0 | 28,8 | 13,3 | 57,9 | 0,0 |
| Sachsen-Anhalt | 58 | 19 | 3 | 36 | 0 | 32,8 | 5,2 | 62,1 | 0,0 |
| Schleswig-Holstein | 605 | 321 | 169 | 114 | 1 | 53,1 | 27,9 | 18,8 | 0,2 |
| Thüringen | 26 | 17 | 6 | 3 | 0 | 65,4 | 23,1 | 11,5 | 0,0 |
| Ostdeutschland (ohne Berlin) | 1.532 | 196 | 342 | 994 | 0 | 12,8 | 22,3 | 64,9 | 0,0 |
| Westdeutschland (ohne Berlin) | 11.490 | 7.061 | 2.796 | 1.609 | 24 | 61,5 | 24,3 | 14,0 | 0,2 |
| Deutschland | 14.013 | 7.448 | 3.481 | 3.060 | 24 | 53,2 | 24,8 | 21,8 | 0,2 |

*Quelle: Statistisches Bundesamt: Kinder und tätige Personen in öffentlich geförderter Kindertagespflege 2007; zusammengestellt und berechnet von der Dortmunder Arbeitsstelle Kinder- und Jugendhilfestatistik, Februar 2008*

**Tab. 6** Kinder im Alter von unter 3 Jahren in Kindertagesbetreuung (Tageseinrichtungen und Kindertagespflege) sowie Quote der Inanspruchnahme nach Art der Betreuung in den Bundesländern 15.03.2007 (Anzahl; Quote in %)*

| Bundesländer | Kinder in | | | | Quote der Inanspruchnahme | | |
|---|---|---|---|---|---|---|---|
| | der Bevölkerung | Kindertagesbetreuung | Tageseinrichtungen | Kindertagespflege | in Kindertagesbetreuung | in Tageseinrichtungen | in Kindertagespflege |
| | Anzahl | | | | In % | | |
| Baden-Württemberg | 284.787 | 33.027 | 26.978 | 6.049 | 11,6 | 9,5 | 2,1 |
| Bayern | 325.935 | 35.117 | 31.091 | 4.026 | 10,8 | 9,5 | 1,2 |
| Berlin | 86.784 | 34.535 | 31.363 | 3.172 | 39,8 | 36,1 | 3,7 |
| Brandenburg | 55.222 | 23.993 | 21.013 | 2.980 | 43,4 | 38,1 | 5,4 |
| Bremen | 16.058 | 1.696 | 1.404 | 292 | 10,6 | 8,7 | 1,8 |
| Hamburg | 47.103 | 10.457 | 8.286 | 2.171 | 22,2 | 17,6 | 4,6 |
| Hessen | 158.909 | 19.747 | 15.759 | 3.988 | 12,4 | 9,9 | 2,5 |
| Mecklenburg-Vorpommern | 37.916 | 16.737 | 12.899 | 3.838 | 44,1 | 34,0 | 10,1 |
| Niedersachsen** | 203.975 | 14.052 | 12.283 | 1.769 | 6,9 | 6,0 | 0,9 |
| Nordrhein-Westfalen | 461.177 | 31.997 | 23.834 | 8.163 | 6,9 | 5,2 | 1,8 |
| Rheinland-Pfalz | 98.753 | 11.892 | 11.150 | 742 | 12,0 | 11,3 | 0,8 |
| Saarland | 22.403 | 2.717 | 2.565 | 152 | 12,1 | 11,4 | 0,7 |
| Sachsen | 98.434 | 34.104 | 31.182 | 2.922 | 34,6 | 31,7 | 3,0 |
| Sachsen-Anhalt | 51.188 | 26.538 | 26.309 | 229 | 51,8 | 51,4 | 0,4 |
| Schleswig-Holstein | 71.127 | 5.890 | 4.310 | 1.580 | 8,3 | 6,1 | 2,2 |
| Thüringen | 50.217 | 18.824 | 18.216 | 608 | 37,5 | 36,3 | 1,2 |
| Ostdeutschland (ohne Berlin) | 292.977 | 120.196 | 109.619 | 10.577 | 41,0 | 37,4 | 3,6 |
| Westdeutschland (ohne Berlin) | 1.690.227 | 166.592 | 137.660 | 28.932 | 9,9 | 8,1 | 1,7 |
| Deutschland | 2.069.988 | 321.323 | 278.642 | 42.681 | 15,5 | 13,5 | 2,1 |

* Kinder, die sowohl Tageseinrichtungen als auch Kindertagespflege nutzen, werden doppelt gezählt. Am 15.03.2007 gab es in Deutschland 1.105 Kinder im Alter von unter 3 Jahren, die sowohl Kincertagespflege als auch eine Tageseinrichtung besucht haben.

** Nach einer eigenen Erhebung des Landes Niedersachsen liegt die Besuchsquote der Kinder im Alter von unter 3 Jahren fast doppelt so hoch. In dieser Erhebung des Landes Niedersachsen werden die Kinder zum 1.10. in Tageseinrichtungen erfasst. Die amtliche Kinder- und Jugendhilfestatistik erfasst die Kinder am 15.03. des darauffolgenden Jahres. Zwischen den beiden Erhebungszeitpunkten sind viele der vormals unter 3-jährigen Kinder älter als 3 Jahre.

Quelle: Statistisches Bundesamt: Kinder und tätige Personen in Tageseinrichtungen 2007; Kinder und tätige Personen in öffentlich geförderter Kindertagespflege 2007; zusammengestellt und berechnet von der Dortmunder Arbeitsstelle Kinder- und Jugendhilfestatistik, Januar 2008

**Tab. 7** Kinder im Alter von 3 bis unter 6 Jahren bis zum Schulbesuch in Kindertagesbetreuung (Tageseinrichtungen und Kindertagespflege) und Kinder im Alter von unter 6 Jahren in (vor-)schulischen Einrichtungen sowie Quote der Inanspruchnahme nach Art der Betreuung in den Bundesländern 15.03.2007 (Anzahl; Quote in %)*

| Bundesländer | Kinder in | | | | | Quote der Inanspruchnahme | | | |
|---|---|---|---|---|---|---|---|---|---|
| | der Bevölkerung | Kindertagesbetreuung und (vor-)schulischen Einrichtungen | Kindertagesbetreuung | Tageseinrichtungen | Kindertagespflege | (vor-)schulischen Einrichtungen | in Kindertagesbetreuung und (vor-)schulischen Einrichtungen | in Kindertagesbetreuung | in Tageseinrichtungen | in Kindertagespflege | in (vor-)schulischen Einrichtungen |
| | Anzahl | | | | | | In % | | | |
| Baden-Württemberg | 302.519 | 288.607 | 284.446 | 281.415 | 3.031 | 4.161 | 95,4 | 94,0 | 93,0 | 1,0 | 1,4 |
| Bayern | 345.823 | 303.920 | 303.602 | 302.473 | 1.129 | 318 | 87,9 | 87,8 | 87,5 | 0,3 | 0,1 |
| Berlin | 81.594 | 76.180 | 75.363 | 74.372 | 991 | 817 | 93,4 | 92,4 | 91,1 | 1,2 | 1,0 |
| Brandenburg | 57.104 | 53.592 | 53.497 | 53.002 | 495 | 95 | 93,8 | 93,7 | 92,8 | 0,9 | 0,2 |
| Bremen | 16.062 | 13.818 | 13.762 | 13.564 | 198 | 56 | 86,0 | 85,7 | 84,4 | 1,2 | 0,3 |
| Hamburg | 44.577 | 39.433 | 36.171 | 34.918 | 1.253 | 3.262 | 88,5 | 81,1 | 78,3 | 2,8 | 7,3 |
| Hessen | 165.340 | 152.199 | 150.872 | 150.065 | 807 | 1.327 | 92,1 | 91,2 | 90,8 | 0,5 | 0,8 |
| Mecklenburg-Vorpommern | 38.011 | 35.439 | 35.412 | 34.692 | 720 | 27 | 93,2 | 93,2 | 91,3 | 1,9 | 0,1 |
| Niedersachsen | 224.062 | 188.443 | 188.141 | 186.964 | 1.177 | 302 | 84,1 | 84,0 | 83,4 | 0,5 | 0,1 |
| Nordrhein-Westfalen | 493.153 | 426.372 | 424.428 | 421.648 | 2.780 | 1.944 | 86,5 | 86,1 | 85,5 | 0,6 | 0,4 |
| Rheinland-Pfalz | 107.389 | 102.015 | 101.861 | 101.466 | 395 | 154 | 95,0 | 94,9 | 94,5 | 0,4 | 0,1 |
| Saarland | 23.924 | 22.527 | 22.527 | 22.412 | 115 | 0 | 94,2 | 94,2 | 93,7 | 0,5 | 0,0 |
| Sachsen | 95.312 | 89.476 | 89.390 | 89.157 | 233 | 86 | 93,9 | 93,8 | 93,5 | 0,2 | 0,1 |
| Sachsen-Anhalt | 51.541 | 47.932 | 47.899 | 47.841 | 58 | 33 | 93,0 | 92,9 | 92,8 | 0,1 | 0,1 |
| Schleswig-Holstein | 77.897 | 64.853 | 64.791 | 64.186 | 605 | 62 | 83,3 | 83,2 | 82,4 | 0,8 | 0,1 |
| Thüringen | 50.867 | 48.798 | 48.766 | 48.740 | 26 | 32 | 95,9 | 95,9 | 95,8 | 0,1 | 0,1 |
| Ostdeutschland (ohne Berlin) | 292.835 | 275.237 | 274.964 | 273.432 | 1.532 | 273 | 94,0 | 93,9 | 93,4 | 0,5 | 0,1 |
| Westdeutschland (ohne Berlin) | 1.800.746 | 1.602.187 | 1.590.601 | 1.579.111 | 11.490 | 11.586 | 89,0 | 88,3 | 87,7 | 0,6 | 0,6 |
| Deutschland | 2.175.175 | 1.953.604 | 1.940.928 | 1.926.915 | 14.013 | 12.676 | 89,8 | 89,2 | 88,6 | 0,6 | 0,6 |

* Kinder, die sowohl Tageseinrichtungen als auch Kindertagespflege nutzen, werden doppelt gezählt. Kinder, die sowohl Kindertagespflege als auch (vor-)schulische Einrichtungen nutzen, werden doppelt gezählt. Am 15.03.2007 gab es in Deutschland 6.395 Kinder im Alter von 3 bis unter 6 Jahren, die sowohl Kindertagespflege als auch eine Tageseinrichtung besucht haben.

Quelle: Statistisches Bundesamt: Kinder und tätige Personen in Tageseinrichtungen 2007; Kinder und tätige Personen in öffentlich geförderter Kindertagespflege 2007; Bildung und Kultur: Allgemeinbildende Schulen 2006/07; zusammengestellt und berechnet von der Dortmunder Arbeitsstelle Kinder- und Jugendhilfestatistik, März 2008

## Tab. 8 | Kinder im Alter von unter 1 Jahr in Kindertagesbetreuung (Tageseinrichtungen und Kindertagespflege) sowie Quote der Inanspruchnahme nach Art der Betreuung in den Bundesländern 15.03.2007 (Anzahl; Quote in %)*

| Bundesländer | Kinder in | | | | Quote der Inanspruchnahme | | |
|---|---|---|---|---|---|---|---|
| | der Bevölkerung | Kindertagesbetreuung | Tageseinrichtungen | Kindertagespflege | in Kindertagesbetreuung | in Tageseinrichtungen | in Kindertagespflege |
| | Anzahl | | | | In % | | |
| Baden-Württemberg | 92.224 | 1.890 | 836 | 1.054 | 2,1 | 0,9 | 1,1 |
| Bayern | 105.466 | 1.949 | 1.305 | 644 | 1,8 | 1,2 | 0,6 |
| Berlin | 29.507 | 1.641 | 1.168 | 473 | 5,6 | 4,0 | 1,6 |
| Brandenburg | 17.970 | 1.634 | 1.224 | 410 | 9,1 | 6,8 | 2,3 |
| Bremen | 5.470 | 108 | 53 | 55 | 2,0 | 1,0 | 1,0 |
| Hamburg | 15.908 | 808 | 516 | 292 | 5,1 | 3,2 | 1,8 |
| Hessen | 51.287 | 1.128 | 520 | 608 | 2,2 | 1,0 | 1,2 |
| Mecklenburg-Vorpommern | 12.607 | 1.076 | 641 | 435 | 8,5 | 5,1 | 3,5 |
| Niedersachsen | 65.301 | 537 | 282 | 255 | 0,8 | 0,4 | 0,4 |
| Nordrhein-Westfalen | 149.728 | 2.436 | 975 | 1.461 | 1,6 | 0,7 | 1,0 |
| Rheinland-Pfalz | 31.848 | 386 | 236 | 150 | 1,2 | 0,7 | 0,5 |
| Saarland | 7.204 | 108 | 76 | 32 | 1,5 | 1,1 | 0,4 |
| Sachsen | 32.535 | 1.211 | 907 | 304 | 3,7 | 2,8 | 0,9 |
| Sachsen-Anhalt | 16.894 | 1.662 | 1.632 | 30 | 9,8 | 9,7 | 0,2 |
| Schleswig-Holstein | 22.877 | 292 | 89 | 203 | 1,3 | 0,4 | 0,9 |
| Thüringen | 16.306 | 644 | 478 | 166 | 3,9 | 2,9 | 1,0 |
| Ostdeutschland (ohne Berlin) | 96.312 | 6.227 | 4.882 | 1.345 | 6,5 | 5,1 | 1,4 |
| Westdeutschland (ohne Berlin) | 547.313 | 9.642 | 4.888 | 4.754 | 1,8 | 0,9 | 0,9 |
| Deutschland | 673.132 | 17.510 | 10.938 | 6.572 | 2,6 | 1,6 | 1,0 |

* Kinder, die sowohl Tageseinrichtungen als auch Kindertagespflege nutzen, werden doppelt gezählt.

Quelle: Statistisches Bundesamt: Kinder und tätige Personen in Tageseinrichtungen 2007; Kinder und tätige Personen in öffentlich geförderter Kindertagespflege 2007; zusammengestellt und berechnet von der Dortmunder Arbeitsstelle Kinder- und Jugendhilfestatistik, März 2008

**Tab. 9** Kinder im Alter von 1 Jahr in Kindertagesbetreuung (Tageseinrichtungen und Kindertagespflege) sowie Quote der Inanspruchnahme nach Art der Betreuung in den Bundesländern 15.03.2007 (Anzahl; Quote in %)*

| Bundesländer | Kinder in | | | | Quote der Inanspruchnahme | | |
|---|---|---|---|---|---|---|---|
| | der Bevölkerung | Kindertagesbetreuung | Tageseinrichtungen | Kindertagespflege | in Kindertagesbetreuung | in Tageseinrichtungen | in Kindertagespflege |
| | Anzahl | | | | In % | | |
| Baden-Württemberg | 94.936 | 7.297 | 4.649 | 2.648 | 7,7 | 4,9 | 2,8 |
| Bayern | 108.770 | 8.739 | 7.024 | 1.715 | 8,0 | 6,5 | 1,6 |
| Berlin | 28.591 | 11.328 | 9.898 | 1.430 | 39,6 | 34,6 | 5,0 |
| Brandenburg | 18.360 | 8.715 | 7.331 | 1.384 | 47,5 | 39,9 | 7,5 |
| Bremen | 5.342 | 494 | 382 | 112 | 9,2 | 7,2 | 2,1 |
| Hamburg | 15.723 | 3.609 | 2.705 | 904 | 23,0 | 17,2 | 5,7 |
| Hessen | 53.429 | 5.570 | 3.775 | 1.795 | 10,4 | 7,1 | 3,4 |
| Mecklenburg-Vorpommern | 12.289 | 5.676 | 3.997 | 1.679 | 46,2 | 32,5 | 13,7 |
| Niedersachsen | 67.511 | 2.883 | 2.182 | 701 | 4,3 | 3,2 | 1,0 |
| Nordrhein-Westfalen | 153.312 | 8.136 | 4.850 | 3.286 | 5,3 | 3,2 | 2,1 |
| Rheinland-Pfalz | 32.865 | 1.634 | 1.311 | 323 | 5,0 | 4,0 | 1,0 |
| Saarland | 7.507 | 616 | 562 | 54 | 8,2 | 7,5 | 0,7 |
| Sachsen | 32.652 | 11.719 | 10.338 | 1.381 | 35,9 | 31,7 | 4,2 |
| Sachsen-Anhalt | 17.063 | 10.202 | 10.090 | 112 | 59,8 | 59,1 | 0,7 |
| Schleswig-Holstein | 23.489 | 1.421 | 803 | 618 | 6,1 | 3,4 | 2,6 |
| Thüringen | 16.659 | 5.441 | 5.076 | 365 | 32,7 | 30,5 | 2,2 |
| Ostdeutschland (ohne Berlin) | 97.023 | 41.753 | 36.832 | 4.921 | 43,0 | 38,0 | 5,1 |
| Westdeutschland (ohne Berlin) | 562.884 | 40.399 | 28.243 | 12.156 | 7,2 | 5,0 | 2,2 |
| Deutschland | 688.498 | 93.480 | 74.973 | 18.507 | 13,6 | 10,9 | 2,7 |

Quelle: Statistisches Bundesamt: Kinder und tätige Personen in Tageseinrichtungen 2007; Kinder und tätige Personen in öffentlich geförderter Kindertagespflege 2007; zusammengestellt und berechnet von der Dortmunder Arbeitsstelle Kinder- und Jugendhilfestatistik, März 2008

* Kinder, die sowohl Tageseinrichtungen als auch Kindertagespflege nutzen, werden doppelt gezählt.

**Tab. 10** Kinder im Alter von 2 Jahren in Kindertagesbetreuung (Tageseinrichtungen und Kindertagespflege) sowie Quote der Inanspruchnahme nach Art der Betreuung in den Bundesländern 15.03.2007 (Anzahl; Quote in %)*

| Bundesländer | Kinder in | | | | Quote der Inanspruchnahme | | |
|---|---|---|---|---|---|---|---|
| | der Bevölkerung | Kindertagesbetreuung | Tageseinrichtungen | Kindertagespflege | in Kindertagesbetreuung | in Tageseinrichtungen | in Kindertagespflege |
| | Anzahl | | | | In % | | |
| Baden-Württemberg | 97.627 | 23.840 | 21.493 | 2.347 | 24,4 | 22,0 | 2,4 |
| Bayern | 111.699 | 24.429 | 22.762 | 1.667 | 21,9 | 20,4 | 1,5 |
| Berlin | 28.686 | 21.566 | 20.297 | 1.269 | 75,2 | 70,8 | 4,4 |
| Brandenburg | 18.892 | 13.644 | 12.458 | 1.186 | 72,2 | 65,9 | 6,3 |
| Bremen | 5.246 | 1.094 | 969 | 125 | 20,9 | 18,5 | 2,4 |
| Hamburg | 15.472 | 6.040 | 5.065 | 975 | 39,0 | 32,7 | 6,3 |
| Hessen | 54.193 | 13.049 | 11.464 | 1.585 | 24,1 | 21,2 | 2,9 |
| Mecklenburg-Vorpommern | 13.020 | 9.985 | 8.261 | 1.724 | 76,7 | 63,4 | 13,2 |
| Niedersachsen | 71.163 | 10.632 | 9.819 | 813 | 14,9 | 13,8 | 1,1 |
| Nordrhein-Westfalen | 158.137 | 21.425 | 18.009 | 3.416 | 13,5 | 11,4 | 2,2 |
| Rheinland-Pfalz | 34.040 | 9.872 | 9.603 | 269 | 29,0 | 28,2 | 0,8 |
| Saarland | 7.692 | 1.993 | 1.927 | 66 | 25,9 | 25,1 | 0,9 |
| Sachsen | 33.247 | 21.174 | 19.937 | 1.237 | 63,7 | 60,0 | 3,7 |
| Sachsen-Anhalt | 17.231 | 14.674 | 14.587 | 87 | 85,2 | 84,7 | 0,5 |
| Schleswig-Holstein | 24.761 | 4.177 | 3.418 | 759 | 16,9 | 13,8 | 3,1 |
| Thüringen | 17.252 | 12.739 | 12.662 | 77 | 73,8 | 73,4 | 0,4 |
| Ostdeutschland (ohne Berlin) | 99.642 | 72.216 | 67.905 | 4.311 | 72,5 | 68,1 | 4,3 |
| Westdeutschland (ohne Berlin) | 580.030 | 116.551 | 104.529 | 12.022 | 20,1 | 18,0 | 2,1 |
| Deutschland | 708.358 | 210.333 | 192.731 | 17.602 | 29,7 | 27,2 | 2,5 |

* Kinder, die sowohl Tageseinrichtungen als auch Kindertagespflege nutzen, werden doppelt gezählt.

Quelle: Statistisches Bundesamt: Kinder und tätige Personen in Tageseinrichtungen 2007; Kinder und tätige Personen in öffentlich geförderter Kindertagespflege 2007; zusammengestellt und berechnet von der Dortmunder Arbeitsstelle Kinder- und Jugendhilfestatistik, März 2008

**Tab. 11** Kinder im Alter von 3 Jahren in Kindertagesbetreuung (Tageseinrichtungen und Kindertagespflege) sowie Quote der Inanspruchnahme nach Art der Betreuung in den Bundesländern 15.03.2007 (Anzahl; Quote in %)*

| Bundesländer | Kinder in | | | | Quote der Inanspruchnahme | | |
|---|---|---|---|---|---|---|---|
| | der Bevölkerung | Kindertagesbetreuung | Tageseinrichtungen | Kindertagespflege | in Kindertagesbetreuung | in Tageseinrichtungen | in Kindertagespflege |
| | Anzahl | | | | In % | | |
| Baden-Württemberg** | 98.420 | 89.791 | 88.650 | 1.141 | 91,2 | 90,1 | 1,2 |
| Bayern | 113.024 | 85.311 | 84.724 | 587 | 75,5 | 75,0 | 0,5 |
| Berlin | 27.457 | 24.928 | 24.457 | 471 | 90,8 | 89,1 | 1,7 |
| Brandenburg | 19.127 | 17.863 | 17.571 | 292 | 93,4 | 91,9 | 1,5 |
| Bremen | 5.319 | 3.744 | 3.659 | 85 | 70,4 | 68,8 | 1,6 |
| Hamburg | 15.038 | 11.669 | 11.120 | 549 | 77,6 | 73,9 | 3,7 |
| Hessen | 53.980 | 45.063 | 44.700 | 363 | 83,5 | 82,8 | 0,7 |
| Mecklenburg-Vorpommern | 12.780 | 11.794 | 11.358 | 436 | 92,3 | 88,9 | 3,4 |
| Niedersachsen | 71.671 | 48.039 | 47.588 | 451 | 67,0 | 66,4 | 0,6 |
| Nordrhein-Westfalen | 160.204 | 115.440 | 114.112 | 1.328 | 72,1 | 71,2 | 0,8 |
| Rheinland-Pfalz | 34.777 | 31.840 | 31.704 | 136 | 91,6 | 91,2 | 0,4 |
| Saarland | 7.659 | 6.861 | 6.817 | 44 | 89,6 | 89,0 | 0,6 |
| Sachsen | 32.068 | 29.732 | 29.597 | 135 | 92,7 | 92,3 | 0,4 |
| Sachsen-Anhalt | 16.740 | 15.681 | 15.655 | 26 | 93,7 | 93,5 | 0,2 |
| Schleswig-Holstein | 25.118 | 16.900 | 16.598 | 302 | 67,3 | 66,1 | 1,2 |
| Thüringen | 16.837 | 16.205 | 16.195 | 10 | 96,2 | 96,2 | 0,1 |
| Ostdeutschland (ohne Berlin) | 97.552 | 91.275 | 90.376 | 899 | 93,6 | 92,6 | 0,9 |
| Westdeutschland (ohne Berlin) | 585.210 | 454.658 | 449.672 | 4.986 | 77,7 | 76,8 | 0,9 |
| Deutschland | 710.219 | 570.861 | 564.505 | 6.356 | 80,4 | 79,5 | 0,9 |

* Kinder, die sowohl Tageseinrichtungen als auch Kindertagespflege nutzen, werden doppelt gezählt.

** In Baden-Württemberg besuchten im Schuljahr 2006/07 681 Kinder des Geburtsjahrgangs 2003 einen Schulkindergarten. Diese Kinder werden hier nicht ausgewiesen.

Quelle: Statistisches Bundesamt: Kinder und tätige Personen in Tageseinrichtungen 2007; Kinder und tätige Personen in öffentlich geförderter Kindertagespflege 2007; zusammengestellt und berechnet von der Dortmunder Arbeitsstelle Kinder- und Jugendhilfestatistik, März 2008

**Tab. 12** Kinder im Alter von 4 Jahren in Kindertagesbetreuung (Tageseinrichtungen und Kindertagespflege) sowie Quote der Inanspruchnahme nach Art der Betreuung in den Bundesländern 15.03.2007 (Anzahl; Quote in %)*

| Bundesländer | Kinder in | | | | Quote der Inanspruchnahme | | |
|---|---|---|---|---|---|---|---|
| | der Bevölkerung | Kindertagesbetreuung | Tageseinrichtungen | Kindertagespflege | in Kindertagesbetreuung | in Tageseinrichtungen | in Kindertagespflege |
| | Anzahl | | | | In % | | |
| Baden-Württemberg** | 100.782 | 96.591 | 95.638 | 953 | 95,8 | 94,9 | 0,9 |
| Bayern | 115.070 | 106.978 | 106.675 | 303 | 93,0 | 92,7 | 0,3 |
| Berlin | 27.272 | 25.267 | 24.984 | 283 | 92,6 | 91,6 | 1,0 |
| Brandenburg | 18.939 | 18.008 | 17.889 | 119 | 95,1 | 94,5 | 0,6 |
| Bremen | 5.250 | 4.891 | 4.836 | 55 | 93,2 | 92,1 | 1,1 |
| Hamburg | 14.871 | 12.962 | 12.586 | 376 | 87,2 | 84,6 | 2,5 |
| Hessen | 55.089 | 52.879 | 52.636 | 243 | 96,0 | 95,5 | 0,4 |
| Mecklenburg-Vorpommern | 12.467 | 11.639 | 11.465 | 174 | 93,4 | 92,0 | 1,4 |
| Niedersachsen | 74.681 | 66.900 | 66.550 | 350 | 89,6 | 89,1 | 0,5 |
| Nordrhein-Westfalen** | 164.123 | 151.176 | 150.444 | 732 | 92,1 | 91,7 | 0,4 |
| Rheinland-Pfalz | 35.646 | 34.276 | 34.136 | 140 | 96,2 | 95,8 | 0,4 |
| Saarland | 7.990 | 7.646 | 7.610 | 36 | 95,7 | 95,2 | 0,5 |
| Sachsen | 31.581 | 29.638 | 29.571 | 67 | 93,8 | 93,6 | 0,2 |
| Sachsen-Anhalt | 17.322 | 15.849 | 15.828 | 21 | 91,5 | 91,4 | 0,1 |
| Schleswig-Holstein | 25.963 | 23.040 | 22.867 | 173 | 88,7 | 88,1 | 0,7 |
| Thüringen | 16.893 | 16.031 | 16.021 | 10 | 94,9 | 94,8 | 0,1 |
| Ostdeutschland (ohne Berlin) | 97.202 | 91.165 | 90.774 | 391 | 93,8 | 93,4 | 0,4 |
| Westdeutschland (ohne Berlin) | 599.465 | 557.339 | 553.978 | 3.361 | 93,0 | 92,4 | 0,6 |
| Deutschland | 723.939 | 673.771 | 669.736 | 4.035 | 93,1 | 92,5 | 0,6 |

\* Kinder, die sowohl Tageseinrichtungen als auch Kindertagespflege nutzen, werden doppelt gezählt.

\*\* Im Schuljahr 2006/07 besuchten in Baden-Württemberg 1.100 Kinder des Geburtsjahrgangs 2002 einen Schulkindergarten, in Nordrhein-Westfalen geschätzt 907 Kinder. Diese Kinder werden hier nicht ausgewiesen.

Quelle: Statistisches Bundesamt: Kinder und tätige Personen in Tageseinrichtungen 2007; Kinder und tätige Personen in öffentlich geförderter Kindertagespflege 2007; zusammengestellt und berechnet von der Dortmunder Arbeitsstelle Kinder- und Jugendhilfestatistik, März 2008

Tab. 13

**Tab. 13** Kinder im Alter von 5 Jahren (ohne Schulkinder) in Kindertagesbetreuung (Tageseinrichtungen und Kindertagespflege) und Kinder im Alter von 5 Jahren in (vor-)schulischen Einrichtungen sowie Quote der Inanspruchnahme nach Art der Betreuung in den Bundesländern 15.03.2007 (Anzahl; Quote in %)*

| Bundesländer | der Bevölkerung | Kinder in | | | | Quote der Inanspruchnahme | | | |
|---|---|---|---|---|---|---|---|---|---|
| | | Kindertagesbetreuung und (vor-)schulischen Einrichtungen | Kindertagesbetreuung | Tageseinrichtungen | Kindertagespflege | (vor-)schulischen Einrichtungen | in Kindertagesbetreuung und (vor-)schulischen Einrichtungen | in Kindertagesbetreuung | in Tageseinrichtungen | in Kindertagespflege | in (vor-)schulischen Einrichtungen |
| | Anzahl | | | | | | In % | | | |
| Baden-Württemberg | 103.317 | 100.444 | 98.064 | 97.127 | 937 | 2.380 | 97,2 | 94,9 | 94,0 | 0,9 | 2,3 |
| Bayern | 117.729 | 111.631 | 111.313 | 111.074 | 239 | 318 | 94,8 | 94,6 | 94,3 | 0,2 | 0,3 |
| Berlin | 26.865 | 25.985 | 25.168 | 24.931 | 237 | 817 | 96,7 | 93,7 | 92,8 | 0,9 | 3,0 |
| Brandenburg | 19.038 | 17.721 | 17.626 | 17.542 | 84 | 95 | 93,1 | 92,6 | 92,1 | 0,4 | 0,5 |
| Bremen | 5.493 | 5.183 | 5.127 | 5.069 | 58 | 56 | 94,4 | 93,3 | 92,3 | 1,1 | 1,0 |
| Hamburg | 14.668 | 14.802 | 11.540 | 11.212 | 328 | 3.262 | 100,9 | 78,7 | 76,4 | 2,2 | 22,2 |
| Hessen | 56.271 | 54.257 | 52.930 | 52.729 | 201 | 1.327 | 96,4 | 94,1 | 93,7 | 0,4 | 2,4 |
| Mecklenburg-Vorpommern | 12.764 | 12.006 | 11.979 | 11.869 | 110 | 27 | 94,1 | 93,8 | 93,0 | 0,9 | 0,2 |
| Niedersachsen | 77.710 | 73.504 | 73.202 | 72.826 | 376 | 302 | 94,6 | 94,2 | 93,7 | 0,5 | 0,4 |
| Nordrhein-Westfalen | 168.826 | 158.849 | 157.812 | 157.092 | 720 | 1.037 | 94,1 | 93,5 | 93,1 | 0,4 | 0,6 |
| Rheinland-Pfalz | 36.966 | 35.899 | 35.745 | 35.626 | 119 | 154 | 97,1 | 96,7 | 96,4 | 0,3 | 0,4 |
| Saarland | 8.275 | 8.020 | 8.020 | 7.985 | 35 | 0 | 96,9 | 96,9 | 96,5 | 0,4 | 0,0 |
| Sachsen | 31.663 | 30.106 | 30.020 | 29.989 | 31 | 86 | 95,1 | 94,8 | 94,7 | 0,1 | 0,3 |
| Sachsen-Anhalt | 17.479 | 16.402 | 16.369 | 16.358 | 11 | 33 | 93,8 | 93,6 | 93,6 | 0,1 | 0,2 |
| Schleswig-Holstein | 26.816 | 24.913 | 24.851 | 24.721 | 130 | 62 | 92,9 | 92,7 | 92,2 | 0,5 | 0,2 |
| Thüringen | 17.137 | 16.562 | 16.530 | 16.524 | 6 | 32 | 96,6 | 96,5 | 96,4 | 0,0 | 0,2 |
| Ostdeutschland (ohne Berlin) | 98.081 | 92.797 | 92.524 | 92.282 | 242 | 273 | 94,6 | 94,3 | 94,1 | 0,2 | 0,3 |
| Westdeutschland (ohne Berlin) | 616.071 | 587.502 | 578.604 | 575.461 | 3.143 | 8.898 | 95,4 | 93,9 | 93,4 | 0,5 | 1,4 |
| Deutschland | 741.017 | 706.284 | 696.296 | 692.674 | 3.622 | 9.988 | 95,3 | 94,0 | 93,5 | 0,5 | 1,3 |

* Kinder, die sowohl Tageseinrichtungen als auch Kindertagespflege nutzen, werden doppelt gezählt. Kinder, die sowohl Kindertagespflege als auch (vor-)schulische Einrichtungen nutzen, werden doppelt gezählt.

Quelle: Statistisches Bundesamt: Kinder und tätige Personen in Tageseinrichtungen 2007; Kinder und tätige Personen in öffentlich geförderter Kindertagespflege 2007; Bildung und Kultur: Allgemeinbildende Schulen 2006/07; zusammengestellt und berechnet von der Dortmunder Arbeitsstelle Kinder- und Jugendhilfestatistik, März 2008

**Tab. 14** Kinder im Alter von 3 Jahren in Kindertageseinrichtungen 2003, 2004, 2006 und 2007 in den Bundesländern Mai 2003, März 2004, 15.03.2006, 15.03.2007 (Anzahl; Quote in %)

| Bundesländer | Mai 2003 (Ergebnis des Mikrozensus*) | | März 2004 (Ergebnis des Mikrozensus*) | | 15.03.2006 (Ergebnis der Kinder- und Jugendhilfestatistik) | | 15.03.2007 (Ergebnis der Kinder- und Jugendhilfestatistik*) | |
|---|---|---|---|---|---|---|---|---|
| | Kinder in Kindertageseinrichtungen | Inanspruchnahmequote in % | Kinder in Kindertageseinrichtungen | Inanspruchnahmequote in % | Kinder in Kindertageseinrichtungen | Inanspruchnahmequote in % | Kinder in Tageseinrichtungen | Inanspruchnahmequote in % |
| Baden-Württemberg | 84.000 | 74,3 | 81.000 | 75,9 | 89.413 | 88,7 | 88.650 | 90,1 |
| Bayern | 63.000 | 49,6 | 63.400 | 54,0 | 80.644 | 70,0 | 84.724 | 75,0 |
| Berlin | 21.000 | 75,6 | 22.200 | 77,9 | 23.281 | 84,6 | 24.457 | 89,1 |
| Brandenburg | 18.000 | 87,6 | 15.300 | 87,4 | 16.716 | 89,1 | 17.571 | 91,9 |
| Bremen | / | / | / | / | 3.508 | 66,1 | 3.659 | 68,8 |
| Hamburg | 7.000 | 46,8 | 10.700 | 59,4 | 10.551 | 70,6 | 11.120 | 73,9 |
| Hessen | 36.000 | 61,8 | 39.500 | 64,1 | 44.289 | 80,2 | 44.700 | 82,8 |
| Mecklenburg-Vorpommern | 10.000 | 80,0 | 8.500 | 68,0 | 10.805 | 86,4 | 11.358 | 88,9 |
| Niedersachsen | 33.000 | 41,6 | 35.900 | 44,3 | 44.399 | 59,6 | 47.588 | 66,4 |
| Nordrhein-Westfalen*** | 78.000 | 44,0 | 84.800 | 48,3 | 111.708 | 68,0 | 114.112 | 71,2 |
| Rheinland-Pfalz | 27.000 | 72,4 | 28.400 | 76,3 | 31.771 | 89,2 | 31.704 | 91,2 |
| Saarland | 8.000 | 83,0 | 6.200 | 78,5 | 7.113 | 88,8 | 6.817 | 89,0 |
| Sachsen | 26.000 | 80,8 | 28.700 | 81,8 | 28.411 | 89,8 | 29.597 | 92,3 |
| Sachsen-Anhalt | 16.000 | 91,2 | 14.300 | 85,6 | 15.429 | 88,2 | 15.655 | 93,5 |
| Schleswig-Holstein | 14.000 | 52,3 | 14.100 | 48,6 | 16.638 | 64,5 | 16.598 | 66,1 |
| Thüringen | 16.000 | 84,1 | 12.800 | 78,5 | 15.865 | 93,6 | 16.195 | 96,2 |
| Deutschland** | 460.000 | 58,9 | 468.900 | 61,2 | 550.541 | 76,0 | 564.505 | 79,5 |

* Der Mikrozensus beruht auf einer 1%-Stichprobe der Bevölkerung am Familienwohnsitz, welche hochgerechnet ist auf die Gesamtbevölkerung. Die ausgewiesenen Ergebnisse für 2003 und 2004 sind deshalb auf die Bevölkerung hochgerechnete Werte. Die amtliche Kinder- und Jugendhilfestatistik ist eine Vollerhebung der Einrichtungen der Kindertagesbetreuung. Diese unterschiedlichen Datenquellen können im Ergebnis Verzerrungen erzeugen, die eine Vergleichbarkeit beeinträchtigen können.

** Die Ergebnisse des Mikrozensus 2003 und 2004 für Deutschland sind vom Statistischen Bundesamt eigenständig ausgewiesen worden. Durch Rundungseffekte kann die Summe aller in der Tabelle ausgewiesenen Länderergebnisse von diesem Gesamtergebnis abweichen.

*** Aufgrund von Abgrenzungsproblemen (im Bereich Kindertageseinrichtungen für Kinder im Alter von unter drei Jahren) in der Startphase der neuen Statistiken zur Kindertagesbetreuung sind die Ergebnisse für Nordrhein-Westfalen nur eingeschränkt mit dem Folgejahr vergleichbar.

Quelle: Statistisches Bundesamt: Mikrozensus 2003 und 2004; Kinder und tätige Personen in Tageseinrichtungen 2006 und 2007; zusammengestellt und berechnet von der Dortmunder Arbeitsstelle Kinder- und Jugendhilfestatistik, März 2008

Datengrundlage erhoben und berechnet in Zusammenarbeit mit akjstat

## Tab. 15 | Kinder im Alter von unter 3 Jahren in Kindertageseinrichtungen nach Migrationshintergrund in den Bundesländern 15.03.2007 (Anzahl; Anteil in %)

| Bundesländer | Kinder im Alter von unter 3 Jahren in Kindertageseinrichtungen | Kinder, von denen mindestens ein Elternteil ausländischer Herkunft ist | | | Kinder, von denen mindestens ein Elternteil ausländischer Herkunft ist | | |
|---|---|---|---|---|---|---|---|
| | | Insgesamt | davon vorwiegend im Elternhaus gesprochene Sprache | | Insgesamt | davon vorwiegend im Elternhaus gesprochene Sprache | |
| | | | Deutsch | nicht Deutsch | | Deutsch | nicht Deutsch |
| | Anzahl | Anzahl | | | In % | | |
| Baden-Württemberg | 26.978 | 6.995 | 3.253 | 3.742 | 25,9 | 46,5 | 53,5 |
| Bayern | 31.091 | 6.553 | 3.172 | 3.381 | 21,1 | 48,4 | 51,6 |
| Berlin* | 31.363 | / | / | / | / | / | / |
| Brandenburg | 21.013 | 739 | 442 | 297 | 3,5 | 59,8 | 40,2 |
| Bremen | 1.404 | 367 | 174 | 193 | 26,1 | 47,4 | 52,6 |
| Hamburg | 8.286 | 2.668 | 1.139 | 1.529 | 32,2 | 42,7 | 57,3 |
| Hessen | 15.759 | 3.953 | 1.827 | 2.126 | 25,1 | 46,2 | 53,8 |
| Mecklenburg-Vorpommern | 12.899 | 461 | 237 | 224 | 3,6 | 51,4 | 48,6 |
| Niedersachsen | 12.283 | 2.064 | 1.107 | 957 | 16,8 | 53,6 | 46,4 |
| Nordrhein-Westfalen | 23.834 | 6.211 | 2.993 | 3.218 | 26,1 | 48,2 | 51,8 |
| Rheinland-Pfalz | 11.150 | 2.407 | 1.213 | 1.194 | 21,6 | 50,4 | 49,6 |
| Saarland | 2.565 | 436 | 231 | 205 | 17,0 | 53,0 | 47,0 |
| Sachsen | 31.182 | 1.005 | 594 | 411 | 3,2 | 59,1 | 40,9 |
| Sachsen-Anhalt | 26.309 | 1.055 | 610 | 445 | 4,0 | 57,8 | 42,2 |
| Schleswig-Holstein | 4.310 | 565 | 290 | 275 | 13,1 | 51,3 | 48,7 |
| Thüringen | 18.216 | 587 | 350 | 237 | 3,2 | 59,6 | 40,4 |
| Ostdeutschland (ohne Berlin) | 109.619 | 3.847 | 2.233 | 1.614 | 3,5 | 58,1 | 42,0 |
| Westdeutschland (ohne Berlin) | 137.660 | 32.219 | 15.399 | 16.820 | 23,4 | 47,8 | 52,2 |
| Deutschland | 247.279 | 36.066 | 17.632 | 18.434 | 14,6 | 48,9 | 51,1 |

\* In Berlin wurde das Merkmal „mindestens ein Elternteil ausländischer Herkunft" nicht erhoben. Aus diesem Grund werden auch die Werte für Deutschland insgesamt ohne Berlin ausgewiesen.

Quelle: Statistisches Bundesamt: Kinder und tätige Personen in Tageseinrichtungen 2007; zusammengestellt und berechnet von der Dortmunder Arbeitsstelle Kinder- und Jugendhilfestatistik, Januar 2008

## Tab. 16 Kinder im Alter von 3 Jahren bis zum Schuleintritt in Kindertageseinrichtungen nach Migrationshintergrund in den Bundesländern 15.03.2007 (Anzahl; Anteil in %)

| Bundesländer | Kinder im Alter von über 3 Jahren in Kindertageseinrichtungen (ohne Schulkinder) | Kinder, von denen mindestens ein Elternteil ausländischer Herkunft ist | | | Kinder, von denen mindestens ein Elternteil ausländischer Herkunft ist | | |
|---|---|---|---|---|---|---|---|
| | | | davon vorwiegend im Elternhaus gesprochene Sprache | | | davon vorwiegend im Elternhaus gesprochene Sprache | |
| | | Insgesamt | Deutsch | nicht Deutsch | Insgesamt | Deutsch | nicht Deutsch |
| | Anzahl | Anzahl | Anzahl | Anzahl | In % | In % | In % |
| Baden-Württemberg | 330.332 | 102.308 | 41.145 | 61.163 | 31,0 | 40,2 | 59,8 |
| Bayern | 359.962 | 83.794 | 34.348 | 49.446 | 23,3 | 41,0 | 59,0 |
| Berlin* | 78.562 | / | / | / | / | / | / |
| Brandenburg | 62.173 | 3.301 | 1.780 | 1.521 | 5,3 | 53,9 | 46,1 |
| Bremen | 16.230 | 6.125 | 1.993 | 4.132 | 37,7 | 32,5 | 67,5 |
| Hamburg | 40.291 | 15.505 | 5.460 | 10.045 | 38,5 | 35,2 | 64,8 |
| Hessen | 181.882 | 62.643 | 23.428 | 39.215 | 34,4 | 37,4 | 62,6 |
| Mecklenburg-Vorpommern | 43.245 | 2.135 | 968 | 1.167 | 4,9 | 45,3 | 54,7 |
| Niedersachsen | 232.372 | 49.545 | 23.563 | 25.982 | 21,3 | 47,6 | 52,4 |
| Nordrhein-Westfalen | 515.172 | 171.436 | 63.942 | 107.494 | 33,3 | 37,3 | 62,7 |
| Rheinland-Pfalz | 123.208 | 33.019 | 13.959 | 19.060 | 26,8 | 42,3 | 57,7 |
| Saarland | 27.311 | 6.628 | 2.935 | 3.693 | 24,3 | 44,3 | 55,7 |
| Sachsen | 110.353 | 6.872 | 3.498 | 3.374 | 6,2 | 50,9 | 49,1 |
| Sachsen-Anhalt | 58.854 | 3.214 | 1.622 | 1.592 | 5,5 | 50,5 | 49,5 |
| Schleswig-Holstein | 80.748 | 12.293 | 5.212 | 7.081 | 15,2 | 42,4 | 57,6 |
| Thüringen | 59.180 | 2.943 | 1.611 | 1.332 | 5,0 | 54,7 | 45,3 |
| Ostdeutschland (ohne Berlin) | 333.805 | 18.465 | 9.479 | 8.986 | 5,5 | 51,3 | 48,7 |
| Westdeutschland (ohne Berlin) | 1.907.508 | 543.296 | 215.985 | 327.311 | 28,5 | 39,8 | 60,2 |
| Deutschland | 2.241.313 | 561.761 | 225.464 | 336.297 | 25,1 | 40,1 | 59,9 |

* In Berlin wurde das Merkmal „mindestens ein Elternteil ausländischer Herkunft" nicht erhoben. Aus diesem Grund werden auch die Werte für Deutschland insgesamt ohne Berlin ausgewiesen.

Quelle: Statistisches Bundesamt: Kinder und tätige Personen in Tageseinrichtungen 2007; zusammengestellt und berechnet von der Dortmunder Arbeitsstelle Kinder- und Jugendhilfestatistik, Januar 2008

## Tab. 17 | Kinder in Kindertagespflege nach Migrationshintergrund in den Bundesländern 15.03.2007 (Anzahl; Anteil in %)

| Bundesländer | Kinder in Kindertagespflege insgesamt | Kinder, von denen mindestens ein Elternteil ausländischer Herkunft ist | | | Kinder, von denen mindestens ein Elternteil ausländischer Herkunft ist | | |
|---|---|---|---|---|---|---|---|
| | | Insgesamt | davon vorwiegend im Elternhaus gesprochene Sprache | | Insgesamt | davon vorwiegend im Elternhaus gesprochene Sprache | |
| | | | Deutsch | nicht Deutsch | | Deutsch | nicht Deutsch |
| | Anzahl | Anzahl | Anzahl | Anzahl | In % | In % | In % |
| Baden-Württemberg | 13.287 | 2.164 | 1.399 | 765 | 16,3 | 64,6 | 35,4 |
| Bayern | 6.409 | 882 | 556 | 326 | 13,8 | 63,0 | 37,0 |
| Berlin | 4.350 | 733 | 404 | 329 | 16,9 | 55,1 | 44,9 |
| Brandenburg | 3.554 | 81 | 58 | 23 | 2,3 | 71,6 | 28,4 |
| Bremen | 737 | 141 | 108 | 33 | 19,1 | 76,6 | 23,4 |
| Hamburg | 5.452 | 1.239 | 510 | 729 | 22,7 | 41,2 | 58,8 |
| Hessen | 5.856 | 1.054 | 724 | 330 | 18,0 | 68,7 | 31,3 |
| Mecklenburg-Vorpommern | 4.680 | 76 | 55 | 21 | 1,6 | 72,4 | 27,6 |
| Niedersachsen | 4.724 | 841 | 676 | 165 | 17,8 | 80,4 | 19,6 |
| Nordrhein-Westfalen | 14.509 | 2.672 | 1.728 | 944 | 18,4 | 64,7 | 35,3 |
| Rheinland-Pfalz | 1.873 | 358 | 210 | 148 | 19,1 | 58,7 | 41,3 |
| Saarland | 507 | 109 | 66 | 43 | 21,5 | 60,6 | 39,4 |
| Sachsen | 3.225 | 131 | 100 | 31 | 4,1 | 76,3 | 23,7 |
| Sachsen-Anhalt | 299 | 12 | 11 | 1 | 4,0 | 91,7 | 8,3 |
| Schleswig-Holstein | 2.775 | 329 | 184 | 145 | 11,9 | 55,9 | 44,1 |
| Thüringen | 653 | 44 | 34 | 10 | 6,7 | 77,3 | 22,7 |
| Ostdeutschland (ohne Berlin) | 12.411 | 344 | 258 | 86 | 2,8 | 75,0 | 25,0 |
| Westdeutschland (ohne Berlin) | 56.129 | 9.789 | 6.161 | 3.628 | 17,4 | 62,9 | 37,1 |
| Deutschland | 72.890 | 10.866 | 6.823 | 4.043 | 14,9 | 62,8 | 37,2 |

Quelle: Statistisches Bundesamt: Kinder und tätige Personen in öffentlich geförderter Kindertagespflege 2007; zusammengestellt und berechnet von der Dortmunder Arbeitsstelle Kinder- und Jugendhilfestatistik, Februar 2008

## Tab. 18 | Anteil der Kinder mit Migrationshintergrund (mindestens ein Elternteil ist ausländischer Herkunft) in Kindertageseinrichtungen nach Bundesländern (Altersjahrgänge; 15.03.2006; Angaben in %)

| Altersjahre | Baden-Württemberg | Bayern | Berlin* | Brandenburg | Bremen | Hamburg | Hessen | Mecklenburg-Vorpommern |
|---|---|---|---|---|---|---|---|---|
| unter 1-Jährige | 24,9 | 21,5 | / | 2,9 | 11,3 | 26,0 | 27,5 | 2,7 |
| 1-Jährige | 24,1 | 21,5 | / | 2,7 | 22,5 | 28,6 | 26,1 | 2,7 |
| 2-Jährige | 26,4 | 20,9 | / | 4,1 | 28,4 | 34,7 | 24,6 | 4,1 |
| 3-Jährige | 31,0 | 24,2 | / | 5,2 | 37,0 | 38,8 | 33,9 | 4,9 |
| 4-Jährige | 31,4 | 23,7 | / | 5,4 | 37,3 | 39,0 | 35,3 | 5,2 |
| 5-Jährige | 30,5 | 22,2 | / | 5,4 | 37,9 | 37,8 | 34,1 | 4,6 |
| 6-Jährige | 30,9 | 23,2 | / | 5,2 | 39,4 | 37,3 | 34,3 | 4,9 |
| 7-Jährige und älter | 37,1 | 33,0 | / | 5,9 | 26,7 | 45,6 | 36,3 | 8,4 |
| Kinder im Alter von unter 3 Jahren | 25,9 | 21,1 | / | 3,5 | 26,1 | 32,2 | 25,1 | 3,6 |
| Kinder im Alter von 3 Jahren bis zum Schuleintritt | 31,0 | 23,3 | / | 5,3 | 37,7 | 38,5 | 34,4 | 4,9 |
| Insgesamt | 30,6 | 23,1 | / | 4,9 | 36,8 | 37,4 | 33,7 | 4,6 |

| Altersjahre | Niedersachsen | Nordrhein-Westfalen | Rheinland-Pfalz | Saarland | Sachsen | Sachsen-Anhalt | Schleswig-Holstein | Thüringen |
|---|---|---|---|---|---|---|---|---|
| unter 1-Jährige | 18,4 | 25,4 | 24,6 | 21,1 | 4,2 | 2,4 | 4,5 | 2,1 |
| 1-Jährige | 14,7 | 24,3 | 21,8 | 15,8 | 2,9 | 3,2 | 13,1 | 2,4 |
| 2-Jährige | 17,2 | 26,6 | 21,5 | 17,2 | 3,4 | 4,8 | 13,3 | 3,6 |
| 3-Jährige | 21,9 | 32,6 | 27,1 | 24,7 | 6,0 | 5,6 | 15,0 | 5,1 |
| 4-Jährige | 21,6 | 33,7 | 27,3 | 24,4 | 6,7 | 5,7 | 15,8 | 5,1 |
| 5-Jährige | 20,9 | 32,9 | 25,9 | 23,9 | 6,2 | 5,2 | 15,0 | 4,9 |
| 6-Jährige | 21,0 | 34,1 | 27,0 | 24,1 | 5,8 | 5,3 | 15,1 | 4,5 |
| 7-Jährige und älter | 23,7 | 37,0 | 26,4 | 20,4 | 7,6 | 4,3 | 13,6 | 9,5 |
| Kinder im Alter von unter 3 Jahren | 16,8 | 26,1 | 21,6 | 17,0 | 3,2 | 4,0 | 13,1 | 3,2 |
| Kinder im Alter von 3 Jahren bis zum Schuleintritt | 21,3 | 33,3 | 26,8 | 24,3 | 6,2 | 5,5 | 15,2 | 5,0 |
| Insgesamt | 21,1 | 33,0 | 26,4 | 23,6 | 5,6 | 5,0 | 15,1 | 4,6 |

* In Berlin wurde das Merkmal „mindestens ein Elternteil ausländischer Herkunft" nicht erhoben.

*Quelle: Statistisches Bundesamt: Kinder und tätige Personen in Tageseinrichtungen 2007; zusammengestellt und berechnet von der Dortmunder Arbeitsstelle Kinder- und Jugendhilfestatistik, Februar 2008*

**Tab. 19** Kinder insgesamt sowie Kinder mit einem Elternteil ausländischer Herkunft in Kindertageseinrichtungen nach vereinbarter täglicher Betreuungszeit in den Bundesländern 15.03.2007 (Anteil an allen Betreuungszeiten in %; Abweichungen der Betreuungszeiten in Prozentpunkten)

| Bundesländer | Betreuungszeit pro Tag (Kinder insgesamt) | | | | Betreuungszeit pro Tag (Kinder mit Migrationshintergrund) | | | | Abweichung der Betreuungszeit von Kindern mit Migrationshintergrund von der von Kindern insgesamt | | | |
|---|---|---|---|---|---|---|---|---|---|---|---|---|
| | bis zu 5 Stunden | mehr als 5 bis zu 7 Stunden | mehr als 7 Stunden | vor- und nachmittags ohne Mittagsbetreuung | bis zu 5 Stunden | mehr als 5 bis zu 7 Stunden | mehr als 7 Stunden | vor- und nachmittags ohne Mittagsbetreuung | bis zu 5 Stunden | mehr als 5 bis zu 7 Stunden | mehr als 7 Stunden | vor- und nachmittags ohne Mittagsbetreuung |
| | In % | | | | In % | | | | In Prozentpunkten | | | |
| Baden-Württemberg | 14,9 | 44,2 | 9,0 | 31,9 | 12,5 | 47,8 | 11,3 | 28,4 | -2,3 | 3,5 | 2,3 | -3,5 |
| Bayern | 37,7 | 41,7 | 19,5 | 1,1 | 30,3 | 38,7 | 29,8 | 1,2 | -7,4 | -3,1 | 10,4 | 0,1 |
| Berlin* | 12,0 | 31,3 | 56,7 | 0,0 | / | / | / | / | / | / | / | / |
| Brandenburg | 36,1 | 31,4 | 32,6 | 0,0 | 33,9 | 43,6 | 22,5 | 0,0 | -2,2 | 12,2 | -10,1 | 0,0 |
| Bremen | 46,8 | 33,5 | 19,7 | 0,0 | 46,4 | 34,4 | 19,1 | 0,0 | -0,4 | 0,9 | -0,6 | 0,0 |
| Hamburg | 55,2 | 15,3 | 29,4 | 0,0 | 58,9 | 13,1 | 28,1 | 0,0 | 3,7 | -2,3 | -1,4 | 0,0 |
| Hessen | 35,2 | 33,1 | 25,6 | 6,1 | 33,6 | 30,6 | 29,6 | 6,2 | -1,6 | -2,5 | 3,9 | 0,1 |
| Mecklenburg-Vorpommern | 24,0 | 38,7 | 37,0 | 0,3 | 27,7 | 50,3 | 21,9 | 0,2 | 3,7 | 11,6 | -15,1 | -0,1 |
| Niedersachsen | 72,7 | 15,0 | 11,2 | 1,2 | 66,1 | 15,2 | 17,6 | 1,1 | -6,6 | 0,2 | 6,5 | -0,1 |
| Nordrhein-Westfalen | 18,0 | 30,7 | 25,1 | 26,2 | 17,4 | 29,7 | 28,6 | 24,2 | -0,6 | -1,0 | 3,5 | -2,0 |
| Rheinland-Pfalz | 23,4 | 32,1 | 21,2 | 23,4 | 20,1 | 32,5 | 23,4 | 24,0 | -3,3 | 0,5 | 2,1 | 0,7 |
| Saarland | 28,7 | 40,2 | 17,6 | 13,6 | 30,4 | 39,0 | 16,6 | 14,0 | 1,7 | -1,2 | -1,0 | 0,4 |
| Sachsen | 33,3 | 24,8 | 41,9 | 0,0 | 33,8 | 28,1 | 38,2 | 0,0 | 0,5 | 3,3 | -3,7 | 0,0 |
| Sachsen-Anhalt | 47,1 | 12,9 | 39,9 | 0,1 | 64,9 | 12,2 | 22,8 | 0,0 | 17,8 | -0,7 | -17,1 | -0,1 |
| Schleswig-Holstein | 62,8 | 24,0 | 13,0 | 0,2 | 55,0 | 23,4 | 21,4 | 0,2 | -7,8 | -0,5 | 8,4 | 0,0 |
| Thüringen | 8,6 | 6,4 | 84,9 | 0,1 | 7,9 | 6,5 | 85,5 | 0,1 | -0,7 | 0,1 | 0,6 | 0,0 |
| Ostdeutschland (ohne Berlin) | 32,2 | 23,4 | 44,2 | 0,1 | 35,9 | 28,2 | 35,8 | 0,0 | 3,7 | 4,8 | -8,5 | 0,0 |
| Westdeutschland (ohne Berlin) | 33,2 | 33,1 | 18,9 | 14,8 | 28,1 | 32,9 | 24,1 | 15,0 | -5,1 | -0,2 | 5,2 | 0,2 |
| Deutschland (ohne Berlin) | 33,0 | 31,0 | 24,5 | 11,5 | 28,4 | 32,7 | 24,6 | 14,3 | -4,6 | 1,7 | 0,1 | 2,8 |

* In Berlin wurde das Merkmal „mindestens ein Elternteil ausländischer Herkunft" nicht erhoben. Aus diesem Grund werden auch die Werte für Deutschland insgesamt ohne Berlin ausgewiesen.

Quelle: Statistisches Bundesamt: Kinder und tätige Personen in Tageseinrichtungen 2007; zusammengestellt und berechnet von der Dortmunder Arbeitsstelle Kinder- und Jugendhilfestatistik, Februar 2008

## Tab. 20 | Kinder* mit und ohne Migrationshintergrund (mindestens ein Elternteil ausländischer Herkunft) nach dem Anteil der Kinder mit Migrationshintergrund in den Einrichtungen in den Bundesländern 15.03.2006 (Anzahl; Verteilung auf Einrichtungstypen in %)

| Bundesland | Merkmale der Kinder in den Einrichtungen | unter 25% absolut | unter 25% in % | 25% bis unter 50% absolut | 25% bis unter 50% in % | 50% bis unter 75% absolut | 50% bis unter 75% in % | 75% und mehr absolut | 75% und mehr in % | Insgesamt absolut |
|---|---|---|---|---|---|---|---|---|---|---|
| Baden-Württemberg | Mindestens ein Elternteil ausländischer Herkunft | 24.488 | 20,7 | 45.178 | 38,2 | 32.442 | 27,4 | 16.153 | 13,7 | 118.261 |
| | Beide Elternteile deutscher Herkunft | 163.740 | 60,7 | 81.982 | 30,4 | 21.049 | 7,8 | 2.905 | 1,1 | 269.676 |
| | Zusammen | 188.228 | 48,5 | 127.160 | 32,8 | 53.491 | 13,8 | 19.058 | 4,9 | 387.937 |
| Bayern | Mindestens ein Elternteil ausländischer Herkunft | 27.207 | 27,6 | 34.479 | 35,0 | 26.261 | 26,7 | 10.516 | 10,7 | 98.463 |
| | Beide Elternteile deutscher Herkunft | 251.929 | 75,2 | 63.391 | 18,9 | 17.544 | 5,2 | 2.141 | 0,6 | 335.005 |
| | Zusammen | 279.136 | 64,4 | 97.870 | 22,6 | 43.805 | 10,1 | 12.657 | 2,9 | 433.468 |
| Berlin** | Mindestens ein Elternteil ausländischer Herkunft | 6.127 | 66,8 | 2.822 | 30,7 | 230 | 2,5 | | | 9.179 |
| | Beide Elternteile deutscher Herkunft | 90.664 | 94,0 | 5.583 | 5,8 | 157 | 0,2 | | | 96.404 |
| | Zusammen | 96.791 | 91,7 | 8.405 | 8,0 | 387 | 0,4 | | | 105.583 |
| Brandenburg | Mindestens ein Elternteil ausländischer Herkunft | 5.282 | 92,7 | 417 | 7,3 | | | | | 5.699 |
| | Beide Elternteile deutscher Herkunft | 121.849 | 99,2 | 994 | 0,8 | | | | | 122.843 |
| | Zusammen | 127.131 | 98,9 | 1.411 | 1,1 | | | | | 128.542 |
| Bremen | Mindestens ein Elternteil ausländischer Herkunft | 988 | 12,5 | 2.631 | 33,3 | 3.159 | 40,0 | 1.126 | 14,2 | 7.904 |
| | Beide Elternteile deutscher Herkunft | 7.380 | 52,8 | 4.365 | 31,2 | 1.949 | 13,9 | 288 | 2,1 | 13.982 |
| | Zusammen | 8.368 | 38,2 | 6.996 | 32,0 | 5.108 | 23,3 | 1.414 | 6,5 | 21.886 |
| Hamburg | Mindestens ein Elternteil ausländischer Herkunft | 2.437 | 10,4 | 7.838 | 33,4 | 8.567 | 36,5 | 4.645 | 19,8 | 23.487 |
| | Beide Elternteile deutscher Herkunft | 17.296 | 46,7 | 13.381 | 36,1 | 5.512 | 14,9 | 881 | 2,4 | 37.070 |
| | Zusammen | 19.733 | 32,6 | 21.219 | 35,0 | 14.079 | 23,2 | 5.526 | 9,1 | 60.557 |
| Hessen | Mindestens ein Elternteil ausländischer Herkunft | 12.585 | 17,2 | 26.047 | 35,6 | 20.392 | 27,8 | 14.211 | 19,4 | 73.235 |
| | Beide Elternteile deutscher Herkunft | 85.394 | 57,6 | 47.359 | 31,9 | 13.130 | 8,9 | 2.461 | 1,7 | 148.344 |
| | Zusammen | 97.979 | 44,2 | 73.406 | 33,1 | 33.522 | 15,1 | 16.672 | 7,5 | 221.579 |
| Mecklenburg-Vorpommern | Mindestens ein Elternteil ausländischer Herkunft | 3.123 | 93,7 | 211 | 6,3 | | | | | 3.334 |
| | Beide Elternteile deutscher Herkunft | 74.321 | 99,4 | 424 | 0,6 | | | | | 74.745 |
| | Zusammen | 77.444 | 99,2 | 635 | 0,8 | | | | | 78.079 |
| Niedersachsen | Mindestens ein Elternteil ausländischer Herkunft | 18.598 | 37,1 | 18.879 | 37,7 | 9.437 | 18,8 | 3.228 | 6,4 | 50.142 |
| | Beide Elternteile deutscher Herkunft | 161.254 | 79,4 | 34.681 | 17,1 | 6.386 | 3,1 | 646 | 0,3 | 202.967 |
| | Zusammen | 179.852 | 71,1 | 53.560 | 21,2 | 15.823 | 6,3 | 3.874 | 1,5 | 253.109 |
| Nordrhein-Westfalen | Mindestens ein Elternteil ausländischer Herkunft | 34.648 | 18,8 | 69.194 | 37,5 | 53.256 | 28,9 | 27.419 | 14,9 | 184.517 |
| | Beide Elternteile deutscher Herkunft | 235.364 | 58,7 | 124.768 | 31,1 | 35.435 | 8,8 | 5.187 | 1,3 | 400.754 |
| | Zusammen | 270.012 | 46,1 | 193.962 | 33,1 | 88.691 | 15,2 | 32.606 | 5,6 | 585.271 |
| Rheinland-Pfalz | Mindestens ein Elternteil ausländischer Herkunft | 11.200 | 30,7 | 13.830 | 37,9 | 9.237 | 25,3 | 2.242 | 6,1 | 36.509 |
| | Beide Elternteile deutscher Herkunft | 74.952 | 69,9 | 25.568 | 23,9 | 6.249 | 5,8 | 402 | 0,4 | 107.171 |
| | Zusammen | 86.152 | 60,0 | 39.398 | 27,4 | 15.486 | 10,8 | 2.644 | 1,8 | 143.680 |
| Saarland | Mindestens ein Elternteil ausländischer Herkunft | 2.646 | 35,2 | 3.092 | 41,1 | 1.696 | 22,5 | 93 | 1,2 | 7.527 |
| | Beide Elternteile deutscher Herkunft | 18.696 | 72,4 | 5.966 | 23,1 | 1.130 | 4,4 | 29 | 0,1 | 25.821 |
| | Zusammen | 21.342 | 64,0 | 9.058 | 27,2 | 2.826 | 8,5 | 122 | 0,4 | 33.348 |
| Sachsen | Mindestens ein Elternteil ausländischer Herkunft | 9.104 | 77,9 | 2.008 | 17,2 | 356 | 3,0 | 220 | 1,9 | 11.688 |
| | Beide Elternteile deutscher Herkunft | 198.319 | 97,9 | 4.067 | 2,0 | 287 | 0,1 | 0 | 0,0 | 202.673 |
| | Zusammen | 207.423 | 96,8 | 6.075 | 2,8 | 643 | 0,3 | 220 | 0,1 | 214.361 |
| Sachsen-Anhalt | Mindestens ein Elternteil ausländischer Herkunft | 4.496 | 83,0 | 691 | 12,8 | 70 | 1,3 | 159 | 2,9 | 5.416 |
| | Beide Elternteile deutscher Herkunft | 109.108 | 98,6 | 1.503 | 1,4 | 37 | 0,0 | 4 | 0,0 | 110.652 |
| | Zusammen | 113.604 | 97,9 | 2.194 | 1,9 | 107 | 0,1 | 163 | 0,1 | 116.068 |
| Schleswig-Holstein | Mindestens ein Elternteil ausländischer Herkunft | 6.338 | 45,7 | 4.980 | 35,9 | 2.055 | 14,8 | 500 | 3,6 | 13.873 |
| | Beide Elternteile deutscher Herkunft | 66.149 | 85,7 | 9.507 | 12,3 | 1.450 | 1,9 | 82 | 0,1 | 77.188 |
| | Zusammen | 72.487 | 79,6 | 14.487 | 15,9 | 3.505 | 3,8 | 582 | 0,6 | 91.061 |
| Thüringen | Mindestens ein Elternteil ausländischer Herkunft | 3.123 | 89,6 | 319 | 9,1 | 12 | 0,3 | 33 | 0,9 | 3.487 |
| | Beide Elternteile deutscher Herkunft | 75.254 | 99,1 | 705 | 0,9 | 8 | 0,0 | 0 | 0,0 | 75.967 |
| | Zusammen | 78.377 | 98,6 | 1.024 | 1,3 | 20 | 0,0 | 33 | 0,0 | 79.454 |

* Ausgewiesen sind alle Kinder in Tageseinrichtungen, also auch Kinder, die bereits die Schule besuchen.

** Zur Anonymisierung wurden für Berlin die Kategorien ‚50% bis unter 75%' und ‚75% und mehr' zusammengefasst. Die Angaben aus Berlin geben einen anderen Migrationshintergrund wieder (ausländische Staatsangehörigkeit des Kindes).

Quelle: Statistisches Bundesamt: Kinder und tätige Personen in Tageseinrichtungen 2006; Sonderauswertung der vom Forschungsdatenzentrum der Länder bereitgestellten anonymisierten Einzeldaten; Berechnungen der Arbeitsstelle Kinder- und Jugendhilfestatistik, Dortmund, September 2007

**Lesehilfe:**

In Schleswig-Holstein besuchen 45,7% der Kinder mit Migrationshintergrund eine Kindertageseinrichtung, in der der Anteil der Kinder mit Migrationshintergrund bei unter 25% liegt. Im Vergleich dazu: Der Anteil der deutschen Kinder, die eine Einrichtung mit demselben Anteil an Kindern mit Migrationshintergrund besuchen, liegt mit 85,7% deutlich höher. Oder: 18,4% der Kinder mit Migrationshintergrund in Schleswig-Holstein besuchen Einrichtungen, in denen über die Hälfte der Kinder ebenfalls einen Migrationshintergrund aufweisen. Bei den deutschen Kindern liegt dieser Anteil lediglich bei 2%.

**Tab. 21** Reine Nettoausgaben* der öffentlichen Haushalte (ohne Elternbeiträge und Anteile der freien Träger) für die FBBE (einschließlich Ausgaben für Hortangebote) pro unter 10-jährigem Kind 2001 bis 2005 in den Bundesländern 2001, 2002, 2003, 2004, 2005 (Angaben in Euro)

| Bundesland | 2001 | 2002 | 2003 | 2004 | 2005 |
|---|---|---|---|---|---|
| Baden-Württemberg | 1.072 € | 1.147 € | 1.199 € | 1.210 € | 1.257 € |
| Bayern | k.A. | 1.050 € | 1.116 € | 1.142 € | 1.198 € |
| Berlin | k.A. | k.A. | 2.834 € | 2.784 € | 2.776 € |
| Brandenburg | 2.484 € | 2.409 € | 2.403 € | 2.292 € | 2.273 € |
| Bremen | k.A. | 1.443 € | 1.496 € | 1.572 € | 1.560 € |
| Hamburg | k.A. | 2.189 € | 2.395 € | 2.436 € | 2.329 € |
| Hessen | 1.148 € | 1.272 € | 1.354 € | 1.420 € | 1.499 € |
| Mecklenburg-Vorpommern | 1.804 € | 1.824 € | 1.822 € | 1.844 € | 1.880 € |
| Niedersachsen | 869 € | 945 € | 1.003 € | 1.011 € | 1.048 € |
| Nordrhein-Westfalen | 1.127 € | 1.184 € | 1.222 € | 1.263 € | 1.362 € |
| Rheinland-Pfalz | 1.236 € | 1.281 € | 1.365 € | 1.445 € | 1.533 € |
| Saarland | 1.040 € | 1.178 € | 1.264 € | 1.333 € | 1.416 € |
| Sachsen | k.A. | 2.117 € | 2.198 € | 2.152 € | 2.226 € |
| Sachsen-Anhalt | k.A. | k.A. | 2.512 € | 2.192 € | 2.155 € |
| Schleswig-Holstein | 862 € | 889 € | 991 € | 1.014 € | 1.019 € |
| Thüringen | 1.932 € | 1.903 € | 1.979 € | 1.991 € | 2.034 € |
| Ostdeutschland (ohne Berlin) | / | / | 2.208 € | 2.118 € | 2.144 € |
| Westdeutschland (ohne Berlin) | / | / | 1.211 € | 1.245 € | 1.307 € |

\* Unter reinen Nettoausgaben werden hier die ausgewiesenen Nettoausgaben der öffentlichen Haushalte abzüglich der Nettoeinnahmen der öffentlichen Haushalte verstanden. Es handelt sich dabei um die Unterdeckung der Haushaltsunterabschnitte/Funktionen, die durch eingenommene Steuermittel finanziert werden müssen. Enthalten sind auch die Kosten für den Hort, die über Haushaltsunterabschnitte 454/464 und Funktion 264/274 verbucht werden; sofern Leistungen nach SGB IX über diese Haushaltsstellen gebucht werden, sind sie ebenfalls enthalten.

/ Aufgrund der unvollständigen Angaben der Länder kann kein Gesamtwert gebildet werden.

Quelle: Statistisches Bundesamt: Finanzen und Steuern. Rechnungsergebnisse der kommunalen Haushalte. Sonderauswertung der Dreisteller HUA 454 und 464 durch das Statistische Bundesamt nach dem Schema der Tabelle 4 der Fachserie 14, Reihe 3.3; Statistisches Bundesamt: Finanzen und Steuern. Rechnungsergebnisse der öffentlichen Haushalte für soziale Sicherung und für Gesundheit, Sport, Erholung. Fachserie 14, Reihe 3.5; Tabelle 2.2 Veröffentlichungsnummer 3060 (Förderung von Kindern in Tageseinrichtungen und Tagespflege = Funktion 264) und 3074 (Tageseinrichtungen für Kinder = Funktion 274); Berechnungen der Arbeitsstelle Kinder- und Jugendhilfestatistik, Dortmund, Oktober 2007

**Tab. 22** | Anteil der reinen Nettoausgaben* für FBBE an den reinen Nettogesamtausgaben der staatlichen und kommunalen Haushalte 2001 bis 2005 in den Bundesländern 2001, 2002, 2003, 2004, 2005 (Anteil in %)

| Bundesland | 2001 | 2002 | 2003 | 2004 | 2005 |
|---|---|---|---|---|---|
| Baden-Württemberg | 3,0 | 3,2 | 3,3 | 3,3 | 3,3 |
| Bayern | k.A. | 2,6 | 2,8 | 2,8 | 2,9 |
| Berlin | k.A. | k.A. | 5,7 | 5,8 | 5,4 |
| Brandenburg | 5,7 | 5,1 | 5,4 | 5,4 | 5,6 |
| Bremen | k.A. | 3,0 | 2,9 | 2,9 | 2,7 |
| Hamburg | k.A. | 3,7 | 3,7 | 3,9 | 3,9 |
| Hessen | 2,8 | 3,1 | 3,2 | 3,3 | 3,5 |
| Mecklenburg-Vorpommern | 3,9 | 3,8 | 3,9 | 4,2 | 4,5 |
| Niedersachsen | 2,9 | 2,9 | 3,0 | 3,0 | 3,1 |
| Nordrhein-Westfalen | 3,2 | 3,3 | 3,3 | 3,3 | 3,4 |
| Rheinland-Pfalz | 3,9 | 3,9 | 4,0 | 4,1 | 4,3 |
| Saarland | 3,3 | 3,4 | 3,3 | 3,5 | 3,2 |
| Sachsen | k.A. | 5,1 | 5,3 | 5,7 | 6,1 |
| Sachsen-Anhalt | k.A. | k.A. | 5,1 | 4,7 | 4,6 |
| Schleswig-Holstein | 2,7 | 2,8 | 2,9 | 3,0 | 2,8 |
| Thüringen | 4,2 | 4,2 | 4,4 | 4,7 | 5,1 |
| Ostdeutschland (ohne Berlin) | / | / | 4,9 | 5,1 | 5,3 |
| Westdeutschland (ohne Berlin) | / | / | 3,2 | 3,2 | 3,3 |

* Unter reinen Nettoausgaben werden hier die ausgewiesenen Nettoausgaben der öffentlichen Haushalte abzüglich der Nettoeinnahmen der öffentlichen Haushalte verstanden. Es handelt sich dabei um die Unterdeckung der Haushaltsunterabschnitte/Funktionen, die durch eingenommene Steuermittel finanziert werden müssen. Enthalten sind auch die Kosten für den Hort, die über Haushaltsunterabschnitte 454/464 und Funktion 264/274 verbucht werden; sofern Leistungen nach SGB IX über diese Haushaltsstellen gebucht werden, sind sie ebenfalls enthalten.

/ Aufgrund der unvollständigen Angaben der Länder kann kein Gesamtwert gebildet werden.

Quelle: Statistisches Bundesamt: Finanzen und Steuern. Rechnungsergebnisse der kommunalen Haushalte. Sonderauswertung der Dreisteller HUA 454 und 464 durch das Statistische Bundesamt nach dem Schema der Tabelle 4 der Fachserie 14, Reihe 3.3; Statistisches Bundesamt: Finanzen und Steuern. Rechnungsergebnisse der öffentlichen Haushalte für soziale Sicherung und für Gesundheit, Sport, Erholung, Fachserie 14, Reihe 3.5; Tabelle 2.2 Veröffentlichungsnummer 3060 (Förderung von Kindern in Tageseinrichtungen und Tagespflege = Funktion 264) und 3074 (Tageseinrichtungen für Kinder = Funktion 274); Berechnungen der Arbeitsstelle Kinder- und Jugendhilfestatistik, Dortmund, September 2007

## Tab. 23 | Finanzierungsanteil der staatlichen und nicht-staatlichen Ebenen an den Gesamtkosten* für die FBBE in den Bundesländern 2005 (Anteil in %)

| Bundesland | Insgesamt | Kommune | Land | Eltern* | Freie Träger* |
|---|---|---|---|---|---|
| Baden-Württemberg | 100 | 55,1 | 23,2 | 17,2 | 4,5 |
| Bayern | 100 | (49,5) | (31,9) | (18,6) | /** |
| Berlin | 100 | - | Ca. 84 | Ca. 11 | Ca. 5 |
| Brandenburg | 100 | 57,3 | 23,1 | 17,4 | 2,3 |
| Bremen | 100 | - | 82,0 | 14,6 | 3,4 |
| Hamburg | 100 | - | 83,2 | 15,8 | 1,0 |
| Hessen | 100 | 66,8 | 7,1 | 20,4 | 5,7 |
| Mecklenburg-Vorpommern | 100 | 47,4 | 27,7 | 24,9 | 0,0 |
| Niedersachsen | 100 | (59,9) | (14,3) | (25,8) | /** |
| Nordrhein-Westfalen | 100 | 45,4 | 30,2 | 11,7 | 12,7 |
| Rheinland-Pfalz | 100 | 51,9 | 28,3 | 13,1 | 6,7 |
| Saarland | 100 | 49,5 | 25,9 | 16,2 | 8,3 |
| Sachsen | 100 | 46,8 | 35,6 | 17,1 | 0,5 |
| Sachsen-Anhalt | 100 | 48,8 | 27,7 | 22,2 | 1,4 |
| Schleswig-Holstein | 100 | 51,9 | 14,3 | 27,4 | 6,4 |
| Thüringen | 100 | 44,8 | 37,8 | 16,9 | 0,5 |

* Das grundsätzliche Problem bei der Darstellung der Gesamtkosten besteht darin, dass in den Jahresrechnungsergebnissen der öffentlichen Haushalte nicht alle Kosten berücksichtigt werden. In der Regel fehlen die Elternbeiträge, die von den Einrichtungen der Träger der freien Jugendhilfe direkt eingezogen werden, sowie die finanziellen Eigenanteile der Träger der freien Jugendhilfe. Genaue Angaben sind hierzu nicht flächendeckend verfügbar, allerdings kann man sich bei den Elternbeiträgen über eine Schätzung der Ausgabengrößen nähern. Bekannt ist, wie viele Elternbeiträge für wie viele Plätze in Einrichtungen des öffentlichen Trägers als Einnahmen verbucht werden und beim freien Träger stehen. Aufgrund dieser Angaben kann errechnet werden, wie hoch die Elternbeiträge bei den Trägern der freien Jugendhilfe wahrscheinlich ausgefallen sind. Diese Schätzung basiert dabei auf der durchaus plausiblen Annahme, dass die durchschnittliche Höhe der Elternbeiträge für den Besuch einer Tageseinrichtung beim öffentlichen Träger genauso hoch ist wie beim Träger der freien Jugendhilfe. Für NRW war diese Hilfsrechnung nicht notwendig, da sämtliche Elternbeträge von den Jugendämtern berechnet und eingezogen werden, wodurch alle Zahlungen der Eltern im öffentlichen Haushalt gebucht werden.

Der finanzielle Eigenanteil der Träger der freien Jugendhilfe kann nicht durch Schätzungen auf der Grundlage der Ergebnisse der Jahresrechnungsstatistik gewonnen werden. Hierzu sind landesspezifische Informationen notwendig. Nachfolgend sind die Ergebnisse der Landesrecherchen zum Trägeranteil aufgeführt, wodurch für die meisten Länder plausible Trägeranteile ermittelt werden konnten. Die nicht aufgeführten Länder hatten schon entsprechende Angaben im Erhebungsbogen gemacht.

**Berlin:** Bis einschließlich 2005 gab es zwei unterschiedliche Wege der Abrechnung. Die Finanzierung der öffentlichen Tageseinrichtungen für Kinder erfolgte nach dem kameralistischen Prinzip und die Finanzierung der freien Träger nach einer einheitlichen Kostenpauschale der verschiedenen Ausgabenpositionen je nach Alter des Kindes und Betreuungsumfang. Bei diesen parallelen Verfahren konnte nicht sichergestellt werden, dass alle Elternbeiträge erfasst werden. Aus den Richtlinien der Kostenaufstellung bei den freien Trägern ergibt sich, dass der Elternanteil grundsätzlich 13% beträgt. Für den Besuch der öffentlichen Einrichtungen der Bezirke kann man sich von einer einheitlichen Buchung der Elternbeiträge in den vergangenen Jahren ausgehen. Laut Senatsverwaltung ist jedoch bekannt, dass die Anteile beim öffentlichen Träger unter den 13% liegen. Ein Insgesamt-Wert von ca. 11% erscheint als durchaus realistisch. Die Träger der freien Jugendhilfe müssen sich mit 9% an den Betriebskosten beteiligen (2007 allerdings nur noch mit 7,5%, ab 2008 nur noch mit 7,0%). Aus dieser Angabe und einem Anteil der Plätze bei freien Trägern von 66,6% im März 2006 ergibt sich ein Trägeranteil von ca. 44 Mio. Euro. Bezogen auf die Gesamtausgaben sind dies ca. 5%.

**Bremen:** Beim Finanzierungsanteil der freien Träger sind nicht die Eigenanteile der Elternbereine in der Stadtgemeinde Bremen enthalten, da diese nicht beziffert werden können.

**Hessen:** In Hessen ergibt sich bis 2004 ein Finanzierungsanteil der Eltern von 20%. Dieser Wert ist im Vergleich relativ hoch. Nach Angaben des Ministeriums, die sich auf eine Studie des Landesrechnungshofes bezieht, betrug der Anteil der Eltern sogar 24% im Jahre 2000. Auch der absolute Wert von durchschnittlich 76 Euro ist realistisch. In manchen Regionen wird sogar erwartet, dass sich die Eltern mit 100 Euro am Kindergartenbesuch ihrer Kinder beteiligen. Für die Förderung der Kostenfreiheit des letzten Kindergartenjahres erhalten die Kommunen vom Land sogar 100 Euro pro Kind (im altersgerecht letzten Kindergartenjahr) und Monat. Somit ist die Angabe 20% bis 2004 auf keinen Fall zu hoch, eher zu niedrig, wird aber ab 2007 aufgrund der Beitragsfreistellung des letzten Kindergartenjahres deutlich sinken. Der Trägeranteil betrug in den vergangenen Jahren 15% bis 20%. Dieser Anteil ist offensichtlich in den Verhandlungen mit den Kommunen (aufgrund der Kommunalisierung handelt es sich um Einzelaushandlung) reduziert worden. Für die Berechnungen wird daher von einem Durchschnittswert von 15% ausgegangen.

**Rheinland-Pfalz:** Der finanzielle Eigenanteil der freien Träger in Rheinland-Pfalz umfasst bei den Kindertagesstätten den gesetzlich vorgegebenen Anteil an der Personalkosten (zwischen 5% und 12,5%) sowie grundsätzlich die Sachkosten und die (öffentlich geförderten) Investitionskosten. Zahlreiche Gemeinden haben mit ihren freien Trägern über das Kindertagesstättengesetz hinausgehende Vereinbarungen zur kommunalen Kostenübernahme geschlossen. Statistische Erhebungen hierzu liegen nicht vor. Hilfsweise wird hier von ca. 8,75% ausgegangen.

**Thüringen:** Grundsätzlich sind die Träger der freien Jugendhilfe nicht verpflichtet einen finanziellen Eigenanteil zu leisten. Allerdings ergeben sich in manchen Kommunen solche Konstellationen, dass die Träger der freien Jugendhilfe Eigenanteile beisteuern. Die Höhe dieser Eigenanteile wurde erstmals 2005 flächendeckend vom Ministerium erfasst. Dabei ergab sich im Durchschnitt ein prozentualer Eigenanteil von 0,9 Prozent der Betriebskosten.

** In welchem Umfang sich die Träger der freien Jugendhilfe an den Betriebskosten ihrer eigenen Einrichtungen beteiligen, ist in Bayern und Niedersachsen nicht bekannt. Die ausgewiesenen Finanzierungsanteile der Kommunen, des Landes und der Eltern sind daher tendenziell etwas überhöht und nicht vollständig vergleichbar. Würde für Bayern z.B. ein Trägeranteil von 100 Mio. Euro angenommen, was einem Eigenfinanzierungsanteil von ca. 10% entspricht, ergäben sich folgende Anteile: Kommune 46,8%, Land 30,2%, Eltern 17,6%. Für Niedersachsen ergäbe sich bei einem Eigenfinanzierungsanteil von ca. 10% folgende Verteilung: Kommune 56,3%, Land 13,4% und Eltern 24,3%.

Quelle: Statistisches Bundesamt: Finanzen und Steuern. Rechnungsergebnisse der kommunalen Haushalte. Sonderauswertung der Dreisteller HUA 454 und 464 durch das Statistische Bundesamt nach dem Schema der Tabelle 4 der Fachserie 14, Reihe 3.3; Statistisches Bundesamt: Finanzen und Steuern. Rechnungsergebnisse der öffentlichen Haushalte für soziale Sicherung und für Gesundheit, Sport, Erholung. Fachserie 14, Reihe 3.5; Tabelle 2.2 Veröffentlichungsnummer 3060 (Förderung von Kindern in Tageseinrichtungen und Tagespflege = Funktion 264) und 3074 (Tageseinrichtungen für Kinder = Funktion 274); zusammengestellt und berechnet von der Dortmunder Arbeitsstelle Kinder- und Jugendhilfestatistik, Oktober 2007

**Mecklenburg-Vorpommern:** Gesetzlich ist kein Eigenanteil der freien Träger im Rahmen der Kindertageseinrichtungen vorgesehen. Es gilt §17 Abs. 2 KifföG M-V: „Träger von Kitas können sich durch nicht refinanzierbare Eigenanteile an den Kosten ihrer Einrichtung beteiligen."

**Baden-Württemberg:** Zur Höhe des kommunalen Zuschusses an freie Träger von Kindergarten und Kindertageseinrichtungen mit altersgemischten Gruppen, zum Eigenanteil der Träger sowie zu den Elternbeiträgen liegen in Baden-Württemberg keine verlässlichen bzw. konkreten Daten vor. Die Werte sind von Gemeinde zu Gemeinde bzw. von Träger zu Träger sehr unterschiedlich. Gemäß den grundsätzlichen Vorgaben fördern die Kommunen die Kindertageseinrichtungen von Trägern der freien Jugendhilfe, die in den Bedarfsplan aufgenommen sind, mit mindestens 63% der Betriebskosten. Nach groben Schätzungen der landesweiten Durchschnittswerte dürfte die Zuschusshöhe der Kommunen bei ca. 75%, der Eigenanteil der Träger bei ca. 10% und die Elternbeiträge bei ca. 15% der Betriebskosten liegen.

**Niedersachsen:** Das Land übernimmt grundsätzlich 20% der Personalkosten der Einrichtungen. Die Finanzierung der restlichen Kosten liegt in der Verantwortung jeder einzelnen Kommune. Bei dieser offenen Regelung kommt es zu sehr unterschiedlichen Beteiligungen der Träger der freien Jugendhilfe, zu denen es in keiner Stelle dokumentiert werden.

**Bayern:** Unter Berücksichtigung der staatlichen Ausgaben für die Kinderbetreuung und der korrespondierenden kommunalen Anteile, die aufgrund des Vorgängergesetzes des BayKiBiG auf der Basis der Personalkosten ca. 80% der Gesamtkosten betrugen, kann der Restanteil an Kosten grob auf 20% taxiert werden. Ein Teil der Restkosten wird über Elternbeiträge und ein weiterer Teil durch Defizitverträge der freien Träger mit den Kommunen sowie durch Zuschüsse der beiden großen Kirchen aus Kirchensteuermitteln abgefangen. Daten über den Umfang der Defizitausgleichs liegen nicht vor. Demzufolge können auch keine Aussagen über die den Trägern der freien Wohlfahrtspflege für Kinderbetreuung entstandenen Ausgaben getroffen werden.

**Hamburg:** In Hamburg gibt es keine Einrichtungen des öffentlichen Trägers mehr. Die freien Träger erhalten im Prinzip eine Vollfinanzierung und sind nicht verpflichtet einen bestimmten Anteil selbst zu finanzieren. Deshalb gibt es in Hamburg nur zwei Finanzierungsanteile, Land und Eltern.

**Tab. 24** Anzahl der Gruppen und standardisierter Personalschlüssel (Ganztagsinanspruchnahmeäquivalent pro Vollzeitbeschäftigungsäquivalent) von Gruppen mit Kindern im Alter von unter 3 Jahren in den Bundesländern 15.03.2006 (Anzahl; Ganztagsinanspruchnahmeäquivalente pro Vollzeitbeschäftigungsäquivalent)

| Bundesland | Anzahl der Gruppen | Ganztagsinanspruchnahmeäquivalent pro Vollzeitbeschäftigungsäquivalent |
|---|---|---|
| Baden-Württemberg | /* | /* |
| Bayern | 278 | 4,9 |
| Berlin | /* | /* |
| Brandenburg | 752 | 7,8 |
| Bremen | 28 | 5,3 |
| Hamburg | 158 | 6,2 |
| Hessen | 289 | 4,9 |
| Mecklenburg-Vorpommern | 856 | 5,9 |
| Niedersachsen | 137 | 5,9 |
| Nordrhein-Westfalen | /* | /* |
| Rheinland-Pfalz | 110 | 4,2 |
| Saarland | 29 | 4,3 |
| Sachsen | 1.422 | 6,7 |
| Sachsen-Anhalt | 1.022 | 6,9 |
| Schleswig-Holstein | 46 | 5,4 |
| Thüringen | 653 | 6,5 |
| Ostdeutschland (ohne Berlin) | 4.705 | 6,7 |
| Westdeutschland (ohne Baden-Württemberg, Berlin und Nordrhein-Westfalen) | 1.075 | 5,2 |
| Deutschland (ohne Baden-Württemberg, Berlin und Nordrhein-Westfalen) | 5.780 | 6,4 |

* In Baden-Württemberg, Berlin und Nordrhein-Westfalen werden die Angebote für unter 3-Jährige nur sehr selten in altersgruppeneinheitlichen Gruppen (0 bis unter 3 Jahre) angeboten. Die vorherrschende Form der Angebote für unter 3-Jährige ist z. B. in Nordrhein-Westfalen die kleine alters(gruppen)gemischte Gruppe. Dadurch würde die Darstellung der Unter-3-Jährigen-Gruppe der Situation in Nordrhein-Westfalen nicht gerecht, Ähnliches gilt für Baden-Württemberg und Berlin. Bei den Durchschnittswerten für Westdeutschland bzw. Deutschland werden Baden-Württemberg, Berlin und Nordrhein-Westfalen nicht berücksichtigt.

Anmerkung: Zu beachten sind auch die Erläuterungen zum Personalschlüssel der nachfolgenden Tabelle 25.

*Quelle: Statistisches Bundesamt: Kinder und tätige Personen in Tageseinrichtungen 2006; Sonderauswertung der vom Forschungsdatenzentrum der Länder bereitgestellten anonymisierten Einzeldaten; zusammengestellt und berechnet von der Dortmunder Arbeitsstelle Kinder- und Jugendhilfestatistik, September 2007*

## Tab. 25 | Anzahl der Gruppen und standardisierter Personalschlüssel (Ganztagsinanspruchnahmeäquivalent pro Vollzeitbeschäftigungsäquivalent)* von Gruppen mit Kindern im Alter von 3 Jahren bis zur Einschulung in den Bundesländern 15.03.2006 (Anzahl; Ganztagsinanspruchnahmeäquivalente pro Vollzeitbeschäftigungsäquivalent)

| Bundesland | Anzahl der Gruppen | Ganztagsinanspruchnahmeäquivalent pro Vollzeitbeschäftigungsäquivalent |
|---|---|---|
| Baden-Württemberg | 7.840 | 9,3 |
| Bayern | 6.702 | 10,3 |
| Berlin** | 655 | (8,1) |
| Brandenburg | 1.703 | 12,1 |
| Bremen | /*** | /*** |
| Hamburg | 523 | 10,4 |
| Hessen | 3.538 | 9,7 |
| Mecklenburg-Vorpommern | 1.392 | 13,6 |
| Niedersachsen | 6.820 | 9,6 |
| Nordrhein-Westfalen | 12.465 | 9,1 |
| Rheinland-Pfalz | 2.098 | 8,8 |
| Saarland | 326 | 9,3 |
| Sachsen | 3.026 | 12,7 |
| Sachsen-Anhalt | 1.771 | 11,7 |
| Schleswig-Holstein | 1.868 | 10,5 |
| Thüringen | 1.294 | 12,1 |
| Ostdeutschland (ohne Berlin) | 9.186 | 12,5 |
| Westdeutschland (ohne Berlin und Bremen) | 42.180 | 9,5 |
| Deutschland (ohne Bremen) | 52.021 | 10,0 |

* Um Verzerrungen aufgrund der unterschiedlichen zeitlichen Inanspruchnahme der Kinder (zwischen 5 und 12 Stunden täglich) auszuschließen, werden alle Betreuungszeiten pro Gruppe zu einem Ganztagsinanspruchnahmeäquivalent zusammengefasst (Summe aller täglichen Betreuungszeiten dividiert durch 8 Stunden). Auf der Seite des Personals werden gleichermaßen die Teilzeitarbeitszeiten zu Vollzeitbeschäftigungsäquivalenten zusammengefasst. Durch die Bestimmung des Personalschlüssels als Ganztagsbetreuungsäquivalente pro Vollzeitäquivalent entstehen vergleichbare Größenverhältnisse.

Neben dem Personal, das fest einzelnen Gruppen zugeordnet ist, gibt es auch gruppenübergreifend pädagogisch Tätige. Da keine Informationen darüber vorliegen, ob das gruppenübergreifende Personal ggf. schwerpunktmäßig nur in einzelnen Gruppen tätig ist, wird vereinfachend angenommen, dass das gruppenübergreifende Personal in allen Gruppen gleichmäßig eingesetzt wird.

Ein weiteres Problem bei der Konstruktion dieses Personalschlüssels besteht darin, dass Gruppenpersonal, das in einer kleineren Einrichtung anteilig die Leitung übernimmt, zum Gruppenpersonal gezählt wird und somit den Personalschlüssel erhöht. Da diese Anteile nicht herausgerechnet werden können, wird der Weg gewählt, die Personalressourcen der freigestellten Leitungskräfte wie beim gruppenübergreifenden Personal gleichmäßig auf die Gruppen in der Einrichtung zu verteilen. Somit handelt es sich um einen Personalschlüssel einschließlich des Leitungspersonals in der Einrichtung. Somit ist das Personalvolumen, was im Rahmen des Personalschlüssels pro Gruppe zur Verfügung steht, leicht überschätzt. Um weitere Verzerrungen aufgrund von besonderen Aufgaben in einzelnen Gruppen auszuschließen, z.B. die Förderung von Kindern mit Behinderung, können für die vergleichende Betrachtung nur Gruppen mit einer klar abgegrenzten Altersstruktur und ohne besondere Förderbedarfe der Kinder herangezogen werden.

Bei dieser Betrachtung werden nur Gruppen einbezogen, in denen Kinder von 3 Jahren bis zum Schuleintritt betreut werden. Gruppen, in denen Kinder anderer Altersjahrgänge aufgenommen werden, bleiben hier unberücksichtigt, da es sonst zu Verzerrungen in der Darstellung kommen könnte. Auf der anderen Seite bedeutet dieses Vorgehen, dass nicht alle Angebote für Kinder im Alter von 3 Jahren bis zum Schuleintritt berücksichtigt werden. Der Anteil der gewählten Gruppenform stellt aber immerhin bundesdurchschnittlich 60% aller Gruppen dar, in denen Kinder im Alter von 3 Jahren bis zum Schuleintritt betreut werden.

Bei der Interpretation der Ergebnisse muss allerdings beachtet werden, dass diese Verhältniszahl nicht den tatsächlichen zeitlichen Umfang darstellt, den die Fachkraft mit den Kindern verbringt. Da es sich um die vertragliche Arbeitszeit der einzelnen Mitarbeiter handelt, sind darin auch Vorbereitungszeiten, Teamsitzungen, Elterngespräche, Urlaubs- und Krankheitszeiten sowie Fort- und Weiterbildungszeiten enthalten. Die Verhältniszahl darf also nicht so interpretiert werden, dass zu jedem Zeitpunkt am Tag eine Fachkraft für die angegebene Anzahl an Kindern zur Verfügung steht.

** In Berlin werden Kinder im Bundesvergleich zu einem erheblich niedrigeren Anteil in der hier wiedergegebenen Gruppenform („Kindergartengruppe") betreut. Häufiger sind Kinder dieser Altersgruppe in altersgemischten Gruppen. Aus diesem Grund ist zwar die ausgegebene Personal-Kind-Relation für die angegebene Gruppenform rechnerisch richtig, jedoch kann diese nicht als eine repräsentative Relation für den Personalressourceneinsatz pro Kind im Kindergartenalter verstanden werden.

*** Für Bremen ergaben sich zwischen der Auswertung der Kinder- und Jugendhilfestatistik und verwaltungsinternen Erhebungen erhebliche Differenzen, die nicht abschließend geklärt werden konnten. Aufgrund dieser Unsicherheit wird kein Wert ausgewiesen.

Quelle: Statistisches Bundesamt: Kinder und tätige Personen in Tageseinrichtungen 2006; Sonderauswertung der vom Forschungsdatenzentrum der Länder bereitgestellten anonymisierten Einzeldaten; zusammengestellt und berechnet von der Dortmunder Arbeitsstelle Kinder- und Jugendhilfestatistik, September 2007

**Tab. 26** Durchschnittliche Anzahl der Kinder in Gruppen* für unterschiedliche Altersgruppen in den Bundesländern 15.03.2006 (Anzahl)

| Bundesland | Gruppen für Kinder im Alter von 3 Jahren bis zum Schuleintritt | | Gruppen für Kinder im Alter von unter 3 Jahren | | Altersgruppengemischte Gruppen für Kinder bis zum Schuleintritt*** | |
|---|---|---|---|---|---|---|
| | Ganztagsgruppe** | nicht Ganztagsgruppe | Ganztagsgruppe** | nicht Ganztagsgruppe | Ganztagsgruppe** | nicht Ganztagsgruppe |
| Baden-Württemberg | 18 | 22 | 10 | 11 | 14 | 16 |
| Bayern | 24 | 24 | 11 | 13 | 18 | 21 |
| Berlin | 12 | 13 | 11 | 12 | 14 | 14 |
| Brandenburg | 16 | 16 | 12 | 11 | 14 | 14 |
| Bremen | 18 | 19 | 8 | 9 | 10 | 10 |
| Hamburg | 19 | 21 | 12 | 13 | 17 | 19 |
| Hessen | 20 | 22 | 11 | 12 | 14 | 16 |
| Mecklenburg-Vorpommern | 17 | 17 | 10 | 10 | 14 | 13 |
| Niedersachsen | 23 | 22 | 13 | 11 | 16 | 14 |
| Nordrhein-Westfalen | 21 | 24 | /**** | /**** | 15 | 17 |
| Rheinland-Pfalz | 20 | 22 | 9 | 10 | 14 | 17 |
| Saarland | 18 | 22 | 12 | 11 | 16 | 17 |
| Sachsen | 17 | 17 | 12 | 12 | 14 | 14 |
| Sachsen-Anhalt | 17 | 18 | 12 | 13 | 16 | 15 |
| Schleswig-Holstein | 20 | 20 | 9 | 10 | 13 | 15 |
| Thüringen | 17 | 17 | 10 | 10 | 14 | 14 |
| Ostdeutschland (ohne Berlin) | 17 | 17 | 11 | 11 | 14 | 14 |
| Westdeutschland (ohne Berlin und NRW) | 21 | 23 | 10 | 11 | 15 | 17 |
| Deutschland (ohne NRW) | 18 | 22 | 11 | 11 | 15 | 16 |

\* Ohne integrativ arbeitende Gruppen.

\*\* Als Ganztagsgruppen werden hier die Gruppen angeführt, in denen mindestens für 75% der Kinder eine Betreuungszeit von mehr als 7 Stunden vertraglich vereinbart wurde.

\*\*\* Diese Gruppenform ist, auch länderspezifisch, sehr unterschiedlicher Gestalt. Es sind alle Gruppen, in denen maximal 15 Kinder sind, in denen zudem Kinder bis drei Jahren sind; nicht enthalten sind die so genannten ‚geöffneten' Kindergartengruppen, die nur wenige zweijährige Kinder aufnehmen.

\*\*\*\* In NRW werden die Angebote für Kinder im Alter von unter 3 Jahren nur sehr selten in altersgruppeneinheitlichen Gruppen (0 bis unter 3 Jahre) angeboten. Die vorherrschende Form der Angebote für Kinder im Alter von unter 3 Jahren ist die kleine alters(gruppen)gemischte Gruppe. Dadurch wird die Darstellung der Gruppe der Kinder im Alter von unter 3 Jahren der Situation in NRW nicht gerecht.

Quelle: Statistisches Bundesamt: Kinder und tätige Personen in Tageseinrichtungen 2006; Sonderauswertung der vom Forschungsdatenzentrum der Länder bereitgestellten anonymisierten Einzeldaten; zusammengestellt und berechnet von der Dortmunder Arbeitsstelle Kinder- und Jugendhilfestatistik, September 2007

**Tab. 27** | Pädagogisch tätige Personen* in Kindertageseinrichtungen nach Berufsausbildungsabschluss in den Bundesländern 15.03.2007 (Anzahl; Anteil in %)

| Bundesland | Insgesamt | (Sozial-pädagogischer) Hochschulabschluss | Fachschulabschluss (Erzieherinnen/ Heilpädagoginnen) | Kinderpflegerinnen | Anderer fachlicher Abschluss (sonst. Sozial- und Erziehungsberufe) | Anderer Abschluss | Praktikum/ Ausbildung | Ohne abgeschlossene Ausbildung | (Sozial-pädagogischer) Hochschulabschluss | Fachschulabschluss (Erzieherinnen/ Heilpädagoginnen) | Kinderpflegerinnen | Anderer fachlicher Abschluss (sonst. Sozial- und Erziehungsberufe) | Anderer Abschluss | Praktikum/ Ausbildung | Ohne abgeschlossene Ausbildung |
|---|---|---|---|---|---|---|---|---|---|---|---|---|---|---|---|
| | Anzahl | | | | | | | | In % | | | | | | |
| Baden-Württemberg | 47.053 | 1.174 | 34.797 | 5.207 | 637 | 1.168 | 2.954 | 1.116 | 2,5 | 74,0 | 11,1 | 1,4 | 2,5 | 6,3 | 2,4 |
| Bayern | 48.514 | 1.092 | 25.177 | 18.176 | 344 | 551 | 2.379 | 795 | 2,3 | 51,9 | 37,5 | 0,7 | 1,1 | 4,9 | 1,6 |
| Berlin | 16.438 | 594 | 14.520 | 154 | 211 | 558 | 128 | 273 | 3,6 | 88,3 | 0,9 | 1,3 | 3,4 | 0,8 | 1,7 |
| Brandenburg | 13.123 | 232 | 12.028 | 97 | 294 | 258 | 113 | 101 | 1,8 | 91,7 | 0,7 | 2,2 | 2,0 | 0,9 | 0,8 |
| Bremen | 3.496 | 424 | 2.019 | 229 | 45 | 179 | 373 | 227 | 12,1 | 57,8 | 6,6 | 1,3 | 5,1 | 10,7 | 6,5 |
| Hamburg | 8.647 | 616 | 5.146 | 1.710 | 254 | 474 | 222 | 225 | 7,1 | 59,5 | 19,8 | 2,9 | 5,5 | 2,6 | 2,6 |
| Hessen | 31.403 | 2.363 | 22.219 | 2.178 | 581 | 1.334 | 1.779 | 949 | 7,5 | 70,8 | 6,9 | 1,9 | 4,2 | 5,7 | 3,0 |
| Mecklenburg-Vorpommern | 8.358 | 132 | 7.375 | 124 | 384 | 137 | 60 | 146 | 1,6 | 88,2 | 1,5 | 4,6 | 1,6 | 0,7 | 1,7 |
| Niedersachsen | 32.088 | 1.253 | 22.633 | 5.064 | 1.100 | 936 | 389 | 713 | 3,9 | 70,5 | 15,8 | 3,4 | 2,9 | 1,2 | 2,2 |
| Nordrhein-Westfalen | 73.506 | 2.145 | 50.249 | 10.065 | 765 | 3.754 | 4.669 | 1.859 | 2,9 | 68,4 | 13,7 | 1,0 | 5,1 | 6,4 | 2,5 |
| Rheinland-Pfalz | 20.050 | 466 | 14.962 | 2.235 | 387 | 518 | 1.097 | 385 | 2,3 | 74,6 | 11,1 | 1,9 | 2,6 | 5,5 | 1,9 |
| Saarland | 4.150 | 55 | 2.770 | 876 | 63 | 36 | 283 | 67 | 1,3 | 66,7 | 21,1 | 1,5 | 0,9 | 6,8 | 1,6 |
| Sachsen | 21.779 | 836 | 19.230 | 230 | 691 | 420 | 130 | 242 | 3,8 | 88,3 | 1,1 | 3,2 | 1,9 | 0,6 | 1,1 |
| Sachsen-Anhalt | 13.033 | 188 | 12.151 | 87 | 185 | 150 | 132 | 140 | 1,4 | 93,2 | 0,7 | 1,4 | 1,2 | 1,0 | 1,1 |
| Schleswig-Holstein | 11.453 | 548 | 7.244 | 2.415 | 421 | 412 | 70 | 343 | 4,8 | 63,2 | 21,1 | 3,7 | 3,6 | 0,6 | 3,0 |
| Thüringen | 10.024 | 166 | 9.397 | 33 | 120 | 115 | 101 | 92 | 1,7 | 93,7 | 0,3 | 1,2 | 1,1 | 1,0 | 0,9 |
| Ostdeutschland (ohne Berlin) | 66.317 | 1.554 | 60.181 | 571 | 1.674 | 1.080 | 536 | 721 | 2,3 | 90,7 | 0,9 | 2,5 | 1,6 | 0,8 | 1,1 |
| Westdeutschland (ohne Berlin) | 280.360 | 10.136 | 187.216 | 48.155 | 4.597 | 9.362 | 14.215 | 6.679 | 3,6 | 66,8 | 17,2 | 1,6 | 3,3 | 5,1 | 2,4 |
| Deutschland | 363.115 | 12.284 | 261.917 | 48.880 | 6.482 | 11.000 | 14.879 | 7.673 | 3,4 | 72,1 | 13,5 | 1,8 | 3,0 | 4,1 | 2,1 |

* Berücksichtigt werden auch die Leitungstätigen, unberücksichtigt bleiben hingegen Tätige in Verwaltung sowie im hauswirtschaftlich-technischen Bereich.

Quelle: Statistisches Bundesamt: Kinder und tätige Personen in Tageseinrichtungen 2007; zusammengestellt und berechnet von der Dortmunder Arbeitsstelle Kinder- und Jugendhilfestatistik, Februar 2008

**Tab. 28** | Anteil der Vollzeitbeschäftigten an den Beschäftigten* insgesamt 1998, 2002, 2006 und 2007 in den Bundesländern 31.12.1998, 31.12.2002, 15.03.2006, 15.03.2007 (Anteil in %)

| Bundesland | 31.12.1998 | 31.12.2002 | 15.03.2006 | 15.03.2007 |
|---|---|---|---|---|
| Baden-Württemberg | 67,7 | 61,8 | 52,3 | 50,7 |
| Bayern | 61,3 | 58,7 | 51,9 | 47,8 |
| Berlin | 58,9 | 59,0 | 34,6 | 39,5 |
| Brandenburg | 21,9 | 17,7 | 15,7 | 15,9 |
| Bremen | 40,9 | 34,5 | 32,1 | 29,8 |
| Hamburg | 44,1 | 36,7 | 31,3 | 30,7 |
| Hessen | 47,9 | 40,2 | 34,7 | 34,4 |
| Mecklenburg-Vorpommern | 21,0 | 21,6 | 20,0 | 19,7 |
| Niedersachsen | 28,3 | 24,9 | 21,0 | 21,6 |
| Nordrhein-Westfalen | 75,5 | 62,6 | 58,9 | 58,8 |
| Rheinland-Pfalz | 59,9 | 54,0 | 47,9 | 46,5 |
| Saarland | 57,9 | 51,3 | 45,3 | 44,6 |
| Sachsen | 14,2 | 15,0 | 18,8 | 19,3 |
| Sachsen-Anhalt | 36,8 | 24,6 | 12,2 | 12,9 |
| Schleswig-Holstein | 33,8 | 29,1 | 25,9 | 24,4 |
| Thüringen | 31,0 | 24,1 | 25,1 | 22,1 |
| Ostdeutschland (ohne Berlin) | 24,1 | 19,9 | 18,1 | 17,8 |
| Westdeutschland (ohne Berlin) | 59,4 | 51,9 | 46,2 | 44,8 |
| Deutschland | 52,5 | 46,4 | 40,5 | 39,7 |

* Berücksichtigt werden auch die Leitungstätigen, unberücksichtigt bleiben hingegen Tätige in Verwaltung sowie im hauswirtschaftlich-technischen Bereich.

Quelle: Statistisches Bundesamt: Tageseinrichtungen für Kinder 1998 und 2002; Kinder und tätige Personen in Tageseinrichtungen 2006 und 2007; zusammengestellt und berechnet von der Dortmunder Arbeitsstelle Kinder- und Jugendhilfestatistik, September 2007

## Tab. 29 | Pädagogisch tätige Personen* in Kindertageseinrichtungen nach Beschäftigungsumfang in den Bundesländern 15.03.2007 (Anzahl; Anteil in %)

| Bundesland | Insgesamt | Hauptberuflich tätige/vollzeittätige Personen (38,5 und mehr Wochenstunden) | Teilzeittätige Personen (32 bis unter 38,5 Wochenstunden) | Teilzeittätige Personen (21 bis unter 32 Wochenstunden) | Teilzeittätige Personen (unter 21 Wochenstunden) | Nebenberuflich tätige Personen (unter 20 Wochenstunden) | Hauptberuflich tätige/vollzeittätige Personen (38,5 und mehr Wochenstunden) | Teilzeittätige Personen (32 bis unter 38,5 Wochenstunden) | Teilzeittätige Personen (21 bis unter 32 Wochenstunden) | Teilzeittätige Personen (unter 21 Wochenstunden) | Nebenberuflich tätige Personen (unter 20 Wochenstunden) |
|---|---|---|---|---|---|---|---|---|---|---|---|
| | Anzahl | | | | | | In % | | | | |
| Baden-Württemberg | 47.053 | 23.860 | 3.427 | 8.975 | 8.085 | 2.706 | 50,7 | 7,3 | 19,1 | 17,2 | 5,8 |
| Bayern | 48.514 | 23.181 | 6.475 | 11.756 | 5.668 | 1.434 | 47,8 | 13,3 | 24,2 | 11,7 | 3,0 |
| Berlin | 16.438 | 6.501 | 4.146 | 3.989 | 1.601 | 201 | 39,5 | 25,2 | 24,3 | 9,7 | 1,2 |
| Brandenburg | 13.123 | 2.089 | 5.653 | 4.267 | 971 | 143 | 15,9 | 43,1 | 32,5 | 7,4 | 1,1 |
| Bremen | 3.496 | 1.043 | 602 | 1.227 | 478 | 146 | 29,8 | 17,2 | 35,1 | 13,7 | 4,2 |
| Hamburg | 8.647 | 2.657 | 1.048 | 2.741 | 1.424 | 777 | 30,7 | 12,1 | 31,7 | 16,5 | 9,0 |
| Hessen | 31.403 | 10.804 | 3.279 | 11.113 | 4.883 | 1.324 | 34,4 | 10,4 | 35,4 | 15,5 | 4,2 |
| Mecklenburg-Vorpommern | 8.358 | 1.644 | 2.235 | 3.685 | 665 | 129 | 19,7 | 26,7 | 44,1 | 8,0 | 1,5 |
| Niedersachsen | 32.088 | 6.947 | 5.707 | 16.006 | 2.510 | 918 | 21,6 | 17,8 | 49,9 | 7,8 | 2,9 |
| Nordrhein-Westfalen | 73.506 | 43.219 | 6.766 | 11.865 | 10.261 | 1.395 | 58,8 | 9,2 | 16,1 | 14,0 | 1,9 |
| Rheinland-Pfalz | 20.050 | 9.320 | 906 | 6.408 | 3.044 | 372 | 46,5 | 4,5 | 32,0 | 15,2 | 1,9 |
| Saarland | 4.150 | 1.851 | 308 | 1.491 | 477 | 23 | 44,6 | 7,4 | 35,9 | 11,5 | 0,6 |
| Sachsen | 21.779 | 4.203 | 8.239 | 7.942 | 1.226 | 169 | 19,3 | 37,8 | 36,5 | 5,6 | 0,8 |
| Sachsen-Anhalt | 13.033 | 1.682 | 2.879 | 7.203 | 1.195 | 74 | 12,9 | 22,1 | 55,3 | 9,2 | 0,6 |
| Schleswig-Holstein | 11.453 | 2.799 | 1.686 | 4.891 | 1.597 | 480 | 24,4 | 14,7 | 42,7 | 13,9 | 4,2 |
| Thüringen | 10.024 | 2.212 | 4.166 | 2.917 | 714 | 15 | 22,1 | 41,6 | 29,1 | 7,1 | 0,1 |
| Ostdeutschland (ohne Berlin) | 66.317 | 11.830 | 23.172 | 26.014 | 4.771 | 530 | 17,8 | 34,9 | 39,2 | 7,2 | 0,8 |
| Westdeutschland (ohne Berlin) | 280.360 | 125.681 | 30.204 | 76.473 | 38.427 | 9.575 | 44,8 | 10,8 | 27,3 | 13,7 | 3,4 |
| Deutschland | 363.115 | 144.012 | 57.522 | 106.476 | 44.799 | 10.306 | 39,7 | 15,8 | 29,3 | 12,3 | 2,8 |

Quelle: Statistisches Bundesamt: Kinder und tätige Personen in Tageseinrichtungen 2007; zusammengestellt und berechnet von der Dortmunder Arbeitsstelle Kinder- und Jugendhilfestatistik, Februar 2008

* Berücksichtigt werden auch die Leitungstätigen, unberücksichtigt bleiben hingegen Tätige in Verwaltung sowie im hauswirtschaftlich-technischen Bereich.

**Tab. 30** Pädagogisch tätige Personen* in Kindertageseinrichtungen nach Beschäftigungsumfang 1998, 2002, 2006 und 2007 in den Bundesländern 31.12.1998, 31.12.2002, 15.03.2006, 15.03.2007 (Anteil in %)

| Bundesland | Anteil hauptberuflich Tätige/Vollzeittätige (38,5 und mehr Wochenstunden) | | | | Anteil teilzeittätige Personen (32- bis unter 38,5 Wochenstunden) | | | | Anteil teilzeittätige Personen (21- bis unter 32 Wochenstunden) | | | | Anteil teilzeittätige Personen (unter 21 Wochenstunden) | | | | Anteil nebenberuflich tätige Personen (unter 20 Wochenstunden) | | | |
|---|---|---|---|---|---|---|---|---|---|---|---|---|---|---|---|---|---|---|---|---|
| | 1998 | 2002 | 2006 | 2007 | 1998 | 2002 | 2006 | 2007 | 1998 | 2002 | 2006 | 2007 | 1998 | 2002 | 2006 | 2007 | 1998 | 2002 | 2006 | 2007 |
| Baden-Württemberg | 67,7 | 61,8 | 52,3 | 50,7 | 4,0 | 5,2 | 6,4 | 7,3 | 14,3 | 16,0 | 18,4 | 19,1 | 12,5 | 14,2 | 17,1 | 17,2 | 1,4 | 2,9 | 5,8 | 5,8 |
| Bayern | 61,3 | 58,7 | 51,9 | 47,8 | 5,9 | 8,7 | 12,0 | 13,3 | 19,5 | 20,8 | 22,5 | 24,2 | 12,0 | 10,6 | 11,7 | 11,7 | 1,3 | 1,2 | 1,9 | 3,0 |
| Berlin | 55,7 | 59,0 | 34,6 | 39,5 | 9,7 | 5,6 | 30,2 | 25,2 | 23,2 | 25,0 | 24,3 | 24,3 | 9,9 | 10,0 | 9,4 | 9,7 | 1,6 | 0,3 | 1,5 | 1,2 |
| Brandenburg | 21,9 | 17,7 | 15,7 | 15,9 | 48,7 | 46,9 | 42,8 | 43,1 | 25,4 | 29,1 | 33,7 | 32,5 | 3,6 | 5,9 | 6,4 | 7,4 | 0,4 | 0,3 | 1,4 | 1,1 |
| Bremen | 40,9 | 34,5 | 32,1 | 29,8 | 17,1 | 18,4 | 17,7 | 17,2 | 27,1 | 30,7 | 32,6 | 35,1 | 11,3 | 14,1 | 13,3 | 13,7 | 3,6 | 2,3 | 4,4 | 4,2 |
| Hamburg | 44,1 | 36,7 | 31,3 | 30,7 | 8,1 | 10,2 | 10,8 | 12,1 | 24,1 | 27,2 | 30,5 | 31,7 | 16,9 | 17,0 | 15,6 | 16,5 | 6,8 | 9,0 | 11,8 | 9,0 |
| Hessen | 47,9 | 40,2 | 34,7 | 34,4 | 5,8 | 7,9 | 9,9 | 10,4 | 32,4 | 34,8 | 35,7 | 35,4 | 12,0 | 14,6 | 15,8 | 15,5 | 1,9 | 2,5 | 3,9 | 4,2 |
| Mecklenburg-Vorpommern | 21,0 | 21,6 | 20,0 | 19,7 | 21,5 | 24,4 | 28,9 | 26,7 | 51,6 | 46,5 | 42,4 | 44,1 | 5,3 | 7,0 | 7,4 | 8,0 | 0,5 | 0,5 | 1,3 | 1,5 |
| Niedersachsen | 28,3 | 24,9 | 21,0 | 21,6 | 12,6 | 15,6 | 17,0 | 17,8 | 49,3 | 49,4 | 50,8 | 49,9 | 8,1 | 8,5 | 8,2 | 7,8 | 1,8 | 1,7 | 2,9 | 2,9 |
| Nordrhein-Westfalen | 75,5 | 62,6 | 58,9 | 58,8 | 2,2 | 8,8 | 9,1 | 9,2 | 11,2 | 16,0 | 16,2 | 16,1 | 10,8 | 11,9 | 11,4 | 14,0 | 0,3 | 0,7 | 4,3 | 1,9 |
| Rheinland-Pfalz | 59,9 | 54,0 | 47,9 | 46,5 | 1,8 | 3,2 | 4,3 | 4,5 | 30,2 | 31,1 | 32,0 | 32,0 | 7,7 | 11,2 | 14,3 | 15,2 | 0,3 | 0,6 | 1,4 | 1,9 |
| Saarland | 57,9 | 51,3 | 45,3 | 44,6 | 3,0 | 4,8 | 6,6 | 7,4 | 30,7 | 34,0 | 36,0 | 35,9 | 8,0 | 9,1 | 11,4 | 11,5 | 0,4 | 0,9 | 0,7 | 0,6 |
| Sachsen | 14,2 | 15,0 | 18,8 | 19,3 | 34,7 | 36,0 | 36,8 | 37,8 | 46,8 | 41,9 | 37,8 | 36,5 | 4,0 | 6,6 | 5,6 | 5,6 | 0,4 | 0,4 | 0,9 | 0,8 |
| Sachsen-Anhalt | 36,8 | 24,6 | 12,2 | 12,9 | 23,3 | 34,8 | 22,2 | 22,1 | 37,0 | 34,4 | 55,8 | 55,3 | 2,8 | 5,5 | 9,1 | 9,2 | 0,1 | 0,6 | 0,6 | 0,6 |
| Schleswig-Holstein | 33,8 | 29,1 | 25,9 | 24,4 | 9,8 | 12,1 | 13,0 | 14,7 | 39,3 | 41,7 | 39,4 | 42,7 | 15,3 | 14,1 | 12,5 | 13,9 | 1,8 | 2,9 | 9,2 | 4,2 |
| Thüringen | 31,0 | 24,1 | 25,1 | 22,1 | 35,6 | 43,1 | 41,4 | 41,6 | 26,1 | 25,9 | 25,9 | 29,1 | 7,0 | 6,5 | 7,4 | 7,1 | 0,2 | 0,3 | 0,2 | 0,1 |
| Ostdeutschland (ohne Berlin) | 24,1 | 19,9 | 18,1 | 17,8 | 33,9 | 37,6 | 34,8 | 34,9 | 37,4 | 35,8 | 39,3 | 39,2 | 4,3 | 6,3 | 7,0 | 7,2 | 0,3 | 0,4 | 0,9 | 0,8 |
| Westdeutschland (ohne Berlin) | 59,4 | 51,9 | 46,2 | 44,8 | 5,3 | 8,7 | 10,0 | 10,8 | 22,9 | 25,5 | 26,7 | 27,3 | 11,2 | 12,2 | 13,0 | 13,7 | 1,3 | 1,8 | 4,1 | 3,4 |
| Deutschland | 52,4 | 46,4 | 40,5 | 39,7 | 11,1 | 13,8 | 15,5 | 15,8 | 25,7 | 27,3 | 28,9 | 29,3 | 9,8 | 11,0 | 11,7 | 12,3 | 1,1 | 1,5 | 3,4 | 2,8 |

* Berücksichtigt werden auch die Leitungstätigen, unberücksichtigt bleiben hingegen Tätige in Verwaltung sowie im hauswirtschaftlich-technischen Bereich.

Quelle: Statistisches Bundesamt: Tageseinrichtungen für Kinder 1998 und 2002; Kinder und tätige Personen in Tageseinrichtungen 2006 und 2007; zusammengestellt und berechnet von der Dortmunder Arbeitsstelle Kinder- und Jugendhilfestatistik, Februar 2008

Tab. 31

**Tab. 31** | Anteil der im Arbeitsbereich Verwaltung tätigen Personen an allen tätigen Personen* 1998, 2002, 2006 und 2007 in den Bundesländern 31.12.1998, 31.12.2002, 15.03.2006, 15.03.2007 (Anzahl; Anteil in %)

| Bundesland | 1998 | | | 2002 | | | 2006 | | | 2007 | | |
|---|---|---|---|---|---|---|---|---|---|---|---|---|
| | Tätige insgesamt Anzahl | Tätige im Arbeitsbereich Verwaltung Anzahl | In % | Tätige insgesamt Anzahl | Tätige im Arbeitsbereich Verwaltung Anzahl | In % | Tätige insgesamt Anzahl | Tätige im Arbeitsbereich Verwaltung Anzahl | In % | Tätige insgesamt Anzahl | Tätige im Arbeitsbereich Verwaltung Anzahl | In % |
| Baden-Württemberg | 40.942 | 0 | 0,0 | 45.524 | 77 | 0,2 | 46.578 | 223 | 0,5 | 47.243 | 190 | 0,4 |
| Bayern | 41.420 | 137 | 0,3 | 43.081 | 108 | 0,3 | 45.463 | 671 | 1,5 | 49.236 | 722 | 1,5 |
| Berlin | 18.563 | 94 | 0,5 | 18.666 | 89 | 0,5 | 16.155 | 168 | 1,0 | 16.615 | 177 | 1,1 |
| Brandenburg | 14.308 | 24 | 0,2 | 12.647 | 32 | 0,3 | 12.640 | 110 | 0,9 | 13.210 | 87 | 0,7 |
| Bremen | 3.037 | 35 | 1,2 | 3.336 | 24 | 0,7 | 3.374 | 45 | 1,3 | 3.523 | 27 | 0,8 |
| Hamburg | 7.738 | 53 | 0,7 | 8.084 | 38 | 0,5 | 8.421 | 140 | 1,7 | 8.867 | 220 | 2,5 |
| Hessen | 26.377 | 83 | 0,3 | 27.795 | 126 | 0,5 | 30.304 | 285 | 0,9 | 31.666 | 263 | 0,8 |
| Mecklenburg-Vorpommern | 7.630 | 16 | 0,2 | 7.830 | 48 | 0,6 | 8.166 | 98 | 1,2 | 8.481 | 123 | 1,5 |
| Niedersachsen | 27.237 | 149 | 0,5 | 30.463 | 198 | 0,6 | 30.962 | 365 | 1,2 | 32.499 | 411 | 1,3 |
| Nordrhein-Westfalen | 71.099 | 120 | 0,2 | 73.061 | 86 | 0,1 | 74.134 | 177 | 0,2 | 73.704 | 198 | 0,3 |
| Rheinland-Pfalz | 18.733 | 42 | 0,2 | 19.385 | 41 | 0,2 | 19.527 | 83 | 0,4 | 20.122 | 72 | 0,4 |
| Saarland | 3.803 | 1 | 0,0 | 4.045 | 3 | 0,1 | 4.122 | 12 | 0,3 | 4.160 | 10 | 0,2 |
| Sachsen | 19.050 | 99 | 0,5 | 19.034 | 82 | 0,4 | 21.158 | 217 | 1,0 | 22.004 | 225 | 1,0 |
| Sachsen-Anhalt | 13.944 | 11 | 0,1 | 13.796 | 22 | 0,2 | 12.916 | 96 | 0,7 | 13.150 | 117 | 0,9 |
| Schleswig-Holstein | 9.879 | 87 | 0,9 | 10.910 | 90 | 0,8 | 11.405 | 175 | 1,5 | 11.615 | 162 | 1,4 |
| Thüringen | 9.838 | 22 | 0,2 | 9.942 | 37 | 0,4 | 10.385 | 74 | 0,7 | 10.077 | 53 | 0,5 |
| Ostdeutschland (ohne Berlin) | 64.770 | 172 | 0,3 | 63.249 | 221 | 0,3 | 65.265 | 595 | 0,9 | 66.922 | 605 | 0,9 |
| Westdeutschland (ohne Berlin) | 250.265 | 707 | 0,3 | 265.684 | 791 | 0,3 | 274.290 | 2.176 | 0,8 | 282.635 | 2.275 | 0,8 |
| Deutschland | 333.598 | 973 | 0,3 | 347.599 | 1.101 | 0,3 | 355.710 | 2.939 | 0,8 | 366.172 | 3.057 | 0,8 |

* Unberücksichtigt bleiben Tätige im hauswirtschaftlich-technischen Bereich.

Quelle: Statistisches Bundesamt: Tageseinrichtungen für Kinder 1998 und 2002, Kinder und tätige Personen in Tageseinrichtungen in Tageseinrichtungen 2006 und 2007; zusammengestellt und berechnet von der Dortmunder Arbeitsstelle Kinder- und Jugendhilfestatistik, März 2007

**Tab. 32** | **Verwaltungstätige in Kindertageseinrichtungen nach Arbeitszeit in den Bundesländern 15.03.2007**
(Anzahl der Verwaltungstätigen; wöchentliche Arbeitszeit aller Verwaltungstätigen und durchschnittlich pro Verwaltungstätigem in Stunden)

| Bundesland | Verwaltungstätige insgesamt | Wöchentliche Arbeitszeit aller Verwaltungstätigen | Durchschnittliche wöchentliche Arbeitszeit der Verwaltungstätigen in Stunden |
|---|---|---|---|
| Baden-Württemberg | 190 | 2.393 | 12,6 |
| Bayern | 722 | 6.098 | 8,4 |
| Berlin | 177 | 3.343 | 18,9 |
| Brandenburg | 87 | 1.761 | 20,2 |
| Bremen | 27 | 582 | 21,6 |
| Hamburg | 220 | 4.575 | 20,8 |
| Hessen | 263 | 3.521 | 13,4 |
| Mecklenburg-Vorpommern | 123 | 1.947 | 15,8 |
| Niedersachsen | 411 | 5.434 | 13,2 |
| Nordrhein-Westfalen | 198 | 2.891 | 14,6 |
| Rheinland-Pfalz | 72 | 1.363 | 18,9 |
| Saarland | 10 | 214 | 21,4 |
| Sachsen | 225 | 4.032 | 17,9 |
| Sachsen-Anhalt | 117 | 2.086 | 17,8 |
| Schleswig-Holstein | 162 | 2.193 | 13,5 |
| Thüringen | 53 | 1.203 | 22,7 |
| Ostdeutschland (ohne Berlin) | 605 | 11.029 | 18,2 |
| Westdeutschland (ohne Berlin) | 2.275 | 29.264 | 12,9 |
| Deutschland | 3.057 | 43.636 | 14,3 |

Quelle: Statistisches Bundesamt: Kinder und tätige Personen in Tageseinrichtungen 2007; zusammengestellt und berechnet von der Dortmunder Arbeitsstelle Kinder- und Jugendhilfestatistik, Februar 2008

**Tab. 33** | Kinder im Alter von unter 3 Jahren in Kindertageseinrichtungen nach Art der Einrichtung in den Bundesländern 15.03.2007 (Anzahl; Anteil in %)

| Bundesland | Kinder in Kindertageseinrichtungen insgesamt | Kinder in Tageseinrichtungen mit | | | | Kinder in Tageseinrichtungen mit | | | |
|---|---|---|---|---|---|---|---|---|---|
| | | Kindern im Alter von 0 bis unter 3 Jahren („Krippen") | Kindern im Alter von 2 bis unter 8 Jahren (ohne Schulkinder) | alterseinheitlichen Gruppen | altersgemischten Gruppen | alterseinheitlichen und altersgemischten Gruppen | Kindern im Alter von 0 bis unter 3 Jahren („Krippen") | Kindern im Alter von 2 bis unter 8 Jahren (ohne Schulkinder) | alterseinheitlichen Gruppen | altersgemischten Gruppen | alterseinheitlichen und altersgemischten Gruppen |
| | Anzahl | Anzahl | | | | | In % | | | | |
| Baden-Württemberg | 26.978 | 3.636 | 10.612 | 3.056 | 3.366 | 6.308 | 13,5 | 39,3 | 11,3 | 12,5 | 23,4 |
| Bayern | 31.091 | 3.746 | 7.067 | 2.242 | 7.842 | 10.194 | 12,1 | 22,7 | 7,2 | 25,2 | 32,8 |
| Berlin | 31.363 | 291 | 1.976 | 68 | 28.845 | 183 | 0,9 | 6,3 | 0,2 | 92,0 | 0,6 |
| Brandenburg | 21.013 | 80 | 505 | 7.977 | 3.540 | 8.911 | 0,4 | 2,4 | 38,0 | 16,8 | 42,4 |
| Bremen | 1.404 | 152 | 126 | 125 | 327 | 674 | 10,8 | 9,0 | 8,9 | 23,3 | 48,0 |
| Hamburg | 8.286 | 192 | 251 | 1.751 | 1.720 | 4.372 | 2,3 | 3,0 | 21,1 | 20,8 | 52,8 |
| Hessen | 15.759 | 2.469 | 3.937 | 1.649 | 2.529 | 5.175 | 15,7 | 25,0 | 10,5 | 16,1 | 32,8 |
| Mecklenburg-Vorpommern | 12.899 | 12 | 236 | 8.613 | 581 | 3.457 | 0,1 | 1,8 | 66,8 | 4,5 | 26,8 |
| Niedersachsen | 12.283 | 495 | 3.854 | 1.740 | 1.496 | 4.698 | 4,0 | 31,4 | 14,2 | 12,2 | 38,2 |
| Nordrhein-Westfalen | 23.834 | 462 | 6.894 | 914 | 3.672 | 11.892 | 1,9 | 28,9 | 3,8 | 15,4 | 49,9 |
| Rheinland-Pfalz | 11.150 | 433 | 5.229 | 1.193 | 730 | 3.565 | 3,9 | 46,9 | 10,7 | 6,5 | 32,0 |
| Saarland | 2.565 | 107 | 695 | 554 | 214 | 995 | 4,2 | 27,1 | 21,6 | 8,3 | 38,8 |
| Sachsen | 31.182 | 797 | 1.255 | 19.660 | 885 | 8.585 | 2,6 | 4,0 | 63,1 | 2,8 | 27,5 |
| Sachsen-Anhalt | 26.309 | 1.248 | 611 | 14.537 | 2.452 | 7.461 | 4,7 | 2,3 | 55,3 | 9,3 | 28,4 |
| Schleswig-Holstein | 4.310 | 75 | 1.205 | 679 | 516 | 1.835 | 1,7 | 28,0 | 15,8 | 12,0 | 42,6 |
| Thüringen | 18.216 | 430 | 2.296 | 8.371 | 939 | 6.180 | 2,4 | 12,6 | 46,0 | 5,2 | 33,9 |
| Ostdeutschland (ohne Berlin) | 109.619 | 2.567 | 4.903 | 59.158 | 8.397 | 34.594 | 2,3 | 4,5 | 54,0 | 7,7 | 31,6 |
| Westdeutschland (ohne Berlin) | 137.660 | 11.767 | 39.870 | 13.903 | 22.412 | 49.708 | 8,5 | 29,0 | 10,1 | 16,3 | 36,1 |
| Deutschland | 278.642 | 14.625 | 46.749 | 73.129 | 59.654 | 84.485 | 5,2 | 16,8 | 26,2 | 21,4 | 30,3 |

Quelle: Statistisches Bundesamt: Kinder und tätige Personen in Tageseinrichtungen 2007; zusammengestellt und berechnet von der Dortmunder Arbeitsstelle Kinder- und Jugendhilfestatistik, Februar 2008

## Tab. 34 | Kinder im Alter von 3 bis unter 8 Jahren (ohne Schulkinder) in Tageseinrichtungen nach Art der Einrichtung in den Bundesländern 15.03.2007 (Anzahl; Anteil in %)

| Bundesländer | Kinder in Kindertageseinrichtungen insgesamt | Kinder in Tageseinrichtungen mit | | | Kinder in Tageseinrichtungen mit | | |
|---|---|---|---|---|---|---|---|
| | | Kindern im Alter von 2 bis unter 8 Jahren (ohne Schulkinder) | alterseinheitlichen Gruppen | altersgemischten Gruppen | alterseinheitlichen und altersgemischten Gruppen | Kindern im Alter von 2 bis unter 8 Jahren (ohne Schulkinder) | alterseinheitlichen Gruppen | altersgemischten Gruppen | alterseinheitlichen und altersgemischten Gruppen |
| | Anzahl | | | | | In % | | | |
| Baden-Württemberg | 330.015 | 259.691 | 14.411 | 15.779 | 40.134 | 78,7 | 4,4 | 4,8 | 12,2 |
| Bayern | 359.962 | 224.114 | 17.613 | 29.819 | 88.416 | 62,3 | 4,9 | 8,3 | 24,6 |
| Berlin | 78.562 | 12.934 | 118 | 65.145 | 365 | 16,5 | 0,2 | 82,9 | 0,5 |
| Brandenburg | 62.173 | 4.789 | 20.970 | 9.720 | 26.694 | 7,7 | 33,7 | 15,6 | 42,9 |
| Bremen | 16.230 | 7.526 | 5.810 | 445 | 2.449 | 46,4 | 35,8 | 2,7 | 15,1 |
| Hamburg | 40.290 | 7.739 | 7.725 | 7.475 | 17.351 | 19,2 | 19,2 | 18,6 | 43,1 |
| Hessen | 181.882 | 116.744 | 20.261 | 9.204 | 35.673 | 64,2 | 11,1 | 5,1 | 19,6 |
| Mecklenburg-Vorpommern | 43.244 | 2.769 | 27.310 | 2.089 | 11.076 | 6,4 | 63,2 | 4,8 | 25,6 |
| Niedersachsen | 232.363 | 160.136 | 22.431 | 3.016 | 46.780 | 68,9 | 9,7 | 1,3 | 20,1 |
| Nordrhein-Westfalen | 515.172 | 354.302 | 21.381 | 13.817 | 125.672 | 68,8 | 4,2 | 2,7 | 24,4 |
| Rheinland-Pfalz | 123.208 | 82.560 | 8.843 | 4.693 | 27.112 | 67,0 | 7,2 | 3,8 | 22,0 |
| Saarland | 27.311 | 15.392 | 4.028 | 838 | 7.053 | 56,4 | 14,7 | 3,1 | 25,8 |
| Sachsen | 110.353 | 13.075 | 64.872 | 2.626 | 29.780 | 11,8 | 58,8 | 2,4 | 27,0 |
| Sachsen-Anhalt | 58.854 | 5.725 | 31.059 | 5.499 | 16.571 | 9,7 | 52,8 | 9,3 | 28,2 |
| Schleswig-Holstein | 80.748 | 48.714 | 10.244 | 2.442 | 19.348 | 60,3 | 12,7 | 3,0 | 24,0 |
| Thüringen | 59.180 | 12.579 | 23.501 | 2.579 | 20.521 | 21,3 | 39,7 | 4,4 | 34,7 |
| Ostdeutschland (ohne Berlin) | 333.804 | 38.937 | 167.712 | 22.513 | 104.642 | 11,7 | 50,2 | 6,7 | 31,3 |
| Westdeutschland (ohne Berlin) | 1.907.181 | 1.276.918 | 132.747 | 87.528 | 409.988 | 67,0 | 7,0 | 4,6 | 21,5 |
| Deutschland | 2.319.547 | 1.328.789 | 300.577 | 175.186 | 514.995 | 57,3 | 13,0 | 7,6 | 22,2 |

Quelle: Statistisches Bundesamt: Kinder und tätige Personen in Tageseinrichtungen 2007; zusammengestellt und berechnet von der Dortmunder Arbeitsstelle Kinder- und Jugendhilfestatistik, März 2008

## Tab. 35a | Kindertageseinrichtungen nach Art des Trägers (öffentliche und freie Träger) der Einrichtung in den Bundesländern 15.03.2007 (Anzahl; Anteil in %)

| Bundesländer | Kindertageseinrichtungen insgesamt | Träger der Einrichtung ist | | Träger der Einrichtung ist | |
|---|---|---|---|---|---|
| | Anzahl | öffentlicher Träger | freier Träger* | öffentlicher Träger | freier Träger* |
| | | Anzahl | | in % | |
| Baden-Württemberg | 7.703 | 3.282 | 4.421 | 42,6 | 57,4 |
| Bayern | 7.708 | 2.357 | 5.351 | 30,6 | 69,4 |
| Berlin | 1.766 | 288 | 1.478 | 16,3 | 83,7 |
| Brandenburg | 1.700 | 1.047 | 653 | 61,6 | 38,4 |
| Bremen | 403 | 91 | 312 | 22,6 | 77,4 |
| Hamburg | 944 | 49 | 895 | 5,2 | 94,8 |
| Hessen | 3.763 | 1.690 | 2.073 | 44,9 | 55,1 |
| Mecklenburg-Vorpommern | 1.006 | 290 | 716 | 28,8 | 71,2 |
| Niedersachsen | 4.264 | 1.416 | 2.848 | 33,2 | 66,8 |
| Nordrhein-Westfalen | 9.264 | 2.425 | 6.839 | 26,2 | 73,8 |
| Rheinland-Pfalz | 2.349 | 1.083 | 1.266 | 46,1 | 53,9 |
| Saarland | 483 | 129 | 354 | 26,7 | 73,3 |
| Sachsen | 2.630 | 1.293 | 1.337 | 49,2 | 50,8 |
| Sachsen-Anhalt | 1.681 | 1.057 | 624 | 62,9 | 37,1 |
| Schleswig-Holstein | 1.639 | 392 | 1.247 | 23,9 | 76,1 |
| Thüringen | 1.349 | 522 | 827 | 38,7 | 61,3 |
| Ostdeutschland (ohne Berlin) | 8.366 | 4.209 | 4.157 | 50,3 | 49,7 |
| Westdeutschland (ohne Berlin) | 38.520 | 12.914 | 25.606 | 33,5 | 66,5 |
| Deutschland | 48.652 | 17.411 | 31.241 | 35,8 | 64,2 |

\* In den Veröffentlichungen des Statistischen Bundesamtes werden die privatgewerblichen Träger als Wirtschaftsunternehmen unter den freien Trägern aufgeführt.

Quelle: Statistisches Bundesamt: Kinder und tätige Personen in Tageseinrichtungen 2007; zusammengestellt und berechnet von der Dortmunder Arbeitsstelle Kinder- und Jugendhilfestatistik, März 2008

**Tab. 35b** | Kindertageseinrichtungen nach Art des Trägers der Einrichtung in den Bundesländern 15.03.2007 (Anzahl)

| Bundesländer | Kindertageseinrichtungen insgesamt | öffentliche Träger | | | | freie Träger* | | | | | | | | | davon | |
|---|---|---|---|---|---|---|---|---|---|---|---|---|---|---|---|---|
| | | örtlicher Träger | überörtlicher Träger | Land | Gemeinden ohne Jugendamt | Arbeiterwohlfahrt | DPWV | DRK | Diakonisches Werk/sonst. der EKD angeschlossener Träger | Caritasverband/sonstiger katholischer Träger | Zentralwohlfahrtsstelle der Juden in Deutschland | sonstige Religionsgemeinschaften öffentlichen Rechts | Jugendgruppen, -verbände, -ringe | sonstige juristische Personen, andere Vereinigungen | Wirtschaftsunternehmen (Unternehmens-/Betriebsteil oder privatgewerblich) | Wirtschaftsunternehmen ist Unternehmens-/Betriebsteil | Wirtschaftsunternehmen ist privatgewerblich |
| Baden-Württemberg | 7.703 | 421 | 1 | 0 | 2.860 | 55 | 254 | 10 | 1.574 | 1.845 | 2 | 12 | 8 | 592 | 69 | 25 | 44 |
| Bayern | 7.708 | 931 | 0 | 0 | 1.426 | 313 | 214 | 100 | 1.080 | 2.655 | 2 | 40 | 4 | 841 | 102 | 11 | 91 |
| Berlin | 1.766 | 288 | 0 | 0 | 0 | 52 | 384 | 2 | 253 | 63 | 1 | 2 | 1 | 707 | 13 | 1 | 12 |
| Brandenburg | 1.700 | 195 | 46 | 0 | 806 | 96 | 104 | 39 | 113 | 18 | 0 | 2 | 1 | 239 | 41 | 8 | 33 |
| Bremen | 403 | 90 | 0 | 0 | 1 | 18 | 39 | 10 | 78 | 18 | 1 | 8 | 2 | 134 | 4 | 0 | 4 |
| Hamburg | 944 | 37 | 6 | 4 | 2 | 30 | 185 | 39 | 152 | 36 | 2 | 7 | 8 | 373 | 63 | 10 | 53 |
| Hessen | 3.763 | 454 | 10 | 0 | 1.226 | 56 | 167 | 18 | 671 | 460 | 2 | 30 | 4 | 639 | 26 | 3 | 23 |
| Mecklenburg-Vorpommern | 1.006 | 59 | 4 | 1 | 226 | 83 | 202 | 71 | 93 | 17 | 0 | 2 | 0 | 186 | 62 | 0 | 62 |
| Niedersachsen | 4.264 | 245 | 33 | 2 | 1.136 | 172 | 284 | 297 | 956 | 464 | 1 | 34 | 6 | 610 | 24 | 3 | 21 |
| Nordrhein-Westfalen | 9.264 | 2.038 | 0 | 1 | 386 | 655 | 1.054 | 273 | 1.600 | 2.724 | 3 | 26 | 7 | 398 | 99 | 12 | 87 |
| Rheinland-Pfalz | 2.349 | 424 | 23 | 2 | 634 | 8 | 66 | 7 | 412 | 694 | 1 | 20 | 0 | 51 | 7 | 2 | 5 |
| Saarland | 483 | 0 | 0 | 0 | 129 | 18 | 21 | 0 | 67 | 227 | 0 | 0 | 0 | 18 | 3 | 0 | 3 |
| Sachsen | 2.630 | 384 | 0 | 0 | 909 | 191 | 423 | 108 | 220 | 34 | 0 | 3 | 4 | 327 | 27 | 2 | 25 |
| Sachsen-Anhalt | 1.681 | 103 | 8 | 2 | 944 | 72 | 193 | 34 | 137 | 30 | 0 | 2 | 3 | 144 | 9 | 1 | 8 |
| Schleswig-Holstein | 1.639 | 120 | 4 | 1 | 267 | 87 | 172 | 72 | 517 | 35 | 0 | 49 | 18 | 276 | 21 | 4 | 17 |
| Thüringen | 1.349 | 62 | 0 | 0 | 460 | 158 | 209 | 89 | 193 | 81 | 0 | 0 | 0 | 94 | 3 | 1 | 2 |
| Ostdeutschland (ohne Berlin) | 8.366 | 803 | 58 | 3 | 3.345 | 600 | 1.131 | 341 | 756 | 180 | 0 | 9 | 8 | 990 | 142 | 12 | 130 |
| Westdeutschland (ohne Berlin) | 38.520 | 4.760 | 77 | 10 | 8.067 | 1.412 | 2.456 | 826 | 7.107 | 9.158 | 14 | 226 | 57 | 3.932 | 418 | 70 | 348 |
| Deutschland | 48.652 | 5.851 | 135 | 13 | 11.412 | 2.064 | 3.971 | 1.169 | 8.116 | 9.401 | 15 | 237 | 66 | 5.629 | 573 | 83 | 490 |

* In den Veröffentlichungen des Statistischen Bundesamtes werden die privatgewerblichen Träger als Wirtschaftsunternehmen unter den freien Trägern aufgeführt.

Quelle: Statistisches Bundesamt: Kinder und tätige Personen in Tageseinrichtungen 2007; zusammengestellt und berechnet von der Dortmunder Arbeitsstelle Kinder- und Jugendhilfestatistik, März 2008

**Tab. 35c** Kindertageseinrichtungen nach Art des Trägers der Einrichtung in den Bundesländern 15.03.2007 (Anzahl, Anteil in %)

| Bundesländer | Kindertageseinrichtungen insgesamt | öffentliche Träger | | | | freie Träger* | | | | | | | | | | davon | |
|---|---|---|---|---|---|---|---|---|---|---|---|---|---|---|---|---|---|
| | Anzahl | örtlicher Träger | überörtlicher Träger | Land | Gemeinden ohne Jugendamt | Arbeiterwohlfahrt | DPWV | DRK | Diakonisches Werk/sonst. der EKD angeschlossener Träger | Caritasverband/sonstiger katholischer Träger | Zentralwohlfahrtsstelle der Juden in Deutschland | sonstige Religionsgemeinschaften öffentlichen Rechts | Jugendgruppen, -verbände, -ringe | sonstige juristische Personen, andere Vereinigungen | Wirtschaftsunternehmen (Unternehmens-/Betriebsteil oder privatgewerblich) | Wirtschaftsunternehmen ist Unternehmens-/Betriebsteil | Wirtschaftsunternehmen ist privatgewerblich |
| | | In % | | | | In % | | | | | | | | | | | |
| Baden-Württemberg | 7.703 | 5,5 | 0,0 | 0,0 | 37,1 | 0,7 | 3,3 | 0,1 | 20,4 | 24,0 | 0,0 | 0,2 | 0,1 | 7,7 | 0,9 | 0,3 | 0,6 |
| Bayern | 7.708 | 12,1 | 0,0 | 0,0 | 18,5 | 4,1 | 2,8 | 1,3 | 14,0 | 34,4 | 0,0 | 0,5 | 0,1 | 10,9 | 1,3 | 0,1 | 1,2 |
| Berlin | 1.766 | 16,3 | 0,0 | 0,0 | 0,0 | 2,9 | 21,7 | 0,1 | 14,3 | 3,6 | 0,1 | 0,1 | 0,1 | 40,0 | 0,7 | 0,1 | 0,7 |
| Brandenburg | 1.700 | 11,5 | 2,7 | 0,0 | 47,4 | 5,6 | 6,1 | 2,3 | 6,6 | 1,1 | 0,0 | 0,1 | 0,1 | 14,1 | 2,4 | 0,5 | 1,9 |
| Bremen | 403 | 22,3 | 0,0 | 0,0 | 0,2 | 4,5 | 9,7 | 2,5 | 19,4 | 4,5 | 0,2 | 2,0 | 0,5 | 33,3 | 1,0 | 0,0 | 1,0 |
| Hamburg | 944 | 3,9 | 0,6 | 0,4 | 0,2 | 3,2 | 19,6 | 4,1 | 16,1 | 3,8 | 0,2 | 0,7 | 0,8 | 39,5 | 6,7 | 1,1 | 5,6 |
| Hessen | 3.763 | 12,1 | 0,3 | 0,0 | 32,6 | 1,5 | 4,4 | 0,5 | 17,8 | 12,2 | 0,1 | 0,8 | 0,1 | 17,0 | 0,7 | 0,1 | 0,6 |
| Mecklenburg-Vorpommern | 1.006 | 5,9 | 0,4 | 0,1 | 22,5 | 8,3 | 20,1 | 7,1 | 9,2 | 1,7 | 0,0 | 0,2 | 0,0 | 18,5 | 6,2 | 0,0 | 6,2 |
| Niedersachsen | 4.264 | 5,7 | 0,8 | 0,1 | 26,6 | 4,0 | 6,7 | 7,0 | 22,4 | 10,9 | 0,0 | 0,8 | 0,1 | 14,3 | 0,6 | 0,1 | 0,5 |
| Nordrhein-Westfalen | 9.264 | 22,0 | 0,0 | 0,0 | 4,2 | 7,1 | 11,4 | 2,9 | 17,3 | 29,4 | 0,0 | 0,3 | 0,1 | 4,3 | 1,1 | 0,1 | 0,9 |
| Rheinland-Pfalz | 2.349 | 18,1 | 1,0 | 0,1 | 27,0 | 0,3 | 2,8 | 0,3 | 17,5 | 29,5 | 0,0 | 0,9 | 0,0 | 2,2 | 0,3 | 0,1 | 0,2 |
| Saarland | 483 | 0,0 | 0,0 | 0,0 | 26,7 | 3,7 | 4,3 | 0,0 | 13,9 | 47,0 | 0,0 | 0,0 | 0,0 | 3,7 | 0,6 | 0,1 | 0,6 |
| Sachsen | 2.630 | 14,6 | 0,0 | 0,0 | 34,6 | 7,3 | 16,1 | 4,1 | 8,4 | 1,3 | 0,0 | 0,1 | 0,2 | 12,4 | 1,0 | 0,1 | 1,0 |
| Sachsen-Anhalt | 1.681 | 6,1 | 0,5 | 0,1 | 56,2 | 4,3 | 11,5 | 2,0 | 8,1 | 1,8 | 0,0 | 0,1 | 0,2 | 8,6 | 0,5 | 0,1 | 0,5 |
| Schleswig-Holstein | 1.639 | 7,3 | 0,2 | 0,1 | 16,3 | 5,3 | 10,5 | 4,4 | 31,5 | 2,1 | 0,0 | 3,0 | 1,1 | 16,8 | 1,3 | 0,2 | 1,0 |
| Thüringen | 1.349 | 4,6 | 0,0 | 0,0 | 34,1 | 11,7 | 15,5 | 6,6 | 14,3 | 6,0 | 0,0 | 0,0 | 0,0 | 7,0 | 0,2 | 0,1 | 0,1 |
| Ostdeutschland (ohne Berlin) | 8.366 | 9,6 | 0,7 | 0,0 | 40,0 | 7,2 | 13,5 | 4,1 | 9,0 | 2,2 | 0,0 | 0,1 | 0,1 | 11,8 | 1,7 | 0,1 | 1,6 |
| Westdeutschland (ohne Berlin) | 38.520 | 12,4 | 0,2 | 0,0 | 20,9 | 3,7 | 6,4 | 2,1 | 18,5 | 23,8 | 0,0 | 0,6 | 0,1 | 10,2 | 1,1 | 0,2 | 0,9 |
| Deutschland | 48.652 | 12,0 | 0,3 | 0,0 | 23,5 | 4,2 | 8,2 | 2,4 | 16,7 | 19,3 | 0,0 | 0,5 | 0,1 | 11,6 | 1,2 | 0,2 | 1,0 |

* In den Veröffentlichungen des Statistischen Bundesamtes werden die privatgewerblichen Träger als Wirtschaftsunternehmen unter den freien Trägern aufgeführt.

Quelle: Statistisches Bundesamt: Kinder und tätige Personen in Tageseinrichtungen 2007; zusammengestellt und berechnet von der Dortmunder Arbeitsstelle Kinder- und Jugendhilfestatistik, März 2008